映像でわかる

情報Ⅰ共通テスト対策問題集

動画視聴用QR

目次

JN132691

本書の使い方

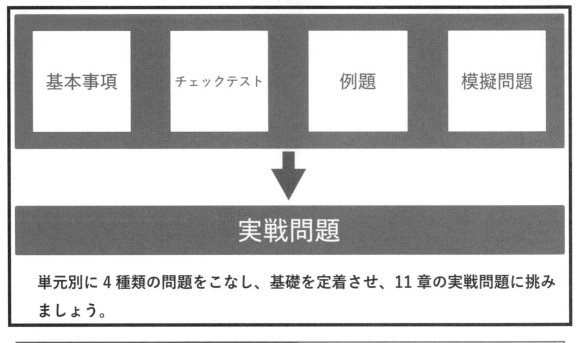

単元別に 4 種類の問題をこなし，基礎を定着させ，11 章の実戦問題に挑みましょう。

基本事項　　　　　　　　　　　　　　　　　　穴埋めで知識を確認しよう

1　メディアとコミュニケーション

人と人とが意思や思考などを伝え合うことを ☐1☐ という。また，情報の送信者と受信者の間を媒介するものを ☐2☐ という。☐2☐ の 1 つとして，1793 年，フランス人のクロード・シャップが発明した，可動式の腕木の向きを変えることでメッセージをつくる通信方式の ☐3☐ などがある。

穴埋め形式で基本的な知識を定着させましょう。「わからないことは教科書に戻って確認」を徹底することで，不明点を無くしていきましょう。

チェックテスト　　　　　　　　　　　　　　　　　知識を定着させよう

a　情報におけるメディアとは ☐ア☐ であり，最も古くから存在するメディアとして ☐イ☐ などがある。インターネット上で情報を共有することができる双方向型のメディアを総称して ☐ウ☐ という。また，これらのメディアを通じて得られる情報に関して，信頼性を評価するために重要な要素としては ☐エ☐ などがある。

☐ア☐ の解答群
⓪　情報を一方的に削除するもの
①　情報を一方的に受け取るもの
②　情報の送り手と受け手の間を媒介するもの
③　情報の流れを止めるもの

基本事項で確認した知識が定着しているか実際に選択式の問題で確認しましょう。間違えた問題はなぜ間違えたのか基本事項に戻って確認します。

例 題 ⑪

インターネット上の情報の信ぴょう性を確かめる方法として，適当なものを次の⓪〜⑥のうちから全て選べ。

⓪ 検索エンジンの検索結果で，上位に表示されているかどうかで判断する。
① Q&A サイトの回答は，多くの人に支持されているベストアンサーに選ばれているかどうかで判断する。
② SNS に投稿された情報は，共有や「いいね」の数が多いかどうかで判断する。
③ 特定の Web サイトだけでなく，書籍や複数の Web サイトなどを確認し，比較・検証してから判断する。
④ 災害時の情報は，SNS などの発信されている情報に写真や動画があるかどうかで判断する。
⑤ SNS で発信されている情報は，有名人が同様の発信をしているかどうかで判断する。
⑥ SNS を利用する場合，取得したい情報の公式のアカウントで発信されているかどうかで判断する。

[共通テスト試作問題 改]

　ここでは実際に典型的な問題を扱ってみましょう。まずは解答を見ずに問題を解いてみます。その後解答解説と照らし合わせて，抜け落ちている知識がないか，知識を適切に活用できているか確認しましょう。
　例題には全て解説動画がついています。下の QR コードを読み込むことで解説動画を視聴できるので，ぜひ学習に役立ててください。

1　次の文章を読み，問いに答えよ。

　メディアとコミュニケーションは，現代社会において不可欠な要素である。(1)メディアは情報やメッセージを伝える手段であり，新聞，テレビ，ラジオ，インターネットなどの媒体を通じて人々に情報を提供する。コミュニケーションは個人やグループ間での情報の共有や意思疎通を可能にするプロセスである。これらの要素は互いに関連しあい，社会の機能や文化の形成に大きな影響を与える。
　メディアは情報を提供するだけでなく，社会や文化に影響を与える力も持っている。メディアは情報の選択や表現方法によって意識形態や価値観を形成し，意見や意思決定に影響を与える。一方，(2)コミュニケーションは，個人やグループが情報や意見を交換し合い，相互理解や共感を深めるための重要な手段である。また，個人の関係構築や協力，共同作業を可能にし，社会的なつながりを醸成する。
　コミュニケーションは人々が意思疎通を図り，共同で目標を達成するための基盤となる。しかし，(3)メディアによって発信される情報の内容やその信頼性，コミュニケーションの質や範囲においても様々な課題や問題が存在する。このため，　ア　やコミュニケーションスキルの向上が求められており，批判的思考や相互理解の重要性が強調されている。

問1：　ア　にはメディアの特性を理解して，受信者として情報を正しく理解し，送信者として正しく情報を表現・発信する能力という意味の語句が入る。その語句を答えよ。

　少し難しい問題を解いてみましょう。ここまで学習したことを活用すれば解けるはずです。もしわからないことがあれば，別冊の解答解説を参考にしてください。

基本事項　　　　　　　　　　　　　　　　　穴埋めで知識を確認しよう

1　情報社会

　天気予報のように人にとって意味や価値のあるもののことを　1　という。　1　にはいくつかの特性が存在する。その代表的なものとして，「物質としての　2　がない」「半永久的に　3　」「同じものの　4　が容易」「離れていても　5　に伝わる」などが挙げられる。技術の進歩により　1　が伝わる速度が飛躍的に向上しており，情報通信　6　を利用したSNSなどのサービスによって，　1　を　5　に全世界の相手に伝えることができる。

　　1　を他者へ伝える際は，　1　を伝達するための媒体である　7　を利用する。　7　には下記のような種類が存在する。
- ・　8　のための　7　：文字や画像，音声や動画のように　1　を相手にわかりやすく　8　するための　7
- ・　9　のための　7　：回線や電波などのように，適切にコミュニケーションができるよう　1　を　9　するための　7
- ・　10　のための　7　：CD，DVD，ハードディスクなどの，　1　を　10　するための　7

　　1　を扱う際は，収集した複数の　1　を比較するなどして，　1　の　11　を十分に吟味できる能力などの，　12　を身につける必要がある。

2　問題解決

　何かをする際に，困る事柄やこうしたいという目標や課題に対して，解決案を考え，さらに向上した形で実現することを　13　という。　13　は下記の流れで行う。
① 問題と　14　の明確化：何が問題で，　14　は何かを把握する
② 問題の　15　と分析：問題を　15　・分析して原因を探る
③ 　16　の立案：問題の解決案を考え，　16　を確定する
④ 　17　：　16　を実現するための計画を立て，　17　する
⑤ 　18　：　17　した結果を踏まえて，振り返る
⑥ 　19　：次の機会に活かせるように，情報を発信し，　19　する

　　13　において，さらに良い結果を得るために，計画，実行，評価，改善という流れで，改善のあとにさらに計画へと結びつけるプロセスを　20　サイクルという。

3　知的財産権

　人間が行う知的創作活動によって生まれたものを　21　といい，　21　の創作者に，決められた期間，財産としての権利を与え，保護する制度を　22　制度という。　22　には，産業に関する　23　と，文化や芸術に関する　24　がある。

　　23　には，以下の4つがある。
- ・　25　：ものや方法，製造方法などの産業上高度な発明に関して独占的に利用できる権利。保護期間は出願から原則　26　年
- ・　27　：商品やサービスに使うマークや記号，文字などに関して独占的に使用できる権利。保護期間は登録から　28　年で更新あり
- ・　29　：形状，模様，色彩などのもののデザインに関して独占的に利用できる権利。保護期間は出願から　30　年
- ・　31　：ものの構造や形にかかわる考案のような小発明に関して独占的に利用できる権利。保護期間は出願から　32　年

解答

1：情報　2：形　3：消えない　4：複製　5：瞬時　6：ネットワーク　7：メディア　8：表現
9：伝達　10：記録　11：信ぴょう性　12：メディア・リテラシー　13：問題解決　14：目標　15：整理
16：解決策　17：実行　18：評価　19：共有　20：PDCA　21：知的財産　22：知的財産権　23：産業財産権
24：著作権　25：特許権　26：20　27：商標権　28：10　29：意匠権　30：25　31：実用新案権　32：10

24 　は，学術的・芸術的な創作物を保護する権利であり， 33 　によって権利内容が定められている。絵を描く，音楽を作る，文章を書くなどすると，自動的に 24 　が発生する。このとき， 23 　のように関係機関に届け出をして，登録をする必要はない。このように，権利の発生までに届け出をする必要がないことを 34 　主義，権利の発生までに届け出をする必要があることを 35 　主義という。

 24 　で保護される対象となるものを 36 　という。 36 　は， 33 　によって「思想又は感情を創作的に表現したものであって，文芸，芸術，美術又は音楽の範囲に属するもの」と定義されている。

 36 　の創作者は， 36 　を作成した時点で以下の２つの権利をもつ。
・ 37 ： 36 　の創作者の人格的利益を保護する権利。 36 　の創作者の死後に消滅する
・ 38 ：財産的権利を保護する権利。 36 　の創作者の死後 39 　年保護される

 37 　には，以下の３つが定められている。
・ 40 ： 36 　を公表するかどうか，どのように公表するかを決める権利
・ 41 ： 36 　の公表時に氏名を表示するかどうかを決める権利
・ 42 ： 36 　の内容を勝手に変えられない権利

　実演家，レコード製作者，放送事業者のように， 36 　の伝達のために必要な役割をはたしている者に認められる権利を 43 　という。
　著作権には，以下のような権利が定められている。（ 45 ， 51 ， 52 　には権利の名称が２つ入る）
・ 44 ：著作物を複製する権利
・ 45 ：著作物を公に上演したり，演奏したりする権利
・ 46 ：著作物を公に上映する権利
・ 47 ：著作物をテレビやラジオなどの放送・インターネットなどによって公衆送信する権利
・ 48 ：言語の著作物を口頭で公に伝える権利
・ 49 ：美術の著作物などを公に展示する権利
・ 50 ：映画の著作物の複製物を販売したり，貸与したりする権利
・ 51 ：映画以外の著作物を公衆へ譲渡したり，貸与したりする権利
・ 52 ：著作物を翻訳や編曲などによって，二次的著作物にする権利

4　個人情報

　氏名や生年月日のように，生存する特定の個人を識別できる情報を 53 　という。 53 　の取り扱いは， 54 　で定められている。 53 　を取り扱う事業者は，本人から求められた場合，次の３つのことを行う必要がある。
・ 55 ：登録されている 53 　を見せてもらう
・ 56 ：登録している 53 　の間違いを直してもらう
・ 57 ：登録している 53 　を使えなくする

解答
33：著作権法　34：無方式　35：方式　36：著作物　37：著作者人格権　38：著作権（財産権）　39：70
40：公表権　41：氏名表示権　42：同一性保持権　43：著作隣接権　44：複製権　45：上演権・演奏権
46：上映権　47：公衆送信権　48：口述権　49：展示権　50：頒布権　51：譲渡権・貸与権
52：翻訳権・翻案権　53：個人情報　54：個人情報保護法　55：開示　56：訂正　57：利用停止

コンピュータやインターネットなどを利用した犯罪を 58 という。 58 の中でも，情報システムの基盤となるコンピュータやネットワーク，ソフトウェアのような 59 の破壊活動や，特定の意図を持ち，社会や企業に攻撃を行う深刻で悪質なものを 60 とよび，大きな社会問題となっている。

58 は，以下の3つに分類される。
- 61 ：OSなどのソフトウェアの弱点である 62 （セキュリティの欠陥）をねらったり，人の油断や行動のミスなどにつけ込み，情報通信技術を利用せずにパスワードなどの重要な情報を盗む 63 を行ったりすることで，不正にコンピュータや情報システムに侵入すること
- 64 ：ネットワーク上の端末を不正に操作したり，保存されているデータを改ざんしたりする犯罪
- 65 ：ネットワークを用いて行う犯罪

コンピュータ等を利用するユーザに被害を与えるために，作成された不正ソフトウェアを総称して 66 という。

66 には，以下のようなものなどが存在する。
- 67 ：多様な被害をもたらす特殊なプログラムのこと。感染すると，ファイルの破壊を行ったり，内部の情報を外部に自動で送信したりする。自らを複製して増やすことができ，コンピュータ内のほかのファイルに感染し，ネットワークなどを通じて広がっていく
- 68 ：ウイルスに感染したコンピュータを，ネットワークを通じて外部から操作し，悪用することを目的としたプログラムのこと
- 69 ：情報機器内の情報を集め，収集する者に送信するプログラムのこと
- 70 ：コンピュータ内のファイルをユーザの意思とは無関係に暗号化し，もとに戻すことを条件に金銭の支払いを要求するプログラムのこと

65 には以下のようなものがある。
- 71 ：Webページや電子メールのURLを一度クリックしただけで，契約が成立したかのような表示が出現し，料金を請求（ 72 という）されるような情報通信ネットワーク上における詐欺行為のこと
- 73 ：金融機関やクレジットカード会社などを装った偽のWebサイトに誘導し，パスワードや暗証番号，個人情報などを入力させることによりそれらの情報を盗む犯罪のこと
- 74 ：ネットショッピングやネットオークションなどにおける，代金の振込を確認したにも関わらず商品を発送しない，注文とは異なる商品を発送するなどの詐欺行為のこと

情報通信ネットワーク上でユーザどうしが情報をやりとり（送受信）することによって成り立っているメディアを 75 という。具体的には，以下のものがある。
- 76 ：個人や企業が発信した情報を時系列で記録・保存し公開するサービス
- 77 ：写真を共有したり，メッセージのやりとりをすることによって，ネットワーク上で人間関係を広げていくことができるサービス
- 78 ：リアルタイム性を持ったメッセージの交換ができるサービス
- 79 ：誰でも動画の中継や配信，投稿を行ったり，投稿された動画を閲覧することができるサービス
- 80 ：複数のユーザがメッセージを書き込むことにより，やりとりできる場所を提供するサービス
- 81 ：写真を簡単に投稿，閲覧できるサービス

解答
58：サイバー犯罪　59：情報インフラ　60：サイバーテロ　61：不正アクセス禁止法違反
62：セキュリティホール　63：ソーシャルエンジニアリング　64：コンピュータ・電磁的記録対象犯罪
65：ネットワーク利用犯罪　66：マルウェア　67：コンピュータウイルス　68：ボット　69：スパイウェア
70：ランサムウェア　71：ワンクリック詐欺　72：架空請求　73：フィッシング
74：ネットショッピング・ネットオークション詐欺　75：ソーシャルメディア　76：ブログ　77：SNS
78：メッセージ交換アプリ　79：動画共有サイト　80：電子掲示板　81：写真共有サイト

次の問いについて，空欄にあてはまる最も適切なものをそれぞれの解答群から選び，数字で答えよ。

a 情報とは，| ア |を目的とした| イ |である。情報の具体例としては，| ウ |などがある。また，情報の特性として，| エ |，| オ |などがある。

| ア |の解答群
⓪ 真実の保証
① 意味や理解の形成
② 娯楽やエンターテイメント
③ 意思決定や問題解決

| イ |の解答群
⓪ データの集合体
① 知識や理解の形成物
② コミュニケーションの手段
③ 客観的な現実の表現

| ウ |の解答群
⓪ 白紙の紙
① 書籍の一覧
② 虹の色の組み合わせ
③ 砂浜の風景

| エ |，| オ |の解答群
⓪ 物質としての形がある
① 複製がしづらい
② 瞬時に伝わる
③ 消えない

b メディアとは| カ |を目的とした| キ |である。なお，メディアはいくつかの種類に分類することができる。たとえば，| ク |などは情報を表現するためのメディア，| ケ |などは伝達のためのメディア，| コ |などは記録のためのメディアである。

| カ |の解答群
⓪ 娯楽と楽しみの提供
① 製品やサービスの広告宣伝
② 情報や知識の伝達
③ 利益の追求と経済的な効果の達成

| キ |の解答群
⓪ 音楽の再生機器
① 情報を伝達するための媒体
② 映画やテレビの映像制作会社
③ メディアプレーヤー用のファイル形式

解答
ア：⓪　イ：③　ウ：①　エ，オ：②③（順不同）　カ：①　キ：②

クの解答群
⓪　DVD
①　動画
②　電話
③　電子メール

　　ケの解答群
⓪　SD カード
①　ネットワーク
②　写真
③　クラウド

　　コの解答群
⓪　USB メモリ
①　音楽
②　画像
③　電話

c　PDCA サイクルとは　サ　であり，PDCA サイクルの「C」は　シ　のことである。

　　サの解答群
⓪　組織の人事評価プロセス
①　継続的な問題解決手法
②　プロジェクト管理のフレームワーク
③　コンピュータプログラムの開発手法

　　シの解答群
⓪　Comparison（比較）
①　Control（制御）
②　Check（確認）
③　Change（変更）

d　問題解決は，問題と目標の明確化⇒問題の整理と分析⇒解決策の立案⇒　ス　の流れで行うのが一般
的である。

　　スの解答群
⓪　実行⇒共有⇒評価
①　実行⇒評価⇒共有
②　評価⇒実行⇒共有
③　共有⇒実行⇒評価

解答
ク：①　ケ：①　コ：⓪　サ：①　シ：②　ス：①

e 知的財産権とは ［セ］ であり，産業財産権と著作権に大きく分けられる。産業財産権とは ［ソ］ であり，著作権とは ［タ］ である。

［セ］ の解答群
⓪ 物理的な財産の所有権
① 架空の情報の所有権
② 想像した創作物の所有権
③ 知識や情報，創作物の所有権

［ソ］ の解答群
⓪ 製品の販売に関する権利
① 物理的な財産の所有権
② 技術や発明に関する権利
③ 著作物の利用権

［タ］ の解答群
⓪ 製品の販売に関する権利
① 商標やロゴの利用権
② 書籍や音楽などの創作物に関する権利
③ 商品やサービスの識別標識に関する権利

f 産業財産権は特許権，実用新案権，意匠権，商標権の4つに分けられる。特許権とは ［チ］ である。実用新案権とは ［ツ］ である。意匠権とは ［テ］ である。商標権とは ［ト］ である。また，それぞれの保護期間は，特許権が ［ナ］，実用新案権が ［ニ］，意匠権が ［ヌ］，商標権が ［ネ］ である。スマートフォンを例に挙げると，特許権にあたる部分は ［ノ］ である。

［チ］，［ツ］，［テ］，［ト］ の解答群
⓪ 形状，模様，色彩などのもののデザインを独占的に利用できる権利
① 商品やサービスに使うマークや文字などを独占的に使用できる権利
② ものや方法，製造方法などの産業上高度な発明を独占的に利用できる権利
③ ものの構造，形にかかわる考案などの小発明を独占的に利用できる権利

［ナ］，［ニ］，［ヌ］，［ネ］ の解答群
⓪ 出願から25年
① 出願から原則20年
② 出願から10年
③ 登録から10年

［ノ］ の解答群
⓪ ロゴマーク
① 液晶技術
② デザイン
③ ボタンの配置や構造

解答
セ：③ ソ：② タ：② チ：② ツ：③ テ：⓪ ト：① ナ：① ニ：② ヌ：⓪ ネ：③ ノ：①

g　著作権は，著作者人格権と著作権（財産権）に分けられる。著作者人格権とは ハ であり，公表権，氏名表示権，同一性保持権が定められている。同一性保持権とは ヒ である。著作権（財産権）とは フ であり，複製権，公衆送信権，譲渡権，貸与権などさまざまな権利が定められている。これらのうち，頒布権とは ヘ である。著作権は，場合によっては効果が制限されることもある。その具体例としては， ホ や， マ などがある。

ハ の解答群
⓪　著作物を商業利用する権利
①　著作物を利用許諾する権利
②　著者者の名誉や個人的な権利を保護する権利
③　著作物を所有する権利

ヒ の解答群
⓪　著作物を公表する権利
①　著作物を複製する権利
②　著作物の内容を勝手に改変されない権利
③　著作物の公表時に氏名を表示するか否かを決める権利

フ の解答群
⓪　著作者の名誉や個人的な権利保護
①　著作物の商業利用権
②　著作物から発生する経済的利益を保護する権利
③　著作物の利用許諾権

ヘ の解答群
⓪　言語の著作物を口頭で公に伝える権利
①　映画の著作物の複製物を販売したり，貸与したりする権利
②　著作物を翻訳，編曲などによって，二次的著作物にする権利
③　著作物を公に上映する権利

ホ の解答群
⓪　公の場での詩の朗読
①　無断で有名アーティストの曲の使用
②　インターネット上の文章の引用
③　芸術作品の販売

マ の解答群
⓪　友人から借りた CD のコピー
①　ホームページに公開されている写真の二次利用
②　私的使用のための DVD のコピー
③　一般に公開されている映画を利用した学校紹介動画の作成

解答
ハ：②　ヒ：②　フ：②　ヘ：①　ホ：②　マ：②

h 個人情報保護法とは， ミ であり，個人情報保護法に基づく主な義務としては ム などがある。個人情報保護法によって保護される情報の例としては， メ などがある。個人情報を第三者へ提供するときは，基本的には本人の同意が必要であるが，不要になるケースもある。そのケースとして正しくないのは モ などである。また，個人情報保護に際して，個人情報取扱業者が本人からの求めに応じてすべきこととして正しくないのは， ヤ である。個人情報保護法による罰則としては， ユ などがある。

  ミ の解答群
0　個人のプライバシー保護を目的とした法律
1　インターネットの利用制限のための法律
2　電子メールの送信を規制するための法律
3　情報セキュリティのための法律

  ム の解答群
0　データの暗号化の義務
1　個人情報の収集と利用の制限
2　インターネットの利用の制限
3　ネットワークセキュリティの義務

  メ の解答群
0　企業の営業秘密
1　公共の場で撮影された個人が特定できない写真
2　政府の公式文書
3　クレジットカード番号

  モ の解答群
0　警察などからの照会
1　児童の健全な育成に必要な場合
2　人の生命の保護に必要な場合
3　すでに SNS で情報が公開されている場合

  ヤ の解答群
0　個人情報の開示
1　個人情報の利用停止
2　個人情報の訂正
3　個人情報の公開

  ユ の解答群
0　個人情報漏えいに対する罰則
1　著作権侵害による刑事罰
2　偽造文書作成による罰則
3　営業秘密の盗用に対する罰則

解答
ミ：0　ム：1　メ：3　モ：3　ヤ：3　ユ：0

i サイバー犯罪とは, あ であり, 不正アクセス禁止法違反, コンピュータ・電磁的記録対象犯罪, ネットワーク利用犯罪の3つに分類される。不正アクセス禁止法違反とは, い であり, 不正アクセスを行うための情報を入手する具体的な手法としては う などがある。

　 あ の解答群
⓪ 監視カメラを避けて行った犯罪行為
① インターネットやコンピュータを介した犯罪行為
② ネットワーク機器を用いずに起こした犯罪行為
③ 企業内部での情報漏えい行為

　 い の解答群
⓪ ネットワークにつながっている端末を不正に操作したり, データを改ざんする犯罪
① 著作権で保護されているデータを不正に利用すること
② 電子掲示板で誹謗中傷すること
③ OSやソフトウェアの弱点であるセキュリティホールをねらうなどして, コンピュータに不正に侵入すること

　 う の解答群
⓪ ワンクリック詐欺
① ソーシャルエンジニアリング
② フィッシング
③ 架空請求

j ソーシャルメディアとは え であり, 主な特徴としては お などがあげられる。ソーシャルメディアの具体例として正しくないものとしては, か などがある。

　 え の解答群
⓪ オンラインショッピングサイト
① 音楽のストリーミングプラットフォーム
② コンピュータゲームのオンラインプラットフォーム
③ インターネット上での情報共有や交流が可能なウェブサービス

　 お の解答群
⓪ リアルタイムのビデオ会議機能
① 音楽のストリーミングサービス
② コンテンツの共有によるユーザ間の相互作用
③ オンラインショッピング機能

　 か の解答群
⓪ 電子掲示板
① ホワイトボード
② メッセージ交換アプリ
③ SNS

解答
あ：① 　い：③ 　う：① 　え：③ 　お：② 　か：①

12

例題 1

　情報には「物質としての形がない」「消えない」「複製が容易」「瞬時に伝わる」といった特性がある。以下の内容に対して，情報のどの特性が最も関係が深いか，あとの選択肢から番号で答えよ。
(1) 5年前に日課で書いていたブログを久々に読み返した。
(2) 思いついたアイデアを忘れないために，スマートフォンのメモに保存しておく。
(3) コンピュータを利用して作成した作文をたくさんの先生に見てもらうために複数枚印刷した。
(4) 旅行の時に撮影した写真をSNSにアップロードしたところ，数分後に友達から連絡が来た。
(5) 保有しているタブレットで電子書籍を購入しており，確認すると150冊分購入していた。

<選択肢>
⓪　物質としての形がない
①　消えない
②　複製が容易
③　瞬時に伝わる

Point

情報の特性の具体例を理解しておこう！

　情報には形がないため，どう解釈されるかは受け手によって異なる。表現によっては，意図しない伝わり方をすることもある。また，情報はとても便利である反面，「消えない」「複製が容易」「瞬時に伝わる」といった特性によって，予想外の情報拡散につながり，様々な問題につながる可能性もある。

解説

▶ 映像講義

(1) 情報の特性の一つとして，「消えない」というものがある。情報は，意図的に消そうとしたり，物理的に保管場所がなくなったりしない限り基本的に消えることはない。例えば，(1)のように情報の保管場所が残っている場合，5年前のデータのような時間が経っているデータでも通常消えることはない。

(2) 情報の特性の一つとして，「物質としての形がない」というものがある。この特性によって，多くの情報を煩雑にならず整理することが可能となっている。例えば，(2)のようなアイデアをスマートフォンのメモに保存しておくことにより，膨大な量を保存することができる。また，筆記用具がなくても保存ができるため，大変便利であるという特徴もある。

(3) 情報の特性の一つとして，「複製が容易」というものがある。情報は，コンピュータ上において瞬時に複製することや，1つのデータを複数出力することも可能である。(3)のようにコンピュータなどの電子機器で作成したものは，短時間で複製することが可能であり，手書きによる作文よりも簡単に複製することができる。

(4) 情報の特性の一つとして，「瞬時に伝わる」というものがある。情報は，インターネットを通して，瞬時に伝えることができる。このため，(4)のように写真をSNSにアップロードすることによって多数の人がその情報を確認することも可能である。ただし，この特性により，様々な問題につながることもあるので注意が必要である。

(5) 情報の特性の一つとして，「物質としての形がない」というものがある。この特性によって，多くの情報を煩雑にならず整理することが可能となっている。例えば，(5)のようにタブレットを用いることにより，本来なら自宅やオフィスに置くことが難しい数の書籍を保管することができるという特徴がある。
　また，一般的な環境では，購入したデータには「消えない」という特徴もある。

解答
(1)①　(2)⓪　(3)②　(4)③　(5)⓪

例題 2

情報を他人に伝える際は，情報を伝達するための手段であるメディアを利用する。メディアには「表現のためのメディア」「伝達のためのメディア」「記録のためのメディア」といった種類が存在する。次のメディアはどのメディアに分類されるのが最も適切かあとの選択肢から番号で答えよ。
(1) DVD
(2) 動画
(3) SD カード
(4) ハードディスク
(5) 電波
(6) 文字

＜選択肢＞
⓪ 表現のためのメディア
① 伝達のためのメディア
② 記録のためのメディア

Point

メディアの種類を整理しておこう！

メディアには下記の種類が存在する。
・表現のためのメディア：文字や画像，音声や動画のように情報を相手にわかりやすく表現するためのメディア
・伝達のためのメディア：回線や電波などのように，適切にコミュニケーションができるように，情報を伝達するためのメディア
・記録のためのメディア：CD，DVD，ハードディスクなどの，情報を記録するためのメディア

解説

▶ 映像講義

(1) DVD は，様々なデータを保存することができる。このため，データを保存（記録）するためのメディアである。なお，CD やブルーレイディスクなども記録のためのメディアである。

(2) 動画は，動きや音を通して，相手にわかりやすく情報を伝えるための手段である。このため，表現のためのメディアの1つである。

(3) SD カードはデジタルカメラの写真などの保存をすることが可能である。このため，記録のためのメディアの1つである。

(4) ハードディスクは，コンピュータ上の文書，音楽，動画など様々なものを保存することが可能である。このため，記録のためのメディアの1つである。

(5) 電波を利用することによって，相手に情報を伝えることが可能である。このため，伝達のためのメディアの1つである。

(6) 文字によって，手紙を書くといったような様々な表現をすることが可能である。このため，表現のためのメディアでもある。

解答
(1)②　(2)⓪　(3)②　(4)②　(5)①　(6)⓪

例題 ③

以下の行動を，問題を解決するための流れとして適当な順になるように並べ替えよ。

⓪ 友達と勉強会を開いてテスト勉強に取り組んでみようと思う。
① 要因としては，勉強時間が確保できていないこと，テストの傾向がつかめていないことなどがある。
② 目標に対して5点足りなかったので，もう少し早くから勉強し始めることなどを友達に提案してみる。
③ 問題は情報のテストで点が取れないことである。次のテストで90点以上を取りたい。
④ 結果としてテストで85点が取れた。目標まであと5点足りなかった。
⑤ テスト1週間前に友達を数人誘って，自宅に招いて勉強会を行う。

Point

問題解決のための流れを理解しよう！

問題解決は以下の流れで行う。
(1) 問題と目標の明確化：何が問題で，目標は何かを把握する
(2) 問題の整理と分析：問題を整理・分析して原因を探る
(3) 解決策の立案：問題の解決案を考え，解決策を確定する
(4) 実行：解決策を実現するための計画を立て，実行する
(5) 評価：実行した結果を踏まえて，振り返る
(6) 共有：次の機会に活かせるように，情報を発信し，共有する

解説

▶ 映像講義

(1) まずは，問題と目標の明確化を行う。問題文の選択肢の中で，問題と目標の明確化を行っているものは③である。今回の問題は「情報のテストで点が取れないこと」である。そのうえで，目標を「90点以上を取りたい」としている。

(2) 続いて，問題の整理と分析を行う。問題文の選択肢の中で，問題の整理と分析を行っているものは①である。テストの点が取れない原因としては，「勉強時間が確保できていない」「テストの傾向がつかめていない」などがあげられている。

(3) 問題を整理したうえで，解決策の立案を行う。問題文の選択肢の中で，解決策の立案を行っているものは⓪である。今回は，「勉強時間が確保できていない」ことから友達を誘って勉強会を開くことによって解決しようと考えた。

(4) 解決策を実行する。問題文の選択肢の中で，解決策の実行を行っているものは⑤である。テスト1週間前に友達を誘って，勉強会を行った。

(5) 実行した結果を評価する。問題文の選択肢の中で，実行した結果の評価を行っているものは④である。今回は目標点が90点だったこともあり，あと5点足りなかった。目標を達成できなかった原因は，勉強時間がまだ足りなかったことであると考えた。

(6) 最後に，結果をもとに情報の共有を行い，次に向けての提案を行う。問題文の選択肢の中で，情報の共有と次に向けての提案を行っているものは②である。友達に結果を共有し，次回はもう少し早くから勉強し始めることなどを提案する。

解答
③⇒①⇒⓪⇒⑤⇒④⇒②

例題 ④

　現代社会では，インターネットを通して，他の人が作成した画像，音楽，文章，ソフトウェアなどのデータが手に入る。これらの利用の際は著作権の保護に気をつける必要がある。著作権に関する下記の説明のうち正しいものを2つ選べ。

⓪　作成した画像や音楽，文章，ソフトウェアは，特許庁への申請によって著作権が発生し，保護される。
①　他の人が作成し，インターネット上で適法に公開されているソフトウェアを，自分のWebページ上で，自分の開発したものとして無断で公開しても著作権法に違反しない。
②　他の人が作成し，インターネット上で適法に公開されている音楽は，無断で視聴しても著作権法に違反しない。
③　他の人が作成し，インターネット上で適法に公開されているソフトウェアは，コピーして自分のWebページ上で，無断で公開しても著作権法に違反しない。
④　他の人が作成し，インターネット上で適法に公開されている文章は，引用の条件を満たせば自分のWebページ上で，無断で公開しても著作権法に違反しない。

[駒澤大 2022]

Point

　著作権の適用範囲や，著作権が制限される場合を理解しておこう！

　著作権は，学術的または芸術的な創造物を保護する権利のことである。著作物を作り出した著作者に対して，その著作物を作り出したときに自動的に発生する。このため，産業財産権のように関係機関に届け出をする必要はない。ただし，保護期間である著作者の死後70年が過ぎたものは著作権が及ばない。また，私的使用のための複製や，教育機関における複製，引用，非営利目的の演奏などは著作権が制限される。

解説

▶ 映像講義

⓪　作成した画像や音楽，文章，ソフトウェアは，創作した時点で自動的に著作権が発生し，保護されるため，特許庁への申請は必要ない。ただし，保護期間である著作者の死後70年が過ぎると，著作権による保護がなくなり，第三者が作成した画像や音楽，文章，ソフトウェアなどを利用することが可能になる。

①　適法に公開されているソフトウェアであっても，自分が開発したものとして無断で自分のWebページ上で公開する場合，著作権法に違反する。ただし，保護期間である著作者の死後70年が過ぎると，著作権による保護がなくなり，他の人が作成したソフトウェアを利用し，無断で自分のWebページ上で公開することが可能になる。

②　他の人が作成した音楽であっても，作成者がインターネット上で適法に公開している場合は，無断で視聴しても著作権法に違反しない。

③　他の人が作成したソフトウェアは，インターネット上に適法に公開されている場合であっても，自分のWebページ上で無断で公開すると，著作権法に違反する。ただし，保護期間である著作者の死後70年が過ぎると，著作権による保護がなくなり，他の人が作成したソフトウェアをコピーして，無断で自分のWebページ上で公開することが可能になる。

④　他の人が作成した文章で，インターネット上に適法に公開されている場合は，著作権者が定める引用の方法を満たしていれば，自分のWebページ上で公開しても著作権法の違反にはならない。ただし，著作権者が定める引用の方法を満たしていない，または引用の記載がない場合は著作権法の違反になる。

解答

②，④

例題 5

個人情報の保護に関する法律（個人情報保護法）に関する説明として，正しいものを1つ選べ。

⓪ 5000人分以下の個人情報しか取り扱っていない者は，個人情報取扱事業者には該当しない。

① 非営利の団体である町内会や同窓会は，個人情報取扱事業者には該当しない。

② 個人情報取扱事業者は，本人に対して，一定期間内に回答がない場合には個人データの第三者提供に同意したものとみなす旨の電子メールを送れば，当該期間を経過した場合に，本人の同意を得たこととすることができる。

③ 個人情報取扱事業者は，登記簿等により公開されている個人情報を取得する場合でも，利用目的をできる限り特定する必要がある。

④ 個人情報取扱事業者が，当初の利用目的を「会員カード等の盗難・不正利用発覚時の連絡のため」として連絡先等の個人情報を取得していた場合，本人の同意を得なくても，利用目的を変更して「当社が提供する商品・サービスに関する情報のお知らせ」を追加することができる。

[慶應義塾大 2021]

Point

個人情報保護法について理解しておこう！

氏名や生年月日など，生存する特定の個人を識別できる情報を個人情報といい，個人情報の取り扱いは，個人情報保護法によって定められている。個人情報保護法では，以下の内容が義務付けられている。

・個人情報を得る際は，前もって収集の目的を明確にし，その明示した目的以外に利用しない

・個人情報が流出したり，なくしたりしないよう管理する

・本人の同意を得ずに第三者に個人情報を提供してはならない

また，個人情報取扱事業者は，本人から開示，訂正，利用停止の求めがあれば応じなければならない。

解説

▶ 映像講義

⓪ 5000人分以下の個人情報しか取り扱っていない場合でも，個人情報取扱事業者に該当する。このため，5000人分以下の個人情報しか取り扱っていない場合でも，個人情報の保護に関する法律（個人情報保護法）に基づいて個人情報を取り扱う必要がある。したがって，本選択肢は誤りである。

① 非営利の団体である町内会や同窓会だとしても，個人情報を取り扱っている場合は，個人情報取扱事業者に該当する。このため，町内会や同窓会だとしても，個人情報を取り扱う場合，個人情報の保護に関する法律（個人情報保護法）に基づいて個人情報を取り扱う必要がある。したがって，本選択肢は誤りである。

② 一定期間内に回答がない場合でも，本人の同意がない限り，個人データの第三者提供に同意したとみなすことはできない。このため，個人データの第三者提供に同意してもらうためには，本人の同意を得る必要がある。したがって，本選択肢は誤りである。

③ 登記簿などで公開されている個人情報を取得する場合であっても，個人情報を取り扱う際は，利用目的を特定する必要がある。したがって，本選択肢は正しい。

④ 本人の同意を得ない限り，利用目的を当初のものから変更して利用することはできない。このため，利用目的に「当社が提供する商品・サービスに関する情報のお知らせ」を追加する場合は，必ず本人の同意を得る必要がある。したがって，本選択肢は誤りである。

解答

③

例 題 ❻

特許法に関する説明として，正しいものを次の中から1つ選べ。

⓪ 特許出願した発明の内容は，特許庁の審査により特許権が認められない場合には公開されない。

① 特許出願前に公然と知られていた発明であっても，自分で技術を発明した者であれば，他の人が特許出願をしていない限り，特許権を取得することができる。

② 当該技術分野の平均的な知識を有する技術者が，既存の技術に基づいて容易に考えられる発明については，特許権は取得できない。

③ 特許権の技術的範囲に含まれる製品は，特許権者から適法に購入したものであっても，特許権者の承諾なく転売することができない。

④ 医薬品を製造するための技術は，人道的な見地から，特許権により独占することはできない。

[慶應義塾大 2020]

Point

特許権などの産業財産権について整理しておこう！

産業財産権には，以下のものがある。

・特許権：ものや方法，製造方法などの産業上高度な発明に関して独占的に利用できる権利。保護期間は出願から原則20年

・商標権：商品やサービスに使うマークや記号，文字などに関して独占的に使用できる権利。保護期間は登録から10年で更新あり

・意匠権：形状，模様，色彩などのもののデザインに関して独占的に利用できる権利。保護期間は出願から25年

・実用新案権：ものの構造や形にかかわる考案のような小発明に関して独占的に利用できる権利。保護期間は出願から10年

解 説

▶ 映像講義

⓪ 特許権は出願してから1年6か月経過すると，特許権が認められないなどの審査状況に関わらず公開される。したがって，本選択肢は誤りである。

① 特許出願前に公然と知られていた発明であった場合，新規性が認められないため，他の人が特許出願しているか否かに関わらず，特許権を出願することはできない。したがって，本選択肢は誤りである。

② 既存の技術に基づいて容易に考えられる発明であった場合，進歩性（発明に属する技術分野の通常の知識を有する者が，出願時点において知られている技術から容易に考え出すことができないこと）が認められず，特許権の取得はできない。したがって，本選択肢は正しい。

③ 特許権者から特許権の技術的範囲に含まれる製品を適法に購入した場合，特許権者の承諾なく転売したとしても，特許権の侵害にはならないため，転売することはできる。これは，特許権の技術的範囲に含まれる製品を適法に販売した時点で，特許権はその目的を達成しているため，効力がなくなるからである。したがって，本選択肢は誤りである。

④ 医薬品であっても，新規性や進歩性を認められる発明である場合は，特許権を取得することは可能である。なお，医薬品に関わる特許として「物質特許」，「製法特許」，「製剤特許」，「用途特許」などがある。したがって，本選択肢は誤りである。

解答

②

例題 7

インターネットを使ったサービス利用に関して、SNS やメール、Web サイトを利用する際の注意や判断として、適当なものを、次のうちから 2 つ選べ。

⓪ 相手からのメッセージにはどんなときでも早く返信しなければいけない。
① 信頼関係のある相手と SNS やメールでやり取りする際も、悪意を持った者がなりすましている可能性を頭に入れておくべきである。
② Web ページに匿名で投稿した場合は、本人が特定されることはない。
③ SNS の非公開グループでは、どんなグループであっても、個人情報を書き込んでも問題はない。
④ 一般によく知られているアニメのキャラクターの画像を SNS のプロフィール画像に許可なく掲載することは、著作権の侵害にあたる。
⑤ 芸能人は多くの人に知られていることから肖像権の対象外となるため、芸能人の写真を SNS に掲載してもよい。

[共通テスト試作問題]

Point

ソーシャルメディアの種類と利用方法を理解しておこう！

ソーシャルメディアとは、情報通信ネットワーク上でユーザ同士が情報をやりとりすることによって成り立っているメディアのことである。具体的には、SNS やメッセージ交換アプリ、電子掲示板などがある。トラブルにつながることも多いので、下記を守って利用することが望ましい。
・自分の個人情報を簡単に書き込まない
・人に対する悪口や誹謗中傷を書き込まない
・他人の個人情報やプライバシーの侵害をしない
・人の保有している著作権を侵害しない
・利用時間を決めるなど、利用する際のルールを明確にする
・使いすぎないなど、健康に気をつける

解説

▶ 映像講義

⓪ 相手からのメッセージは、必ずしも早く返信する必要はない。

① 信頼関係のある相手とのやりとりであっても、なりすましの可能性などを考慮し、十分に注意する。よって、正しい記述である。

② 匿名で投稿した場合であっても、本人が特定される可能性はある。

③ 非公開グループなどの限定的な場所であったとしても、個人情報は書き込まない。

④ 勝手にアニメのキャラクターなどの他の人が作成したものをプロフィール画像などで公開した場合は、著作権の侵害にあたる。よって正しい記述である。

⑤ 芸能人であっても、肖像権は保持しているため、SNS などへの掲載はしてはいけない。

解答
①、④

例題 ⑧

次の空欄 ア ， イ に入れるのに最も適当なものを，あとの選択肢のうちから1つずつ選べ。

電子メールは，インターネット上で広く使われているが，その利用には注意が必要である。例えば，企業からのお知らせメールなどを装って本物そっくりの偽サイトに誘導し機密情報を入力させる ア という詐欺行為の被害にあうことがある。また，添付ファイルに含まれていた イ が不正な処理を行うこともある。

＜選択肢＞
⓪ ウイルス   ① 架空請求   ② 個人情報
③ スパムメール   ④ チェーンメール   ⑤ DoS 攻撃
⑥ ディジタル署名 ⑦ フィッシング   ⑧ ワンクリック詐欺

[共通テスト 2021 追試験]

Point

サイバー犯罪やマルウェアの種類について理解しておこう！

サイバー犯罪には，下記のようなものがある。
・架空請求：実際には発生していない料金を不正に請求する詐欺行為
・ワンクリック詐欺：電子メールなどの URL を一度クリックしただけで，契約が成立したようにみせる詐欺
行為
・フィッシング：金融機関やクレジットカード会社などを装い，本物ではない Web サイトに誘い込み，ユー
ザのパスワードや暗証番号，個人情報などを盗む犯罪

マルウェアとは，コンピュータのような情報機器の利用者に対して，被害を与える目的で作成された不正ソフトウェアの総称である。マルウェアには，以下のようなものがある
・コンピュータウイルス：多様な被害をもたらす特殊なプログラムのこと。感染すると，ファイルの破壊を行っ
たり，内部の情報を外部に自動で送信したりする。自らを複製して増やすことがで
き，コンピュータ内のほかのファイルに感染し，ネットワークなどを通じて広がっ
ていく
・ボット：ウイルスに感染したコンピュータを，ネットワークを通じて外部から操作し，悪用することを目的
としたプログラムのこと
・スパイウェア：情報機器内の情報を集め，収集する者に送信するプログラムのこと
・ランサムウェア：コンピュータ内のファイルをユーザの意思とは無関係に暗号化し，元に戻すことを条件に
金銭の支払いを要求するプログラムのこと

解説

▶ 映像講義

本物そっくりの偽サイトに誘導し，機密情報を入力させる詐欺行為は，⑦フィッシングである。また，添付ファイルなどに含まれる可能性があり，感染すると不正な処理を行うものは，⓪ウイルスである。
② 個人情報とは，氏名や生年月日のように，生存する特定の個人を識別できる情報のことである。
③ スパムメールとは，受信者の意向を無視して，一方的に送り付けられるメールのことである。
④ チェーンメールとは，受信者に他の人に転送させることを目的とした迷惑メールの一種である。
⑤ DoS 攻撃とは，アクセスが集中することで，サーバがダウンすることを利用して，悪意を持ってサーバに
大量のデータを送り付けるサイバー攻撃の一種である。
⑥ ディジタル署名とは，高度なセキュリティ技術を用いて，暗号化された電子的な署名のことである。公開
鍵暗号方式を利用し，文書の真正・非改ざん性を証明する技術。

解答

ア：⑦ イ：⓪

1 次の文章を読み，問いに答えよ。

　知的財産権には，産業財産権と著作権がある。産業財産権には，特許権，実用新案権，意匠権，商標権の４つが含まれる。これらは，それぞれ発明，新しい使い方，デザイン，ブランド名やロゴなどを保護する権利である。一方，著作権には，　ア　と著作権（財産権）がある。　ア　には，公表権，氏名表示権，同一性保持権がある。著作権（財産権）は，文学作品，音楽，映画，絵画，写真などの芸術作品や，ソフトウェア，データベース，広告などのビジネス文書を保護する権利である。

問１：産業財産権について不適切な説明を選べ。
  ⓪　発明や新しい使い方，デザイン，ブランド名やロゴなどを保護する権利を含む。
  ①　文学作品，映画，絵画，写真などの芸術作品を保護する権利を含む。
  ②　特許権，実用新案権，意匠権，商標権の４つに限定された権利を含む。
  ③　産業用の製品についてのみ保護する権利を含む。

問２：意匠権について正しい説明を選べ。
  ⓪　新規性や進歩性がある発明に対して与えられる権利である。
  ①　物品の外観を決定する形状や構造などに対して与えられる権利であり，機能に関するものは含まない。
  ②　商標として使用される名称や図形，記号，音，色，立体形状などに対して与えられる権利である。
  ③　著作物に付随する権利であり，著作者が自らの著作物を公表する権利や氏名を表示する権利を含む。

問３：　ア　に入る正しい単語を書け。

問４：特許権について正しい説明を選べ。
  ⓪　著作物の利用を制限する権利であり，著作物を使用するためには著作者からの許可が必要である。
  ①　技術的発明に対して与えられる権利であり，特定の技術的アイデアや製品を独占的に利用できる。
  ②　事業活動に必要な商標を使用する権利であり，商標を使用するためには許可が必要である。
  ③　製品やサービスの機能や性能に関する情報の秘密を保ち，特定の情報の秘密を保護するために利用される。

問５：商標権について正しい説明を選べ。
  ⓪　商標の名称や図形や記号，音，色，立体形状などに対して与えられる権利であり，自社製品やサービスを他と識別するために使用される。
  ①　特定の技術的アイデアや製品を独占的に利用する権利であり，事業活動に必要な商標を使用するためには商標権者の許可が必要である。
  ②　著作権者が自らの著作物を公表する権利や氏名を表示する権利を含む，著作物に付随する権利である。
  ③　異なる企業が同じ商標を使用することを認める契約であり，商標の共有利用を目的とする。

問６：身の回りで著作物を利用する際，著作権法の権利制限規定にある例外的な利用に該当するケースを考え，２つ挙げよ。

2 著作権について述べた次の文章を読み，問いに答えよ。

人間の知的創造活動によって生まれたアイデアや創造物には財産としてみなせる価値がある。それらの中で法律上，利益に関わる権利として保護されるものがあり，それらの権利をまとめて ア と呼ぶ。 ア は， イ と著作権に分けることができる。

(1)著作権とは，著作物を作った人の権利である。著作権法第2条1項1号において，著作物とは，「思想又は感情を創作的に表現したものであって，文芸・学術・美術または音楽の範囲に属するもの」と規定されている。著作権は著作物を「勝手に使用されない権利」であり，(2)権利の存続期間が保護期間として法律で規定されている。

デジタル化された情報は簡単に完全なコピーを大量に作成することができる。著作物を作った人に許可なくコピーを取ったり，その著作物を利用したりすることは，著作権の侵害にあたる。

問1：空欄 ア ， イ に入る最も適切な語句を以下から選べ。
  ⓪ 特許権
  ① 創作権
  ② 実用新案権
  ③ 知的財産権
  ④ 上映権
  ⑤ 公表権
  ⑥ 産業財産権
  ⑦ 展示権

問2：下線部(1)について，著作権法上の著作物として該当しないものを選択肢の中から1つ選べ。
  ⓪ バーで泥酔した客が即興でピアノ演奏したメロディ
  ① 目を閉じて筆で紙に書いた絵画
  ② コンビニエンスストアで24時間撮影されている防犯カメラ
  ③ 楽譜で表現されていない音楽のメロディ

問3：下線部(2)について，著作権（財産権）の保護期間として最も適切なものを1つ選べ。
  ⓪ 個人の著作物の場合，基本的には公表されてから20年まで保護される。
  ① 個人の著作物の場合，基本的には公表されてから50年まで保護される。
  ② 個人の著作物の場合，基本的には公表されてから70年まで保護される。
  ③ 個人の著作物の場合，基本的には著作者の死後20年まで保護される。
  ④ 個人の著作物の場合，基本的には著作者の死後70年まで保護される。
  ⑤ 映画などの保護期間は，監督の死後20年まで保護される。
  ⑥ 映画などの保護期間は，監督の死後50年まで保護される。
  ⑦ 映画などの保護期間は，監督の死後70年まで保護される。

問4：著作権法におけるソフトウェアの保護について最も適切なものを選択肢から1つ選べ。
  ⓪ アルゴリズム（問題を解決するための方法や手段のこと）は，著作権法によって保護される。
  ① アルゴリズムを記載，解説した文書は著作権法によって保護されるが，それを表現したプログラムは保護されない。
  ② OSなどの基本プログラムは，ハードウェアの権利の範疇となるため，著作権法によって保護されない。
  ③ ソースプログラムは著作権法によって保護される。

［武蔵野大 2020 改］

3 個人情報や引用について，問いに答えよ。

問1：個人情報の保護に関する法律は2015年に改正されたが，この法律の目的を示す条文にも手が加えられた。以下に改正前と改正後の条文を示す。改正前と改正後の条文から，改正の趣旨はどのようなものだと考えられるか，もっとも適切なものを1つ選べ。

【改正前の法律（平成十五年法律第五十七号）の条文】

第一条　この法律は，高度情報通信社会の発展に伴い個人情報の利用が著しく拡大していることにかんがみ，個人情報の適正な取扱いに関し，基本理念及び政府による基本方針の作成その他の個人情報の保護に関する施策の基本となる事項を定め，国及び地方公共団体の責務等を明らかにするとともに，個人情報を取り扱う事業者の遵守すべき義務等を定めることにより，個人情報の有用性に配慮しつつ，個人の権利利益を保護することを目的とする。

【平成二十七年法律第六十五号で改められた法律の条文】

第一条　この法律は，高度情報通信社会の発展に伴い個人情報の利用が著しく拡大していることに鑑み，個人情報の適正な取扱いに関し，基本理念及び政府による基本方針の作成その他の個人情報の保護に関する施策の基本となる事項を定め，国及び地方公共団体の責務等を明らかにするとともに，個人情報を取り扱う事業者の遵守すべき義務等を定めることにより，個人情報の適正かつ効果的な活用が新たな産業の創出並びに活力ある経済社会及び豊かな国民生活の実現に資するものであることその他の個人情報の有用性に配慮しつつ，個人の権利利益を保護することを目的とする。

⓪　個人情報の利用を原則的に禁止したい。
①　個人情報をより積極的に活用したい。
②　個人による情報の登録を制限したい。
③　個人による情報の登録を強制したい。

問2：問1において改正の趣旨・目的と関連の深い語句として，最も適切なものを1つ選べ。
⓪　プライバシーマーク
①　肖像権保護
②　ビッグデータ活用
③　知的財産権保護
④　クラウドファンディング活用
⑤　販売時点管理

問3：現代ではインターネットで検索した情報を，コピー・アンド・ペーストで簡単に転載ができるため，論文・レポートなどでの不適切な引用が問題となるケースが増えてきている。このような場合，適切に引用するには満たすべき条件がいくつかある。このうち3つを箇条書きで述べなさい。

［明治大 2019］

2章 メディアとコミュニケーション

1 メディアとコミュニケーション

　人と人とが意思や思考などを伝え合うことを　1　という。また，情報の送信者と受信者の間を媒介するものを　2　という。　2　の1つとして，1793年，フランス人のクロード・シャップが発明した，可動式の腕木の向きを変えることでメッセージをつくる通信方式の　3　などがある。

2 コミュニケーション手段の発達

［記録メディアの発達］

記録メディアの発達

① 身振り，手振り，音声
② 　4　 の発明
　・情報を残すことができる
　・直接会話ができなくても伝えることができる
③ 　5　 の発明
　・風化しづらく，扱いやすい
④ 　6　 技術の発達
　・多くの人に対して同じ情報を伝達できる
⑤ 　7　 技術の発明
　・画像を記録することができる

［通信技術の発達］

通信技術の発達

① 　8
　・煙などを用いて遠い場所への伝達ができる
② 　3
　・短い時間で遠方へ伝達することができる
③ 　9
　・遠い場所でも瞬時に伝達ができる
　・ファックスを用いると画像も送ることができる
④ 　10
　・固定の場所ではなく，移動中でも情報伝達することができる

解答
1：コミュニケーション　2：メディア　3：腕木通信　4：文字　5：紙　6：印刷　7：写真　8：のろし
9：電信・電話　10：携帯電話・スマートフォン

[より多くの人への情報伝達]

より多くの人への情報伝達 →

① ☐11☐
・音声により瞬時に多くの人に情報を伝達することができる
② ☐12☐
・音声や映像により瞬時に多くの人に情報を伝達することができる
③ ☐13☐
・個人が世界中の人々に情報を発信できる
④ ☐14☐
・今までの一方向の通信ではなく，双方向な通信ができる

3 メディアを利用する際に生じる課題

メディアはとても便利であるが，利用する上での課題も多い。様々な課題が次のことが原因で生じる。
（ ☐15☐ ， ☐16☐ ， ☐17☐ には「伝達手段」，「社会や文化」，「伝える（読み取る）」のいずれかが入る）
・ ☐15☐ として利用するメディアが持つ特性を理解できていないこと
・お互いが所属している ☐16☐ の違いを理解できていないこと
・情報を ☐17☐ 技術が発達していないこと

様々なメディアの特性についての理解をもとに，受信者として情報を正しく受け取り，送信者として正確に情報を発信する能力を ☐18☐ という。

4 コミュニケーションの形態

コミュニケーションの形態は，コミュニケーションをとる人数や，情報の発信者と受信者が時間を共有するか否かなどのちがいによって分類できる。コミュニケーションをとる人数による分類としては，1人と1人でコミュニケーションをとる ☐19☐ の形態や，マスメディアのように不特定多数の人に発信するコミュニケーションである ☐20☐ などの形態がある。また，情報の発信者と受信者がお互いに同じ時間を共有するコミュニケーションを ☐21☐ 的コミュニケーション，発信者と受信者が同じ時間を共有する必要がないコミュニケーションを ☐22☐ 的コミュニケーションという。

電話・手紙・テレビの生中継・動画共有サイトの4つについて，コミュニケーションの形態を考える。

☐19☐	・	☐21☐	的なコミュニケーション：	☐23☐
☐19☐	・	☐22☐	的なコミュニケーション：	☐24☐
☐20☐	・	☐21☐	的なコミュニケーション：	☐25☐
☐20☐	・	☐22☐	的なコミュニケーション：	☐26☐

解答
11：ラジオ　12：テレビ　13：インターネット　14：デジタル放送　15：伝達手段
16：社会や文化　17：伝える（読み取る）　18：メディア・リテラシー　19：1対1　20：1対多
21：同期　22：非同期　23：電話　24：手紙　25：テレビの生中継　26：動画共有サイト

5　コミュニケーションの特性

① 　27 　性

　インターネット上では，実名を公開せずに　27 　や　28 　（本名以外の任意の名前）などで情報を書き込むことも可能となっている。これによってプライバシーの保護が可能になる反面，個人の特定が容易ではないことから，自分の発言の内容に責任を持たず，簡単に情報を発信して社会的問題を引き起こす可能性もある。

② 情報の　29

　インターネット上で発信された情報は簡単に複製できる。このため，ソーシャルメディアなどを利用した情報の　29 　が起きやすい。

③ 情報の　30 　性

　インターネットを利用して個人から発信される情報は，その内容が正しいかどうかの確認作業を行われずに公開されるものも少なくない。そのため，受信した情報が正しいかどうかの確認を行う必要がある。また，　31 　のようなわざと事実とは異なる虚偽の情報を伝えるニュースもあるため，情報の　30 　性を見極める力が必要である。

　記号や文字を用いて，テキスト上で表情などを表すものを　32 　といい，これを用いて感情を伝える工夫がされてきた。また，近年では　32 　のほかに，メッセージ交換アプリなどでメッセージの代わりに使うことができる，　33 　という多種多様な小さなイラストも多く利用されている。

　コミュニケーションには，様々なメディアを利用することができる。コミュニケーションの目的によって，適切なメディアを選択することが重要になる。例えば，緊急の要件を伝達する場合，電子メールのような　34 　的なメディアを利用するよりも，すぐに要件を伝達することができる電話のような　35 　的なメディアを利用した方がよい。

　また，1人の人に対して個人的な内容を発信する場合，　36 　のコミュニケーションのメディアであるソーシャルメディアを利用することは避けたほうが良い。このように，メディアを利用する際は，それぞれのメディアの特性を理解して選択することが望ましい。

6　インターネットの発展

　インターネットの起源は，1969年にアメリカ国防総省の資金提供により構築されたコンピュータネットワークである　37 　というネットワークの開発にある。　37 　のデータは，現在のインターネットと同様の　38 　という小さなデータに分割して送受信されていた。

　21世紀に入ると，光ファイバなどによりインターネットに接続するための回線が高速化された。光ファイバによる家庭向けの高速データ通信サービスである　39 　や，ケーブルを用いて行う有線放送である　40 　などの高速な通信を実現した　41 　の普及により，写真や動画など様々なものが提供できるようになった。

　携帯電話網を利用した無線通信技術に関しても，一定時間に伝えることのできるデータの量を表す　42 　について，国際電気通信連合が定めた規格に準拠した無線移動通信システムである　43 　では50Mbps～1Gbpsだったものが，　44 　では10～20Gbpsになり，高速化されてきている。

　情報技術の進化に伴い，若者と高齢者のような世代間，都市部と地方のような地域間で，インターネットのような情報通信技術を使える人と使えない人との間にある知識や機会格差を指す　45 　の問題が生じやすくなっている。インターネットは電話や郵便のように社会全体で均一に保たれ，すべての人が等しく受けることのできる公共サービスである　46 　を提供する義務はないため，　45 　の解決にあたり，すべての人がインターネットにアクセスできるような環境を整えることが課題となっている。

解答
27：匿名　28：ハンドルネーム　29：拡散　30：信ぴょう　31：フェイクニュース
32：顔文字　33：スタンプ　34：非同期　35：同期　36：1対多　37：ARPANET　38：パケット
39：FTTH　40：CATV　41：ブロードバンド　42：データ転送レート　43：4G
44：5G　45：情報格差　46：ユニバーサルサービス

7 情報機器のパーソナル化

かつては電話，テレビ，ラジオ，音楽プレーヤ，コンピュータなどの情報機器は1家に1台，家族で一緒に利用する　47　であった。現在では，電話をはじめとしたこれらの情報機器は1人1台に近いほど普及していることから　48　と変化している（パーソナル化）。パーソナル化が進むにつれて，電話も発達し，個人で利用しやすいように　49　が登場した。さらには，現在では，　49　が進化し，　50　へと形を変えて，下記のような様々な機能が利用できるようになり，高度な情報機器へと発達した。

・　51　：かつての電話と同じ機能であり，　50　を通して同期的に相手と会話をすることができる機能

・　52　：送信相手のアドレスを利用し，非同期的に文章やファイルを送信できる機能

・　53　：かつては家で見ることが主流だったが，現在ではアプリケーションを利用して，同期的または非同期的に映像や音声を受信し，映像としてみることができる機能

・　54　：かつてはMDやCDなどをプレーヤで聞くことが主流だったが，現在ではアプリケーションを利用して，　50　を通してどこでも曲を聞くことができる機能

・　55　：目的の場所を調べるためにかつては紙面を利用していたが，現在ではアプリケーションを利用し，　50　を通して，目的の場所を調べることができる機能

8 ソーシャルメディア

情報通信ネットワーク上でユーザ同士が情報を交換することによって成り立っているメディアを　56　という。　56　には，下記のようなものがある。

・　57　，マイクロ　57　：個人や企業が発信した情報を時系列で記録し，公開・閲覧できるサービス

・　58　：ネットワーク上でメッセージや写真などのやり取りを行い，人間関係を広げていくことができるサービス

・　59　：リアルタイム性を持ったメッセージを交換できるサービス

・　60　：誰でも動画の中継や配信ができるとともに，投稿された内容の閲覧やコメントの投稿ができるサービス

・　61　：多くの人がメッセージを投稿でき，投稿された内容を閲覧できるサービス

・　62　：写真を簡単に投稿，閲覧できるサービス

インターネットは世界中にはり巡らされたネットワークであるため，個人の書き込みであっても世界中に公開される。そのため，拡散されたくない情報が不用意に流出しないように，情報の　63　を適切に設定することが望ましい。

ソーシャルメディアの多くは無料で利用可能である。運営会社が収入を得るために表示している広告は，利用者の投稿内容や，「いいね」などのアクション，フォローしているアカウントなどから解析した行動に合わせて選ばれていることが多い。つまり，利用者は，自身の　64　を提供することでサービスを無料で受けているといえる。

解答

47：共有物　48：私有物　49：携帯電話　50：スマートフォン
51：通話　52：電子メール　53：動画　54：音楽プレーヤ　55：地図
56：ソーシャルメディア　57：ブログ
58：SNS　59：メッセージ交換アプリ　60：動画共有サイト　61：電子掲示板　62：写真共有サイト
63：公開範囲　64：行動履歴

次の問いについて，空欄にあてはまる最も適切なものをそれぞれの解答群から選び，数字で答えよ。

a 情報におけるメディアとは ア であり，最も古くから存在するメディアとして イ などがある。インターネット上で情報を共有することができる双方向型のメディアを総称して ウ という。また，これらのメディアを通じて得られる情報に関して，信頼性を評価するために重要な要素としては エ などがある。

ア の解答群
⓪ 情報を一方的に削除するもの
① 情報を一方的に受け取るもの
② 情報の送り手と受け手の間を媒介するもの
③ 情報の流れを止めるもの

イ の解答群
⓪ インターネット
① 電話
② ラジオ
③ テレビ

ウ の解答群
⓪ ソーシャルメディア
① テレビ
② 新聞
③ 雑誌

エ の解答群
⓪ 情報の主張を確認するための信頼性の高いソースが複数あるかどうか
① 情報が自分の予想や意見と一致するかどうか
② 情報がソーシャルメディアで広く共有されているかどうか
③ 情報が鮮やかな画像や見出しで提示されているかどうか

b メディアを利用するにあたって，注意するべきこととして誤っているものとして オ などがある。また， カ フェイクニュースなどもあるため注意が必要である。

オ の解答群
⓪ 情報をそのまま受け入れず，批判的な思考を持つこと
① 情報源や情報提供者の信頼性を確認すること
② 情報の背後にある意図や偏りを考慮すること
③ メディアの情報を他の人々と共有する前に事実確認を行うこと

カ の解答群
⓪ インターネット上で匿名の情報が拡散される
① 政治的なバイアスを持つ情報を提供する
② 主観的な意見を客観的な事実として報じる
③ 事実とは異なる情報を意図的に流布する

解答
ア：② イ：① ウ：⓪ エ：⓪ オ：⓪ カ：③

c メディア・リテラシーとは キ であり，メディア・リテラシーを高めるためには ク が必要である。また，メディア・リテラシーを持つ利点としては ケ などがある。

 キ の解答群
⓪ メディアを利用する人を扱うための能力と技術のこと
① メディアに関する法律や規制を理解する能力のこと
② メディアの情報を批判的に評価し，適切に利用する能力のこと
③ メディアを利用せず，生活するための能力と知識のこと

 ク の解答群
⓪ 情報源の信頼性を確認し，情報を検証すること
① ソーシャルメディアでの情報共有を最小限にすること
② メディアの使用を避け，伝統的な情報源に頼ること
③ メディアの情報を鵜呑みにすること

 ケ の解答群
⓪ メディアに関する知識を得られること
① メディアに関する法的な問題に関与することができること
② メディアを利用せずに生活することができること
③ 偏見やフェイクニュースに惑わされず，信頼性の高い情報を選択できること

d コミュニケーションの形態には様々な種類が存在する。その1つに同期的，非同期的なコミュニケーションがある。同期的なコミュニケーションとは コ である。同期的なコミュニケーションには サ などがある。また，非同期的なコミュニケーションには シ などがある。

 コ の解答群
⓪ 手紙などを用いた遅延のあるコミュニケーションのこと
① リアルタイムで行われるコミュニケーションのこと
② 非言語のコミュニケーションのこと
③ 視覚的なコミュニケーションのこと

 サ の解答群
⓪ 電話
① メール
② 掲示板
③ ブログ

 シ の解答群
⓪ ビデオ会議
① メール
② 会話
③ 電話

解答
キ：② ク：⓪ ケ：③ コ：① サ：⓪ シ：①

e　コミュニケーションの形態として，1対1のコミュニケーション，1対多のコミュニケーションがある。1対1のコミュニケーションの具体例としては ス などがあり，1対多のコミュニケーションの具体例としては セ などがある。

ス の解答群
⓪　動画共有サイト
①　手紙
②　プレゼンテーション
③　グループディスカッション

セ の解答群
⓪　電子メール
①　電子掲示板
②　電話
③　手紙

f　コミュニケーションには様々な特性がある。その中でも，プライバシーの保護や自由な発言がしやすくなるという利点を持ち，実名を公開せずに情報を書き込むことができる特性を ソ という。また，相手の反応やフィードバックを受け取ることが可能な特性を タ という。これらの特性を理解したうえで，メディアを利用することが必要である。例えば，大規模な情報の発信や一斉配信に適したメディアは チ であり，複数人での対話や議論を重視するために使用されるメディアは ツ である。

ソ の解答群
⓪　明瞭性
①　迅速性
②　匿名性
③　効率性

タ の解答群
⓪　直接性
①　双方向性
②　多様性
③　匿名性

チ の解答群
⓪　ラジオ
①　手紙
②　電子掲示板
③　電話

ツ の解答群
⓪　メール
①　電子掲示板
②　ソーシャルメディア
③　テレビ

解答
ス：①　セ：①　ソ：②　タ：①　チ：⓪　ツ：②

g ブロードバンドとは テ であり，ブロードバンドが利用できるようになったことにより ト が可能となった。 ナ による回線などは，ブロードバンドの一種である。また，無線通信技術も発展している。 ニ である 4G から 5G に進化することで，データ転送レートも向上している。5G の利点としては， ヌ などがある。

テ の解答群
⓪ インターネットの速度を測定するための単位
① 音声通信に使用される通信技術の一種
② 高速で大容量のデータ通信が可能な通信技術
③ ワイヤレス通信を利用したネットワークの形態

ト の解答群
⓪ 高速で効率的なデータ転送
① 通信費用を下げること
② 長距離通信
③ セキュリティレベルの向上

ナ の解答群
⓪ ダイヤルアップ接続
① 光ファイバ接続
② イーサネット接続
③ ISDN（統合デジタルサービスネットワーク）接続

ニ の解答群
⓪ 第 4 世代のモバイル通信規格
① 第 4 世代の無線 LAN 規格
② 第 4 世代の衛星通信規格
③ 第 4 世代の有線通信規格

ヌ の解答群
⓪ 通信範囲が非常に広いこと
① 高レイテンシ（遅延）の通信であること
② 高速なデータ転送が可能であること
③ すべての地域で利用可能であること

h コミュニケーションをする際には，目的に応じてメディアを選択する必要がある。例えば，すぐに伝える必要はないが，送った形跡を残すため，電子データであるファイルを送りたいというときは， ネ を利用するべきである。

ネ の解答群
⓪ 電話
① 電子メール
② FAX
③ チャット

解答
テ：② ト：⓪ ナ：① ニ：⓪ ヌ：② ネ：①

i 　情報格差とは ノ であり，主な原因としては ハ などが挙げられる。情報格差を解消するために必要なこととして ヒ などがある。インターネットにおいては，フ であるユニバーサルサービスを提供する義務はない。ユニバーサルサービスの一例としては，ヘ などがある。ユニバーサルサービスを実現するためには，ホ の必要性がある。

　ノ の解答群
⓪　情報を適切に処理する能力のこと
①　情報を利用する技術のこと
②　情報にアクセスする機会や能力の不均等のこと
③　情報を共有する手段の多様性のこと

　ハ の解答群
⓪　地理的な制約やアクセスインフラの不足
①　技術の進化と普及の遅れ
②　コンピュータウイルスの増加
③　コミュニケーション能力の不足

　ヒ の解答群
⓪　インターネット接続の制限とコントロール
①　情報の制約と規制の導入
②　デジタルリテラシーの普及と教育の重視
③　情報の商業化とプライバシーの保護

　フ の解答群
⓪　すべての人に対して平等なサービスを提供する制度
①　高速で大容量の通信サービスを提供する制度
②　地域ごとに異なるサービスを提供する制度
③　新興国向けに特化したサービスを提供する制度

　ヘ の解答群
⓪　高速インターネットの商用化
①　衛星通信技術の開発
②　携帯電話のプライバシー保護
③　電話の普及とアクセスの提供

　ホ の解答群
⓪　利益最大化を優先する事業モデルの確立
①　インフラ整備やアクセスの拡大
②　富裕層向けのサービス提供と拡大
③　地理的な制約の考慮とサービスの制限

解答
ノ：②　ハ：⓪　ヒ：②　フ：⓪　ヘ：③　ホ：①

j ソーシャルメディアとは マ であり，主な特徴としては ミ などがある。ソーシャルメディアのリスクや課題は ム である。ソーシャルメディアの中には，ブログ，SNS，メッセージ交換アプリなどがある。ブログとは メ であり，SNSとは モ である。

マ の解答群
⓪ メールや電話でのコミュニケーションを支援するサービス
① オンライン上でユーザ同士が情報や意見を共有するためのプラットフォーム
② オンラインで商品を販売するためのマーケティングツール
③ テレビやラジオなどの放送メディアをインターネット経由で配信するサービス

ミ の解答群
⓪ オンライン上での匿名性を保護すること
① 高速で大容量のデータ転送が可能であること
② 情報の制限とフィルタリングが行われること
③ リアルタイムでの情報共有とコミュニケーションが可能であること

ム の解答群
⓪ インターネット接続の制限と規制
① 匿名性によるユーザ間での信頼性の低下
② プライバシーの侵害やデータの漏えい
③ 情報の制約とフィルタリングの厳格化

メ の解答群
⓪ ソーシャルメディア上で短いメッセージを投稿するサービス
① オンライン上で記事やコンテンツを投稿するウェブサイト
② 写真や画像を共有するためのオンラインプラットフォーム
③ プロフェッショナルな経歴やスキルを共有するサービス

モ の解答群
⓪ オンライン上で情報や意見を共有するためのプラットフォーム
① 音楽や動画をストリーミングするサービス
② オンラインで商品を販売するためのマーケティングツール
③ 電子メールやメッセージングを提供するサービス

k かつて1家に1台だった電話，テレビ，ラジオ，音楽プレーヤ，コンピュータなどの情報機器について，現在では，1人に1台に近いほど保有している。これは家族の共有物だったものが，個人で利用する私有物に変化している。このような変化のことを ヤ という。

ヤ の解答群
⓪ クラウド化
① データ化
② パーソナル化
③ メディア化

解答
マ：① ミ：③ ム：② メ：① モ：⓪ ヤ：②

例題 ⑨

インターネットは，1969 年に実験が開始された ┃　い　┃ が起源とされている。┃　い　┃ で実験していた(A)パケット交換の仕組みは，やがて TCP/IP の確立につながっていった。1970 年初頭には，ネットワークを通じて遠く離れたユーザへメッセージを送る ┃　ろ　┃ システムが開発され，情報伝達の手段として用いられた。その後，1989 年ごろには，ハイパーリンクをたどって様々なデータを閲覧できる ┃　は　┃ が考案され，今では広く利用されるようになった。

問1：空欄 ┃　い　┃ ～ ┃　は　┃ に当てはまる語句の組合せとして最も適当なものを，次の⓪～⑤のうちから1つ選べ。

⓪　い：ARPANET　　ろ：SMTP　　は：POS
①　い：INTERNET　　ろ：電子メール　　は：FTP
②　い：ARPANET　　ろ：HTML　　は：FTP
③　い：INTERNET　　ろ：ブラウザ　　は：SMTP
④　い：ARPANET　　ろ：電子メール　　は：WWW
⑤　い：INTERNET　　ろ：POS　　は：WWW

問2：下線部(A)に当時利用されていた中継器として最も適当なものを，次の⓪～③のうちから1つ選べ。

⓪　ルータ
①　モデム
②　パケット交換機
③　ハブ

［共通テスト 2023 追試験 改］

Point

> インターネットの起源や変遷について整理しておこう！

インターネットの起源は，1969 年にアメリカ国防総省の資金提供により構築されたコンピュータネットワークである ARPANET というネットワークの開発にある。ARPANET のデータは，現在のインターネットと同様パケットという小さなデータに分割して送受信されていた。このパケットを伝送するために，現在のルータに相当するパケット交換機を通じて通信を行っていた。これらを用いて，コンピュータ間を TCP/IP で相互に接続することによってネットワークを構築した。これがのちの TCP/IP を利用したインターネットへと発展していった。

解 説

▶ 映像講義

1969 年に実験が開始されたインターネットの起源となるコンピュータネットワークは「ARPANET」である。この ARPANET で利用されていたパケットを利用して伝送を行う方式を利用して，1970 年初頭にネットワークを通じて遠く離れたユーザへメッセージを送ることができるメディアである「電子メールシステム」が開発された。その後，1989 年にはインターネットのしくみを利用し，ハイパーリンクをたどって様々なデータを閲覧することができる「WWW（World Wide Web）」が考案され，現在広く利用されている。

解答
問 1：④
問 2：②

例題 ⑩

次のコミュニケーションの形態にあてはまるメディアをあとの選択肢から全て選べ。
(1)　1対1で同期的なコミュニケーション
(2)　1対多で同期的なコミュニケーション
(3)　1対1で非同期的なコミュニケーション
(4)　1対多で非同期的なコミュニケーション

⓪　電話でのインタビュー
①　電子メールによる合否通知
②　テレビ番組の生放送
③　電子掲示板への投稿
④　友人同士でのチャットでの会話
⑤　Web サイトを利用した会社の紹介

Point

コミュニケーションの形態について整理しておこう！

コミュニケーションの形態には，コミュニケーションをする人数による分類（1対1，1対多）と，同じ時間を共有するかどうかによる分類（同期的，非同期的）がある。
・1対1によるコミュニケーションとは，コミュニケーションの送信側1人と受信側1人の2人でとるコミュニケーションである。
・1対多によるコミュニケーションとは，コミュニケーションの送信側が1人で受信側が複数であるコミュニケーションである。
・同期的なコミュニケーションとは，コミュニケーションの送信側と受信側で互いに同じ時間を共有するコミュニケーションである。
・非同期的なコミュニケーションとは，コミュニケーションの送信側と受信側で互いに同じ時間を共有する必要のないコミュニケーションである。

解説

▶ 映像講義

⓪　電話でのインタビューは，インタビューをする側とされる側の1対1でのコミュニケーションである。また，電話を利用していることにより，同じ時間を共有する必要があるため，同期的なコミュニケーションといえる。
①　電子メールによる合否通知は，通知の送信側と受信側による1対1でのコミュニケーションである。また，電子メールを利用していることにより，同じ時間を共有する必要がないため，非同期的なコミュニケーションである。
②　テレビ番組の生放送は，放送を行う送信側1に対して，受信側が多数になるため，1対多でのコミュニケーションである。また，生放送ということにより，同じ時間を共有する必要があるため，同期的なコミュニケーションである。
③　電子掲示板への投稿は，投稿側1に対して，受信側が多数になるため，1対多でのコミュニケーションである。また，電子掲示板ということにより，同じ時間を共有する必要がないため，非同期的なコミュニケーションである。
④　友人同士のチャットでの会話は，チャットをする側とされる側の1対1でのコミュニケーションである。また，チャットということにより，同じ時間を共有する必要があるため，同期的なコミュニケーションである。
⑤　Web サイトを利用した会社の紹介は，Web サイトの作成側1に対して，受信側が多数になるため，1対多でのコミュニケーションである。また，Web サイトということにより，同じ時間を共有する必要がないため，非同期的なコミュニケーションである。

解答
(1)⓪，④　(2)②　(3)①　(4)③，⑤

例題 ⑪

インターネット上の情報の信ぴょう性を確かめる方法として，適当なものを次の⓪〜⑥のうちから全て選べ。

⓪ 検索エンジンの検索結果で，上位に表示されているかどうかで判断する。

① Q&A サイトの回答は，多くの人に支持されているベストアンサーに選ばれているかどうかで判断する。

② SNS に投稿された情報は，共有や「いいね」の数が多いかどうかで判断する。

③ 特定の Web サイトだけでなく，書籍や複数の Web サイトなどを確認し，比較・検証してから判断する。

④ 災害時の情報は，SNS などの発信されている情報に写真や動画があるかどうかで判断する。

⑤ SNS で発信されている情報は，有名人が同様の発信をしているかどうかで判断する。

⑥ SNS を利用する場合，取得したい情報の公式のアカウントで発信されているかどうかで判断する。

[共通テスト試作問題 改]

Point

情報の特性である信ぴょう性について理解しておこう！

インターネット上の情報には，正確な情報はもちろんのこと，虚偽の情報が含まれている可能性もある。一見正しいように見える情報でも，意図的に事実とは異なる情報を伝えるフェイクニュースの可能性もあり得る。このため，情報を発信する側も受信する側も，掲載されている情報が正しいものであるかどうかを様々な視点から比較・検証する必要がある。

解説

▶ 映像講義

⓪ 検索エンジンの検索結果は，上位に表示するように操作することも可能である。このため，上位に表示されているからといって正しい内容，信頼できる内容であるとは限らない。したがって，検索結果の上位にあるかどうかで判断するのは不適である。

① Q&A サイトの回答は，たとえ虚偽の内容であったとしても，共感が得られればベストアンサーに選ばれる可能性もある。このため，ベストアンサーに選ばれた内容が必ずしも正しいとは限らない。したがって，多くの人に支持されているベストアンサーに選ばれているかどうかで判断するのは不適である。

② SNS に投稿された情報で，共有や「いいね」の数が多いものは，多くの人からの共感が得られたものではあるが，必ずしも正しい情報とは限らない。したがって，共有や「いいね」の数が多いかどうかで判断するのは不適である。

③ 特定の Web サイトにのみ記載されているだけでは，正しい情報であるとは言い切れない。このため，書籍や複数の Web サイトで比較・検証することは正しい。そうすることによって，正しい情報であるという確証が得られると考えられ，正しく信ぴょう性を確かめることができる。

④ 災害時の情報は，特に信ぴょう性を確かめることが重要である。SNS などで写真や動画がある場合であっても，その写真や動画が偽物だったり，意図的に事実とは異なる虚偽の情報を含んだフェイクニュースの可能性もある。したがって，発信されている情報に写真や動画があるかどうかで判断するのは不適である。

⑤ SNS で発信されている情報で，有名人が発信している場合であっても，有名人も 1 人の人としての意見であるため，正しいとは限らない。したがって，有名人が同様の発信をしているかどうかで判断するのは不適である。

⑥ SNS においては，様々な個人アカウントが各自の意見を発信しているため，基本的には正しい情報とは言い切れない。このため，正しい情報を得たい場合は，SNS においては，国や都道府県，公式の企業など取得したい情報の公式のアカウントから発信されているかどうかで判断することが望ましい。この方法で取得した情報であれば，正しい情報であると考えられるため，正しく信ぴょう性を確かめることができる。

解答

③，⑥

　某市某地区にあるダンススクールでは，再来月にダンス発表会を開催することになり，ダンススクールの周辺住民に広く告知したいと考えた。発表会の広報戦略を立てるため，スクールの広報活動で利用できるメディアの特徴を検討して，次の表1にまとめた。さらに，周辺住民に普段から利用しているメディアについてアンケートを取り，その結果から後の図1を作成した。

表1 各メディアの特徴

メディア	対象範囲	更新頻度	告知費用	情報発信形式
地元新聞※	県　内	毎　日	高　額	文章・画像
地区の広報誌※	地区内	毎月第2水曜日	無　料	文章・画像
地区の掲示板※	掲示場所近隣	随　時	無　料	文章・画像
スクール Web サイト	全世界	随　時	低　額	文章・画像・動画
動画 SNS アプリ	全世界	随　時	無　料	動　画

※掲載2日前までに依頼する必要がある。

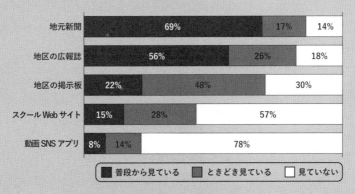

図1　周辺住民のメディア利用率

問：発表会を告知するにあたり，費用をかけずに多くの周辺住民に対して告知できるメディアを選択したい。表1と図1をふまえ，最も適したメディアを，次の⓪〜④のうちから1つ選べ。

⓪　地元新聞
①　地区の広報誌
②　地区の掲示板
③　スクール Web サイト
④　動画 SNS アプリ

〔共通テスト 2022 追試験 改〕

Point

それぞれのメディアの特徴を確認しておこう！

　メディアによって，対象範囲，費用，扱える情報の形式などが異なる。このため，何を目的としてメディアで発信するかを明確にして，適切なメディアを選択する必要がある。また，メディアによって利用率も異なるため，利用率も考慮してメディアを選択すると目的を達成しやすくなる。

解説

▶ 映像講義

　今回は，「費用をかけずに」という目的があるので，「告知費用が無料」のものを選択する。さらに，「周辺住民に対して告知できる」という目的と，「普段から見ている」割合の多いものを考慮すると，最適なのは地区の広報誌となる。

解答
①

例題⑬

以下のような身に覚えのないメールを受け取った場合，最も適切な行動をあとの選択肢から1つ選べ。

〈メール内容〉

あなたは数日前に当社のWebサイトにおいて，有料会員登録を行い，商品を購入されましたが，会員登録および商品の代金のお支払いが完了していません。

○月○日までに，下記に記載の金額を指定の口座へお振込みお願いいたします。万が一，お振込みの確認ができない場合は，法的な措置を取らせていただく可能性がございますのでご注意ください。

【振込先】情報銀行インターネット支店
【口座番号】普通123456
【口座名】情報太郎
【金額】10万円
【連絡先】

株式会社情報アクセス
電話番号　090-0000-0000
メールアドレス　info@joho.com
Webサイトの URL　www.joho.com

〈選択肢〉
⓪　メールに記載のメールアドレスにメールを送って確認する。
①　メールに記載のWebサイトにアクセスして登録したかどうかを確認する。
②　メールに記載の電話番号へ連絡をしてみる。
③　指定された日までに振り込みを行う。
④　身に覚えがないので，何もしない。

Point

情報の信ぴょう性を理解したうえで，どのような行動をするべきか考えよう！

ソーシャルメディアや電子メールなどでは，企業などになりすますことで個人情報を取得しようとしたり，詐欺行為に及ぼうとする人物からのメールやメッセージが届く可能性もある。このため，身に覚えのないメールやメッセージには細心の注意を払い，場合によっては当該のメールやメッセージを削除するなどして，要求に応じないことが望ましい。

解説

▶ 映像講義

⓪　メールに記載されているメールアドレスであっても，悪徳業者の可能性も考えられる。この際に，メールを送ってしまうと，業者にメールアドレスが知られ，今後も執拗にメールを送られる可能性がある。このため，記載されているメールアドレスにメールは行うべきではない。

①　メールに記載されているWebサイトのアドレスであっても，悪徳業者の可能性も考えられる。この際に，Webサイトにアクセスすることによって，個人情報を取得される可能性も考えられる。このため，記載されているWebサイトへのアクセスは行うべきではない。

②　メールに記載されている電話番号であっても，悪徳業者の可能性も考えられる。この際に，電話をすることにより，業者に電話番号が知られ今後も執拗に電話をかけてくる可能性がある。このため，記載されている電話番号に電話をするべきではない。

③　身に覚えのない内容の場合，詐欺の可能性が高いため安易に振込は行わない。

④　身に覚えがない場合は，詐欺の可能性も考えられるため，無視することが最適である。

解答
④

例題 14

わが国でスマートフォンの普及が急速に進んだのは 2011 年からである。東日本大震災時の情報収集手段として注目されたのがきっかけだったとも言われる。総務省「通信利用動向調査」によれば，2010 年には普及率 9.7% であったが，2011 年に 29.3%，2014 年 64.2% となっている。(a)スマートフォンがパソコンの代替となるほど高機能化しており，コミュニケーションや情報収集のツールとして様々な用途で使われている。

問：下線部(a)に関連して，スマートフォンでも利用可能なインターネットの通信やサービスに関する記述として最も適切なものを，次の⓪〜④の中から 1 つ選び，その記号を答えよ。

⓪ SNS のメッセージ交換サービスでは，メッセージはサーバーを介さずに相手の端末に直接届けられる。
① 動画配信サービスに用いられる「ストリーミング」とは，再生前にあらかじめ利用者の記憶装置に保存する方式である。
② 地図情報サービスでは衛星画像を表示できるものが多いが，その画像はリアルタイムの画像である。
③ 国際的インターネット通信は，通信量の 90% が人工衛星を介して行われており，現在は海底ケーブルはほとんど使われていない。
④ インターネットのウェブページは，ブラウザにより表示が大きく異なることがある。

[明治大 2017 改]

Point

スマートフォンで利用可能なサービス等を整理しておこう！

スマートフォンで利用可能なサービスには様々なものがある。その中の 1 つであるソーシャルメディアには，メッセージ交換サービスや動画配信サービス，電子掲示板，ブログなどがある。これらのようなスマートフォンで利用可能なサービスは基本的にサーバーを介して情報の通信が行われている。サービスによってリアルタイム性のあるもの，ないものが存在する。具体例として下記のようなサービスがある。

・ブログ，マイクロブログ：個人や企業が発信した情報を時系列で記録し，公開・閲覧できるサービス
・SNS：ネットワーク上でメッセージや写真などのやり取りを行い，人間関係を広げていくことができるサービス
・メッセージ交換アプリ：リアルタイム性を持ったメッセージを交換できるサービス
・動画共有サイト：誰でも動画の中継や配信ができるとともに，投稿された内容の閲覧やコメントの投稿ができるサービス
・電子掲示板：多くの人がメッセージを投稿でき，投稿された内容を閲覧できるサービス
・写真共有サイト：写真を簡単に投稿，閲覧できるサービス

解説

▶ 映像講義

⓪ SNS のメッセージ交換サービスでは，メッセージはサーバーを介して相手の端末に届けられる。このため，本選択肢は不適である。
① 動画配信サービスに用いられる「ストリーミング」とは，利用者の記憶装置に動画のデータを保存することなく，データを受信すると同時に動画の視聴が可能な配信方式である。なお，再生前にあらかじめ利用者の記憶装置に保存する方法は，「ダウンロード」である。このため，本選択肢は不適である。
② 地図情報サービスでは衛星画像を表示できるものが多い。しかし，その画像はリアルタイムの画像でない場合がほとんどである。このため，本選択肢は不適である。
③ 国際的なインターネット通信は，90% 以上が海底ケーブルを用いた通信である。このため，本選択肢は不適である。
④ インターネットのウェブページは，ブラウザによって表示が大きく異なることがある。このため本選択肢は正答である。

解答

④

例題 ⑮

　わが国では，個人の情報拡散のための道具という観点では，2011年の東日本大震災以降，(a)大規模災害の際のSNSによる救助要請が注目されてきた。国はSNSが災害救助に有効だとして活用の仕組みが必要との報告書をまとめたが，実現にはいたっていない。実際にSNSによる情報の拡散で命が救われる事例があるものの，デマ情報かどうかの見極めが難しいという問題がある。

問：下線部(a)に関連して，大規模災害の際にSNSで「拡散」可能な情報について，マスメディアの情報と
　　比較した場合の長所や短所として適するものを選択肢から全て選べ。
⓪　SNSはマスメディアと比較して，リアルタイム性が高く，情報の拡散を迅速に行うことができる。
①　SNSはマスメディアと比較して，事実確認や報道倫理に基づいて信頼性の高い情報を提供している。
②　SNSはマスメディアと比較して，多くの受信者に一方的に伝え，直接的な対話や反応を行うことがで
　　きない。
③　SNSはマスメディアと比較して，ユーザ同士が相互につながることができる。
④　SNSはマスメディアと比較して，コンテンツに対してコメントや「いいね」をすることができる。

[明治大 2018 改]

Point

SNSとマスメディアの違いを理解しておこう！

　SNSとは，ソーシャルネットワーキングサービスの略で，個人がインターネット上でプロフィールや情報を共有し，ほかのユーザとコミュニケーションをとるためのオンラインプラットフォームである。
　マスメディアとは，広範な視聴者や読者に対して情報やニュースを提供する公共性の高いメディアである。具体的には，新聞，テレビ，ラジオなどがマスメディアにあたる。

解説

▶ 映像講義

SNSとマスメディアの違いについて以下にまとめる。
・発信者と受信者について
　SNSでは，個人が自身の情報や意見を発信し，他のユーザと直接的な対話や反応を行う。
　マスメディアでは，情報の専門の報道機関やメディア企業を通じて情報が配信され，多くの受信者に一方的に伝えられる。
・参加や対話
　SNSでは，ユーザ同士が相互につながることができるため，コンテンツに対してコメントや「いいね」をするなどの対話が促進される。
　マスメディアでは，一般の受信者は情報を受け取る側であり，対話や参加は制限される場合がある。
・情報の速さと範囲
　SNSはリアルタイム性が高く，情報の拡散が迅速に行われる。
　マスメディアでは，情報は編集や制作のプロセスを経て公開されるため，SNSよりも情報の伝達に時間がかかる場合がある。また，マスメディアは広範な視聴者や読者に向けて情報を提供するため，発信する情報の範囲が広い。
・編集と信頼性
　SNSは，情報の信頼性が保証されているわけではないため，誤情報やフェイクニュースの問題が発生する場合がある。
　マスメディアは，情報を編集し，事実確認や報道倫理に基づいて信頼性の高い情報を提供する。

解答

⓪，③，④

例 題 ⑯

　SNSはテロ活動の勧誘に用いられるなど過激思想を持つ団体に悪用されていると批判を受けてきた。これを受けてフェイスブックは2017年6月に，最新技術を応用してテロ対策に取り組むと発表するにいたった。ただし，(a)インターネット上の不適切な投稿の取り扱いについては慎重な意見も多く，簡単に解決することは難しい。
　私たちは，有害情報やデマにあふれる状況の改善に向けて努力しなければならない。また，同時に得られた情報の信憑性・信頼性について考え，情報の取捨選択を行わなければならない。

問：下線部(a)に関連する記述のうち，最も適切なものを次の⓪〜⑤の中から1つ選び，記号で答えよ。
⓪　SNSの公開範囲を「友だちのみ」にした場合，たとえサービス提供者であっても利用者の投稿をチェックできない。
①　膨大な投稿をすべて監視することは困難なので，不適切だとの通報を受けた場合には個別に対処せざるを得ないことが多い。
②　不適切な投稿であっても，公開範囲を限定すれば閲覧できる人が限られるため，それ以上に広まることはない。
③　不適切かどうかの判断は難しいが，違法かどうかは明らかであり，現在でも違法なものは自動的に判別され，投稿できないようになっている。
④　不適切な投稿があった場合，その後しばらくは同じユーザから不適切な投稿が行われることはないので，監視する必要はない。
⑤　不適切かどうか，違法かどうかは投稿者本人が判断するため，気にせず投稿してもよい。

[明治大 2018 改]

Point

インターネット上の不適切な投稿の扱いについて理解しておこう！

　SNSは膨大な人数の利用者がいるため，基本的にサービス提供者が全てを監視することは難しい。公開範囲を制限する方法が考えられるが，公開範囲を設定したとしても，サービス提供者が投稿を見ることが可能だったり，公開範囲内のユーザが公開範囲外に広めたりする可能性もある。このため，現在は通報があった場合に個別で対応する形がとられている。

解 説

▶ 映像講義

⓪　SNSにおいて，公開範囲を「友だちのみ」にした場合でも，不適切な投稿を監視するために，サービス提供者は利用者の投稿をチェックできる。したがって，本選択肢は不適である。
①　SNSは膨大な人数の利用者がおり，膨大な投稿数があるため，サービス提供者が全てを監視することは難しい。このため，現在は不適切だと通報を受けた場合のみ個別に対応する形がとられている。よって，本選択肢が正答である。
②　公開範囲が限定されており，投稿を閲覧できる人が限られる場合でも，不適切な投稿をすれば，サービス提供者が確認できるほか，公開範囲内のユーザから他に広まる可能性も考えられる。このため，本選択肢は不適である。
③　不適切かどうか，違法かどうかの判断はどちらも難しい。現在でも，自動的に判断して投稿できないようにすることは難しいため，サービス提供者が個別に対応している。したがって，本選択肢は不適である。
④　不適切な投稿をするユーザは，今後も頻繁に不適切な投稿をする可能性が考えられる。このため，サービス提供者は，不適切な投稿をしたユーザに対しては，不適切な投稿が判明してからしばらくは監視しておく方がよい。したがって，本選択肢は不適である。
⑤　不適切かどうか，違法かどうかの判断は，サービス提供者が行う。このため，投稿者はサービス提供者が公開しているルールに従って投稿をする必要がある。したがって，本選択肢は不適である。

解答

①

1　　次の文章を読み，問いに答えよ。

　メディアとコミュニケーションは，現代社会において不可欠な要素である。(1)メディアは情報やメッセージを伝える手段であり，新聞，テレビ，ラジオ，インターネットなどを通じて人々に情報を提供する。コミュニケーションは個人やグループ間での情報の共有や意思疎通を可能にするプロセスである。これらの要素は互いに関連しあい，社会の機能や文化の形成に大きな影響を与える。

　メディアは情報を提供するだけでなく，社会や文化に影響を与える力も持っている。メディアは情報の選択や表現方法によって意識形態や価値観を形成し，意見や意思決定に影響を与える。一方，(2)コミュニケーションは，個人やグループが情報や意見を交換し合い，相互理解や共感を深めるための重要な手段である。また，個人の関係構築や協力，共同作業を可能にし，社会的なつながりを醸成する。

　コミュニケーションは，人々が意思疎通を図り，共同で目標を達成するための基盤となる。しかし，(3)メディアによって発信される情報の内容やその信頼性，コミュニケーションの質や範囲においても様々な課題や問題が存在する。このため，　ア　やコミュニケーションスキルの向上が求められており，批判的思考や相互理解の重要性が強調されている。

問1：　ア　にはメディアの特性を理解して，受信者として情報を正しく理解し，送信者として正しく情報を表現・発信する能力という意味の語句が入る。その語句を答えよ。

問2：下線部(1)に関して，メディアのうち，1対多で非同期的なコミュニケーションにあたるものを答えよ。
　⓪　新聞
　①　電話
　②　手紙
　③　テレビ会議

問3：下線部(2)に関して，電子メールやメッセージ交換アプリのようなメディアの場合，身振り手振りや表情などの感情面が相手に伝わらないことも多い。このような場合に感情を伝えるために利用されるものとして正しいものを全て選び記号で答えよ。
　⓪　太文字
　①　クエスチョンマーク
　②　顔文字
　③　注釈
　④　スタンプ
　⑤　大文字

問4：下線部(3)について，意図的に事実とは異なる虚偽の情報を伝えるニュースも存在する。そのようなものを何というか。カタカナで答えよ。

問5：インターネットではまだ実現されていない，電話や郵便のように社会の中で均一に維持され，全ての人が平等に受けられる公共的なサービスのことを何というか。記号で答えよ。
　⓪　ユートピアサービス
　①　アベレージサービス
　②　ユニバーサルサービス
　③　ソサエティサービス

2　次の文章を読み，問いに答えよ。

　新型コロナウイルスの感染防止には，ビッグデータの活用も行われている。ニュースでは，携帯電話事業者から提供された大規模ターミナル駅周辺の人出に言及されることも多い。このデータは，携帯電話を持った利用者がどのように移動したのかという記録に基づくビッグデータである。ビッグデータは，非常に大きな量であること，種類が多様なものであること，生み出される速度が大きいことなどが特徴であるとされている。

　新型コロナウイルスに関しては，インターネットで発信されるさまざまな情報の「真偽」についても議論がなされている。SNS・マイクロブログなど，(1)個人が容易に情報発信を行うことができるプラットフォームが数多く登場し，普及したことで，医学的専門知識や科学的エビデンスに基づかない情報が発信され，それを信じた数多くの人々が「拡散」に手を貸すという事態が生じている。

　たしかに，感染防止対策の徹底が最重要だと考える人々がいる一方で，経済活動を停滞させるべきではないと考える人々も少なくないなど，コロナ禍の社会をめぐって，人々の意見には，完全な合意が得られているわけではない。だからこそ，データに基づく科学的な問題解決を指向し，またさまざまな意見をもった人々が議論することが重要だろう。(2)本来であれば，情報通信技術は人々を分断するものではない。言語が異なる人々も，遠く離れた人々も，障害を持った人々も持っていない人々も，時間が共有できない人々も，意見が異なる人々も，コミュニケーションを可能にし，つなぐことができるものである。

　問1：下線部(1)に関する記述としてもっとも適切なものを選べ。
　　⓪　いったんネットで発信した情報は「拡散」されていくが，プロバイダおよびウェブ・サービスの事業者に依頼すれば，すべて削除してもらうことができる。
　　①　企業から支援を受けていることを隠し，SNSなどで個人として商品・サービスを勧める行為は「ステルス・マーケティング」と呼ばれ，特定商取引法で禁止されている。
　　②　公共機関や報道機関ではない個人は，自らが発信した情報が誤っていたことで，他人に損害を与えたとしても，法的な責任を負うことはない。
　　③　情報の検索・収集・利用という側面において，ディジタル・デバイドが社会的な問題となっているが，情報発信において，目立った格差は生じていない。
　　④　政治家は「公人」であるので，一般人が政治家の公の行為・行動をSNSなどで批判することは国民の当然の権利であり，批判したという事実のみによって罰せられることはない。
　　⑤　「ディジタル・タトゥー」とは，ネットで発信した自らの行為が「拡散」され，社会的に称賛を受けることである。

　問2：下線部(2)に関する記述としてもっとも適切なものを選べ。
　　⓪　AIの発展によって，自動運転車が普及するなど，経済活動のありようが大きく変わると予想されているが，人々の仕事内容，職種，キャリアに変化はない。
　　①　「GAFA」に代表されるディジタル・プラットフォーマと中小零細事業者との立場の隔たりは大きいが，自由主義経済のもと，政府は規制を行うことができない。
　　②　SNSなどでは，自身の考えに近い投稿がより多く表示されるため，自分と考えが近い人々とのつながりが強化される。結果として，異なる考えの人々との対話が減少する。
　　③　学校教育における情報通信技術の活用によって問題練習や補習授業がより容易に行えるようになり，家庭環境を理由とした生徒・児童の学力格差は完全に解消される。
　　④　情報通信技術は「情弱（情報弱者）」と呼ばれる人々にとって非常に生きにくい社会を生み出しているが，それは一時的なものであり，情報通信技術の発展によってやがて解決される。
　　⑤　ブロック・チェーンという情報通信技術を基盤とする暗号資産の登場と普及によって，国家の通貨発行権が重要性を失い，今後，人々の経済的格差はさらに縮小していく。

［和光大学 2022 改］

3章　情報のデジタル化

基本事項

穴埋めで知識を確認しよう

1　情報のデジタル化

　長さ，重さ，時間などの連続的に変化している量を表現する方式を　1　といい，それによって表現されたデータのことを　2　という。この方式で表現された温度計は　3　の変化によって連続的に変化する温度を表現している。これに対して連続的に変化する量を一定の間隔や区間で区切り，数値として表現する方法を　4　という。この方式で表現された温度計は，温度を　5　で表示している。なお，連続する量をデジタルデータに変換することを　6　といい，アナログデータをデジタルデータに変換することを　7　，その逆にデジタルデータをアナログデータに変換することを　8　という。

デジタルデータとアナログデータの比較

	デジタルデータの特徴	アナログデータの特徴
記録	どんな種類のデータでも，　9　に保存できる	12　によって，記録するメディアが異なる
加工	統合，加工，編集が　10	統合，加工，編集が　13
劣化	複製を行っても　11	複製を行うと　14

　ほとんどのコンピュータでは，デジタルデータを2進法で表現している。これは0と1の2つの数字で数を表現する方法であり，2進法の情報量は　15　という。1　15　はコンピュータが扱う最小単位であり，　16　ビットをまとめて　17　という。情報量が大きくなる場合は，バイトやビットの前にK（　18　），M（　19　），G（　20　），T（　21　），P（　22　）などの接頭語をつけて表記する。

単位	読み方	関係
B	バイト	1 B ＝　23
KB	キロバイト	1 KB ＝　24　B ＝　25　B
MB	メガバイト	1 MB ＝ 1024 KB ＝　26　B
GB	ギガバイト	1 GB ＝ 1024 MB ＝　27　B
TB	テラバイト	1 TB ＝ 1024 GB ＝　28　B
PB	ペタバイト	1 PB ＝ 1024 TB ＝　29　B

解答

1：アナログ　2：アナログデータ　3：液体の体積　4：デジタル　5：数値　6：デジタル化
7：A/D変換　8：D/A変換　9：同じメディア　10：容易　11：劣化しにくい　12：データの種類
13：容易ではない　14：劣化する　15：ビット（bit）　16：8　17：1バイト（Byte）　18：キロ　19：メガ
20：ギガ　21：テラ　22：ペタ　23：8 bit　24：1024　25：2^{10}　26：2^{20}　27：2^{30}　28：2^{40}　29：2^{50}

わたしたちは普段，0 ～ 9 までの 10 種類の数を使用する ☐30 を用いて数を表している。一方，コンピュータでは 0 と 1 の ☐31 で数を表している。例えば 10 進法の「11」は，2 進法では ☐32 として扱う。

　2 進法の表現は，10 進法に比べて桁数が ☐33 なる。プログラミング言語では，2 進法の数を 4 ビットずつにまとめ，0 ～ 9，A ～ F の記号を用いた ☐34 で表現することもある。

　コンピュータ内部では文字や記号も 2 進法で表され，それぞれに固有の数値が割り当てられている。この数値を ☐35 といい，文字と ☐35 の対応関係を ☐36 という。1963 年に米国規格協会が定めた ☐36 である ☐37 などが有名である。☐37 は，128 種類の文字や記号を 7 ビットで表される数値に割り当てたもので，世界各国では，これを拡張して，自国の言語を扱える文字コード体系を定めた。日本ではまず ☐38 が扱える JIS X 0201 が定められ，その後に ☐39 が扱える JIS X 0208 が定められた。これらをもとに JIS コードなどの異なる ☐40 が考案された。エンコーディングとは，ある規則に従いデータを数値に変えることである。エンコーディングしたデータをもとに戻すことを ☐41 という。その後，インターネットの普及により，世界中の多くの文字を統一して扱える文字コード体系の必要性が高まり，☐42 がつくられた。

　コンピュータが文字を表示・印刷する際は，利用者が指定した ☐43 の中から文字の ☐44 を生成し，そのデータを表示・印刷するようになっている。

　グラフを記録・表現する方法は 2 つあり，1 つはドットの配置をグラフとして記録するもので，この表現を用いたフォントを ☐45 という。もう 1 つはグラフの輪郭線を座標などを用いて記録するもので，この表現を用いたフォントを ☐46 という。

　データを内容や意味を保ったまま別のデータに変換し，そのデータの量を減らす処理を ☐47 という。圧縮したファイルを，もとと同じファイルに戻すことのできる圧縮形式を ☐48 といい，同じファイルに戻すことのできない圧縮形式を ☐49 という。一般的に可逆圧縮と非可逆圧縮では，☐50 の方が圧縮率が高い。圧縮されたデータをもとのデータに戻すことを ☐51 という。可逆圧縮と非可逆圧縮の特徴として，☐52 の違いがある。

　可逆圧縮のしくみとして有名な手法が 2 種類ある。同じデータが連続する部分に注目し，圧縮する手法を ☐53 という。別名を ☐54 といい，デメリットとしてデータ中に繰り返しが現れるパターンがなければ，データ量が ☐55 ことが挙げられる。もう 1 つの手法として，出現頻度が高いデータを短いビット列に，出現頻度の低いデータを長いビット列に符号化して圧縮する ☐56 がある。この手法は ☐57 や ☐58 などといった圧縮方式に広く使用されている。

2　音のデジタル化

　空気の振動が連続した波として伝わる現象を ☐59 という。☐59 は以下のような手順でデジタル化を行う。

☐60	アナログ信号の波の高さを一定の間隔で取り出すこと。1 秒間に何回サンプリングを行うかを表す数のことを ☐61 といい，単位を ☐62 で表す
☐63	波の高さを，あらかじめ定められた値のうち最も近い値に変換すること。☐63 ビット数が 4 ビットの場合，☐64 段階でデータを表す
☐65	☐63 により得られた値を 2 進法を用いて表現すること。音の波形を ☐65 して記録する方式を ☐66 方式という

解答
30：10 進法　31：2 進法　32：1011　33：大きく　34：16 進法　35：文字コード　36：文字コード体系
37：ＡＳＣＩＩ　38：半角カタカナ　39：漢字　40：エンコーディング方式　41：デコーディング
42：Ｕｎｉｃｏｄｅ　43：フォント　44：グリフ　45：ビットマップフォント　46：アウトラインフォント
47：圧縮　48：可逆圧縮　49：非可逆圧縮　50：非可逆圧縮　51：展開　52：もとに戻せるか否か
53：ランレングス法　54：連長圧縮　55：増える / 増えてしまう　56：ハフマン符号化　57：ＪＰＥＧ
58：ＺＩＰ　59：音　60：標本化　61：サンプリング周波数　62：ヘルツ /Hz　63：量子化　64：16
65：符号化　66：PCM（パルス符号変調）

音をできるだけ正確に記録するためには，もとの音の最高周波数の２倍以上のサンプリング周波数で標本化する必要がある。これを標本化定理という。人間は $\boxed{67}$ Hz ～ $\boxed{68}$ kHz の音を聴くことができ，人間にきれいに聴こえるようにするには，$\boxed{69}$ kHz 以上のサンプリング周波数で標本化しなければならない。これを可聴帯域といい，例えば犬の可聴帯域は 15Hz ～ 50kHz といわれている。

音のデジタル化にはＰＣＭ方式とは別に，$\boxed{70}$ という規格もある。これは音声の種類や音の高さなどの演奏情報を楽譜のようにデータ化する規格である。

ＰＣＭ方式でデジタル化した音源データのデータ量は，以下のようにして求めることができる。

1秒あたりのデータ量（単位：$\boxed{71}$）＝サンプリング周波数× $\boxed{72}$ ×チャンネル数

音声データのファイル形式には，下記のようなものなどがある。

WAVE	一般的に $\boxed{73}$ のデータを格納する。データサイズは $\boxed{74}$
AIFF	一般的に $\boxed{75}$ のデータを格納する。データサイズは WAVE よりも $\boxed{76}$
MP3	動画圧縮規格 MPEG―1，MPGE―2 のファイル形式。圧縮方法は $\boxed{77}$
AAC	動画圧縮規格 MPEG―2，MPGE―4 のファイル形式。圧縮方法は $\boxed{78}$
WMA	デジタル著作権管理機能に対応したファイル形式。圧縮方法は $\boxed{79}$

2 画像のデジタル化

画像も，以下のように音と同じ流れでデジタル化される。なお，画像を表現している最小単位のことを画素という。$\boxed{80}$ といわれることもある。

画像を画素に分解したうえで RGB の濃淡を読み取る	$\boxed{81}$
読み取った濃淡を数値で表現する	$\boxed{82}$
量子化されたデータを２進数に変換する	$\boxed{83}$

解像度とは画素の $\boxed{84}$ のことをいい，プリンタやディスプレイの種類により異なる。ディスプレイでは，1つずつの画素をR（$\boxed{85}$），G（$\boxed{86}$），B（$\boxed{87}$）の3色の組み合わせで色を表現している。このとき，階調（濃淡を何段階で表すことができるか）が大きいほど，多くの色を表現することができる。このような1つ1つの画素の集合を画像として表すものを $\boxed{88}$ という。

解答

67：20　68：20　69：40　70：MIDI　71：ビット　72：量子化ビット数　73：無圧縮　74：大きい
75：無圧縮　76：小さい　77：非可逆圧縮　78：非可逆圧縮　79：非可逆圧縮　80：ピクセル　81：標本化
82：量子化　83：符号化　84：細かさ　85：赤色/レッド　86：緑色/グリーン　87：青色/ブルー
88：ビットマップ画像（ラスタ画像）

ディスプレイでの色の表現に利用される R，G，B の 3 色を ┌ 89 ┐ といい， ┌ 89 ┐ を用いた色の表現方法を ┌ 90 ┐ という。一方でプリンタでは C（ ┌ 91 ┐ ），M（ ┌ 92 ┐ ），Y（ ┌ 93 ┐ ）の 3 色のインクを混ぜて色を表現する。この表現方法を ┌ 94 ┐ という。

ビットマップ画像のデータ量を計算する式は，以下のようになる。

ビットマップ画像のデータ量＝ 1 色当たりのデータ量×色数× ┌ 95 ┐

画像を作成したり処理したりするソフトウェアには，ビットマップ画像を扱う ┌ 96 ┐ 系ソフトウェアと，ベクトル画像を扱う ┌ 97 ┐ 系ソフトウェアがある。拡大するとギザギザが目立ってしまうのは ┌ 98 ┐ 系ソフトウェアである。

画像データのファイル形式には，下記のようなものなどがある。

BMP	標準的な ┌ 99 ┐ のファイル形式。画像の劣化がない
JPEG	Web 上で標準的に使用されるファイル形式。圧縮方法は ┌ 100 ┐
GIF	256 色までしか使用できず，圧縮方法は ┌ 101 ┐ であるファイル形式
PNG	┌ 102 ┐ の改良版であり，フルカラーを扱うことができる

2 動画のデジタル化

動画とは，1 枚 1 枚の画像を短い時間間隔で連続して表示させているものである。この 1 枚 1 枚の静止画像のことを ┌ 103 ┐ といい，1 秒あたりの動画のフレーム数を ┌ 104 ┐ という。単位は fps であり，一般的に映画は 24fps，テレビは 30fps である。

画像や音声と比較した際に，動画データはデータ量が大きくなる傾向にあるため圧縮が必要となる。1 枚 1 枚の静止画を圧縮し，画質を損なわない程度にファイルサイズを減らす方法を ┌ 105 ┐ といい，フレームとフレームの間で変化した部分のみを記録する方法を ┌ 106 ┐ という。

動画の圧縮などを行うための技術やアルゴリズムのことを ┌ 107 ┐ といい，1 つのフレーム内データを圧縮したり，フレーム間でデータを圧縮したり，その両方を行ったりと手法は様々である。

動画データのファイル形式には，下記のようなものなどである。

AVI	標準的な動画のファイル形式。データサイズは ┌ 108 ┐
MPEG	MPEG― ┌ 109 ┐ 規格で圧縮された動画のファイル形式
MP4	MPEG― ┌ 110 ┐ 規格で圧縮された動画のファイル形式
MOV	マルチメディア技術である QuickTime に対応するファイル形式
WMV	デジタル著作権管理機能に対応した動画のファイル形式
HEIF	読み方は ┌ 111 ┐ 。高圧縮を実現している

解答
89：光の 3 原色　90：加法混色　91：シアン　92：マゼンダ　93：イエロー　94：減法混色　95：画素数
96：ペイント　97：ドロー　98：ペイント　99：無圧縮　100：非可逆圧縮　101：可逆圧縮
102：GIF　103：フレーム　104：フレームレート　105：フレーム内圧縮　106：フレーム間圧縮
107：ビデオコーデック / コーデック　108：大きい　109：1　110：4　111：ヒーフ

次の問いについて、空欄にあてはまる最も適切なものをそれぞれの解答群から選び、数字で答えよ。

a 情報がデジタル化されることによるマイナス面として考えられることは ア や イ 、 ウ である。その一方で、プラス面としては エ や オ 、 カ などがある。（ア～ウ、エ～カは順不同）

b データ量を減らす作業を圧縮といい、その逆に戻すことは復元（展開、解凍）と呼ばれる。圧縮技術のうち、可逆圧縮は圧縮前の状態に完全に戻すことが キ 。一方で非可逆圧縮は圧縮前の状態に戻すことが ク 。これらの性質を踏まえ可逆圧縮は ケ のようなファイルに用いられることが多く、非可逆圧縮は コ や サ 、 シ のようなファイルに用いられることが多い。（コ～シは順不同）

c 2進法は ス と セ の2種類の数を表す方法である。使用する理由として、電気のON/OFFや電圧の高/低によってコンピュータの電子部品の動きが制御されていることが挙げられる。また、2進法の1桁で表すことのできる情報量を1ビットと表すが、ほかにもバイトという単位も存在する。 ソ ビット＝1バイトに換算することができ、この場合0から255までの タ 通りの数を表すことが可能である。（ ス 、 セ は順不同）

ア ～ カ の解答群
⓪ 情報が劣化しない
① 情報が劣化していく
② 管理が容易である
③ 管理が容易ではない
④ 加工が容易である
⑤ 加工が容易ではない
⑥ 著作者の権利が守られている
⑦ 著作者の権利が侵害される可能性がある
⑧ 微妙な情報の誤差が生じない
⑨ 微妙な情報が失われる
Ⓐ 情報の流出リスクがない
Ⓑ 情報の流出リスクがある

キ ク の解答群
⓪ 可能であり、効率よく圧縮できる
① 可能ではあるが、効率的な圧縮方法ではない
② 不可能ではあるが、効率よく圧縮できる
③ 不可能であり、効率的な圧縮方法ではない

ケ ～ シ の解答群
⓪ 文字によるデータ
① 画像データ
② 動画データ
③ 音声データ

ス ～ タ の解答群
⓪ 0 ① 1 ② 2 ③ 8 ④ 100 ⑤ 128 ⑥ 256 ⑦ 1024

解答
ア、イ、ウ：⑦⑨Ⓑ（順不同） エ、オ、カ：⓪②④（順不同） キ：① ク：② ケ：⓪
コ、サ、シ：①②③（順不同） ス、セ：⓪①（順不同） ソ：③ タ：⑥

d 10進法における「63」を16進法に変換すると □チ□ である。同じように10進法における「1234」を2進法に変換すると □ツ□ である。また，10進法における「255」を2進法に変換すると □テ□ である。

e 文字コード体系で有名なものとして，ASCIIコードという文字コード体系がある。これは，上位3ビットと下位4ビットの7ビットで表され，□ト□ 種類の文字や記号を割り当てている。この方式に従うと，「A」は16進法だと □ナ□ であり，2進法だと □ニ□ である。同じように，「a」は16進法だと □ヌ□ であり，2進法だと □ネ□ である。

		上位3ビット							
16進		0	1	2	3	4	5	6	7
	2進	000	001	010	011	100	101	110	111
0	0000			(空白)	0	@	P	`	p
1	0001			!	1	A	Q	a	q
2	0010			"	2	B	R	b	r
3	0011			#	3	C	S	c	s
4	0100			$	4	D	T	d	t
5	0101			%	5	E	U	e	u
6	0110			&	6	F	V	f	v
7	0111			'	7	G	W	g	w
8	1000			(	8	H	X	h	x
9	1001			)	9	I	Y	i	y
A	1010			*	:	J	Z	j	z
B	1011			+	;	K	[	k	{
C	1100			,	<	L	\	l		
D	1101			-	=	M	]	m	}
E	1110			.	>	N	^	n	~
F	1111			/	?	O	_	o	

（下位4ビット）

□チ□ ～ □テ□ の解答群

⓪ 3D
① 3E
② 3F
③ 010011010010
④ 010011011010
⑤ 010011011011
⑥ 010011010011
⑦ 11111111
⑧ 10101010
⑨ 00001111
Ⓐ 00000000

□ト□ の解答群

⓪ 8　　① 16　　② 62　　③ 128

□ナ□ □ニ□ の解答群

⓪ 41　　① A0　　② 4A　　③ 61　　④ A1　　⑤ 6A

□ヌ□ □ネ□ の解答群

⓪ 1000001
① 1001010
② 1100001
③ 1101010
④ 0101010
⑤ 0101100

（2022年度駒澤大学 改）

解答

チ：②　ツ：③　テ：⑦　ト：③　ナ：⓪　ニ：⓪　ヌ：③　ネ：②

f データの内容や意味を保ちつつ，データ量を減らす処理を　ノ　という。そしてそのデータをもとのデータに戻すことを　ハ　や　ヒ　という。　ノ　を行うのは，ファイルのサイズが大きすぎると　フ　などのデメリットが生じるためである。

g 文字データなどを圧縮する形式として，可逆圧縮と呼ばれる形式がある。この方式の特徴は，　ヘ　ことや　ホ　ことなどである。主に　マ　などを圧縮する際に用いられる。また，可逆圧縮の具体的手法として，データの中に繰り返し現れるパターンに注目した圧縮手法である　ミ　がある。（　ヘ　，　ホ　は順不同）

h 非可逆圧縮の特徴は，　ム　ことや　メ　ことなどである。主に　モ　などを圧縮する際に用いられる。（　ム　，　メ　は順不同）

　　ノ　～　ヒ　の解答群
⓪　復元
①　濃厚
②　圧縮
③　冷凍
④　解凍
⑤　展開
⑥　分解
⑦　分析

　　フ　の解答群
⓪　通信途中にデータが破損する
①　通信に時間がかかる
②　データにノイズが入る
③　破損を直すのに時間がかかる

　　ヘ　　ホ　　ム　　メ　の解答群
⓪　もとのデータに戻せる
①　もとのデータに戻せない
②　圧縮率が高い
③　圧縮率が低い

　　マ　　モ　の解答群
⓪　文字データやプログラム
①　文字データや音声
②　文字データや画像
③　プログラムや音声
④　音声や画像
⑤　プログラムや画像

　　ミ　の解答群
⓪　ハフマン圧縮　　①　アウトライン圧縮　　②　ランレングス圧縮　　③　ビットマップ圧縮

解答
ノ：②　　ハ，ヒ：④⑤（順不同）　　フ：①　　ヘ，ホ：⓪③（順不同）　　マ：⓪　　ミ：②　　ム，メ：①②（順不同）
モ：④

i 音声のデジタル化は，アナログ信号をデジタル信号に変換するプロセスである。このプロセスでは，音声信号は一定の間隔で あ され，その値が い される。一般的な音声デジタル化の う は，音楽CDだと え kHz などの値が用いられる。また，量子化では音声信号の お 的な振幅値を一定の離散レベルに分割し，それぞれの値を近似して表現する。

デジタル化された音声データは，さらに か される。これは，デジタルデータを効率的に表現するための手法である。一般的な音声符号化方式には，データを圧縮した後でも完全にもとのデータに戻すことができる き 圧縮と，データを圧縮した後はもとのデータに完全に戻すことはできない代わりに，圧縮率を高めることができる く 圧縮がある。

デジタル音声の品質やデータ量は， け や こ によって決まる。例えば， さ 方式は音声データの符号化方式の一つであり，典型的な量子化ビット数は 16 ビットである。データ量は，データ量＝ し × す ×チャンネル数という式で求めることができる。（ け ， こ および し ，す は順不同）

音楽データの代表的なファイル形式の中には，データサイズが大きく無圧縮で格納する せ がある。

あ ～ か の解答群
⓪ 標本化
① 量子化
② 標準化
③ 符号化

う け こ さ し す の解答群
⓪ サンプリング周波数
① 量子化ビット数
② パルス符号変調
③ 標本化定理

え の解答群
⓪ 21.1
① 24.5
② 25.6
③ 44.1

お の解答群
⓪ 離散
① 整数
② 連続
③ 分裂

き く の解答群
⓪ 可逆　　① 非可逆　　② 調節　　③ ランレングス

せ の解答群
⓪ MP3　　① WAVE　　② AAC　　③ WMA

解答
あ：⓪　い：①　う：⓪　え：③　お：②　か：③　き：⓪　く：①　け，こ：⓪①（順不同）
さ：②　し，す：⓪①（順不同）　せ：①

j 　画像のデジタル化で大切なのは，アナログ画像をデジタルデータに変換するプロセスである。このプロセスでは，画像は小さな単位である　そ　に分割される。また，それぞれの　た　に対して色や明るさの情報が割り当てられる。一般的なデジタル画像には，　ち　や　つ　の情報が含まれる。（　ち　，　つ　は順不同）

　デジタル画像では，色は　て　で表現されることが一般的である。光の三原色である　と　，　な　，　に　を組み合わせることで，さまざまな色が表現される。また，色の混合はディスプレイなどで用いられる　ぬ　とは別に，プリンタなどで用いられる　ね　の原理に基づいて行われる。（　と　～　に　は順不同

　各画素の濃淡の段階がどの程度であるかを表すものを階調という。例えば，2 階調モノクロは 1 ビットで表すことができるのに対し，256 階調カラーは 256 ビットで表される。つまり，階調の値が　の　ほど滑らかな表現が可能となる。

　そ　　た　の解答群
⓪　画質
①　画素
②　ISO 値
③　量子画質

　ち　　つ　の解答群
⓪　解像度
①　フレーム
②　圧縮率
③　階調

　て　の解答群
⓪　RGB
①　PCA
②　PCM
③　RPG

　と　～　に　の解答群
⓪　グリーン
①　ブルー
②　イエロー
③　レッド

　ぬ　　ね　の解答群
⓪　光の三原色
①　音の三原色
②　白の三原色
③　色の三原色

　の　の解答群
⓪　多い　　①　少ない　　②　細かい　　③　粗い

解答
そ：①　た：①　ち，つ：⓪③（順不同）　て：⓪　と，な，に：⓪①③（順不同）　ぬ：⓪　ね：③　の：⓪

k 　動画のデジタル化は，連続する静止画の集まりである　は　をデジタルデータに変換するプロセスである。動画は時間的な連続性を持つため，連続した　は　が高速に表示されることで動画の流れを再現する。

　　　は　の表示速度は　ひ　と呼ばれる値で表される。これは1秒間に表示される　ふ　の数を示す。典型的な　ふ　の値は 24 フレーム / 秒や 30 フレーム / 秒などである。

　　デジタル動画の圧縮方法には，各フレームを単独で圧縮する手法である　へ　圧縮と，連続するフレーム間の差分を利用してデータを圧縮する手法である　ほ　圧縮などがある。

　　また，デジタル動画のデータ圧縮にはさまざまな　ま　が用いられる。これはデータの圧縮と解凍を行うためのアルゴリズムや規格を指す。インターネットを通じて動画が見られるのは，通信速度の向上だけでなく動画圧縮技術の向上も強く影響しているといえる。具体的に，　ま　の種類としては，　み　などがある。

　　は　　ひ　の解答群
⓪　コマビット数
①　ビデオレート
②　フレーム
③　フレームレート

　　ふ　の解答群
⓪　画像
①　色の種類
②　物体
③　速度

　　へ　　ほ　の解答群
⓪　可逆圧縮
①　フレーム間圧縮
②　フレーム内圧縮
③　フレーム外圧縮

　　ま　の解答群
⓪　コーディウム
①　コーデリック
②　コーデリング
③　コーデック

　　み　の解答群
⓪　MOV
①　DivX
②　AVI
③　MP3

解答
は：②　ひ：③　ふ：①　へ：②　ほ：①　ま：③　み：①

例題 17

圧縮率に関する次の問いに答えよ。

(1) データ量が 100 MB のファイルを圧縮すると，20 MB になった。このときの圧縮率は何%か。

(2) データ量が 500 KB のファイルを圧縮すると，50 KB になった。このときの圧縮率は何%か。

(3) データ量が 2000MB のファイルを圧縮率 40%で圧縮すると，圧縮後のデータ量はいくらか。

(4) データ量が 10 MB のファイルを圧縮率 25%で圧縮すると，圧縮後のデータ量はいくらか。

(5) 圧縮率 5%で圧縮すると，データ量が 40MB になった。もとのファイルのデータ量はいくらか。

(6) 圧縮率 15%で圧縮すると，データ量が 30KB になった。もとのファイルのデータ量はいくらか。

(7) データ量が 1 MB のファイルを圧縮すると，256KB になった。このときの圧縮率は何%か。

(8) データ量が 5 KB のファイルを圧縮すると，512B になった。このときの圧縮率は何%か。

Point

圧縮率を求める計算は，圧縮後のデータ量を圧縮前のデータ量で割り，
その結果を 100 倍して計算しましょう。

$$圧縮率 = \frac{圧縮後のデータ量}{圧縮前のデータ量} \times 100$$

圧縮後のデータ量を求める計算は，圧縮前のデータ量に圧縮率を 100 で
割ったものをかけて計算しましょう。

$$圧縮後のデータ量 = 圧縮前のデータ量 \times \frac{圧縮率}{100}$$

圧縮前のデータ量を求める計算は，圧縮後のデータ量を圧縮率を 100 で
割ったもので割って計算しましょう。

$$圧縮前のデータ量 = 圧縮後のデータ量 \div \frac{圧縮後}{100}$$

計算を行う際には，単位にも注意しよう！

解説

▶ 映像講義

ポイントにある計算式を使う。

(1) $20 \div 100 \times 100 = 20\%$

(2) $50 \div 500 \times 100 = 10\%$

(3) $2000 \times 0.4 = 800MB$

(4) $10 \times 0.25 = 2.5MB$

(5) $40 \div 0.05 = 800MB$

(6) $30 \div 0.15 = 200KB$

(7) 圧縮前のデータ量と圧縮後のデータ量の単位が異なる場合は，単位をそろえる必要が出てくる。基本的には合わせやすい方でかまわないため，今回は KB に合わせる。1 MB = 1024 K B のため，
$256 \div 1024 \times 100 = 25\%$

(8) 圧縮前のデータ量と圧縮後のデータ量の単位が異なる場合は，単位をそろえる必要が出てくる。基本的には合わせやすい方でかまわないため，今回は B に合わせる。5 K B = 1024 × 5 B のため，
$512 \div (1024 \times 5) \times 100 = 10\%$

解答

(1) 20%　(2) 10%　(3) 800MB　(4) 2.5MB　(5) 800MB　(6) 200KB　(7) 25%　(8) 10%

例題 ⑱

2進法や10進法，16進法に関する問いに答えよ。

(1) 10進法の「19」を2進法で表せ。

(2) 2進法で「1101」を10進法で表せ。

(3) 16進法の「10」を10進法で表せ。

(4) 16進法の「9 B」を2進法で表せ。

(5) 2進法の「11011010」を16進法で表せ。

Point

n進法では，右から n^0，n^1，n^2…といったように桁の重みが増えていく。
必要に応じて，10進法を媒介しよう！

解説

▶ 映像講義

(1) 10進法を2進法に変換する際には，割り算のあまりに注目する。

前の商 ÷ 2 ＝ 今回の商・・・あまり

19 ÷ 2 ＝ 9・・・1
 9 ÷ 2 ＝ 4・・・1
 4 ÷ 2 ＝ 2・・・0
 2 ÷ 2 ＝ 1・・・0
 1 ÷ 2 ＝ 0・・・1

そして，あまりを下から書き出すと「10011」となり，これが解答となる。

(2) 2進法を10進法に変換する際には，ポイントを参考にしよう。それぞれの桁の値に，右から 2^0，2^1，2^2，2^3 をかける。

※ $2^0 = 1$，$2^1 = 2$，$2^2 = 4$，$2^3 = 8$

$8 \times 1 + 4 \times 1 + 2 \times 0 + 1 \times 1$
$= 8 + 4 + 0 + 1$
$= 13$

(3) 16進法を10進法に変換する際には，ポイントを参考にしよう。それぞれの桁の値に，右から 16^0，16^1 をかける。

※ $16^0 = 1$，$16^1 = 16$

$16 \times 1 + 1 \times 0$
$= 16 + 0$
$= 16$

(4) 16進法を2進法に変換するには，上位4ビットと下位4ビットに分けて考えていく。

※ 2進法の 0000 〜 1111 までに，10進法の 0 〜 15，16進法の 0 〜 F までが対応する。

9B の上位「9」は，「8 ＋ 1」なので，2進法に変換すると $8 + 0 + 0 + 1 ⇒ 2^3 + 0 + 0 + 2^0 ⇒ 1001$ となる。

同様に下位の「B」は，10進法の 11 であるため，2進法に変換すると $8 + 0 + 2 + 1 ⇒ 2^3 + 0 + 2^1 + 2^0 ⇒ 1011$ となる。

よって，10011011 が解答になる。

(5) 2進法を16進法に変換するには，上位4ビットと下位4ビットそれぞれに分けて変換する。変換方法は，ポイントを参考にする。

※ $2^0 = 1$，$2^1 = 2$，$2^2 = 4$，$2^3 = 8$

上位「1101」は $8 \times 1 + 4 \times 1 + 2 \times 0 + 1 \times 1 = 8 + 4 + 0 + 1 = 13$ となり，16進法だと D。

下位「1010」は $8 \times 1 + 4 \times 0 + 2 \times 1 + 1 \times 0 = 8 + 0 + 2 + 0 = 10$ となり，16進法だと A。

よって，解答は DA。

解答

(1) 10011　(2) 13　(3) 16　(4) 10011011　(5) DA

例題 ⑲

同じデータが連続する部分に注目し、圧縮する方法をランレングス法（連長圧縮）と呼ぶ。次のロを表したビットマップデータに対して、次の問いに答えよ。

(1) 白を 0、黒を 1 とし、左上から順番に数値に変換していったとき、一番初めに出現する 1 は何個続くことになるか答えよ。

(2) このデータをランレングス法によって圧縮した場合の圧縮率を小数第一位を四捨五入し、整数で求めよ。

(3) このデータをランレングス法によって圧縮した場合の圧縮前と圧縮後のデータ量の差を求めよ。

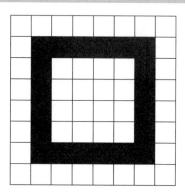

Point

同じデータが連続する部分に注目し、圧縮しよう！

解説

▶ 映像講義

(1) ビットマップデータの左上から順に 0 と 1 に変換していった際、それぞれの数値が連続して出現する個数とその順番は次のようになる。

0	1	0	1	0	1	0	1	0	1	0
9個	6個	2個	1個	4個	1個	2個	1個	4個	1個	2個

1	0	1	0	1	0	1	0	1	0
1個	4個	1個	2個	1個	4個	1個	2個	6個	9個

よって、一番初めに出現する 1 が連続する個数は表上段の左から 2 番目の 6 個となる。

(2) 圧縮率とはデータがどのくらい圧縮されたかを示す値であり、以下の式で表される。

$$圧縮率 = \frac{圧縮後のデータ量}{圧縮前のデータ量} \times 100$$

(1)の解説より、今回 0 もしくは 1 が連続する個数は 1 〜 10 までの 10 種類であるため、2 進法で表すと 4 桁で表現することができる。よって、圧縮後のデータ量は $4 \times 10 = 40$ ビットとなる。圧縮前のデータ量は $8 \times 8 = 64$ ビット であるため、これらのデータ量を上記の式にあてはめて計算を行うと、$40 \div 64 \times 100 = 62.5 \fallingdotseq 63$ ％となる。

(3) 圧縮前のデータ量は 64 ビット、圧縮後のデータ量は 40 ビットのため、その差は 24 ビットとなる。
なお、この圧縮方法はデータ中に繰り返し現れるパターンがなければ、データ量が増えてしまう可能性もある。

解答

(1) 6 個　(2) 約 63 ％　(3) 24 ビット

例題 ⑳

出現頻度が高いデータを短いビット列に，出現頻度の低いデータを長いビット列に符号化して圧縮する方法をハフマン符号化と呼ぶ。次のテキストデータに対して，あとの問いに答えよ。ただし，1文字のデータ量は3ビットとする。

AABBBCBAACACBCDAAD

(1) テキストデータの出現回数をもとに，木構造（ハフマン木）で表せ。
(2) テキストデータをハフマン符号化によって圧縮した場合の圧縮率を，小数第一位を四捨五入して整数で求めよ。
(3) 圧縮前と圧縮後のデータ量の差を求めよ。

Point

出現頻度の高いデータを短いビット列へ，反対に低いデータを長いビット列に符号化しましょう！
さらに，データの出現頻度を把握しましょう。

解説

▶ 映像講義

(1) 木構造は，以下のような手順で作成していく。

　1：出現数の少ない数値から節点をつくり，隣どうしの出現数を足して新しい節点で結んでいく。
　2：節点から分かれる枝の左に0を，右に1を割り当てる。

今回のテキストデータの場合，Dが最も少なく（2回），つづいてC（4回），B（5回），Aが最も多い（7回）。したがって，CとDの節点を最初に作成し，その上に新しい接点を作成する…という流れで木構造を作成していく。

(2) 圧縮率とはデータがどのくらい圧縮されたかを示す値であり，以下の式で表される。

$$圧縮率 = \frac{圧縮後のデータ量}{圧縮前のデータ量} \times 100$$

(1)で作成した木構造より，圧縮後のデータ量を確認していくと，Aは出現回数7回で与えられた符号は「0」のみであるため，データ量は $1 \times 7 = 7$ ビットとなる。続いてBは出現回数5回で符号は「10」の2ビットであるため，データ量は $2 \times 5 = 10$ ビットとなる。

これを繰り返していくと，圧縮後の総データ量は $1 \times 7 + 2 \times 5 + 3 \times 4 + 3 \times 2 = 35$ ビットとなる。また，圧縮前のデータ量は，1文字3ビットのデータが18文字あるため，$18 \times 3 = 54$ ビットとなる。これらのデータを上記の式に入れ計算を行う。

(3) 圧縮前のデータ量は54ビット，圧縮後のデータ量は35ビットのためその差は19ビットとなる。

解答

(1)

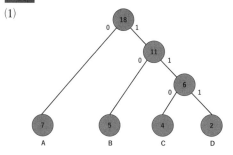

(2) 65 ％　(3) 19 ビット

例題 21

Point

画像のデータ量は，1 色あたりのデータ量×色の数×画素数で求めることができる！
動画のデータ量を求めるには，まず 1 フレームのデータ量を考える。

解説

▶ 映像講義

(1) フルカラー画像のため，色の数は 3 色である。

また，8 ビット = 1 バイトであるため，24 ビットは 3 バイトである。

これらの単位換算には注意する。

24 ビットフルカラーにはすでに色の情報が含まれていることをふまえると，計算式は以下のようになる。

$$3（バイト）× 1024 × 768 = 2359296（バイト）$$

なお，今回の問題では，単位を MB（メガバイト）にする必要がある。1024 B = 1 KB，1024 KB = 1 MB であるため，2359296 ÷ 1024 をすることで単位を KB（キロバイト）に，さらに ÷ 1024 をすることで MB に変換することができる。

よって，$2359296 ÷ 1024 ÷ 1024 = 2.25$ MB

注意：単位換算 8 bit = 1 B 1024 B = 1 KB

データ量は接頭語によって 1024（2 の 10 乗）ずつ変化していく。K とつくとどうしても 1000 を連想しがちなため，単位換算時は注意する必要がある。

(2) 1 フレームのデータ量が 2.25 MB，フレームレートが 30fps のため，1 秒間のデータ量を計算すると次のようになる。

$$2.25 × 30 = 67.5 \text{ MB}$$

6 分間は 60 × 6 = 360 秒であるため，6 分間の動画のデータ量は，$67.5 × 360 = 24300$ MB

なお，今回の問題では，単位を GB（ギガバイト）にする必要があるため，

$$24300 ÷ 1024 = およそ 23.73 \text{ GB}$$

となる。よって，答えは約 24 GB

解答

(1) ① 2.25 MB

(2) ③ 24 GB

次の ASCII コード表をもとに，問いに答えよ。

16進									
		上位3ビット							
	2進	0	1	2	3	4	5	6	7
		000	001	010	011	100	101	110	111
0	0000			(空白)	0	@	P	`	p
1	0001			!	1	A	Q	a	q
2	0010			"	2	B	R	b	r
3	0011			#	3	C	S	c	s
4	0100			$	4	D	T	d	t
5	0101			%	5	E	U	e	u
6	0110			&	6	F	V	f	v
7	0111			'	7	G	W	g	w
8	1000			(	8	H	X	h	x
9	1001			)	9	I	Y	i	y
A	1010			*	:	J	Z	j	z
B	1011			+	;	K	[	k	{
C	1100			,	<	L	\	l	|
D	1101			-	=	M	]	m	}
E	1110			.	>	N	^	n	~
F	1111			/	?	O	_	o	

(左端列ラベル：下位4ビット)

(1) 「HAPPY」を16進法で表し，最も適するものを選択肢から選べ。

⓪ 48 41 50 50 59 　①　41 4E 47 52 59 　②　41 50 52 49 4C 　③　42 52 41 56 45

(2) 「Uni」を2進法で表し，最も適するものを選択肢から選べ。

⓪ 1010011 1100001 1100100 　①　1000011 1100001 1110100
② 1010101 1101110 1101001 　③　1010101 1110011 1100101

Point

ASCIIコードの問題は，正確にコードを読み取る。

解 説

▶ 映像講義

(1) ASCIIコードを参考にする。

H ⇒ 48
A ⇒ 41
P ⇒ 50
P ⇒ 50
Y ⇒ 59

よって，48 41 50 50 59　となる。

(2) ASCIIコードを参考にする。

U ⇒ 101 0101
n ⇒ 110 1110
i ⇒ 110 1001

よって，1010101 1101110 1101001　となる。

解答

(1) ⓪ 48 41 50 50 59
(2) ② 1010101 1101110 1101001

1 次の文章の空欄に入れるのに最も適切なものを，それぞれの解答群のうちから一つずつ選べ。

　次の図1は，モノクロの画像を 16 画素モノクロ 8 階調のデジタルデータに変換する手順を図にしたものである。このとき，手順2では　ア　，このことを　イ　化という。また，手順3では　ウ　，このことを　エ　化という。手順1から3のような方法でデジタル化された画像データは，　オ　などのメリットがある。

[共通テストサンプル問題 改]

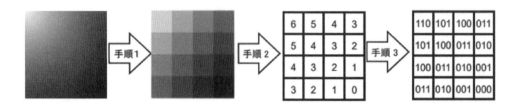

図1　画像をデジタルデータに変換する手順

　　ア　の解答群
⓪　区画の濃淡を一定の規則に従って整数値に置き換えており
①　画像を等間隔の格子状の区画に分割しており
②　整数値を 2 進法で表現しており
③　しきい値を基準に白と黒の 2 階調に変換しており

　　イ　の解答群
⓪　符号
①　量子
②　標本
③　二値

　　ウ　の解答群
⓪　区画の濃淡を一定の規則に従って整数値に置き換えており
①　画像を等間隔の格子状の区画に分割しており
②　整数値を 2 進法で表現しており
③　しきい値を基準に白と黒の 2 階調に変換しており

　　エ　の解答群
⓪　符号
①　量子
②　標本
③　二値

　　オ　の解答群
⓪　コピーを繰り返したり，伝送したりしても画質が劣化しない
①　ディスプレイ上で拡大してもギザギザが現れない
②　データを圧縮した際，圧縮方式に関係なく完全にもとの画像に戻すことができる
③　著作権を気にすることなくコピーして多くの人に配布することができる

2 次の文章を読み，問いに答えよ。

　情報通信ネットワークに関する若者言葉に「ギガが減る」という表現がある。通信事業者と契約してスマートフォンなどで携帯電話回線を使う際には，通信制限なしに使用可能な月間データ通信量が契約プランに応じて決まっているが，「ギガが減る」という表現はその使用可能な(1)データ通信量の残りが減ることを意味している。ここでの「ギガ」とはデータ通信量の単位であるギガバイト（GB）のギガのことで，10の9乗を意味する国際単位系（SI）のSI接頭辞である。したがって，当然ながら「ギガが減る」という表現は正確な表現ではない。「ギガ」が不足すると，通信事業者との契約にもよるが，通信速度が最大100kbps程度に制限されてしまう。制限なしでの通信速度が最大100Mbps程度の環境であれば，通信制限によって通信速度は約1000分の1に低下してしまうことになる。

　また，この「ギガ」が不足して通信制限が起きてしまうのと同じ状態を表す意味で，「パケ死」という表現が用いられることもある。この表現は，元々はデータ通信量の使い過ぎにより高額請求されることを意味するものであったが，データ通信量にかかわらず通信量気が定額となる「パケット定額制」の契約プランが一般的になったことから，用いられる際の意味が変化してきている。

　このような若者言葉が生まれるのは，データ通信量を使いすぎてしまう人が多いことが背景にあると推測される。データ通信量を節約するためには，無線LANが使用できる環境ではなるべく携帯電話回線を使わないようにすると良い。また，(2)データサイズをできるだけ小さくしてから送受信するなどの工夫も，通信量節約には有用である。

問1：下線(1)について，次の問いに答えよ。
　　新聞紙1ページに全角文字が約20,000字掲載され，1日分が40ページとする。また，Bをバイト，1MBを10^6 Bとし，全角文字1文字を2Bとする。新聞紙1日分の文字のデータ量をメガバイト（MB）単位で求め，最も適切なものを選択肢から選べ。
　　⓪　1.2MB
　　①　1.6MB
　　②　2.1MB
　　③　2.5MB

問2：問1において，8GBのUSBメモリーには，何年分の新聞紙の文字データを書き込めるか。その年数を整数で求め，最も適切なものを選択肢から選べ。なお，1年は365日，1GBを10^9 Bとする。
　　⓪　2年
　　①　5年
　　②　9年
　　③　13年

問3：下線(2)を行う方法の1つにデータ圧縮という方法がある。扱うデータや状況によって可逆圧縮と非可逆圧縮とを使い分けることになるが，次のうち，非可逆圧縮に適しているデータをすべて選べ。
　　⓪　ワープロで作成した文書データ
　　①　写真のビットマップ画像データ
　　②　ビデオカメラで撮影した動画データ
　　③　暗号化されたデータ
　　④　動画再生ソフトウェアのプログラム
　　⑤　音声合成ソフトウェアで自動生成した音声データ

［高知大 2017，2018 改］

1 情報デザイン

情報デザインとは，必要な情報が様々な人に伝わるようにするための表現方法であり，　1　における表現のわかりやすさ，ものの使いやすさなど，　2　の目線に立ったデザイン・考え方を指す。情報量が多くなっている現代社会において，本当に必要な情報を見つけるためのものとして，必要性が高まってきている。情報デザインの考えが利用されているものとしては，スマートフォンのアプリケーションが何をするものなのかをわかりやすく表現するための　3　や，利用者が迷うことなくATMなどの機器を操作できるような　4　などがあげられる。

情報デザインでは，例えば以下のような手法が用いられる。

　5　：具体的なものや動作などから余分なものを除き，要点をシンプルに表現すること
　　　　例えば，特定の言語によらず，誰にでもわかるようにシンプルに表現した記号である　6　などが挙げられる
　7　：データを表やグラフ，図解などを用いてわかりやすく表現すること
　8　：情報を特定の基準に沿って整理すること
　　　　例えば，Webページで見られる，項目内がさらに複数の項目にわかれた構造になっている階層メニューなどが挙げられる

伝えたい情報を相手に正しく伝えるためには，年齢や言語，障がいの有無などにかかわらず，全ての人にとって使いやすく設計されているデザインである　9　の考え方も重要になってくる。

情報にたどり着くまでの障壁の有無などのアクセスのしやすさのことを　10　という。例えばWebページでは，画像ファイルに　11　を設定することで，音声や点字など，様々なユーザがそれぞれ必要としている形式に変換し，情報にたどり着けるようにすることができる。また，色の違いだけで情報を区別するのではなく，マークなど複数の視覚的な情報を提供したり，文字色と背景色のコントラストを強くし，色を認識しにくい人でも読みやすくしたりするような配慮が求められる。

特に色に関しては見え方や感じ方に個人差がある。そのためできるだけ多くの人が情報を適切に見分けられるように工夫することが求められる。こういった考え方を　12　と呼ぶ。例えば，多くの人が見やすい配色にしたり，形や模様を変化させたり，色の部分に色名を添えておいたりするなどの配慮が挙げられる。

ものやサービスの使いやすさやわかりやすさのことを　13　という。　13　は，ミスが少なくなるような操作性にしたり，スムーズに使えるようにしたりすることで高めることができる。

2 情報デザインのプロセスと問題の発見

情報デザインの考えに基づきながら，一般的に以下のような手順でサービスやものをつくりあげていく。

・デザイン対象の発見：現状分析や問題の選択，情報の収集や問題の分析を行う
・　14　の立案：問題を解決するためのデザインの要件を明確にし，設計を行う
・　15　と　16　：設計に従って　15　を行い，それによってどういった結果になったかを　16　する
・　17　と運用：　16　により新たに明らかになった問題をもとに　17　案を作成する

まず，現状分析を行い，デザイン対象を発見する。このとき，どのような問題や課題があるのかを利用者の立場で考える。意見の出し方の手法として，自由に発言しほかの人の意見を批判せず，質よりも量を出すことに重点をおく　18　がある。

次に問題の選択を行う。問題を洗い出していく中で，自分たちが解決したい問題のテーマを選ぶ必要がある。テーマを選んだ後はどのようなところで困っているか・どのようなところに課題を感じているかなど，より具体的な情報を収集する必要がある。調査方法は，次の表のように複数あるため，目的に応じて使い分ける必要がある。

解答
1：コミュニケーション　2：利用者　3：アイコン　4：画面表示　5：抽象化　6：ピクトグラム
7：可視化　8：構造化　9：ユニバーサルデザイン　10：アクセシビリティ　11：代替テキスト
12：カラーユニバーサルデザイン　13：ユーザビリティ　14：解決案　15：試作　16：評価　17：改善
18：ブレーンストーミング

手法	説明
19	調べたい内容に関する質問を用意し，利用者に回答してもらう調査方法のこと。紙を始め電話やWebページを利用することもある
20	調べたい内容について，1対1やグループでインタビューなどを行いながら対面で聞き取る調査方法のこと
21	調査者が，利用者と共に行動したり，第三者として外部から観察を行うなどして，利用者の様子を元に行動を確認し，調べたい内容を明らかにする方法

　情報を集めることで得られた結果の分析を行うことで，問題点が明確になる。利用者の立場から見たとき，望ましい状態と現状との間に存在する 22 が，解決すべき問題になる。例えば「イベントに人がたくさん来る」という理想があったとして，現実は「イベントに人があまり来ない」という状態になっていた場合，その 22 である「イベントに人があまり来ない」現状が，解決すべき問題ということになる。

3　デザインの要件と設計・試作

　解決すべき問題が明確になったら，それを解決する策を立案する作業に移行する。解決策を具体化するためには，まずデザインの 23 を明確にする必要がある。具体的には， 24 （何のためにデザインするのか）や 25 （そのデザインの対象者は誰か），目的達成のために使用する最適な 26 などを考慮する。このとき使用する 26 としては，Webサイトや動画，ポスターなどが挙げられる。

　広告・宣伝媒体に用いられる文字伝達情報のことを 27 という。例えば，訪問者にどういった記事であるかを伝える記事の導入文（ 28 ）や，いくつかに分けられた本文の概要を伝えるための短いタイトル（ 29 ）や，説明文などが含まれる。また，広告や宣伝などで使われるうたい文句のことを 30 と呼び，ポスターなどで使うと効果的である。

　設計では，「どのようにつくるか」を具体的にする。例えば，ポスターであればラフスケッチを作成したり，Webサイトであればメニュー構成やリンク構造などを考えたりする。その設計を元に試作を行っていく。

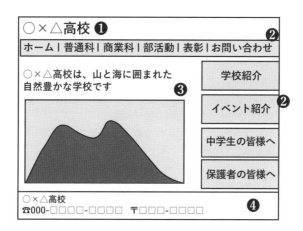

Webページのレイアウトを検討する際は，下の図に示されるような各構成要素の位置関係を考える。
① 31 ：ページの上部に存在し，ホームページのタイトルやロゴなどを配置する
② 32 ：サイト内外の別のページへ移動するための案内メニューを配置する
③ 33 ：ホームページの主要となる記事などを表示する
④ 34 ：ページの下部に存在し，団体情報やプライバシーポリシーなどを表示することが多い

解答
19：質問紙法　20：面接法　21：観察法　22：ギャップ　23：要件　24：目標　25：ターゲット
26：メディア　27：コピー　28：リード文　29：見出し　30：キャッチコピー（キャッチフレーズ）
31：ヘッダー　32：ナビゲーション　33：コンテンツ　34：フッター

このように構造を明確にすることで，他のページやファイルなどへの参照情報（　35　）を適切に設定することができる。また，画像や動画ファイルなどをどこに保管すべきかの情報も，把握しておくことができる。

　Web ページに誰かの顔が写った写真や動画を載せる際は，　36　に注意する必要がある。また，他の人が創作したものに対する　37　に関しても注意する必要がある。その他にも誹謗中傷をしない，誤った情報を書かないなど，全世界の人が見るということを忘れてはならない。

　一般的に，Web ページを構成する言語は以下の 3 つに分けられる。

言語	38	39	40
特徴	Web ページの構造を記述する	Web ページのデザインを指定する	Web ページの動きを指定する

記述例	<div class=" header" >
	　○×△高校
	</div>
	<div class=" navi" >
	　<ul>
	　　<li> ホーム </li>
	　　<li> 普通科 </li>
	　……
		.header {
		　font-size: 20px;
		　font-weight: bold;
		}
			const now = new Date ();
			const dateText =
			　now.getFullYear () + "年"
			　+ (now.getMonth () + 1) + "月"
			　+ now.getDate () + "日" ;
			document.getElementById(
			　"now_date").innerHTML =
			　dateText

記述例の内容	ページ上部の表示内容を指定する。その下にナビゲーションが表示される	ヘッダーのフォントのサイズを 20px，文字の太さを太字にする	現在の日付を計算し，now_date という ID で指定された場所に表示する

　情報を整理するテクニックのひとつとして「分類」がある。アメリカのリチャード・S・ワーマンは，情報を「位置」，「時間」，「分野」，「アルファベット」，「階層」の 5 つの基準（　41　）に分けた。

4 評価と改善・運用

　問題解決案の試作を終えたら，効果を確かめるために評価を行ってから実行を行う。評価の手法としては，実際に試作を利用してもらい，利用した結果をフィードバックしてもらう　42　などがある。　42　による評価結果を集める際は，ある一定多数の人に同じ質問をし集計を行う　43　や，1 対 1 などで質問に対する回答を調査する　44　，実際に使っている利用者の様子を確認する　45　などが用いられる。

　また，目標に関する分野に長けている　46　の評価を受けることも有効である。その中の一手法である　47　は，経験則に基づいて評価を行うことで問題を発見する手法である。　42　に比べて　47　は，評価範囲を柔軟に設定できるため，より　48　期間で評価することができる。また　49　は，基準表に基づいて，評価対象がその基準に沿っているかチェックしていく手法である。

　最後に，評価によって明らかになった問題をもとに改善策を作成する。この評価と改善のサイクルを繰り返すことで，より良い情報を届けることができる。

5 ユニバーサルデザイン

　1990 年代にアメリカの建築家ロナルド・メイスが中心となったチームで，多様な人が不都合なく暮らせる社会をつくるために欠かせない考え方であるユニバーサルデザインの 7 原則が考案された。
① 利用する人を選ばず　50　に利用できる
② 利用する人に合わせて使いやすくできるような　51　に富む
③ 誰でも利用が　52　で直感的に利用できる
④ 利用するために必要な情報が一目で　53　できる
⑤ 人によらず単純なミスが　54　につながらない
⑥ 体力や体格などに関わらず，身体的な　55　が少ない
⑦ 誰でも利用しやすいように　56　と条件が確保されている

解答
35：ハイパーリンク（リンク）　36：肖像権　37：著作権　38：HTML　39：CSS　40：JavaScript
41：LATCH　42：モニタ評価　43：アンケート　44：インタビュー　45：観察　46：専門家
47：ヒューリスティック評価　48：短い　49：チェックリスト評価　50：公平　51：柔軟性　52：簡単
53：理解　54：危険　55：負担　56：使用空間

次の問いについて，空欄にあてはまる最も適切なものをそれぞれの解答群から選び，数字で答えよ。

a 　利用者の立場に立ったデザインや考え方のことを　ア　という。具体的には，コミュニケーションにおける表現の　イ　や，ものの　ウ　などのことをいう。例えば　エ　などが具体例として挙げられる。

　　ア　の解答群
⓪　コミュニケーションデザイン
①　情報デザイン
②　ヒューマンデザイン
③　ユーティリティーデザイン

　　イ　の解答群
⓪　派手さ
①　色の濃さ
②　難しさ
③　わかりやすさ

　　ウ　の解答群
⓪　人気さ
①　大切さ
②　使いやすさ
③　安さ

　　エ　の解答群
⓪　どういったアプリケーションなのかが一目でわかるようなアイコン
①　文字だけで構成されたアプリケーション
②　色の統一性が保たれていない Web ページ
③　利用者の行動分析を行い，画面下に広告が表示されている画面

b 　情報デザインでは，様々な手法が用いられる。例えば可視化は，　オ　手法である。具体例としては，　カ　などが挙げられる。

　　オ　の解答群
⓪　データを表で表したり，グラフにしたりする
①　余分な情報をできるだけのぞいて，ものや動作を簡潔に表現する
②　全ての人にとってわかりやすいデザインにする
③　情報を一定の基準に沿って整理する

　　カ　の解答群
⓪　ピクトグラム
①　Web ページの階層メニュー
②　樹形図
③　ページレイアウト

解答
ア：①　イ：③　ウ：②　エ：⓪　オ：⓪　カ：②

c 　情報デザインの抽象化の具体例として，ピクトグラムやサイン（案内誘導版）が挙げられる。具体的には，ピクトグラムは ┃ キ ┃，サインは ┃ ク ┃ のようなものを指す。

┃ キ ┃，┃ ク ┃ の解答群

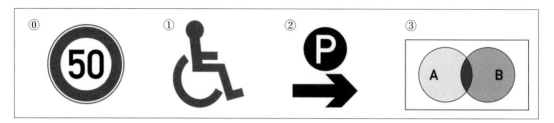

d 　情報デザインの構造化の具体例として，「┃ ケ ┃」や「┃ コ ┃」などがある（ケとコは順不同）。

┃ ケ ┃，┃ コ ┃ の解答群
⓪ あるクラスのテストの点数を集計して作成したグラフ
① Webサイトのタイトルや写真などの配置
② サイコロを複数回振ったときにとりうる値を表した樹形図
③ 階層化されたナビゲーションメニュー

e 　誰でも使いやすいように配慮されたデザインを，┃ サ ┃ という。例えば自動販売機であれば，┃ シ ┃ 自動販売機は，┃ サ ┃ であるといえる。またシャンプーやリンスであれば，┃ ス ┃ 商品は，┃ サ ┃ であるといえ，┃ サ ┃ の7原則のうち「┃ セ ┃」に当てはまる。

┃ サ ┃ の解答群
⓪ バリアフリー
① ユニバーサルデザイン
② アクセシビリティ
③ ユーザビリティ

┃ シ ┃ の解答群
⓪ 千円札だけではなく二千円札などのお札にも対応している
① たくさんの種類の飲み物を購入できる
② お金の投入口・ボタンが低い位置に設定されている
③ 災害時に停電したときにも安定して商品を提供できる

┃ ス ┃ の解答群
⓪ 側面にキザミをつけ，見なくてもシャンプーとリンスを判別できる
① 大容量でゴミがあまり出ない
② 詰め替えできる
③ 環境に優しい成分を使っている

┃ セ ┃ の解答群
⓪ 多くの人が理解できる配色を使っている
① 誰でも利用が簡単で直感的に利用できる
② 体力や体格などに関わらず，身体的な負担が少ない
③ 誰でも利用しやすいように使用空間と条件が確保されている

解答
キ：① 　ク：② 　ケ，コ：①③（順不同） 　サ：① 　シ：② 　ス：⓪ 　セ：①

f 　情報やサービスへのアクセスのしやすさのことをアクセシビリティという。特に Web ページのアクセシビリティ（Web アクセシビリティ）を実現するためには，情報の編集時に様々な配慮が求められる。例えば HTML において画像に代替テキストを設定すると，[ソ]。代替テキストは，<img> 要素の [タ] 属性を追加することで設定できる。また，[チ] ようにすることも，Web アクセシビリティの例として挙げられる。

[ソ] の解答群
⓪ 開発者もどういった画像であるかどうか，HTML を見るだけで理解できる
① 画像の補足説明をすることができる
② 音声や点字など様々な形式に変換できる
③ 検索エンジンからその画像が検索されやすくなる

[タ] の解答群
⓪ src
① sizes
② alt
③ crossorigin

[チ] の解答群
⓪ 文字色と背景色のコントラストを弱くし，画像を目立たせる
① マウスだけではなく，キーボードでもページを操作できる
② 必須項目を赤文字で目立たせる
③ 動画が自動で再生される

g 　ものやサービスの使いやすさやわかりやすさのことを [ツ] という。たとえば，「[テ]」ことなどは [ツ] を向上させるための対策といえる。

[ツ] の解答群
⓪ アクセシビリティ
① ユーザビリティ
② ユニバーサルデザイン
③ バリアフリー

[テ] の解答群
⓪ ピクトグラムだけで Web ページを構成し，すっきりした印象を持たせる
① 会社名を最初のページに大きく載せることで，会社名をまずは覚えてもらうようにする
② 全ての要素を会社のイメージカラーのみで構成し，会社のイメージが伝わりやすいようにする
③ はじめに商品の検索をするユーザーが多いという分析結果のもと，検索ボックスを目立たせる

h 　情報デザインによる問題解決は，[ト] → [ナ] → [ニ] → [ヌ] の順に行っていくとよい。

[ト] 〜 [ヌ] の解答群
⓪ 改善と運用
① デザイン対象の発見
② 試作と評価
③ 解決策の立案

解答
ソ：② 　タ：② 　チ：① 　ツ：① 　テ：③ 　ト：① 　ナ：③ 　ニ：② 　ヌ：⓪

i 集団でアイディアを出す技法の一つとして，| ネ | が存在する。これは，| ノ | 技法である。| ネ | では，| ハ | アイディアを重視する。

| ネ | の解答群
⓪ ピクトグラム
① ヒューリスティック
② ブレーンストーミング
③ ユニバーサルデザイン

| ノ | の解答群
⓪ 様々な角度から，様々なアイディアを出すことを重視する
① まずアイディアを出し，一つ一つのアイディアに対して深掘りを行う
② アイディアを紙に貼り，別のアイディアとの結びつきを可視化する
③ アイディアに対して，都度良い点と悪い点を考える

| ハ | の解答群
⓪ 確実性の高い
① より利益や効果が出せそうな
② 多くの人が納得する
③ ユニークな

j 解決したい問題を設定したら，問題に関するより具体的な情報を収集していく。この際の調査方法には様々なものがあるため，目的に沿った方法を活用する必要がある。例えば質問紙法は，| ヒ | 調査方法である。また面接法は，| フ | 調査方法である。観察法は，| ヘ | 調査方法である。それぞれのメリットは，質問紙法は | ホ |，面接法は | マ |，観察法は | ミ | である。それぞれのデメリットは，質問紙法は | ム |，面接法は | メ |，観察法は | モ | である。

| ヒ | ～ | ヘ | の解答群
⓪ 作業をこなし，その結果を分析する
① 調べたい内容を1対1やグループなどに質問し，対面で聞きとる
② 調べたい内容に関する質問を紙やWebページを利用して回答してもらう
③ 利用者の様子を確認することで，調べたい内容を明らかにする

| ホ | ～ | ミ | の解答群
⓪ 結果の集計が比較的容易であること
① 言語が困難な回答者などにも適用できること
② 会話を通して回答者の理解が深まり，より確実性の高いデータが収集できること
③ 回答者の特徴が歪曲されにくいこと

| ム | ～ | モ | の解答群
⓪ 結果を得るのに手間と時間がかかること
① 結果のデータに，集計者の主観が入りやすいこと
② 結果からわかることが限定されてしまうこと
③ 結果のデータに解答者の主観が入りやすいこと

解答
ネ：② ノ：⓪ ハ：③ ヒ：② フ：① ヘ：③ ホ：⓪ マ：② ミ：① ム：③ メ：⓪ モ：①

68

k　情報収集と分析によって明確になった問題に対する解決策を具体化させるためには，　あ　や　い　といったコンセプトや，問題を解決するために最適な　う　などのデザインの要件を考慮する必要がある。

　　あ　，　い　の解答群
⓪　レイアウト
①　目標
②　ターゲット
③　アンケート

　　う　の解答群
⓪　メディア
①　回答
②　キャッチコピー
③　問題

l　多くの情報をわかりやすく伝えるためには情報整理を行う必要があるが，そのテクニックの一つとして，情報を分類する基準を5つに分けたものがある。例えば Category の基準で分けられているものとしては　え　，Alphabet の基準で分けられているものとしては　お　，Hierarchy の基準で分けられているものとしては　か　などが挙げられる。

　　え　～　か　の解答群
⓪　辞書
①　ランキング
②　図書を内容で分類する図書分類
③　電車の時刻表

m　問題解決案の試作を行ったあとは，その効果を確かめるために評価を行う。評価の手法の一つとして，実際に成果物を利用してもらう　き　評価がある。　き　評価によって得られた利用者の意見を集める際は，　く　や　け　などを利用する。また専門家評価としては，ヒューリスティック評価（　こ　）やチェックリスト評価（　さ　）がある。

　　き　の解答群
⓪　ユーザ
①　モニタ
②　利用
③　ヒューマン

　　く　，　け　の解答群
⓪　作業検査
①　リッカート法
②　インタビュー
③　観察

　　こ　，　さ　の解答群
⓪　ある一定の項目を設け，評価対象に関する回答を集める手法
①　経験則に基づいて評価し，評価対象の問題を発見する手法
②　評価対象が基準表に基づき，どの程度基準を満たしているかを確認する手法
③　評価対象に関する「はい」か「いいえ」で答えられる質問に回答してもらう手法

解答
あ，い：①②（順不同）　う：⓪　え：②　お：⓪　か：①　き：①　く，け：②③（順不同）　こ：①　さ：②

n　解決策を具体化するためのメディアの一つとして，ポスターが挙げられる。一般的にはコンピュータを用いて作成されることが多いがこの場合，ディスプレイとプリンタの色の表現の仕方の違いにより，印刷したら思っていた色合いと違うといった現象が発生することがある。ディスプレイでは色を し で，プリンタでは す で表現していることからこの誤差が生じてしまう。

し ， す の解答群
⓪　CMY
①　HSL
②　RGB
③　HSB

o　Web サイトは，一般的に HTML，CSS，JavaScript の 3 種類の言語によって構成されている。例えば，せ 時は HTML を，そ 時は CSS を，た 時は JavaScript を用いる。

せ ～ た の解答群
⓪　参照するデータベースを変えたい
①　ページを参照する時間帯で表示内容を変えたい
②　本文の文章を修正したい
③　文字の装飾を赤色から青色に変えたい

p　ブラウザのタブに表示されている「○×△高校」の文字を変更したい。この場合は，HTML の ち 要素を変更する必要がある。

ち の解答群
⓪　tabname
①　title
②　name
③　track

q　ブラウザで表示されている文章で改行を行うためには，HTML の つ 要素を追加すればよい。

つ の解答群
⓪　<h1>
①　<div>
②　<span>
③　

r　学校名のタイトルの文字色を，赤色から青色に変えたい。この場合は，CSS で て と指定する必要がある。

て の解答群
⓪　color: #0000ff;
①　color: #00ff00;
②　font-color: #0000ff;
③　font-color: #00ff00;

解答
し：②　す：⓪　せ：②　そ：③　た：①　ち：①　つ：③　て：⓪

例題 23

次の文章を読み，あとの問いに答えよ。

注意や情報をひと目で理解できるように示すため，ピクトグラムが用いられている。ピクトグラムは ア ため，特定の言語に依存しない情報伝達が可能となる。ピクトグラムには，日本の産業製品生産に関する規格である JIS で制定された図記号に含まれるものもある。ピクトグラムに関してこのような制定を行うことには， イ という利点がある。

問1 ア に当てはまるものとして最も適当なものを，次の⓪～③のうちから一つ選べ。
⓪ 絵で情報を伝える
① 著作権が放棄されている
② 音声で情報を伝える
③ 表意文字を元に作られている

問2 イ に当てはまるものとして最も適当なものを，次の⓪～③のうちから一つ選べ。
⓪ 同じ意味を表す異なるピクトグラムの乱立を防ぐことができる
① ピクトグラムを誰もが自由に改変できるようになる
② ピクトグラムの解釈に多様性が生まれる
③ 日本の産業製品生産に関する規格の信頼性が増す

[共通テスト 2022 本試験 改]

Point

ピクトグラムなどの情報デザインの利点を確認しよう！

情報デザインとは，必要な情報が様々な人に伝わるようにするための表現方法であり，コミュニケーションにおける表現のわかりやすさ，ものの使いやすさなど，利用者の目線に立ったデザイン・考え方を指す。情報量が多くなっている現代社会において，本当に必要な情報を見つけるためのものとして，必要性が高まってきている。
情報デザインでは，具体的なものや動作などから余分なものを除き，要点をシンプルに表現する抽象化が利用される。例えば，特定の言語によらず，誰にでもわかるようにシンプルに表現した記号であるピクトグラムなどが挙げられる。

解説

▶ 映像講義

問1
ピクトグラムは特定の言語によらず誰にでも情報が伝わりやすいように簡略化された記号のことである。したがって，⓪の「絵で情報を伝える」が正答である。

問2
⓪ JIS 規格に制定することにより，同じ意味を表す異なるピクトグラムの乱立を防ぐことができる。したがって，本選択肢が正答である。
① 著作権の認められているピクトグラムは，自由に改変できない。このため，本選択肢は不適である。
② ピクトグラムは，デザインを見た誰もが一意に解釈できる必要がある。このため，本選択肢は不適である。
③ JIS 規格に制定することにより，規格の信頼性を増すことを目的としているわけではない。このため，本選択肢は不適である。

解答
問1：⓪ 問2：⓪

例題 24

次の文章を読み，　ア　，　イ　に当てはまるものをそれぞれの解答群から選べ。

　あるコンビニエンスストアでは，次の図1のような2次元コードをリーダに読み取らせて支払いを行うことができる。2次元コードは，一部が汚れて欠けていても正しく読み取ることができる。これは　ア　ためである。このコンビニエンスストアでは，支払い手段として非接触型ICカードを利用することもできる。非接触型ICカードは，ICチップに記録されたデータを電波で読み書きできる方式であり，　イ　という利点がある。

図1　2次元コードの例

　ア　の解答群
⓪　コードの読み取りに機械学習による推論が利用されている
①　コードに誤りを訂正するための情報が付加されている
②　コードの隅にある三つのマークで常に正しい向きが検出される
③　コードの読み取り用カメラに汚れを透過する機能が備わっている

　イ　の解答群
⓪　複数のカードを同時に利用して支払いを行うことができる
①　カードリーダにカードをかざすだけで支払いを行うことができる
②　店内のどこにいても支払いを行うことができる
③　スキミングが容易である

［共通テスト 2022 本試験 改］

Point

情報デザインの一種である二次元コードやICチップの仕組みを理解しよう！

解説

▶ 映像講義

ア
⓪　コードの読み取りに機械学習による推論は利用されていない。
①　コードに誤りを訂正するための情報が付加されている。このため，たとえコードの一部が欠けていても読み取りが可能となっている。
②　3つのマークは正方形であるため，向きの検出は可能であるが，一部が欠けていても正しく読み取れることの理由としては不適である。
③　読み取り用のカメラには汚れを透過する機能は備わっていない。

イ
⓪　複数のカードを同時に利用して支払いを行えるわけではない。このため，本選択肢は不適である。
①　カードリーダにカードをかざすだけで支払いを行えることが特徴である。このため，本選択肢が正答である。
②　カードをカードリーダにかざす必要があるため，店内のどこにいても支払いを行うことができるわけではない。このため，本選択肢は不適である。
③　電波で読み書きを行うため，スキミングは容易に行えない。このため，本選択肢は不適である。

解答

ア：①　イ：①

例題 25

以下の文章を読み，それぞれの文章に当てはまる語句を答えよ。

だれでも必要な情報にアクセスできるようにし，情報格差が生まれないようにすることが大切である。これに関する次の A ～ C の記述と最も関係の深い語句の組み合わせを，あとの⓪～⑤から 1 つ選べ。

A. 機器やサービスの使いやすさを全般的に表す。
B. 視覚に障害がある人に対して，音声読み上げ機能を提供する。
C. 年齢，国籍，利き腕や障がいの有無などによらず，どのような人や場合でも適切に使えるように設計する。

⓪ A. ユニバーサルデザイン   B. アクセシビリティ   C. フィルタリング
① A. ユーザビリティ   B. パブリックドメイン   C. ユニバーサルデザイン
② A. ユニバーサルデザイン   B. アクセシビリティ   C. ブロックチェーン
③ A. ユーザビリティ   B. アクセシビリティ   C. ユニバーサルデザイン
④ A. ユーザビリティ   B. フィルタリング   C. ユニバーサルデザイン
⑤ A. ユニバーサルデザイン   B. パブリックドメイン   C. ブロックチェーン

［明治大 2019 改］

Point

デザインする際の工夫について整理しよう！

文化，言語，国籍，年齢，障害の有無など違いに関わらず，どのような人でも使いやすいように考えられたデザインのことをユニバーサルデザインという。

Web ページなどにおいて，障害の有無に関わらず，そのページの情報にアクセスしやすいかどうかの度合いを表すものをアクセシビリティという。アクセシビリティは，できる限り多くの人が使える環境を目指すものである。

様々な人にとっての，使いやすさの度合いを表すものをユーザビリティという。ユーザビリティは，ある環境について，その使いやすさを向上させることを目指すものである。

解説

▶ 映像講義

A　機器やサービスの「使いやすさ」を表すものはユーザビリティである。

B　視覚に障害がある人に対して，音声読み上げ機能を提供することは，その人にとっての情報へのアクセスのしやすさを向上させる工夫であるため，アクセシビリティに関係している。

C　年齢，国籍，利き腕や障がいの有無によらず，どのような人でも使えるように設計されたデザインをユニバーサルデザインという。

フィルタリングとは，膨大な情報の中から，利用者にとって必要な情報を選出し，不要な情報を除外する処理のことである。

パブリックドメインとは，著作物や発明などの知的財産に関して，保護期間を経過して知的財産権が発生していない，公共の財産となったもののことである。

ブロックチェーンとは，情報を記録・管理するために，暗号化技術を利用して，データを 1 本の鎖のようにつなげて記録することにより，改ざんが困難な状態で保存する技術のことである。

解答
③

例 題 26

次の(1)～(5)の情報デザインの具体例において，どの手法が用いられているか，あとの選択肢⓪～②からそれぞれ１つずつ選べ。

(1) Web ページの上部に設けられたメニューバー
(2) 東京オリンピックで用いられたピクトグラム
(3) 確率の問題を解くために作成された，樹形図
(4) 情報のテストの点をクラスごとにまとめた表
(5) スーパーマーケットの駐車場の場所を案内するための看板に書かれた「P」のマーク

<選択肢>
⓪ 抽象化
① 可視化
② 構造化

Point

情報デザインで使われる手法を整理しよう！

情報デザインとは，必要な情報が様々な人に伝わるようにするための表現方法であり，コミュニケーションにおける表現のわかりやすさ，ものの使いやすさなど，利用者の目線に立ったデザイン・考え方を指す。情報量が多くなっている現代社会において，本当に必要な情報を見つけるためのものとして，必要性が高まってきている。
情報デザインに使われる手法には以下のようなものがある。
抽象化：具体的なもの・動作などの情報から余分なものを除いて，要点をシンプルに表現すること。具体例として，ピクトグラムやサイン（案内誘導板）などがある。
可視化：データを表やグラフ，図解などを用いてわかりやすく表現すること。具体例として，表やグラフ，樹形図，ベン図などがある。
構造化：情報を特定の基準に沿って整理すること。具体例として，ページのレイアウト，Web ページの階層メニューなどがある。

解 説

▶ 映像講義

(1) メニューバーが設けられていることにより，情報が整理され，見やすくなる。よって，用いられている手法は構造化である。

(2) 東京オリンピックで用いられたピクトグラムは各競技を抽象的に表している。よって，用いられている手法は抽象化である。

(3) 確率の問題を解くときの樹形図は，問題の状況を図を用いてわかりやすく表現するためのものである。よって，用いられている手法は可視化である。

(4) 情報のテストの点をクラスごとに表にまとめることで，クラスごとの点数がわかりやすくなる。よって，用いられている手法は可視化である。

(5) 駐車場の場所を案内するための看板に書かれた「P」のマークは駐車場を抽象的に表したものである。よって，用いられている手法は抽象化である。

解答

(1)② (2)⓪ (3)① (4)① (5)⓪

例題 27

下記の(1)〜(3)の情報の収集方法に関して，利用場面については⓪〜②から，その特徴については③〜⑤から，それぞれ適するものを1つずつ選べ。

(1) 質問紙法
(2) 面接法
(3) 観察法

＜利用場面＞
⓪ 文化祭にたくさん人が来てほしいが，あまり人が集まらないため，文化祭に来ている人の様子を観察してみた。
① 文化祭にたくさん人が来てほしいが，あまり人が集まらないため，文化祭に来ている人に対して，直接インタビューをしてみた。
② 文化祭にたくさん人が来てほしいが，あまり人が集まらないため，学校のホームページで来ない理由をアンケートで募ってみた。

＜特徴＞
③ 回答者の回答だけではなく，表情やしぐさなどの言語に現れない情報を得ることができるが，結果が得られるまでに時間がかかる。
④ 結果の集計が容易であるが，結果のデータに回答者の主観が入ってしまう恐れがある。
⑤ アンケートや会話などが苦手な回答者にも利用できるが，結果のデータに集計者の主観が入ってしまう恐れがある。

Point

情報収集する際の調査方法を整理しておこう！

情報を収集する際の調査方法には以下のような方法がある。

手法	説明
質問紙法	調べたい内容に関する質問を用意し，利用者に回答してもらう調査方法のこと。紙を始め電話やWebページを利用することもある
面接法	調べたい内容について，1対1やグループでインタビューなどを行いながら対面で聞き取る調査方法のこと
観察法	調査者が，利用者と共に行動したり，第三者として外部から観察を行うなどして利用者の様子を元に行動を確認し，調べたい内容を明らかにする方法

解説

▶ 映像講義

(1) 質問紙法は，紙やWebを利用してアンケートをとり，情報収集する方法であるため，利用場面は②である。また，特徴としては，集計の容易さ，回答者の主観が入ってしまう恐れがあるため④である。
(2) 面接法は，集計者と回答者が対面でインタビューなどの会話をすることにより情報を収集する方法であるため，利用場面は①である。また，特徴としては，表情やしぐさなどの情報が得られること，インタビューなどの時間を要することがあるため③である。
(3) 観察法は，人を観察することにより，情報収集する方法であるため，利用場面は⓪である。また，特徴としては，アンケートや会話が苦手な回答者に対しても行うことができるが，結果に集計者の主観が入ってしまう恐れがあるため⑤である。

解答
(1)②，④ (2)①，③ (3)⓪，⑤

例題 28

次に示す内容は，それぞれどのような情報の分類にあたるか，あとの選択肢から1つずつ選べ。

(1) 出席簿で生徒の氏名を五十音順に並べて整理した。
(2) 近くの飲食店の評価を5つ星で整理してまとめてみた。
(3) ホームページでの検索の際に，カテゴリーごとに検索可能にした。
(4) 学校の開校年からの歴代の校長の名前を時系列に沿って表で表してみた。
(5) 所有しているビルの各階ごとの店舗情報を図で表した。
(6) 文化祭の劇の順番を整理するためにタイムテーブルを作成した。
(7) 動物園に行くと，動物が種類ごとにエリア分けされていた。
(8) 都道府県を選択させる際に，北から順に並べて記載した。
(9) 学校で列を作るときに身長順で整列した。
(10) 英語の辞書を見ると先頭からa,b,cと順番に並んでいた。

＜選択肢＞
⓪ 位置
① アルファベット
② 時間
③ 分野
④ 階層

Point

情報の分類について理解しておこう！

情報をデザインする際，分かりやすく伝えるためには情報の整理が必要である。情報を整理する方法として，アメリカの建築家リチャード・S・ワーマンが提唱した5つの基準による分類が利用できる。
・位置…鉄道の線路図のように各要素の位置関係を整理するときに用いられる
・アルファベット…アルファベット順，五十音順に並べるなど順序のあるものを整理するときに用いられる
・時間…時間によって変化するものを整理するときに用いられる
・分野…カテゴリーによる分類できる情報を整理するときに用いられる
・階層…階層構造で表すことのできる情報を整理するときに用いられる

解説

▶ 映像講義

(1) 五十音順に並べていることから，「アルファベット」による分類である。
(2) 5つ星という階層構造で表すことのできる方法を利用しているため，「階層」による分類である。
(3) カテゴリーごとに分類しているため，「分野」による分類である。
(4) 時系列に沿って分類しているため，「時間」による分類である。
(5) 位置関係を表していることから，「位置」による分類である。
(6) タイムテーブルは時間ごとに分類しているため，「時間」による分類である。
(7) 動物がエリア分けされていたことから，「分野」による分類である。
(8) 都道府県の場所によって分類しているため，「位置」による分類である。
(9) 身長順で整列したことから順序で分類しているため，「階層」による分類である。
(10) a,b,cとアルファベット順に並んでいることから，「アルファベット」による分類である。

解答

(1)① (2)④ (3)③ (4)② (5)⓪
(6)② (7)③ (8)⓪ (9)④ (10)①

 例 題 29

Webページを作成する際に利用される(1)〜(3)のような記述は，それぞれどのような言語を利用したものか，あとの選択肢⓪〜②から適するものをそれぞれ1つずつ選べ。

(1)
```
.main-contents{
background-color:#ffffff;
color: #000000;
}
```

(2)
```
<body>
<div>
    メインコンテンツ
</div>
</body>
```

(3)
```
var now = new Date ();
var year = now.getFullYear () ;
var month = now.getMonth () + 1;
var date = now.getDate () ;
```

＜選択肢＞
⓪　HTML
①　CSS
②　JavaScript

Point

Webページを作成する際の言語について整理しておこう！

言語	HTML	CSS	JavaScript
特徴	Webページの構造を記述する	Webページのデザインを指定する	Webページの動きを指定する

記述例	<div class=" header" >
	　　○×△高校
	</div>
	<div class=" navi" >
	　　<ul>
	　　　<li> ホーム </li>
	　　　<li> 普通科 </li>
	　…
		.header {
		　　font-size: 20px;
		　　font-weight: bold;
		}
			const now = new Date ();
			const dateText =
			　now.getFullYear () + "年"
			　+ (now.getMonth () + 1) + "月"
			　+ now.getDate () + "日" ;
			document.getElementById(
			　"now_date").innerHTML =
			　dateText

解 説

▶ 映像講義

(1)　ページのデザインの情報を記述しているため，CSSである。
(2)　ページの構造について記述しているため，HTMLである。
(3)　現在日時を取り出すような動的な操作を行っているため，JavaScriptである。

解答
(1)①　(2)⓪　(3)②

1　次の文章を読み，問いに答えよ。

　情報デザインとは，情報をわかりやすく，効果的に伝えるためのデザインプロセスである。情報デザインでは，視覚的な要素やグラフィックスの活用，情報の整理・階層化，適切なフォントやカラーパレットの選択などを通じて，情報の理解と視覚的な魅力を高める。また，情報デザインは，ユーザエクスペリエンスにも密接に関係しており，　ア　や　イ　に配慮しながらデザインすることが重要である。

　情報デザインは，ビジュアルコミュニケーションの重要な要素として，(1)ウェブサイトやプレゼンテーション，報告書，広告など様々な媒体で活用される。情報デザインでは，情報の整理や(2)構造化が重要となり，効果的な視覚的表現やグラフィックスの使用によって情報の理解度を高める。

　さらに，(3)情報デザインでは受け手の視覚的な認知や認識にも配慮する。適切なフォントの選択やスタイリングによってテキストの読みやすさや視認性を向上させ，カラーパレットの選択によって情報の重要性や関連性を強調する。

問1：空欄　ア　，　イ　には，それぞれ情報デザインに関する用語で，使いやすさ，アクセスのしやすさという意味のカタカナの用語が入る。空欄に入る語句を選択肢から2つ答えよ。(順不同)
⓪　センシビリティ
①　ユーザビリティ
②　アクセシビリティ
③　アベイラビリティ

問2：下線部(1)に関して，静的なウェブサイトを作成する際に利用されるマークアップ言語と，動的なページを作成するための代表的なプログラミング言語を選択肢からそれぞれ1つずつ答えよ。
⓪　JavaScript
①　C言語
②　C#
③　HTML
④　CSS
⑤　Java

問3：下線部(2)に関して，情報デザインの手法である構造化に当てはまるものを選択肢から全て選べ。
⓪　商業施設のトイレの案内板
①　Webページの階層メニュー
②　模擬試験の得点のレーダーチャート
③　広告のレイアウト
④　スマートフォンアプリのアイコン

問4：下線部(3)に関して，文化や言語，国籍，年齢，障害の有無などに関わらず，全ての人が使いやすいように配慮されたデザインのことを何というか，選択肢から1つ選べ。
⓪　アクセシビリティデザイン
①　カラーデザイン
②　ユニバーサルデザイン
③　ノーマライゼーションデザイン
④　ユーザビリティデザイン
⑤　バリアフリーデザイン

問5：アメリカの建築家リチャード・S・ワーマンの考案した情報を分類する基準を5つ答えよ。

2 次の文章は，太郎さんが情報デザインについてまとめた文章である。この文章に対して以下の問いに答えよ。

情報デザインでは，主に3つの手法が用いられる。この3つの手法を用いることで的確に受け手に情報を伝えることができる。この考え方は身の回りでも多く活用されており，スマートフォンのアプリアイコンなどがその例である。アイコンを一目見ればどんなアプリかがわかるが，これは情報デザインの考えを活かしているからである。

この考え方を学ぶ際に大切な用語として，ユニバーサルデザインという言葉がある。これは，情報の受け手の年齢や言語，文化などに左右されないように工夫されたデザインのことである。

問1：情報デザインの説明として不適切なものを1つ選べ。
⓪　コミュニケーションの円滑化をはかる工夫をすること
①　利用者の立場に立ったデザイン
②　社会や身の回りの問題を解決するためのデザイン
③　世の中には存在しない問題・課題をデザインで解決すること

問2：情報デザインの活用例を挙げよ。

問3：情報デザインの3つの手法のうち，なるべくシンプルに表現する手法を何というか，選択肢から適するものを1つ選べ。
⓪　構造化
①　都市化
②　可視化
③　符号化
④　抽象化
⑤　具体化

問4：可視化の手法として適切なものを次のうちから全て選択せよ。（順不同）
⓪　表・グラフ
①　ピクトグラム
②　樹形図
③　路線図
④　アイコン
⑤　ベン図

問5：情報デザインにおいて，問題を発見するために用いられる手法としてブレーンストーミングがある。ブレーンストーミングを行う上で考慮することとして適切なものを選択肢から全て選べ。
⓪　他の人の意見と自分の意見が違う場合は，できるだけ遠慮する。
①　できるだけたくさんの意見が出るようにする。
②　意見が出るたびに，採用するかどうかを検討する。
③　他の人の意見に対して批判を行う。
④　他の人の意見に便乗してもよい。

5章 コンピュータのしくみ

基本事項

1 コンピュータの基本的な構成

コンピュータは物理的な装置である　1　と，命令を出して　1　を動かすための　2　で構成されている。

　1　は，下記の3つの要素で成り立っている。

・　3　：中央演算処理装置とも呼ばれ，制御装置と，演算装置が組み込まれている
・　4　：データやプログラムを保存するための装置。　2　はここに記録されている
・　5　・　6　：キーボードやマウスなどは　5　であり，ディスプレイなどは　6　である

　7　と呼ばれる信号路でそれぞれの装置はつながっている。

　3　内の制御装置が，各装置に命令を送ることで利用者の意図する動作をするために制御する。　8　は，デー演算装置とデータをやり取りしながら演算を行う。コンピュータの動作は，制御，演算，記憶，入力，出力によって成り立っている。

ハードディスクやDVDなどは，　8　とは異なりデータを長期的に保存することができ，コンピュータのプログラムなどを保存する。このような記憶装置を　9　という。

コンピュータは，マウスやプリンタなどの　10　を接続することで，コンピュータをより使いやすくしたり，用途を広げたりすることができる。コンピュータ本体と　10　を接続する　11　には，コネクタの形状や信号の形式が異なる様々な規格がある。規格の一つとして，　12　というものが挙げられ，現在のコンピュータのほとんどはこの規格にあったコネクターを接続することができる。また，手間や煩雑さをなくすため，ケーブルを使わずに端末をネットワークに接続し通信を行う　13　や，　13　と比べて消費電力を少なくして近距離の通信が可能な　14　などの無線技術も普及している。

2 ソフトウェアとOS

ソフトウェアは，言語プロセッサなどの　15　と，文書作成ソフトウェアなど特定の目的のために設計・開発されたソフトウェアの総称である　16　の二つに大きく分けられる。　15　には，ハードウェアを制御したり　16　を動作させたりする　17　などがある。

言語プロセッサは，プログラムを　18　に変換するソフトウェアの総称である。

ユーザが　16　を使うときには，マウスなどを利用して直感的に操作できるユーザインタフェースである　19　などの画面を通して操作が行われる。一方，キーボードの入力と画面の文字表示だけで操作するユーザインターフェースのことを　20　という。

　17　の役割として，ハードウェアとソフトウェアの仲介をすること，マウスやキーボードなどの周辺機器の違いを　21　と呼ばれるソフトウェアで吸収すること，CPUやメモリの管理を行うなどが挙げられる。

　17　がもつ管理機能

・複数の処理の切り替えなどを行う　22　管理
・各処理が適切に行われるように適切な領域を割り当てる　23　管理
・補助記憶装置にあるデータを階層的に管理する　24　管理

　22　管理のうち，複数の処理を並行して実行することを　25　という。また，　24　を階層的にグループ化するためのものを　26　と呼ぶ。

解答

1：ハードウェア　2：ソフトウェア　3：CPU　4：記憶装置　5：入力装置　6：出力装置　7：バス
8：メインメモリ（主記憶装置）　9：補助記憶装置　10：周辺機器　11：インタフェース　12：USB
13：Wi－Fi/無線LAN　14：Bluetooth（ブルートゥース）　15：基本ソフトウェア
16：アプリケーションソフトウェア（応用ソフトウェア）　17：オペレーティングシステム（OS）　18：機械語
19：GUI　20：CUI　21：デバイスドライバ　22：タスク　23：メモリ　24：ファイル　25：マルチタスク
26：ディレクトリ

3 CPU

　CPU は　27　という，一定時間ごとに電圧が切り替わる信号に合わせて動作する。CPU は制御装置と演算装置で構成され，プログラムや入力装置から入力されたデータなどを　28　に読み込み（　29　），読み込んだデータの意味を解読（　30　），それを実行（　31　），結果を記憶装置に出力（　32　）していく。この一連の処理の流れを命令サイクルという。

　記憶装置には，コンピュータで扱うプログラムやデータが記憶される。特に CPU から直接アクセスすることができる作業用の記憶装置を　33　という。0 と 1 の状態を電荷の有無などで表現する　34　を数百万から数十億集めた半導体素子が使われているが，これは CPU の高速な処理に対応するためである。

　27　を発生させる装置を　35　という。また　27　を扱う速さを　36　といい，単位は　37　であらわす。　36　を高くすることで，1 秒間に行われる演算回数が増え CPU の性能を高めることができる。

　ある事象が真か偽かの 2 つで判断を行う演算を　38　という。CPU は　38　を行うための電子回路である　39　をいくつか組み合わせて複雑な演算を行っている。以下 3 つの　38　を行う基本単位（　40　）の組み合わせで様々な　39　を構成することができる。

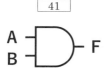

　　　　41

AとBが両方 1 のときのみ F は 1

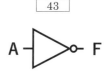

　　　　42

AとBのうちどちらかでも
1 のとき F は 1

　　　　43

Aが 1 のとき F は 0

　また，　40　の組み合わせた働きを持つ以下の　39　もよく使われる。

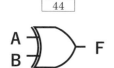

　　　　44

AとBが違うときのみ F は 1

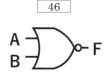

　　　　45

AND 出力を否定したもの

　　　　46

OR 出力を否定したもの

　3 つの　39　を組み合わせることで，2 進法の 1 桁の加算を行う　47　や，　47　を組み合わせて桁上げできるようにした回路である　48　のような，加算の回路を作ることができる。

4 2進法による計算

コンピュータ内部で計算を行う際，＋や－の記号を使うことはできない。そのため，負の数を表現するためには2の 49 を用いるのが一般的である。これにより減算を加算で処理することができる。

2の 49 の求め方は，各ビット反転させ，これに 50 を加算することで求められる。

（例）2進数 $(0101)_2$（10進法では5）の補数を求める

①0と1を反転させる。　→　$(1010)_2$

② 50 を加算する。　→　$(1011)_2$

したがって，$(0101)_2$ の補数は $(1011)_2$ であり，10進法では－5を表す

［2の補数を利用した減算］

（例）$(0111)_2 － (0101)_2$ を計算する

①　$(0101)_2$ の2の補数を求める。（$(1011)_2$）

②　$(0111)_2 ＋ (1011)_2$ を行う。

したがって，$(0111)_2 － (0101)_2 = (0010)_2$

小数点の位置を固定せずに表した数を 51 といい，一般に小数をコンピュータで表すときに用いられる。例えば $(2.5)_{10}$ を表すとき，2進法では $(10.1)_2$ と表すが，2進法の 51 では $+ 1.01 \times 2^1$ と表す。このとき，＋の部分を 52 といい，1.01の部分を 53 ，2^1 の1の部分を 54 という。

コンピュータが扱える桁数には限りがあり，小数や桁数の極めて大きい数を扱うときには，計算中に以下のような 55 が発生する可能性がある。

・ 56 ：絶対値の大きい値と絶対値の小さい値で加算や減算を行う際，絶対値の小さい値は，値に反映されないような誤差のこと

（例）$(1.23 \times 10^2) ＋ (4.56 \times 10^{-2})$ を計算するとき，仮数部が4桁の浮動小数点数で表すと 1.230×10^2 となり，4.56×10^{-2} が反映されない

・ 57 ：値の近い数値の減算を行うことによって，計算結果の有効数字が減ることによる誤差

（例）$0.556 \times 10^7 － 0.552 \times 10^7$ を計算するとき，3桁から1桁に減少した有効桁数の分を0で埋めることによって有効数字が減る

・ 58 ：2進数で表現できる最大の整数に近い数値に対して加算を行うことによって，表現できる最大数を超え，あふれた桁が無視されることによって生じる誤差

（例）10進法の255は，8ビット符号なしの2進法では11111111と表せる。これに1を加えると100000000となり，9ビットでは表現できるが，9ビット目は無視され，00000000＝0となる

・ 59 ：10進法の数値を2進法で表現した場合，循環小数になることがある。この循環小数について決まった桁以降を削除し，もとの10進法の数値と完全に一致しないような誤差

（例）10進法の0.1は2進法で0.000110011001100…のように循環小数で表現されるが，この小数を有限の桁で表現するとそれ以降の桁は削除され，10進法の0.1とは完全一致しなくなる

・ 60 ：無限に続く計算を途中で打ち切ることによって生じる誤差

解答

49：補数　50：1　51：浮動小数点数　52：符号部　53：仮数部　54：指数部

55：誤差　56：情報落ち　57：桁落ち　58：桁あふれ　59：丸め誤差　60：打ち切り誤差

次の問いについて，空欄にあてはまる最も適切なものをそれぞれの解答群から選び，数字で答えよ。

a 　コンピュータは ア といわれる装置と，それを動かすためのプログラムである イ で構成されている。 ア の基本構成の一つとしてCPUがあるが，それには ウ と エ が組み込まれている。CPU に必要なデータの受け渡しを行うものを， オ という。（ウとエは順不同）

ア ， イ の解答群
⓪　マルウェア
①　ソフトウェア
②　ハードウェア
③　ファームウェア

ウ ， エ の解答群
⓪　制御装置
①　入力装置
②　出力装置
③　演算装置

オ の解答群
⓪　周辺機器
①　補助記憶装置
②　メインメモリ
③　副記憶装置

b 　CPU の命令サイクルの一連の処理は， カ ， キ ， ク ， ケ の順番で行われる。また，それぞれの処理を順に， コ ， サ ， シ ， ス とも呼ぶ。

カ ～ ケ の解答群
⓪　プログラムの意味を解読する
①　プログラムの結果を記憶装置に出力する
②　プログラムを実行する
③　プログラムをレジスタに読み込む

コ ～ ス の解答群
⓪　エグゼキュート
①　フェッチ
②　デコード
③　ストア

解答
ア：②　イ：①　ウ，エ：⓪③（順不同）　オ：②　カ：③　キ：⓪　ク：②　ケ：①　コ：①　サ：②
シ：⓪　ス：③

c ソフトウェアは，ハードウェアを制御したりアプリケーションソフトウェアを動作させたりする ｜ セ ｜ と，画像処理ソフトウェアなどの特定の目的のために開発されたソフトウェアの総称である ｜ ソ ｜ に大別される。また，ある特定の分野に属するアプリケーションに対して，その分野に共通する機能やサービスを提供するものとして ｜ タ ｜ がある。 ｜ タ ｜ の例として， ｜ チ ｜ や ｜ ツ ｜ などがある。（チとツは順不同）

｜ セ ｜ ～ ｜ タ ｜ の解答群
⓪ アプリケーションソフトウェア
① 基本ソフトウェア
② ファームウェア
③ ミドルウェア

｜ チ ｜ ， ｜ ツ ｜ の解答群
⓪ データベース管理システム
① Web サーバソフトウェア
② オペレーティングシステム
③ プレゼンテーションソフトウェア

d CPU から直接アクセスできる作業用の記憶装置を ｜ テ ｜ という。CPU にはメモリセルを数十億個集めた半導体素子が使われているが，それは， ｜ ト ｜ ためである。また，メインメモリに記憶された内容は， ｜ ナ ｜ 。

｜ テ ｜ の解答群
⓪ 仮想メモリ
① メインメモリ
② コアメモリ
③ フラッシュメモリ

｜ ト ｜ の解答群
⓪ 記憶容量を大きくする
① CPU の高速な処理に対応する
② 故障率を下げる
③ データが消えたときのバックアップデータを残す

｜ ナ ｜ の解答群
⓪ 任意のタイミングで消すことができる
① ある一定期間を過ぎると消えてしまう
② 電源が切れると消えてしまう
③ 永久に残り続ける

解答
セ：① ソ：⓪ タ：③ チ, ツ：⓪① (順不同) テ：① ト：① ナ：②

e CPU のビット数とは，　ニ　のことであり，　ヌ　ビットや　ネ　ビットの CPU が現在使われている。また，メインメモリのプログラムやデータは　ノ　ビットごとにまとめられている。（ヌとネは順不同）

　ニ　の解答群
⓪　CPU が一度に扱える情報量
①　CPU の記憶容量
②　CPU の処理速度
③　CPU の故障しにくさ

　ヌ　〜　ノ　の解答群
⓪　8
①　32
②　64
③　256

f CPU の性能を上げるためには，　ハ　必要がある。しかし，そうすることで　ヒ　という問題が発生する。そこで，近年では　フ　ことで，問題を解決しつつ全体の処理性能を高めている。これを　ヘ　という。

　ハ　の解答群
⓪　クロック容量数を上げる
①　クロック容量数を下げる
②　クロック周波数を上げる
③　クロック周波数を下げる

　ヒ　の解答群
⓪　消費電力が増え，熱が多く発生する
①　1つ1つの処理の精度が低下する
②　エラー率が上昇する
③　ネットワーク速度に影響を及ぼす

　フ　の解答群
⓪　CPU だけでなくメインメモリでも処理を行うようにする
①　CPU の実際の処理を担う核となる部分を複数搭載し，並列処理を行う
②　処理によってクロック周波数を変化させる
③　同じような処理をメインメモリに記憶させる

　ヘ　の解答群
⓪　マルチクロック
①　マルチ CPU システム
②　マルチプロセス方式
③　マルチコアプロセッサ

解答
ニ：①　ヌ，ネ：①②（順不同）　ノ：⓪　ハ：②　ヒ：⓪　フ：①　ヘ：③

g 論理回路の基本となる，AND ゲート，OR ゲート，NOT ゲートなどのことを総称して，論理ゲートという。AND ゲートの図記号は ホ で表される。OR ゲートの図記号は マ で表される。NOT ゲートの図記号は ミ で表される。また，AND ゲートの真理値表は ム ，OR ゲートの真理値表は メ ，NOT ゲートの真理値表は モ である。

ホ ～ ミ の解答群

⓪　　　　　　　①　　　　　　　②　　　　　　　③

ム ～ モ の解答群

⓪

入力		出力
A	B	F
0	0	0
0	1	0
1	0	0
1	1	1

①

入力		出力
A	B	F
0	0	0
0	1	1
1	0	1
1	1	0

②

入力	出力
A	F
0	1
1	0

③

入力		出力
A	B	F
0	0	0
0	1	1
1	0	1
1	1	1

h XOR ゲート，NAND ゲート，NOR ゲートといった論理回路もよく使われる。XOR ゲートの図記号は ヤ で表される。NAND ゲートの図記号は ユ で表される。NOR ゲートの図記号は ヨ で表される。また，XOR ゲートの真理値表は ラ ，NAND ゲートの真理値表は リ ，NOR ゲートの真理値表は ル である。

ヤ ～ ヨ の解答群

⓪　　　　　　　①　　　　　　　②　　　　　　　③

ラ ～ ル の解答群

⓪

入力		出力
A	B	F
0	0	1
0	1	1
1	0	1
1	1	0

①

入力		出力
A	B	F
0	0	0
0	1	1
1	0	1
1	1	0

②

入力		出力
A	B	F
0	0	0
0	1	1
1	0	1
1	1	1

③

入力		出力
A	B	F
0	0	1
0	1	0
1	0	0
1	1	0

解答

ホ：② 　マ：① 　ミ：③ 　ム：⓪ 　メ：③ 　モ：② 　ヤ：③ 　ユ：② 　ヨ：⓪ 　ラ：① 　リ：⓪ 　ル：③

i 以下の回路図は半加算回路である。AとBの2つの入力に対して，和Sと桁上がりCの2つが出力され2進法の1桁の加算を行うことができる。以下の回路図の あ と い を埋めよ。

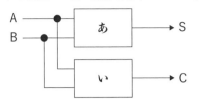

入力		出力	
A	B	C	S
0	0	0	0
0	1	0	1
1	0	0	1
1	1	1	0

あ ， い の解答群

⓪   ①   ②   ③

j 10進数の $10 - 7$ の演算を2の補数を用いて行う場合，$(10)_{10}$ は2進数に変換すると $(1010)_2$ となり，$(7)_{10}$ は2の補数にする必要があるため，(う)$_2$ となる。これらを え し，溢れた桁数を無視することで，$(0011)_2 = (3)_{10}$ と求めることができる。

う の解答群
⓪ 1000
① 1001
② 1010
③ 1011

え の解答群
⓪ 加算
① 乗算
② 除算
③ べき乗

k 例えば，$(11.1)_2$ を $(0.111)_2 \times 2^2$ のように，小数点の位置を固定せずに表した数を お という。

お の解答群
⓪ 変動小数点数
① 流動小数点数
② 移動小数点数
③ 浮動小数点数

解答
あ：⓪ い：② う：① え：⓪ お：③

l　ソフトウェアはおおよそ 2 つに大別され，OS や言語プロセッサのことを 　か　 ソフトウェアといい，文書作成ソフトウェアや表計算ソフトウェアなどを 　き　 ソフトウェアという。また，その間に位置する 　く　 を用いて，様々な機能やサービスを提供するものである。

　　　か　 ，　き　 の解答群
⓪　ユーザー
①　基本
②　インタフェース
③　アプリケーション

　　　く　 の解答群
⓪　ハードウェア
①　ミドルウェア
②　マルウェア
③　ファームウェア

m　デバイスドライバは，　け　 とコンピュータを，OS によって制御するためのプログラムである。

　　　け　 の解答群
⓪　ソフトウェア
①　ユーザー
②　周辺機器
③　ユーザー操作

n　OS の管理機能には主に次の 3 つのようなものがある。タスク管理では，複数の処理を瞬時に切り替えながら管理しており，このように複数の処理を並行して実行することを 　こ　 という。メモリ管理では，各処理が適切に行われるようにしている。ファイル管理では，階層的にファイルをグループ化するための 　さ　 とよばれるもので管理する。

　　　こ　 の解答群
⓪　マルチタスク
①　スマートタスク
②　スイッチングタスク
③　チェンジタスク

　　　さ　 の解答群
⓪　ヒエラルキー
①　レベル
②　ディレクトリ
③　クラス

解答
か：①　き：③　く：①　け：②　こ：⓪　さ：②

例題 30

次の図は，コンピュータの構成要素とその間のデータと制御の流れを表している。（ア）～（カ）に入れるのに最も適した装置の名称を選択肢の中から1つずつ選べ。

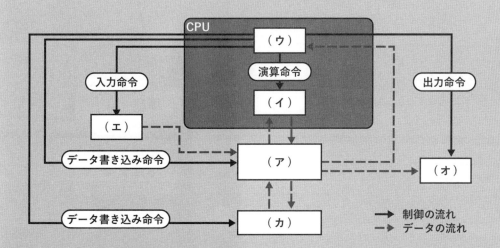

<選択肢>
① 演算装置
① 補助記憶装置
② 主記憶装置（メインメモリ）
③ 出力装置
④ 制御装置
⑤ 入力装置

Point

コンピュータの内部におけるデータと制御の流れを理解しよう！

解説

▶ 映像講義

　主記憶装置（メインメモリ）はCPUや演算装置などそれぞれの装置にデータを送るため，（ア）は主記憶装置（メインメモリ）が入る。

　演算装置はCPU内にあり，主記憶装置からの入力を受け取り，演算結果を出力するやりとりを行う。このため，（イ）は演算装置が入る。またCPU内には制御装置もあり，各装置に命令を出す。このため，（ウ）には制御装置が入る。

　データは入力装置からCPUに伝えられ，その結果が出力装置から出力される。それぞれの装置へは制御装置から命令が出されるため，（エ）には入力装置が入り（オ）には出力装置が入る。

　制御装置からデータの書き込みが命令される装置として，主記憶装置の他に補助記憶装置がある。補助記憶装置はデータを長期的に保存でき，主記憶装置とデータのやり取りを行う。よって，（カ）は補助記憶装置が入る。

解答

（ア）②主記憶装置（メインメモリ）　（イ）⓪演算装置　（ウ）④制御装置　（エ）⑤入力装置　（オ）③出力装置
（カ）①補助記憶装置

例題 31

下の図は CPU の動作を表した図である。図中の（ア）〜（エ）に最も適する語句を選択肢から選べ。また，この一連の処理（オ）に最も適する語句を選択肢から選べ。

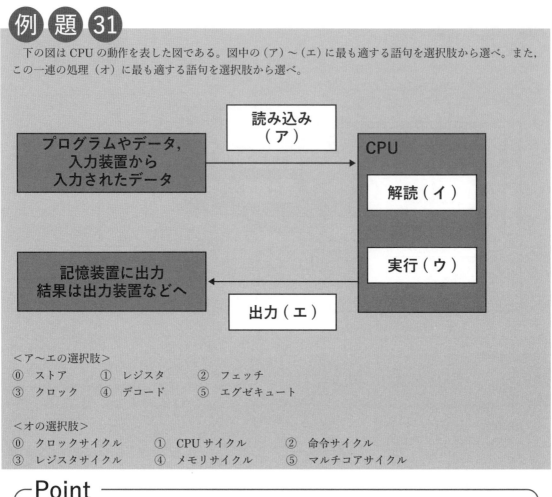

<ア〜エの選択肢>
⓪ ストア　　　① レジスタ　　　② フェッチ
③ クロック　　④ デコード　　　⑤ エグゼキュート

<オの選択肢>
⓪ クロックサイクル　　① CPU サイクル　　② 命令サイクル
③ レジスタサイクル　　④ メモリサイクル　　⑤ マルチコアサイクル

Point

CPU 内の動作を理解しよう！

解説

▶ 映像講義

CPU の処理は，

ア：フェッチ…プログラムやデータ，入力装置から入力されたデータなどをレジスタに読み込む

イ：デコード…その意味を解読する

ウ：エグゼキュート…実行する

エ：ストア…結果を記憶装置に出力する

といったような一連の処理（命令サイクル）で行っている。またこの動作は，クロック信号に合わせて動作が行われる。

解答
（ア）②フェッチ　（イ）④デコード　（ウ）⑤エグゼキュート　（エ）⓪ストア　（オ）②命令サイクル

例題 32

　次の文章は，コンピュータの周辺機器についての説明である。空欄に入る語句として最も適切なものをあとの選択肢から選べ。

　現在，周辺機器をコンピュータ本体に接続させる汎用的なインタフェースの規格として，| ア | がある。マウスやキーボードなどの周辺機器を接続させるだけでなく，| イ | を供給できるのも大きな特徴である。プラグ側コネクタの断面図は，| ウ | のようになっている。

　周辺機器を接続するためのその他のインタフェースである | エ | は音声と映像を同時に１つのケーブルで送ることができるものであり，映像劣化が少ないのが特徴である。また，| オ | という著作権保護に関する暗号技術が採用されている。プラグ側コネクタの断面図は，| カ | のようになっている。

<ア，エの選択肢>
⓪　HDMI　　　①　DVI　　　②　USB　　　③　VGA

<イ，オの選択肢>
⓪　音声　　　①　電力　　　②　HDCP　　　③　HTML

<プラグ側コネクタ断面図（ウとカ）の選択肢（縮尺は同一ではない）>

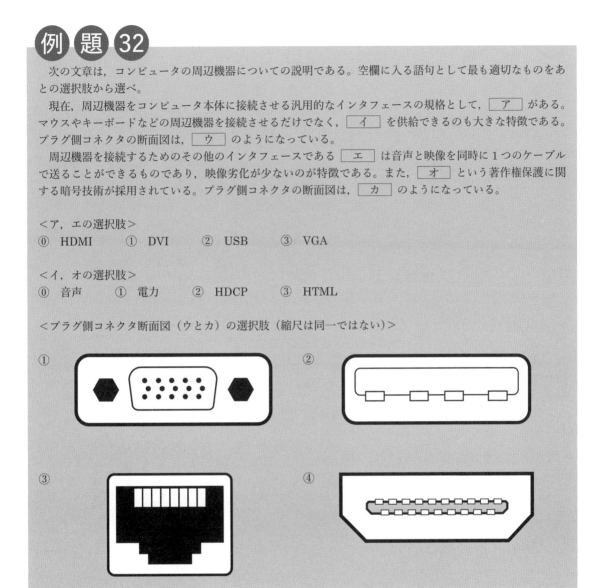

Point

コンピュータの周りの機器について理解しよう！

解説

▶ 映像講義

　USB は，Universal Serial Bus の略称で，周辺機器をコンピュータ本体に接続するための規格のひとつであり，現在は幅広い機器と接続することができる規格として普及している。接続するだけでなく，電力を供給することもできるため，周辺機器に電源コードを新たに用意する必要がないことも特徴である。選択肢中のプラグ側コネクタ断面図は，USB Type-A 1.0 のものだが，そのほかにも Type-C や Micro USB2.0 など様々な種類が存在している。

　HDMI は，音声と映像を１本のケーブルで送ることができるインタフェースである。パソコンだけでなく，テレビなどの家電にも使われている。

　なお，プラグ側コネクタ断面図選択肢の，①は VGA，③は LAN のものである。

解答

（ア）②USB　（イ）①電力　（ウ）②　（エ）⓪HDMI　（オ）②HDCP　（カ）④

例題 33

以下の論理回路と等価な回路はどれか，選択肢⓪～④より選べ。

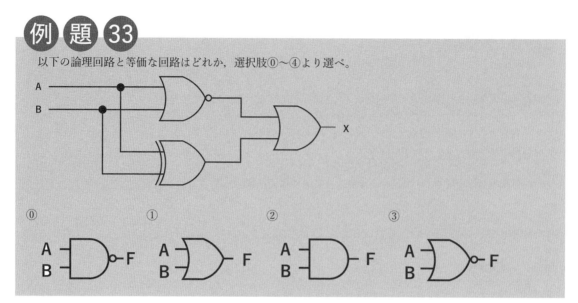

Point

実際の値を入れて結果を確認しよう！

解説

▶ 映像講義

まず，最初の NOR ゲートと XOR ゲートの出力を，それぞれ C と D とおくと，真理値表は以下のようなものになる。

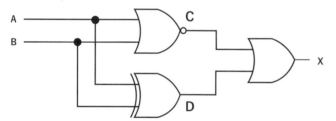

A	B	C	D	X
0	0	1	0	1
0	1	0	1	1
1	0	0	1	1
1	1	0	0	0

C は NOR ゲートの出力であるため，OR 出力を否定したものとなる。よって，A と B が 0 のときのみ 1 を出力する。

D は XOR ゲートの出力であるため，入力値が違う時のみ 1 を出力する。

最後に，入力値が C と D のようになる場合，OR ゲートでは，C か D のいずれかの入力値が 1 の場合に 1 を出力する。

よって，X の結果は上記の真理値表の通りとなる。なお，解答群のそれぞれの選択肢の真理値表は以下の通りである。

⓪

A	B	F
0	0	1
0	1	1
1	0	1
1	1	0

①

A	B	F
0	0	0
0	1	1
1	0	1
1	1	1

②

A	B	F
0	0	0
0	1	0
1	0	0
1	1	1

③

A	B	F
0	0	1
0	1	0
1	0	0
1	1	0

したがって，⓪ NAND ゲートの結果と同様である。よって，解答は⓪となる。

解答

⓪

（ア）次の回路の真理値表を完成させなさい。

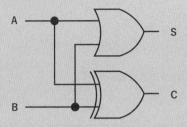

入力		出力	
A	B	C	S
0	0		
0	1		
1	0		
1	1		

（イ）Sの結果がXORゲートと同じになるように，次の2つの空欄にANDゲートかORゲートを入れて論理回路を完成させなさい。

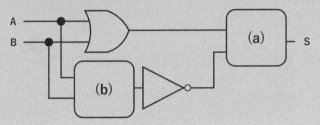

Point

論理ゲートを1つ1つ理解しよう！

解説

▶ 映像講義

（ア）まず，CはAとBのXOR，SはAとBのORをとっている。

XORは2つの入力値が異なるときに1をとる。ORは2つの入力値のどちらかでも1であれば1をとる。

よって，解答は表のようになる。

（イ）まずSはAとBのOR（①とおく）と，(b)のNOTの値（②とおく）を(a)でとったものになる。

ここで，Sは入力値が0と1または1と0のときのみ1をとるようにした。

表より，AとBが1をとるとき，Sは0をとるようにした。このとき，すでに①が1をとっており，(a)にはANDゲートかORゲートしか入らないことを考慮すると，ここにORゲートを入れることは不適切である。よって，(a)にはANDゲートが入る。

A	B	AORB ①	NOT (b) ②	S
0	0	0	?	0
0	1	1	?	1
1	0	1	?	1
1	1	1	?	0

次に②は，入力値が0と1もしくは1と0のときには1を，1と1のときには0をとらなければいけない。ORの否定だと，入力値が0と1もしくは1と0のときに0をとってしまうため不適切である。よって，(b)にはANDゲートが入る。

解答

（ア）

入力		出力	
A	B	C	S
0	0	**0**	**0**
0	1	**1**	**1**
1	0	**1**	**1**
1	1	**0**	**1**

（イ）(a) ANDゲート　(b) ANDゲート

例題 35

$(-4.375)_{10}$ を2進法の浮動小数点数（32ビット固定長）で表すとき，以下の空欄に入る数値を答えよ。

まず，$(4.375)_{10}$ を2進法に変換する。整数部分と小数部分に分けて考えると，4は（ ア ）$_2$，0.375 は（ イ ）$_2$ となるため，$(4.375)_{10}$ は（ ウ ）$_2$ となる。これを正規化すると， エ となる。最後に，正規化した エ を2進数で表すと，先頭から オ ビットが符号部，そこから カ ビットが指数部，残りが仮数部となる。よって，$(-4.375)_{10}$ を2進法の浮動小数点数（32ビット固定長）で表すと， キ となる。

Point

正規化と浮動小数点数について理解しよう！

解説

▶ 映像講義

$(4.375)_{10}$ を2進法に変換するときは，整数部分4と小数部分0.375 をそれぞれ2進法に分けて変換し，最後に加算する。

4と0.375 はそれぞれ下記に示すように，$(100)_2$ と $(0.011)_2$ となる。これを加算するため，$(4.375)_{10}$ は $(100.011)_2$ となる。

4	0.375
$4 \div 2 = 2 \cdots 0$	$0.375 \times 2 = 0.75$
$2 \div 2 = 1 \cdots 0$	$0.75 \times 2 = 1.5$
$1 \div 2 = 0 \cdots 1$	$0.5 \times 2 = 1.0$
下から読んで，$(100)_2$	上から読んで，$(0.011)_2$

次に，正規化を行い $1.\bigcirc\bigcirc \times 2^n$ の形に変換すると，$(100.011)_2$ は 1.00011×2^2 になる。

最後に，-1.00011×2^2 を浮動小数点数の2進数で表す。
先頭1ビットは符号部。＋は0で－は1であるため，1が入る。
次の8ビットは指数部。指数は2であるため，これを2進数に変換した $(10)_2$ に $(01111111)_2$（10進数の127）を足して，10000001 となる。
残りは仮数部。1.00011 から整数の1を無視した00011 を左詰で入れ残りは0を入れる。よって 00011000000000000000000。

符号部	指数部								仮数部																							
1	1	0	0	0	0	0	0	1	0	0	0	1	1	0	0	0	0	0	0	0	0	0	0	0	0	0	0	0	0	0	0	0

これらを合わせるため，（キ）は 11000000100011000000000000000000 となる。

解答

（ア）100 （イ）0.011 （ウ）100.011 （エ）1.00011×10^2 （オ）1 （カ）8
（キ）11000000100011000000000000000000

例題 36

コンピュータが扱える桁数には限りがあるため，場合によっては計算中に誤差が発生する可能性がある。以下の空欄に当てはまるものを選択肢の中から選んで答えよ

名称	意味	例
情報落ち	（ア）	（イ）
桁落ち	（ウ）	（エ）
桁あふれ	（オ）	（カ）
丸め誤差	（キ）	（ク）
打ち切り誤差	（ケ）	（コ）

＜意味の選択肢＞

① 無限級数などのような，演算回数が多い計算の途中で打ち切るときに発生する誤差
② 絶対値がほぼ同じ数同士（同符号）で減算を行うと，有効桁数が少なくなってしまう誤差
③ 絶対値の大きな値と小さな値で加算を行うと，絶対値の小さな値が結果に反映されなくなってしまう誤差
④ 循環小数などの計算時に，有限の桁数で表現するために省略を行うことで生じる誤差
⑤ 扱える桁の範囲を超えてしまう時に生じる誤差

＜例の選択肢＞

① 8ビットしか扱えない状況で，$(255)_{10} + (1)_{10}$ を行う
② $(1.23 \times 10^2) + (4.56 \times 10^{-2})$ の計算において，仮数部が3桁の浮動小数点数で表す
③ $(0.1)_{10} + (0.1)_{10}$ の計算において，循環小数を省略した $(0.0001)_2 + (0.0001)_2$ で計算する
④ $0.556 \times 10^7 - 0.552 \times 10^7$ の計算において，3桁から1桁に減少する有効桁数の分を0で埋める
⑤ 無限級数 $\sum_{n=1}^{\infty} a_n$ の計算を途中で打ち切る

Point

誤差を表す用語は似たような言葉が多いため，1つ1つの意味と例を理解しよう！

解説

▶ 映像講義

情報落ち ：②$(1.23 \times 10^2) + (4.56 \times 10^{-2})$ の計算において，仮数部が3桁の浮動小数点数で表すと，0.0456が無視されてしまう。このように，絶対値の大きな値と小さな値で加算を行うと，絶対値の小さな値が結果に反映されなくなってしまう誤差

桁落ち ：④$0.556 \times 10^7 - 0.552 \times 10^7 = 0.400 \times 10^5$ とする場合，3桁から1桁に減少する有効桁数の分を0で埋めることにより誤差が発生する。このように，絶対値がほぼ同じ数同士で減算を行うと有効数字が少なくなってしまう誤差

桁あふれ ：①8ビットしか扱えない状況で，$(255)_{10} + (1)_{10}$ を行うと，本来は $(100000000)_2$ となるが，9ビット目が無視され計算結果が0になってしまう。このように，扱える桁の範囲を超えてしまうときに生じる誤差

丸め誤差 ：③$(0.1)_{10} + (0.1)_{10}$ の計算において，循環小数を途中で省略した $(0.0001)_2 + (0.0001)_2$ で計算したとすると，本来の $(0.2)_{10}$ とは大きく異なった計算結果 $(0.125)_{10}$ となってしまう。このように，循環小数などの計算時に，有限の桁数で表現するために省略を行うことで生じる誤差

打ち切り誤差：⑤無限級数 $\sum_{n=1}^{\infty} a_n$ の計算をするとき，$1 + 1/2 + 1/4$ などと途中で打ち切ることで，本来の値との誤差が生まれる。このように，無限級数などのような，演算回数が多い計算の途中で打ち切るときに発生する誤差

解答

（ア）③　（イ）②　（ウ）②　（エ）④　（オ）⑤　（カ）①　（キ）④　（ク）③　（ケ）①　（コ）⑤

例題 37

次の空欄に当てはまる適切な数字や記号を答えよ。

(1) 10進法の 11 を桁数 5 ビットの 2 進法で表すと，□ア□ である。10 進法の − 11 を 2 の補数を用いて桁数 5 ビットの 2 進法で表すと，□イ□ である。

(2) 10進法の 14 − 4 を桁数 5 ビットの 2 進法で計算する場合は，まず □ウ□ を 2 の補数 □エ□ に変換し，加算を行えばよい。

　よって，式は □オ□ となり，答えは 2 進法で □カ□ となる。

(3) 10進法の 13 − 9 を桁数 5 ビットの 2 進法で計算する場合は，まず □キ□ を 2 の補数 □ク□ に変換し，加算を行えばよい。

　よって，式は □ケ□ となり，答えは 2 進法で □コ□ となる。

Point

2 進法の正負の数の表し方をマスターしよう！

解説

▶ 映像講義

(1)　(ア) $11 \div 2 = 5 \cdots 1$

$\quad\quad\quad 5 \div 2 = 2 \cdots 1$

$\quad\quad\quad 2 \div 2 = 1 \cdots 0$

$\quad\quad\quad 1 \div 2 = 0 \cdots 1$

　　　　よって，下から読んで 1011。桁数 5 ビットで表すために，先頭に 0 を補うと 01011 となる。

　　(イ) 2 の補数は，2 進法の各ビットの 0 と 1 を反転させ，1 を足すことで求められる。

　　　　11 は 2 進法で 01011 なので，反転させた 10100 に 1 を足すと，10101 となる。

(2)　(ウ) ここでは，14 + (− 4) という考え方で計算を行う。2 進法で負の数を表現するには 2 の補数を用いるため，ここでは 4 の方を 2 の補数に変換する。

　　(エ) 4 を 2 進数に変換すると，00100 となる。これを反転した 11011 に 1 を足すため，2 の補数は 11100 となる。

　　(オ)　　　01110

　　　　　+) 11100

　　　　　　101010

　　　　あふれた上位ビットの 1 は無視するため，答えは 2 進法で 01010 となる。

(3)　(キ) ここでは，13 + (− 9) という考え方で計算を行う。2 進法で負の数を表現するには 2 の補数を用いるため，ここでは 9 の方を 2 の補数に変換する。

　　(ク) 9 を 2 進数に変換すると，01001 となる。これを反転した 10110 に 1 を足すため，2 の補数は 10111 となる。

　　(ケ)　　　01101

　　　　　+) 10111

　　　　　　100100

　　　　あふれた上位ビットの 1 は無視するため，答えは 2 進法で 00100 となる。

解答

(ア)01011　(イ)10101　(ウ)4　(エ)11100　(オ)$(01110)_2 + (11100)_2$　(カ)01010

(キ)9　(ク)10111　(ケ)$(01101)_2 + (10111)_2$　(コ)00100

1　次の文章を読み，問いに答えよ。

　コンピュータはハードウェアとソフトウェアで構成されている。ハードウェアは，「CPU」「記憶装置」「入力出力装置」の３つの要素で成り立っている。それぞれの装置は(1)伝送路でつながっており各装置が各々の役割を果たしている。CPU は　ア　と　イ　で構成され，クロック信号に合わせて動作する。

問１：下線部(1)の「伝送路」のことを何というか。カタカナで答えよ。

問２：CPU を構成する２つの装置　ア　と　イ　は何か。

問３：コンピュータ内部の動作の仕組みについての記述として，正しいものはどれか。
　⓪　補助記憶装置にデータの書き込みをするとき，制御装置から主記憶装置に命令が送られ，主記憶装置と補助記憶装置がデータのやり取りを行う。
　①　CPU の制御装置は，演算装置や入力・出力装置，主記憶装置すべてに命令を送ることができる。
　②　補助記憶装置から主記憶装置にデータをやりとりすることはない。
　③　データを出力するとき，データはまず制御装置に送られてから出力装置に送られる。

問４：記憶装置は，主記憶装置と補助記憶装置の２種類に大別できる。主記憶装置における，情報を記憶し，読み書きする最小単位の回路のことを何と呼ぶか，以下の選択肢から選べ。
　⓪　メモリセル
　①　メモリアドレス
　②　メインメモリ
　③　メモリブロック

問５：補助記憶装置の特徴を述べた以下の文章の空欄　ウ　を 25 字程度で答えなさい。

　　　主記憶装置に比べて，（　ウ　）ことができる記憶装置。

問６：補助記憶装置の例を，ハードディスクドライブ以外に１つ挙げよ。

問７：CPU において，１秒間に発する信号の数を何と呼ぶか，以下の選択肢から選べ。
　⓪　メモリ周波数
　①　レジスタ周波数
　②　クロック周波数
　③　サイクル周波数

問８：問７の値の単位を以下の選択肢から選べ。
　⓪　cm（センチメートル）
　①　V（ボルト）
　②　A（アンペア）
　③　Hz（ヘルツ）

問９：CPU において複雑な演算を行うために論理回路を利用している。この論理回路のうち，基本となる論理回路を３つ答えよ。

2　次の問題を読み，問いに答えよ

　基本ソフトウェアの代表的なものとして，オペレーティングシステム（OS）があり，ハードウェアを制御したり，(1)アプリケーションソフトウェアを動作させたりする。また，OS は(2)コンピュータや周辺機器などの違いを吸収し，どのハードウェアでも問題なく動作する環境を実現している。

問1：下線部(1)について，以下の中からアプリケーションソフトウェアを全て答えよ。
　⓪　ウェブブラウザ
　①　言語プロセッサ
　②　ミドルウェア
　③　音楽再生ソフト

問2：以下のコマンドを使って sample.txt のファイル削除に関する操作を行った。

rm sample.txt

　このような操作を行うユーザーインタフェースを何と呼ぶか。

問3：下線部(2)について，周辺機器の違いを吸収するソフトウェアのことを何と呼ぶか。

問4：問3のソフトウェアが OS に組み込まれていない場合の対処として，最も適切なものを選択肢から選べ。
　⓪　対応するデバイスドライバが自動で組み込まれるのを待つ。
　①　対応するデバイスドライバを自分でインストールする。
　②　OS をアップデートする。
　③　OS をインストールしなおす。

問5：OS の管理機能の一つとして，タスク管理が挙げられる。タスク管理の説明として，正しいものはどれか。
　⓪　OS は複数の処理を一定の時間で区切り，順次処理を行なっている。
　①　複数の処理を並行して実行することをマルチタスクと呼ぶ。
　②　ユーザによる複数のアプリケーションの同時利用などの管理は，OS では行っていない。
　③　CPU が行う処理の順番について，OS ではアプリケーションソフトウェアの順番のみ管理している。

問6：OS におけるファイル管理についての記述として，正しいものはどれか。
　⓪　ファイルとディレクトリは同じ意味である。
　①　ディレクトリは，データ処理の高速化を目的として利用される。
　②　データはファイルという単位で管理する。
　③　CUI でファイルと呼ばれるデータは，GUI ではディレクトリと呼ばれる。

問7：以下の説明に該当するファイルの拡張子をあとの解答群の中から選べ。

複数のファイルをまとめ，データ容量を少なくした後のファイル

＜解答群＞
　zip　　html　　txt　　jpg　　mp3

3   次の問題を読み，問いに答えよ。

基本論理演算子 AND，OR，NOT を用いて，XOR という新たな論理演算を定義する。入力「A」と入力「B」と出力「A XOR B」の関係は下記の表のように表される。

入力「A」	入力「B」	出力「A XOR B」
0	0	0
1	0	1
0	1	1
1	1	0

問1：XOR は AND，OR，NOT を用いてどのように表されるか，適切な式を選択肢の中から選べ。
 ①　(A OR (NOT B)) OR ((NOT A) OR B)
 ②　(A OR (NOT B)) AND ((NOT A) OR B)
 ③　(A AND (NOT B)) OR ((NOT A) AND B)
 ④　(A AND (NOT B)) AND ((NOT A) AND B)

問2：0（黒），1（白）で表された画像 X と画像 Y を XOR 演算によって重ね合わせしたとき（「X XOR Y」を表すこととする），出力される画像はどれか，選択肢の中から選べ。

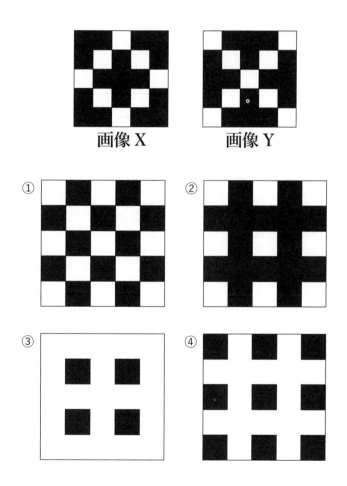

［武蔵野大 2021］

6章　アルゴリズムとプログラム

1　アルゴリズム

コンピュータは，何か処理を行わせる手順（　1　）を指示する必要がある。コンピュータに　2　で表現した　3　を用いて指示することで，実際に処理を行うことができる。コンピュータによる処理で意図した結果を得るためには，　1　の入念な検討が重要である。

コンピュータ上で実行される　3　は，　1　次第で処理効率が大きく変わる場合がある。例えば，複数回の計算が必要な問題を解決する場合，全ての計算を個別に記述する方法（①）と，全ての計算に共通する処理をまとめて記述する方法（②）とでは　4　の方が，処理時間が短くなる可能性が高い。

入力されるデータ量や　5　の回数が増えるほど，処理にかかる時間は増える。　1　はむだな処理を省いたり効率性を高めたりすることで，よりわずかな時間で処理を完了できるようになる。

例えば，電話帳で「に」からはじまる連絡先を探す場合，最初のページから探していく（①）よりも，真ん中のページから半分ずつ探していく（②）方が効率良く探索できる。全部で100ページある電話帳だった場合，①の場合最大　6　回探す必要があるが，②だと最大　7　回の探索で済むことになる。（このとき，電話帳に登録されている連　素数の判定において，例えば101が素数であることを調べるとき，2～100のすべての整数で割り切れないか調べる場合には，全部で　8　回の確認が必要になる。絡先はあいうえお順で並んでいるものとする）

別の考え方として，はじめに2で割り切れるかを計算すれば，2以外の偶数を計算する必要はなくなると考えると，2と3～100の奇数で割り切れるか調べればよいことになる。その方法の場合，全部で50回整数を確認する必要があり，最初の方法より計算の回数が減り，効率が良くなっている。

最後に，101は10×10より1大きいだけの数であることをふまえると，割る数は　9　までに絞ることができる。よって，　10　，　11　，　12　，　13　，　14　についてだけ確認すれば良いため，確認の数を5回にまで減らすことができる。

2　アルゴリズムの表現方法

どのような複雑なプログラムであってもそのアルゴリズムは，順番に処理が行われる　15　構造，条件より処理が分かれる　16　構造，条件が成り立つ間は処理を繰り返す　17　構造の3つの組み合わせによって表現できる。

アルゴリズムを文章で具体的に書き表すのは限界があるため，次のような図や表を用いることが多い。

・　18　：アルゴリズムを図形や線，矢印などを用いて視覚的に表す（図1）
・　19　：処理の流れや状態の変化を図示する（図2）

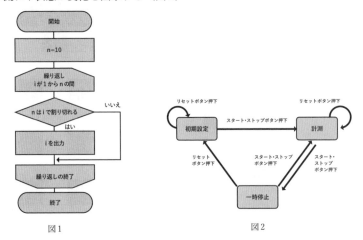

図1　　　　　　　　　　　　　図2

解答

1：アルゴリズム　2：プログラミング言語　3：プログラム　4：②　5：演算　6：100　7：7　8：99
9：10　10：2　11：3　12：5　13：7　14：9　15：順次　16：分岐　17：反復
18：フローチャート（流れ図）　19：アクティビティ図

・ 20 ：ある状態が別の状態に遷移するのを表現するために使われる図

18 の各図形の意味

図形	説明
（長方形）	15 を表現し，中には 21 を記述する
（ひし形）	16 を表現し，中には 22 を記述する
（五角形）	17 を表現し，中には 23 の条件を記述する

原則として，各処理の流れは上から下，左から右に記述し，流れを明示する場合には 24 を用いる。

19 の各記号の意味

記号	（黒丸）	（二重丸）	（下向き矢印）	（角丸長方形）	（ひし形）	（横棒）
意味	25	26	27	28	処理の 29 と 30	31 の開始，終了

18 と違って， 19 は 31 を表現できるところが特徴になる。

20 は，状態の遷移は 24 で示され， 24 にはそのときの処理の内容（ 32 ）が記載される。

解答
20：状態遷移図　21：処理　22：条件　23：ループ（繰り返し）　24：矢印　25：初期状態　26：終了状態
27：遷移　28：処理　29：分岐　30：統合　31：並列処理　32：イベント

3 プログラムの構成要素

アルゴリズムをプログラミング言語で記述した 33 を用いることで、そのアルゴリズムをコンピュータが処理できるようになる。

文字列や数値などの値は、 34 に格納（ 35 ）することで、 33 から値を読み込んだり書き換えたりすることができるようになり、データを効率的に扱える。

 36 は、扱うデータがどのような性質で、どのように取り扱うべきなのかを定めたものをいう。主な 36 としては、整数を表す 37 や、文字列を表す 38 、TRUE や FALSE で真偽値を表す 39 などがそれに該当する。

 40 とは、数値を計算したり2つの値の大小関係や等値関係を比べたりすることである。

・ 41 ：四則演算など、数値を計算する
・ 42 ：2つの値の大小関係や等値関係を判定する
・ 43 ：複数の真理値を組み合わせたりする
・ 44 ：変数に値を設定する

プログラム内の演算記号を 45 といい、例えば「1 + 2」という数式においては「 46 」がその 45 にあたる。

 47 は、似たような処理をひとまとまりにすることである。 47 の入力値は 48 と呼ばれ、 48 をもとに処理され、結果の出力値として 49 を返すように定義されることが多い。

 50 は、一般的に利用される機能や値のことである。例えば Python には、円周率や三角関数などの計算に使用される math といった 50 が存在する。

 51 は、外部プログラムの機能を利用するためのインタフェースのことをいう。特に、地図や SNS などを提供している、Web 上で通信して利用する 51 を 52 という。

現在、様々な種類のプログラミング言語が開発されており、そのそれぞれに特徴がある。プログラムを機械語に翻訳し、機械語を実行する方式の言語を 53 という。また、ソースコードを1行ずつ直接実行する方式の言語を 54 という。

以下は、共通テスト手順記述標準言語（DNCL）を利用した、Tokuten で表されたテストの点数を昇順に並び替えるプログラムである。

```
Tokuten = {87, 13, 49, 34, 99, 20}
ninzu = 6

i を 1 から ninzu − 1 まで 1 ずつ増やしながら繰り返す：・・・・・・・・・・・・・・・・・・①
    j を ninzu − 1 から i + 1 まで 1 ずつ 1 減らしながら繰り返す：・・・・・・・・・・・①
        もし Tokuten[j − 1] > Tokuten[j] ならば：・・・・・・・・・・・・・②
            入れ替え処理（Tokuten, j − 1, j）

k を 0 から ninzu − 1 まで 1 ずつ増やしながら繰り返す：・・・・・・・・・・・・・・・①
    表示する（Tokuten[k]）

 58  入れ替え処理（Tokuten, n, m）を定義する：
    temp = Tokuten[n] ・・・・・・・・・・・・・・・・・・・・③
    Tokuten[n] = Tokuten[m] ・・・・・・・・・・・・・・・③
    Tokuten[m] = temp ・・・・・・・・・・・・・・・・・③
```

このとき、

・Tokuten や ninzu を 55 という
・ninzu = 6 のような処理を、ninzu に 6 を 56 するという
・ninzu のデータ型の種類は、一般的に 57 型である
・①のように、条件が成り立つ間処理を繰り返す構造を 58 と呼ぶ
・②のように、条件により処理が分かれる構造を 59 と呼ぶ
・③のように、順番に処理が行われる構造を 60 と呼ぶ

- 　61　（＝処理のまとまり）である「入れ替え処理」は，　62　で指定された Tokuten の n 番目と m 番目の処理を入れ替える処理である
- 「入れ替え処理」は，自分で定義した　61　であり，これを　63　と呼ぶ

4 　データの扱いとアプリケーションの開発

プログラムは　64　に基づき，　65　を対象にして処理を行う。

　65　を効率良く扱うためには，　66　一定の形式で整理・格納する必要がある。という。よく使われる構造として，以下が挙げられる。

- 　67　：複数のデータを順番にまとめたもの
  　　　　それぞれのデータのことを　71　といい，それに付けられた番号を　72　と呼ぶ。

- 　68　：データの削除や挿入を容易に行え，次のデータの位置を示す情報を持つ

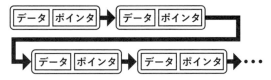

- 　69　：後から入ってきたデータを先に処理する

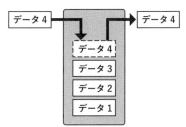

- 　70　：先に入ってきたデータから順に処理する

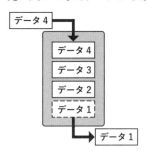

複数のデータを表のように並べ，2つの系列の　72　で指定する　67　のことを，　73　という。

解答

33：プログラム　34：変数　35：代入　36：データ型　37：整数型　38：文字列型　39：論理値型　40：演算
41：算術演算　42：比較演算　43：論理演算　44：代入演算　45：演算子　46：＋　47：関数　48：引数
49：戻り値　50：ライブラリ　51：API　52：Web API　53：コンパイラ方式　54：インタプリタ方式
55：変数　56：代入　57：整数　58：反復構造　59：分岐構造　60：順次構造　61：関数　62：引数
63：ユーザ定義関数　64：アルゴリズム　65：データ　66：データ構造　67：配列　68：リスト　69：スタック
70：キュー　71：（配列）要素　72：添字　73：2次元配列

次の問いについて，空欄にあてはまる最も適切なものをそれぞれの解答群から選び，数字で答えよ。

a 　問題を解決したり目的を達成したりするための処理手順のことを ア という。コンピュータには，ア を特定の言語で表現した イ を用いる必要がある。

　　　ア の解答群
　⓪　アルゴリズム
　①　ステップ
　②　プロセス
　③　ステージ

　　　イ の解答群
　⓪　状態遷移図
　①　UML 図
　②　プログラム
　③　フローチャート

b 　プログラムは3つの処理構造の組み合わせで表現することができる。ウ は，条件により処理が分かれるような構造である。エ は，条件が成り立つ間は処理を繰り返すような構造である。オ は，順番に処理が行われるような構造である。

　　　ウ ～ オ の解答群
　⓪　反復構造
　①　分岐構造
　②　条件構造
　③　順次構造

c 　アルゴリズムの表現方法として，図形や線や矢印を用いて上から下に各処理の流れを記述する カ や，並行した処理の流れや状態の変化を図示する キ ，ある状態が別の状態に遷移するのを表現する ク などが挙げられる。例えば，ストップウォッチの ク では，ケ ，初期状態，一時停止といった処理を考える必要がある。

　　　カ ～ ク の解答群
　⓪　状態遷移図
　①　UML 図
　②　アクティビティ図
　③　フローチャート

　　　ケ の解答群
　⓪　スタート
　①　リセット
　②　ストップ
　③　計測中

解答
ア：⓪　イ：②　ウ：①　エ：⓪　オ：③　カ：③　キ：②　ク：⓪　ケ：③

d フローチャートにおいて，実際の処理を記述する図形は コ である。条件を記述する図形は サ であり，条件が成り立つ間ループさせる条件を記述する図形は シ である。

コ ～ シ の解答群

⓪ (六角形・下広がり)　① (六角形・左右とがり)　② (長方形)　③ (ひし形)

e アクティビティ図は，初期状態を表す「 ス 」と終了状態を表す「 セ 」を記載し，その間に ソ で処理の流れを記載する。フローチャートと比較すると， タ を表現できるところが特徴である。

ス ， セ の解答群

⓪ (二重丸・黒塗り)　① (黒丸)　② Ⓕ　③ Ⓢ

ソ の解答群
⓪ 点線
① 線
② 矢印
③ 二重線

タ の解答群
⓪ 実際の入力値
① ユーザーの感想
② 複数の時間軸
③ 並列処理

f 状態遷移図において，状態の遷移は チ で示され，そのときの処理の内容である ツ が記載される。

チ の解答群
⓪ 点線
① 線
② 矢印
③ 二重線

ツ の解答群
⓪ タスク
① イベント
② ステート
③ アクション

解答
コ：②　サ：③　シ：⓪　ス：①　セ：⓪　ソ：②　タ：③　チ：②　ツ：①

g　プログラムには，文字列や数値などの値を格納する　テ　というものがある。　テ　に値を設定することを　ト　という。整数型や文字列型など，扱うデータがどのような性質のもので，どのように取り扱うべきかを定めたものを　ナ　と呼ぶ。数値を計算したり2つの値の大小関係や等値関係を比べたりすることを　ニ　と呼ぶ。　ニ　の中にもさらに種類があり，四則演算などのような数値を計算する　ヌ　，2つの値の大小・等値関係を判定する　ネ　，真理値を組み合わせる　ノ　，変数に値を設定する　ハ　が挙げられる。また，「＋」や「×」などの記号を　ヒ　といい，「5を3で割る」を　ヒ　を用いて表すと，　フ　となる。

テ　の解答群
⓪　引数
①　設定数
②　変数
③　戻り値

ト　の解答群
⓪　挿入
①　入力
②　代入
③　設定

ナ　の解答群
⓪　データ型
①　性質
②　宣言型
③　値型

ニ　の解答群
⓪　演算
①　計算
②　処理
③　検算

ヌ　～　ハ　の解答群
⓪　比較演算
①　代入演算
②　論理演算
③　算術演算

ヒ　の解答群
⓪　算術子
①　拡張子
②　演算子
③　計算子

フ　の解答群
⓪　5／3
①　5＊3
②　5＋3
③　5－3

解答
テ：②　ト：②　ナ：⓪　ニ：⓪　ヌ：③　ネ：⓪　ノ：②　ハ：①　ヒ：②　フ：⓪

h　プログラム中の同じ処理に名前をつけてひとまとまりにしたものを　へ　と呼ぶ。このことによって　ホ　ができる。　へ　には，プログラミング言語に定義されている　マ　と，プログラム作成者が定義する　ミ　がある。　へ　では入力値である　ム　を設定し，それをもとに処理された結果の出力値である　メ　を返すように定義されることもある。

へ　の解答群
⓪　関数
①　引数
②　共通化
③　ライブラリ

ホ　の解答群
⓪　利用者にとってわかりやすいシステムを提供すること
①　メモリ効率を上げること
②　プログラムを高速化すること
③　何度も同じプログラムを書く手間を省くこと

マ　，　ミ　の解答群
⓪　組み込み関数
①　ユーザ定義関数
②　デフォルト関数
③　ユーザ設定関数

ム　，　メ　の解答群
⓪　入力値
①　引数
②　戻り値
③　返却値

i　数学の関数など，よく利用される機能を実現したプログラムの集まりを，　モ　と呼ぶ。また，外部のプログラムを利用するためのインタフェースのことを　ヤ　と呼び，　ユ　のような制約がある。

モ　，　ヤ　の解答群
⓪　メソッド
①　アプリケーション
②　API
③　ライブラリ

ユ　の解答群
⓪　定められた時間に利用すること
①　定められた場所で利用すること
②　定められたルールに従ってプログラムを記述すること
③　定められたパソコンで利用すること

解答
へ：⓪　ホ：③　マ：⓪　ミ：①　ム：①　メ：②　モ：③　ヤ：②　ユ：②

j プログラミング言語には，さまざまな種類が存在し，　あ　や　い　などによってふさわしい言語は異なる。プログラミング言語は，プログラムを実行する方法などで分類することができる。コンパイラ方式は，ソースコードを　う　，　え　に翻訳し，これを CPU が実行する。一方インタプリタ方式では，インタプリタと呼ばれるプログラムが，ソースコードを　お　実行する。

　あ　，　い　の解答群
⓪　利用目的
①　金額
②　国
③　使用環境

　う　，　お　の解答群
⓪　1 行ずつ
①　ある一定の行ずつ
②　全て
③　リアルタイムで

　え　の解答群
⓪　自然言語
①　機械語
②　環境依存言語
③　数値

k プログラミング言語は，用途に応じてたくさんの種類の中から選択する必要がある。JavaScript は，一般的に　か　に使われる。また C は，　き　に使われる。Python は，　く　によく使われている。BASIC は，　け　であるため，　こ　に利用される。

　か　～　く　，　こ　の解答群
⓪　教育用
①　OS やアプリケーションの開発
②　Web ページに動的な要素を組み込むため
③　データサイエンスの分野など

　け　の解答群
⓪　文法が複雑
①　文法が容易
②　OS の開発に利用可能
③　家電に対応可能

l コンピュータ内でさまざまなデータを効率良く扱うために，データを一定の形式で整理し，格納することを　さ　という。

　さ　の解答群
⓪　データ形式
①　データ型
②　データ構造
③　データ階層

解答
あ：⓪　い：③　う：②　え：①　お：⓪　か：②　き：①　く：③　け：①　こ：⓪　さ：②

m データ構造には様々なものがある。例えば配列は し であり，リストは す である。スタック
は せ であり，キューは そ である。これらのデータ構造は用途に応じて使い分ける必要がある。
例えば， た を管理するときは配列を使う。 ち を管理するときはリストを使う。 つ を管理す
るときはスタックを使い， て を管理するときはキューを使う。

し ～ そ の解答群
⓪ 先に入ってきたデータから順に処理するデータ構造
① 複数個のデータを順番にまとめたデータ構造
② 後から入ってきたデータを先に処理するデータ構造
③ 次のデータの位置を示す情報を持つデータ構造

た ～ て の解答群
⓪ 120 人全員の生徒のテストの得点
① 募集中のイベントの参加者の名前
② プリンターの印刷のジョブ
③ Web ブラウザの閲覧履歴

n 配列の中のそれぞれのデータのことを と と呼ぶ。 と につけられた番号は な と呼ばれ
る。プログラムにおいて配列の中のデータを取り出すとき， な を指定する必要がある。プログラムに
よって異なるが，大体の言語において な は に から始まることが多い。このことから，10 番目
の と を指定する場合， な は ぬ を指定する。

と の解答群
⓪ リスト
① ポインタ
② 定義要素
③ 配列要素

な の解答群
⓪ アドレス
① 引数
② 番地
③ 添字

に の解答群
⓪ 0
① 1
② － 1
③ 配列要素数

ぬ の解答群
⓪ 9
① 10
② 11
③ 12

解答
し：① す：③ せ：② そ：⓪ た：⓪ ち：① つ：③ て：②
と：③ な：③ に：⓪ ぬ：⓪

0　次の図は，図書館の本の貸し出しの流れを表したアクティビティ図である。以下図書館のルールである。
・利用者は，図書館の利用カード（以下 カード）を用いて本を借りることができる
・貸出冊数には上限があり，その上限を超えて本を借りることはできない

このとき，正しい図になるように処理の内容や分岐の内容を選択しなさい。

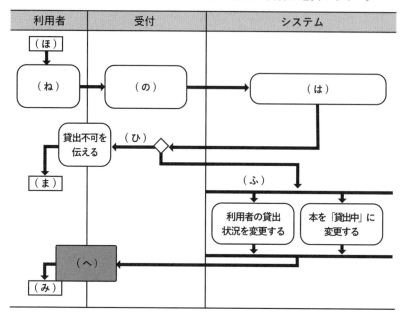

ね　～　は　へ　の解答群
⓪　利用者の貸出状況を確認する
①　利用者の貸出状況を表示する
②　本とカードを持参する
③　本とカードを渡す

ひ　ふ　の解答群
⓪　貸出冊数超過
①　以前もその本を借りたことがある
②　一度も本を借りたことがない
③　貸出冊数を超過していない

ほ　～　み　の解答群

解答
ね：②　の：⓪　は：①　ひ：⓪　ふ：③　へ：③　ほ：①　ま：⓪　み：⓪

p 以下は，データを昇順にするプログラムである。

```
Data = {3, 2, 4, 1}
size = 4

i を size から 2 まで 1 ずつ減らしながら繰り返す：
    j を 0 から i − 2 まで 1 ずつ増やしながら繰り返す：
        もし Data[j]>Data[j + 1] ならば：
            | む |
            | め |
            | も |
        表示する（Data）
```

このとき ⌐ む ¬ , ⌐ め ¬ , ⌐ も ¬ はデータを入れ替えるプログラムを表している。

まず，最初に i は 4 をとる。j は 0 から ⌐ や ¬ まで 1 ずつ増やしながら繰り返す。Data[0] である ⌐ ゆ ¬ と Data[1] である ⌐ よ ¬ を比較すると，Data[0] の方が大きいため，Data[0] と Data[1] を入れ替える。次に Data[1] ＝ ⌐ ら ¬ と Data[2] ＝ 4 を比較する…といった形で，i が 2 になるまで処理を繰り返す。

実行結果

```
| り |
| る |
| れ |
{1, 2, 3, 4}
```

⌐ む ¬ ～ ⌐ も ¬ の解答群

⓪ data[j + 1] = tmp

① tmp = 0

② data[j] = data[j + 1]

③ tmp = data[j]

⌐ や ¬ ～ ⌐ ら ¬ の解答群

⓪ 0

① 1

② 2

③ 3

⌐ り ¬ ～ ⌐ れ ¬ の解答群

⓪ {2, 1, 3, 4}

① {2, 4, 1, 3}

② {2, 3, 1, 4}

③ {2, 3, 4, 1}

解答

む：③ め：② も：⓪

や：② ゆ：③ よ：② ら：③ り：③ る：② れ：⓪

例題 38

　次の図は n の約数を出力するアルゴリズムのフローチャートである。あとの選択肢から処理を選択しなさい。

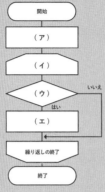

実行結果

```
1
2
5
10
```

<選択肢>
⓪　n = 10
①　繰り返し i が 1 から n の間
②　繰り返し i が 0 から n の間
③　繰り返し i が 0 から n + 1 の間
④　i を出力
⑤　n は i で割り切れる
⑥　n は i で割り切れない

Point

フローチャートの各要素の意味を理解し，アルゴリズムがどんなものかすぐに理解できるようにしよう！

解説

▶ 映像講義

　問題にあるアルゴリズムは，n の約数を出力するものである。i を 1 から n まで 1 ずつ増やしていき，n が i で割り切れたら約数である。このとき，約数である i を出力するといったプログラムになっている。

　最初の処理である（ア）は，約数を出力する n を指定する必要がある。このため，「n = 10」となる。つまり，「n に 10 を代入」する処理である。

　（イ）は，反復構造であるため反復を行うための条件を入れる必要がある。ここでは，指定された n が 1 から n までの整数で割り切れるかどうかを確認する必要がある。このため，反復を行うための条件としては，「繰り返し i が 1 から n の間」となる。なお，「繰り返し i が 0 から n の間」や「繰り返し i が 0 から n + 1 の間」を入れた場合，n の約数に 0 が含まれるかどうかの判定が行われることになる。このため，n を 0 で割るというアルゴリズムとして不適切な処理が入ってしまうため，不適であると考えられる。

　（ウ）は，分岐構造であるため分岐するための条件が入る。フローチャートを見ると，この条件が「はい」のとき，（エ）の処理を行い，次の繰り返し処理へ移行している。また，この条件が「いいえ」のとき，（エ）の処理を行わず，次の繰り返し処理へ移行している。このため，i が n の約数かどうかを判定するための条件が入ると推測できる。したがって，「n は i で割り切れる」となる。なお，「n は i で割り切れない」を入れた場合，「はい」のときに，n が i で割り切れない場合に（エ）の処理を行うことになってしまうので，不適であると考えられる。

　（エ）は，（ウ）で「n は i で割り切れる」という条件に対して，「はい」となった場合の処理である。このため，このプログラムの結果である n の約数を表示する処理が入ると考えられる。n を i で割り切ることができれば i は n の約数となるため，「i を出力」となる。

解答
（ア）⓪ n = 10　（イ）①繰り返し i が 1 から n の間　（ウ）⑤ n は i で割り切れる　（エ）④ i を出力

例題 ③⑨

次の図は目覚まし時計の状態遷移図を表している。空欄（ア）～（オ）に適切なイベントをあとの選択肢から選べ。

・目覚まし時計は，アラームをセットすると，指定時間にアラームが鳴るアラームモードに移行する
・アラームが鳴った場合，スヌーズボタンを押すとスヌーズモードに移行する。ボタンを押すとアラームは止まるが，5分後に再度アラームが鳴る
・スヌーズを解除するには，アラーム解除を行う必要がある

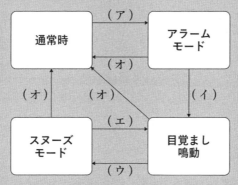

<選択肢>
⓪　スヌーズボタンを押してから5分後　　　①　アラームセット
②　アラーム解除　　　　　　　　　　　　③　指定時間になる
④　スヌーズボタンを押す

Point

状態遷移図のイベントについて，状況をしっかりと整理しよう！

解説

▶ 映像講義

　状態遷移図は，時間の経過や機材の操作などによって，ある状態が別の状態に推移するのを表現するために使われる図である。

　まず，問題文に「アラームをセットすると，指定時間にアラームが鳴るアラームモードに移行する」と記載されている。このため，通常時からアラームモードに推移するためには，アラームをセットする必要がある。よって（ア）は「アラームセット」である。

　次に，アラームモードから目覚まし鳴動に推移するためには，アラームをセットした際の指定した時間になる必要がある。よって（イ）は「指定時間になる」である。

　続いて，目覚ましを止める方法（目覚まし鳴動からスヌーズモードに推移する方法）について考える。問題文より，「スヌーズボタンを押すとスヌーズモードに移行する」となっている。よって，（ウ）は「スヌーズボタンを押す」である。

　スヌーズモードから再度目覚ましが鳴動するときを考える。問題文に，「ボタンを押すとアラームは止まるが，5分後に再度アラームが鳴る」と記載されている。よって，（エ）は「スヌーズボタンを押してから5分後」である。

　最後に，スヌーズモードや目覚まし鳴動から通常時に戻るときを考える。問題文に，「スヌーズを解除するには，アラーム解除を行う必要がある」と記載されている。よって，（オ）は「アラーム解除」である。

解答

（ア）①アラームセット　（イ）③指定時間になる　（ウ）④スヌーズボタンを押す
（エ）⓪スヌーズボタンを押してから5分後　（オ）②アラーム解除

例題 40

次のプログラムを読んで，あとの問いに答えよ。

```
Stations = {"渋谷", "表参道", "外苑前", "青山一丁目", "赤坂見附", "溜池山王"} ・・・①
Syoyo_time = {0, 2, 4, 5, 7, 9} ・・・①

n = 0 ・・・・・・・・・・・・・・②
k = 0 ・・・・・・・・・・・・・・②

表示する（[銀座線] 渋谷駅からの所要時間）・・・・・・・・・・・・・・③
stations_in =【外部からの入力】

k = 0 かつ n<6 の間繰り返す：
    もし stations_in = Stations[n] ならば：・・・・・・・・・・・・④
        k = 1
    n = n + 1

表示する（stations_in, "駅は"）
もし k = 0 ならば：
    表示する（"銀座の停車駅ではありません"）
そうでなければ：
    表示する（"渋谷駅から", Syoyo_time[n-1], "分で到着します"）
```

（ア）①の Stations や Syoyo_time などのような，値を格納しておくためのプログラムの構成要素を何というか。最も適するものを下の選択肢から選べ。
　　　⓪　代入　　　　　　①　加算　　　　　　②　変数　　　　　　③　侵入

（イ）②の n や k に 0 を設定するなどのような，（ア）に値を設定することを何というか，最も適するものを下の選択肢から選べ。
　　　⓪　代入　　　　　　①　加算　　　　　　②　変数　　　　　　③　侵入

（ウ）③のような，あらかじめプログラミング言語に定義されている関数のことを何というか，最も適するものを下の選択肢から選べ。
　　　⓪　インプット関数　　　①　プリセット関数　　　②　導入関数　　　③　組み込み関数

Point

「関数」「代入」など，各プログラムの構成要素で必ず出てくる単語をおさえて，
プログラムの説明ができるようにしておこう！

解説

▶ 映像講義

　プログラムは，変数や演算など，様々な要素によって構成されている。はじめに変数を宣言し，その変数に値を代入し，その値同士を演算させたり書き換えたりすることで，データを効率的に扱うことができる。

　①では，Stations という変数に各駅の名前を代入している。また，Syoyo_time という変数に渋谷駅から各駅への所要時間を代入している。これにより，Stations や Syoyo_time という変数を呼ぶだけで，代入した値を使って処理を行うことができる。よって，（ア）と（イ）はそれぞれ「変数」と「代入」になる。

　（ウ）は，「データの出力」「データの入力」など，一般的にプログラムを動かす上で必要な処理をプログラミング言語があらかじめ用意してくれている関数である。これを「組み込み関数」と呼ぶ。Python の print 関数や，input 関数などがそれに該当する。

解答

（ア）②変数　（イ）⓪代入　（ウ）③組み込み関数

例題 ④41

次のプログラムは，価格リストと軽減税率リストから消費税を含めた合計金額を表示するプログラムである。

Price は商品の価格であり，Keigen は軽減税率かどうかを表している。Price と Keigen の添字はそれぞれ相互に対応しており，true であるとき軽減税率が適用され，消費税 8% になるものとする。

```
Price = {100, 200, 400, 350}
Keigen = {true, false, false, true}
sum = 0
size = 4

i を 0 から size-1 まで 1 ずつ増やしながら繰り返す：
    もし Keigen[i] が true ならば：
        sum = sum+Price[i]*1.08
    そうでなければ：
        sum = sum+price[i]*1.10

表示する（"合計金額は", sum, "円"）
```

このプログラムをフローチャートで表すとき，空欄を埋めよ。ここで，（ア）はループ開始，（イ）は税率計算の条件を表すものとする。

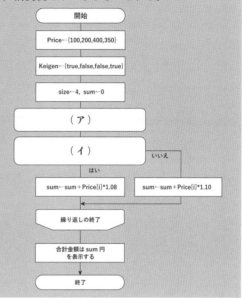

Point

プログラムからアルゴリズムを読み取り，構造を意識してフローチャートをかけるようにしよう！

解説

▶ 映像講義

まず，プログラムの 1 ～ 4 行目では，Price（商品の価格リスト），Keigen（Price の価格それぞれに対して，軽減税率が適用されるか），sum（合計金額），size（商品の数）の代入をしている。フローチャートでは，開始の直下である 3 つの処理がそれに該当する。次に，プログラムの 5 行目では，商品の価格リストを元にループをしている。（ア）はループの最初である図形を書き，その中に「i が 0 から size - 1 の間」などループの条件を書くような解答であれば良い。そしてその後の（イ）についてだが，プログラムから条件式を書くことが求められるとわかる。また，（イ）の下の処理でそれぞれ税率の計算をしている。よって，ここでは分岐を表すひし形を書き，その中に分岐の条件を書く必要がある。ここで，「はい」では 8% の計算をしていることから，「Keigen[i] が true」かどうかを判定すれば良い

解答

（ア）

```
    繰り返し
 i が 0 から size-1 の間
```

（イ）

```
Keigen[i] が true
```

例題 42

　コンピュータ内でさまざまなデータを効率良く扱うためには，データ構造を工夫することが大切になる。よく使われるデータ構造には，配列・リスト・スタック・キューがある。

データ構造	特徴	使用用途
配列	（ア）	（オ）
リスト	（イ）	（カ）
スタック	（ウ）	（キ）
キュー	（エ）	（ク）

問1：それぞれの特徴（ア）〜（エ）として最も適切なものを下の選択肢から選び，記号で答えよ。
⓪　次のデータの位置を示すポインタを持つデータ構造
①　先に入ってきたデータから順に処理するデータ構造
②　複数個のデータを順番にまとめたデータ構造
③　後から入ってきたデータを先に処理するデータ構造

問2：それぞれの使用用途（オ）〜（ク）として最も適切なものを下の選択肢から選び，記号で答えよ。
⓪　ショッピングサイトの買い物かご管理，検索フィルタの条件選択管理など
①　やり直し処理の管理，再帰関数の再帰呼び出しなど
②　飲食店の予約者管理，食品の在庫管理など
③　４７都道府県の人口，学校のあるクラスの生徒全員の名前の管理など

Point

　データ構造について理解し，実際にどのように使うのが効率的なのかを確認しよう！

解説

▶ 映像講義

　配列とリストに関しては複数個のデータを管理することに適している。配列はデータの長さを最初に宣言しなくてはならないのに対して，リストはデータの追加・削除などの操作が容易である。これは，リストが次のデータの位置を示すポインタを持っているためである。その代わり，リストに比べて配列の方がデータのアクセスは速くなっている。これは，配列が初めに宣言されたときに，データを格納するスペースを確保しており，アクセスするアドレスが明確になっているからである。また，配列の使用用途については，データの追加や削除がないような「47都道府県の人口，学校のあるクラスの生徒全員の名前の管理など」が適している。一方でリストの使用用途については，追加や削除を頻繁に行うような「ショッピングサイトの買い物かご管理，検索フィルタの条件選択管理など」が適している。

　スタックとキューは，それぞれ順番を持たせて管理をするデータ構造である。スタックは LIFO（Last In First Out：後入れ先出し）で，後から入れたデータを先に処理するデータ構造である。一方，キューは FIFO（First In First Out：先入れ先出し）で，先に入ってきたデータを先に処理するデータ構造である。また，スタックの使用用途については，後から入れたデータを先に処理したいような「やり直し処理の管理，再帰関数の再帰呼び出しなど」が適している。一方でキューの使用用途については，先に入れたデータを先に処理したいような「飲食店の予約者管理，食品の在庫管理など」が適している。

解答

問1：（ア）②　（イ）⓪　（ウ）③　（エ）①
問2：（オ）③　（カ）⓪　（キ）①　（ク）②

例題 43

ユークリッドの互除法を使うことで，aとbの最大公約数を求めることができる。

- 2つの自然数aとbのうち，大きい数を小さい数で割った時の商をq, 余りをrとする。
- 余りrが0になったとき，除数bが最大公約数となる。
- 余りrが0でないとき，前の手順の除数bを前の手順の余りrで割り，余りを確認する。

例：87と15の最大公約数

a	b	q	r
87	15	5	12
15	12	1	3
12	3	4	0

これより，87と15の最大公約数は，余りrが0となるときの除数3となる。

このプログラムをフローチャートで表すとき，空欄を埋めよ。
（アとイは順不同）

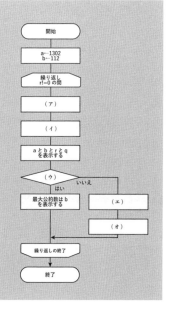

Point

アルゴリズムを理解し，そこからフローチャートをかけるようにしよう！

解説

▶ 映像講義

　この処理は，余りが0になったときに終了することになっている。フローチャートでは，r!＝0の間繰り返す処理を考える。まず，問題文よりaとbの商と余りを求める必要があるため，そのような処理が入る。また処理を終了する際に利用する値を格納するため，代入が必要になる。商をq, 余りをrとしているため，（ア）と（イ）にはそれぞれaとbの商をqに，aとbの余りをrに代入する処理を記述する。

　次に，（ウ）は分岐の条件を記述する。「はい」の後に最大公約数を表示していること，問題文から「余りrが0になったとき，除数bが最大公約数となる」ことから，ここでは「r＝0」などが書かれていればよい。

　最後に，（ウ）の条件に適さなかった場合の処理だが，問題文から「余りrが0でないとき，前の手順の除数bを前の手順の余りrで割り，余りを確認する。」ことがわかっているため，bをaに，rをbに代入する処理が書かれていれば良い。ここで先にrをbに代入してしまうと，aに適切な値が代入できないため，先にbをaに代入する処理を入れる必要がある。

解答

（ア）（イ）（順不同）

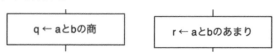

（ウ）r＝0

（エ）

例題 44

次のフローチャートは，ユークリッドの互除法の処理を表している。これを以下の DNCL の記述に書き換えよ。

```
a = 1302
b = 112

繰り返し,
    q = a ÷ b
    ア
    表示する (a, b, r, q,)

    もし  イ  ならば:
        表示する ("最大公約数は", b)
    そうでなければ:
        a = b
        b = r
を,  ウ  になるまで繰り返す:
```

```
        開始
         │
    ┌─────────┐
    │ a←1302  │
    │ b←112   │
    └─────────┘
         │
   ┌──────────┐
   │ 繰り返し   │
   │ r!=0 の間  │
   └──────────┘
         │
   ┌──────────┐
   │ q←a と b の商 │
   └──────────┘
         │
   ┌──────────┐
   │ r←a と b のあまり │
   └──────────┘
         │
   ┌──────────┐
   │ a と b と r と q │
   │ を表示する  │
   └──────────┘
         │
      ◇ r=0 ◇─── いいえ
       はい │              │
   ┌──────────┐    ┌──────┐
   │ 最大公約数は b │    │ a←b │
   │ を表示する  │    └──────┘
   └──────────┘        │
         │          ┌──────┐
         │          │ b←r  │
         │          └──────┘
         ├──────────────┘
   ┌──────────┐
   │ 繰り返しの終了 │
   └──────────┘
         │
        終了
```

Point

フローチャートから DNCL の記述の両方を理解し，どちらを見ても処理を理解できるようにしよう！

解説

▶ 映像講義

DNCL は，共通テスト用の手順記述言語である。

まず，最大公約数を求めたい a と b の設定をした後，繰り返し処理に入っている。（ア）には，r に a と b の余りを代入する処理を記述する必要がある。一般的に「a と b の余り」は，「a % b」と記述することができる。

次に（イ）の条件を満たすときに「最大公約数 b を表示している。よってここでは r が 0 かどうかを判定するための条件文を記述する。一般的に DNCL の条件文においては，r=0 と記述すればよい。

最後に（ウ）だが，条件繰り返し文の後判定の記述方法となっている。

```
繰り返し,
    〈処理〉
を, 〈条件〉になるまで実行する
```

この書き方の場合，〈処理〉を実行した後に〈条件〉が成り立つかどうか判定されるため，〈処理〉は少なくとも 1 回は実行される。r には a と b の余りが入るため，少なくとも 1 回は確認しなければならない。よって，（ウ）には r=0 まで繰り返すような条件文を記述すればよい。

解答

（ア）r = a % b　（イ）r = 0　（ウ）r = 0

118

例題 45

次のフローチャートは，ユークリッドの互除法の処理を表している。a が 1302，b が 112 のとき，どのような出力結果になるか答えよ。

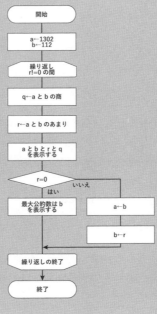

Point

フローチャートを完全に理解し，実際にどのような出力になるのかを答えられるようにしよう！

解説

▶ 映像講義

まず，出力処理は繰り返し処理の中に 2 つあり，1 つは「a と b と r と q を表示する」で，もう 1 つは「最大公約数は b を表示する」である。前者は r が 0 になるまで毎回表示され，後者は r が 0 になるときのみ表示される。

1 回目，　　1302 ÷ 112=11 あまり 70 になるため，a=1302，b=112，q=11，r=70

　　　　　r は 0 でないため，次の a は b である 112，b は r である 70 になる。

2 回目，　　112 ÷ 70=1 あまり 42 になるため，a=112，b=70，q=1，r=42

　　　　　r は 0 でないため，次の a は b である 70，b は r である 42 になる。

3 回目，　　70 ÷ 42=1 あまり 28 になるため，a=70，b=42，q=1，r=28

　　　　　r は 0 でないため，次の a は b である 42，b は r である 28 になる。

4 回目，　　42 ÷ 28=1 あまり 14 になるため，a=42，b=28，q=1，r=14

　　　　　r は 0 でないため，次の a は b である 28，b は r である 14 になる。

5 回目，　　28 ÷ 14=2 あまり 0 になるため，a=28，b=14，q=2，r=0

　　　　　r は 0 であるため，「最大公約数は b」が表示される。このとき b は 14 である。

解答

1302	112	11	70
112	70	1	42
70	42	1	28
42	28	1	14
28	14	2	0
最大公約数は 14			

下記の文章を読み，空欄　ア　～　エ　に入る数を答えよ。

K さんは，あみだくじを表示するプログラムを作ろうと考えた。どの文字も同じ幅で表示されることを仮定して，記号の「｜」・「├」・「┤」という文字と改行を使うことにした。文字の左右および行間に隙間のない表示をすれば，これらの記号がつながって，あみだくじの線に見える。

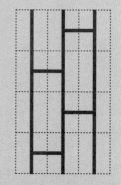

あみだくじには縦線が 2 本以上，横線が 1 本以上ある。プログラムを簡単にするため，横線は隣り合う縦線の間のみを結ぶとし，一つの行にはちょうど 1 本だけ横線があるとした。

例えば，縦線が 3 本で横線が 4 本であるあみだくじを，図のように 4 行で表示する。この図で点線は文字の枠を示しており，各行の右端で改行している。このあみだくじの一番上の横線は左から 2 本目と 3 本目の縦線を結んでおり，「｜」・「├」・「┤」と改行をこの順に表示することで 1 行目を出力できる。上から 2 番目の横線は左から 1 本目と 2 本目の縦線を結んでおり，1 行目の表示に続けて「├」・「┤」・「｜」と改行をこの順に表示することで 2 行目を出力できる。3 行目と 4 行目も同様である。

　表示したいあみだくじを指定するために，縦線の本数を変数 tate に，横線の位置の情報を整数の配列 Yokosen に，横線の本数を変数 yoko に入れることにした。配列の要素 Yokosen[y] が x であることは，上から y 番目の横線が左から x 番目の縦線と x + 1 番目の縦線を結ぶことを表す。

例えば，図のあみだくじを表示するには，tate を　ア　，yoko を　イ　と設定し，Yokosen[1] = 2，Yokosen[2] = 1，Yokosen[3] = 　ウ　，Yokosen[4] = 　エ　と設定する。以下では，配列の要素の並びを［ ］でくくって配列全体を表すことがある。例えば，上記のように設定された Yokosen は［2，1，　ウ　，　エ　］と表せる。

［共通テスト 2022 本試験 改］

Point

まずはプログラムの目的・処理内容・結果を文章から理解し，
それを実現する実際の値を出せるようにしよう！

解 説

▶ 映像講義

問題文では，「変数」「その意味」「図のあみだくじを表示したい場合の変数の値」を問われている。変数は，

①あみだくじの縦線の本数 tate
②あみだくじの横線の本数 yoko
③あみだくじの横線の位置 Yokosen（配列）

Yokosen[y]=x は，上から y 番目の横線が左から x 番目の縦線と x+1 番目の縦線を結ぶ

と整理することができる。図のあみだくじは，縦線が 3 本，横線が 4 本あることから，tate には 3 が，yoko には 4 が代入されることがわかる。

また，配列 Yokosen の 1 番目の要素には，上から 1 番目の横線が左から何番目の縦線と結ばれているかが設定される。1 番目の横線では左から 2 番目の縦線と 3 番目の縦線を結んでいるため，Yokosen[1]=2 が設定される。よって，Yokosen[3] には，上から 3 番目の横線が 2・3 番目の縦線を結んでいるため 2 が，Yokosen[4] には，上から 4 番目の横線が 1・2 番目の縦線を結んでいるため 1 が設定される。

解答

（ア）3　（イ）4　（ウ）2　（エ）1

例題 47

前ページのあみだくじを表示する下の図のようなプログラムを，作成した。このとき，空欄に当てはまる処理を記述しなさい

```
y を 1 から yoko まで 1 ずつ増やしながら繰り返す：
    x=1
    x<=tate の間繰り返す：
        もし  ア  ならば：
            表示する（「┣」）
            表示する（「┫」）
            イ
        そうでなければ：
            表示する（「│」）
        x=x+1
    表示する（改行）
```

[共通テスト 2022 本試験 改]

─ Point ─

プログラムの目的・処理内容・結果を文章から理解し，それをプログラムで表せるようにしよう！

解説

▶ 映像講義

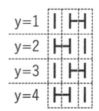

前ページのあみだくじを表示するために，tate=3，yoko=4，Yokosen=[2, 1, 2, 1] が設定されているとして説明をする。まず x には 1 が設定され，tate よりも小さい値の間は処理が繰り返される。繰り返しの中の処理を見てみると，「┣」・「┫」・「│」のいずれかを改行なしで表示していることから，あみだくじを 1 行ずつ表示していることがわかる。

（ア）の条件が満たされた場合，「┣」と「┫」が改行なしで表示されることから，ここでは横線を縦線で結ぶ処理をしていることがわかる。前ページ問題文より，「Yokosen[y] が x であることは，上から y 番目の横線が左から x 番目の縦線と x + 1 番目の縦線を結ぶことを表す。」と表示されていることから，（ア）では Yokosen[y]=x が入る。

y=1　x=1 のときは，Yokosen[1]=2 で，Yokosen[y] ≠ x となるため，「│」が表示される。その後，x は 1 加算されるが，x<=tate の間であるため再び（ア）の条件分岐に入る。ここで，x を 1 加算する処理は縦の判定位置をずらす処理と考えることができる。x=2 のとき，「┣」と「┫」が改行なしで表示されるが，ここで 2 列目と 3 列目の表示処理を行うため，このときの x は 3 ではなく 4 をとるべきである。よって，（イ）では x=x+2 の処理を行うのが適切である。

x				
1	│			Yokosen[y]=x でないため「│」を表示する
2	│	┣	┫	Yokosen[y]=x であるため「┣」「┫」を表示する。
4	│	┣	┫	x<=tate になったため、この行の表示処理を終了する。

解答

（ア）Yokosen[y]=x

（イ）x=x+ 2

例題 48

Kさんは次に，あみだくじを引いた結果をコンピュータで求めることを考えた。まず，あみだくじの縦線のそれぞれの上端にコマを置く。コマを区別するため，それぞれに番号をつけておく。すべてのコマを同時に，縦線に沿って下に移動していき，横線があったら，横線がつなぐ二つの縦線の上にあるコマを入れ替えれば，あみだくじの結果を求めることができる（図1）。

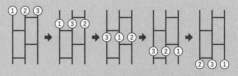

図1　あみだくじの結果を求める様子

コマの番号を順番に格納した配列 Koma が与えられ，Koma には最初，あみだくじの上端に置くコマの番号が左から順に格納されているものとする。すなわち，Koma の要素数とあみだくじの縦線の本数は等しい。できた手続きを図2〜4に示す。ここで用いている関数「要素数」はあらかじめ用意されたもので，配列を与えるとその要素数を返す。例えば Koma が［1，2，3］のとき，要素数（Koma）は3を返す。関数を定義するときは，「関数」というキーワードと空白に続いて，関数名と，（　）でくくられた引数列を書き，「を」と「と定義する」までの間に関数の本体を書く。関数を呼び出すときは，関数名に続けて引数列を（　）でくくって書く。例えば，図2の（01）行目は関数「配列を表示する」を呼び出しており，これを実行すると，図3の（02）〜（05）行目が実行される。

図2では，まず図3で定義した関数「配列を表示する」を呼び出し，最初に与えられた Koma を表示する。次に図4で定義した関数「あみだくじを表示する」を呼び出す。ここでは ア の値が tate に格納されて，前ページのプログラムと同じ処理をすることであみだくじを表示する。図2の（03）〜（07）行目では，コマを入れ替えることによって，あみだくじの結果を求めている。最後に（08）行目で再び関数「配列を表示する」を呼び出して結果を表示する。

(01)　配列を表示する（Koma）	(01)　関数配列を表示する（Koma）を定義する：
(02)　あみだくじを表示する（ ア ,Yokosen, 　　　要素数（Yokosen））	(02)　　j を1から要素数（Koma）まで1ずつ増 　　　　やしながら繰り返す：
(03)　y を1から要素数（Yokosen）まで1ずつ増 　　　やしながら繰り返す：	(03)　┃　表示する（ エ ）
(04)　┃　t = Koma[Yokosen[y]]	(04)　表示する（改行）
(05)　┃　 イ	
(06)　┃　 ウ	
(07)　配列を表示する（Koma）	

図2　あみだくじの結果を求める手続き　　　図3　関数「配列を表示する」の定義

(01)　　　関数あみだくじを表示する（tate, Yokosen, yoko）を定義する：
(02 - 15)　┃　（前ページと同じ）

図4関数「あみだくじを表示する」の定義

[共通テスト 2022 改]

Point

関数の使い方をマスターしよう！

解説

▶ 映像講義

まず，図2の（02）より，あみだくじを表示する関数の引数を設定する。図4の（01）の引数は tate となっていることから，あみだくじの縦線を引数として設定する必要があることがわかる。問題文より，「Koma の要素数とあみだくじの縦線の本数は等しい」とあるため，ここでは Koma の要素数を入れる必要がある。

次に，図2の（05）（06）について考える。問題文より，「すべてのコマを同時に，縦線に沿って下に移動していき，横線があったら，横線がつなぐ二つの縦線の上にあるコマを入れ替えれば，あみだくじの結果を求めることができる」とあるとおり，ここでは横線がつなぐ2つの縦線のコマを交換する処理を入れる必要がある。

最後に，図3の（03）は，改行なしで何かを表示している。ここでは Koma の配列の内容を1つずつ表示しているため，Koma[j] を入れればよい。

解答

（ア）要素数（Koma）

（イ）Koma[Yokosen[y]] = Koma[Yokosen[y]+1]　　（ウ）Koma[Yokosen[y]+1] = t　（エ）koma[j]

122

例題 49

次の生徒（S）と先生（T）の会話文を読み，空欄を埋めよ。ただし ウ ・ エ は解答の順序は問わない。

S：この前，お客さんが 460 円の商品を買うのに，510 円を払って，釣り銭を 50 円受け取っていたのを見て，授業で勉強したプログラミングで，そんな「上手な払い方」を計算するプログラムを作ってみたいと思いました。

T：いいですね。まず，「上手な払い方」とは何かを考える必要がありますね。

S：普通は手持ちの硬貨の枚数を少なくするような払い方でしょうか。

T：そうですね。ただ，ここでは，客が支払う枚数と釣り銭を受け取る枚数の合計を最小にする払い方を考えてみませんか？客も店も十分な枚数の硬貨を持っていると仮定しましょう。また，計算を簡単にするために，100 円以下の買い物とし，使う硬貨は 1 円玉，5 円玉，10 円玉，50 円玉，100 円玉のみで 500 円玉は使わない場合を考えてみましょう。例えば，46 円をちょうど支払う場合，支払う枚数はどうなりますか？

S：46 円を支払うには，10 円玉 4 枚，5 円玉 1 枚，1 円玉 1 枚という 6 枚で払い方が最小の枚数になります。

T：そうですね。一方，同じ 46 円を支払うのに，51 円を支払って釣り銭 5 円を受け取る払い方では，支払いに 2 枚，釣り銭に 1 枚で，合計 3 枚の硬貨のやり取りになります。こうすると交換する硬貨の枚数の合計が最小になりますね。

S：これが上手な払い方ですね。

T：そうです。このように，客と店が交換する硬貨の合計が最小となる枚数，すなわち「最小交換硬貨枚数」の計算を考えましょう。

S：どうやって考えればいいかなぁ。

T：ここでは，次の関数のプログラムを作り，それを使う方法を考えてみましょう。目標の金額を釣り銭無くちょうど支払うために必要な最小の硬貨枚数を求める関数です。

【関数の説明と例】

> **枚数（金額）**…引数として「金額」が与えられ，ちょうどその金額となる硬貨の組合せの中で，枚数が最小となる硬貨枚数が戻り値となる関数。例：8 円は「5 円玉が 1 枚と 1 円玉が 3 枚」の組合せで最小の硬貨枚数になるので，枚数（8）の値は 4 となる。

T：これは，例えば，枚数（46）＝ ア と計算してくれるような関数です。これを使って最小交換硬貨枚数の計算を考えてみましょう。例えば，46 円支払うのに，51 円払って 5 円の釣り銭を受け取る払い方をした場合，客と店の間で交換される硬貨枚数の合計は，この関数を使うと，どのように計算できますか？

S： イ で求められますね。

T：一般に，商品の価格 x 円に対して釣り銭 y 円を 0，1，2，… と変化させて，それぞれの場合に必要な硬貨の枚数の合計を枚数（ ウ ）＋枚数（ エ ）と計算し，一番小さな値を最小交換硬貨枚数とすればよいのです。

S：なるほど。それで，釣り銭 y はいくらまで調べればよいでしょうか？

T：面白い数学パズルですね。まあ，詳しくは今度考えるとして，今回は 100 円以下の商品なので y は 99 まで調べれば十分でしょう。　　　　　　　　　　　　　　　［共通テスト試作問題］

Point

> 会話文を読みながら，どのような目的のプログラムを書こうとしているかを把握しよう！

解 説

▶ 映像講義

枚数（金額）の戻り値は，枚数が最小となる硬貨枚数である。問題文に「46 円を支払うには，10 円玉 4 枚，5 円玉 1 枚，1 円玉 1 枚という 6 枚で払い方が最小の枚数になります。」とあるため，（ア）は「6」となる。

次に，最小交換硬貨枚数の計算は，「（客から店に払う金額の最小枚数）＋（店から客に払う釣り銭の最小枚数）」である。今回，51 円を払って 5 円の釣り銭をもらっているため，（イ）は「枚数（51）＋枚数（5）」である。

（ウ）（エ）では，本来の価格より少ない枚数の釣り銭となるように，足りない分を多く払うことで交換硬貨枚数を少なくしようとしている。それぞれの場合に必要な硬貨の枚数の合計は，「（商品の価格）＋（受け取りたい釣り銭の金額）」を支払うために必要となる硬貨の枚数と，釣り銭の枚数となる。よって，（ウ）は x+y，（エ）は y となる。（順不同）

解答

（ア）6　（イ）枚数（51）＋枚数（5）　（ウ）x+y　（エ）y

例題 ㊿

次の生徒（S）と先生（T）の会話文を読み，空欄を埋めよ。

S：まずは，関数「枚数（金額）」のプログラムを作るために，与えられた金額ちょうどになる最小の硬貨枚数を計算するプログラムを考えてみます。もう少しヒントが欲しいなぁ。

T：金額に対して，高額の硬貨から使うように考えて枚数と残金を計算していくとよいでしょう。また，金額に対して，ある額の硬貨が何枚まで使えて，残金がいくらになるかを計算するには，整数値の商を求める演算『÷』とその余りを求める演算『%』が使えるでしょう。例えば，46円に対して10円玉が何枚まで使えるかは ア で，その際にいくら残るかは イ で求めることができますね。

S：なるほど！あとは自分でできそうです。

Sさんは，先生（T）との会話からヒントを得て，変数 kingaku に与えられた目標の金額（100円以下）に対し，その金額ちょうどになる最小の硬貨枚数を計算するプログラムを考えてみた（図1）。ここでは例として目標の金額を46円としている。

配列 Kouka に硬貨の額を低い順に設定している。なお，配列の添字は0から始まるものとする。最低額の硬貨が1円玉なので Kouka[0] の値は1となる。

先生（T）のヒントに従い，高額の硬貨から何枚まで使えるかを計算する方針で，（4）～（6）行目のような繰返し文にした。この繰返しで，変数 maisu に支払いに使う硬貨の枚数の合計が計算され，変数 nokori に残りいくら支払えばよいか，という残金が計算される。

実行してみると「6」が表示されたので，正しく計算できていることが分かる。いろいろな例で試してみたが，すべて正しく計算できていることを確認できた。

```
(1)  Kouka=[1, 5, 10, 50, 100]
(2)  kingaku=46
(3)  maisu=0, nokori=kingaku
(4)  i を   ウ   ながら繰り返す：
(5)  |  maisu=   エ   +   オ
(6)  └ nokori=   カ
(7)  表示する（maisu）
```

図1　目標の金額ちょうどになる最小の硬貨枚数を計算するプログラム

［共通テスト試作問題］

Point

今までの復習をしながら，大学入学共通テストの形式に慣れておこう！

解説

▶ 映像講義

46円の支払いをする際，10円玉は4枚使える。これは $46 \div 10$ の商の小数点以下をを切り捨てしたものと同様である。また，その際余る金額は，$46 \div 10$ の余りで求められる。問題文に「余りを求める演算『%』」と記載されているため，$46 \div 10$ の余りは $46\%10$ で求められる。

プログラムでは，繰り返しの条件が（ウ）で問われている。問題文から，「高額の硬貨から何枚まで使

i	Kouka[i]	maisu	nokori	nokori ÷ Kouka[i]（硬貨が何枚使えるか）
4	100	0	46	0
3	50	0	46	0
2	10	4	6	4
1	5	5	1	1
0	1	6	0	1

えるかを計算していく方針」であることがわかっているため，変数 Kouka の要素の，高額の硬貨（100円）から探索する必要がある。また，何枚まで使える計算においては，高額の硬貨から順に金額を下げていき，一番高額の硬貨で払える枚数を計算していく必要がある。問題文より，配列の添字は0から始まるため，100円（添字4）から順に添え字を小さくしながら繰り返していけばよい。よって，（ウ）は「4から0まで1ずつ減らし」のような答えになっていればよい。

maisu の計算は，問題文にもある通り「金額÷硬貨」で求めることができる。なお，maisu は，全ての硬貨で何枚払うかを格納するための変数となっているため，それまでの maisu に順に計算結果を加算していく必要がある。

解答

（ア）$46 \div 10$　（イ）$46\%10$　（ウ）4から0まで1ずつ減らし　（エ）maisu　（オ）nokori ÷ Kouka[i]
（カ）nokori%Kouka[i]

124

例題 51

次の生徒（S）と先生（T）の会話文を読み，空欄を埋めよ。（前ページからの続き） ウ ・ エ の順序は問わない。

T：プログラム（図1）ができたようですね。それを使えば，関数「枚数（金額）」のプログラムができます。関数の引数として与えられる金額の値をプログラムの変数 kingaku に設定し，(7) 行目の代わりに変数 maisu の値を関数の戻り値とすれば，関数「枚数（金額)」のプログラムとなります。では，その関数を使って最小交換硬貨枚数を計算するプログラムを作ってみましょう。ここでも，100 円以下の買い物として考えてみます。

【関数の説明と例】（再掲）

> 枚数（金額）…引数として「金額」が与えられ，ちょうどその金額となる硬貨の組合せの中で，枚数が最小となる硬貨枚数が戻り値となる関数。

S さんは，図2のようなプログラムを作成した。変数 kakaku に与えられる商品の価格に対して，釣り銭を表す変数 tsuri を用意し，妥当な tsuri のすべての値に対して交換する硬貨の枚数を調べ，その最小値を求めるプログラムである。なお，ここでは例として商品の価格を 46 円としている。このプログラムでは，先生（T）のアドバイスに従い，釣り銭無しの場合も含め，99 円までのすべての釣り銭に対し，その釣り銭になるように支払う場合に交換される硬貨の枚数を求め，その最小値を最小交換硬貨枚数として計算している。最小値の計算では，これまでの払い方での最小枚数を変数 min_maisu に記憶しておき，それより少ない枚数の払い方が出るたびに更新している。min_maisu の初期値には，十分に大きな値として 100 を用いている。100 円以下の買い物では，使う硬貨の枚数は 100 枚を超えないからである。

```
(1)  kakaku=46
(2)  min_maisu=100
(3)  ［ ア ］ を ［ イ ］ から 99 まで 1 ずつ増やしながら繰り返す：
(4)  │ shiharai=kakaku+tsuri
(5)  │ maisu= ［ ウ ］ + ［ エ ］
(6)  │ もし ［ オ ］ < min_maisu ならば：
(7)  │ └ ［ カ ］ = ［ オ ］
(8)  表示する（min_maisu）
```

図2 最小交換硬貨枚数を求めるプログラム

［共通テスト試作問題］

Point

今までの復習をしながら，大学入学共通テストの形式に慣れておこう！

解説

▶ 映像講義

このプログラムは，最小交換硬貨枚数を計算するのを目的として作られている。

（ア）（イ）には，繰り返しの条件が入る。繰り返しの中には，変数として shiharai，kakaku，tsuri，maisu，min_maisu が設定されているが，tsuri のみ代入が行われていない。また，shiharai には，kakaku と tsuri を加算したものが入るが，kakaku をそのまま払った場合に最小枚数になる場合もあるので，繰り返しの初期値には 0 が入る必要がある。

（ウ）（エ）に関しては，「（客から店に払う金額の最小枚数）＋（店から客に払う釣り銭の最小枚数）」の式が成り立つため，shiharai の最小枚数と，tsuri の最小枚数を加算する必要がある。

（オ）（カ）に関しては，min_maisu よりも求めた枚数（maisu）が小さかった時，それを最小枚数（min_maisu）として更新する処理である。

解答

（ア）tsuri　（イ）0
（ウ）枚数（shiharai）　（エ）枚数（tsuri）　（オ）maisu　（カ）min_maisu

1　次の文章を読み，問いに答えよ。

　コンピュータに何か処理を行わせるためには，処理手順を指示する必要がある。この処理手順のことを　ア　と呼ぶ。　ア　は図や表を用いて表現することが多い。例えば　イ　では，各処理の流れを上から下に，図形や矢印を用いて，表現することができる。　ウ　では，並行した処理の流れや状態の変化を表現することができる。そのほか状態遷移図など，様々な表現方法が存在する。　ア　をコンピュータが処理できるようにするには，プログラミング言語を用いてプログラムとして記述する必要がある。プログラミング言語には例えばPythonなどの様々なものが存在するため，必要に応じて使い分ける必要がある。

問1：　ア　に当てはまる語句を下記の選択肢から1つ選べ。
　　⓪　ライブラリ　　　　　①　イベント　　　　　②　アルゴリズム　　　　　③　プログラム

問2：　ア　についての説明のうち，正しくないものはどれか。
　　⓪　複数処理手順が考えられる場合，処理速度を気にする必要はないためどの処理手順を選んでも問題はない。
　　①　処理手順の正確性は必ず確かめる必要がある。
　　②　どんなに複雑なプログラムでも，順次構造・分岐構造・反復構造の3つの組み合わせで表現できる。
　　③　「学校に行く」「洗濯をする」など，普段の生活にも存在する。

問3：　イ　と　ウ　に当てはまる言葉を下記の解答群の中からそれぞれ1つずつ答えよ。

　　＜解答群＞
　　⓪ UML
　　①アクティビティ図
　　②フローチャート
　　③クラス図

問4：状態遷移図を使用することがもっとも適しているシステムはどれか。
　　⓪　現在地から目的地までの最適なルートを検索する地図システム
　　①　カラオケの利用者区分や時間帯によって料金を計算する料金計算システム
　　②　室内の温度を一定に保つ室内温度制御システム
　　③　質問形式で回答を集めるためのアンケート収集システム

問5：プログラミング言語には，コンパイラ方式とインタプリタ方式に分類することができる。それぞれの方式について30字程度で説明せよ。

問6：プログラミング言語Pythonの利用用途としてもっとも適しているものはどれか。
　　⓪　オペレーティングシステムの開発
　　①　人工知能開発やビックデータ解析
　　②　iOSやMac向けのアプリ開発
　　③　LEDなどの電子部品の制御

2 次の問題を読み，問いに答えよ

　以下のプログラムは，5人の生徒の国語・数学・英語のテストの得点から，3教科の合計点と平均点を算出し，成績が高い順に並び替えて表示を行うものである。

＜プログラム＞

```
(01)    Kokugo = [76，86，40，76，99]
(02)    Sugaku = [48，53，58，94，78]
(03)    Eigo = [94，94，36，89，54]
(04)    Gokei = [0，0，0，0，0]
(05)    Hekin = [0，0，0，0，0]
(06)    Namae = [ "Taro"，"Takashi"，"Hanako"，"Risa"，"Kana" ]
(07)    iを0から要素数（Gokei）−1まで1ずつ増やしながら繰り返す：
(08)    │  Gokei[i] = Kokugo[i]+Sugaku[i]+Eigo[i]
(09)    └  Hekin[i] = 平均を求める（Kokugo[i]，Sugaku[i]，Eigo[i]）
(10)    並び替えて表示（Gokei[i]，Hekin[i]，Namae[i]）
```

＜実行結果＞

名前	合計	平均
Risa	259	86.3
Takashi	233	77.7
Kana	231	77.0
Taro	218	72.7
Hanako	134	44.7

問1：プログラム中の代入が行われている処理の番号を全て答えよ。

問2：(08) の Gokei[i] などの [i] の部分を何というか。

問3：(09) の「平均を求める」のように，あらかじめプログラミング言語に定義されている処理のまとまりのことを何というか。

問4：　問3に関連する言葉を全て選択せよ。
　⓪　API　　　　　　　　①　リスト　　　　　　　②　戻り値　　　　　　　③　引数

問5：プログラム中の Gokei のデータ構造を，配列ではなくスタックに変更しようとした。この変更は適切かどうか，理由として最も適しているものを下の選択肢から1つ選べ。
　⓪　スタックに変更すれば，後から入ってきたデータから順番に処理することができるため，適切である。
　①　スタックに変更すると，後から入ってきたデータから順番に処理しなければならないため，適切ではない。
　②　スタックに変更すれば，先に入ってきたデータから順番に処理することができるため，適切である。
　③　スタックに変更すると，先に入ってきたデータから順番に処理しなければならないため，適切ではない。

問6：各生徒の点数を，棒グラフで表現したい。グラフ描画など，特定の目的のために作成された機能を実現したプログラムの集まりのことを何と呼ぶか。
　⓪　リスト　　　　　　　①　アクティビティ　　　②　ライブラリ　　　　　③　フローチャート

3 次の問題を読み，問いに答えよ

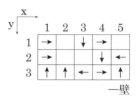

図1　部屋の例

　同じ大きさの正方形のタイルが敷き詰められた図1に示すような部屋があり，タイルには「↑」「↓」「←」「→」のいずれかの矢印が描かれているものと，何も描かれていない無地のものがある。Mさんが作成したロボットは，ロボットのいるタイルの矢印の向きに移動する。無地のタイルを通った場合は，それまでの向きを保ったまま移動を続ける。また，壁にぶつかった場合にはロボットは停止する。例えば，図1の部屋のx座標が4，y座標が2のタイル（以降，(4, 2) と表記する）に置いたロボットは (4, 3)，(5, 3)，(5, 2) と移動し，一度通った (4, 2) に戻るため，壁にぶつかることなく動き続ける。一方，(3, 3) に置いたロボットは (2, 3)，(2, 2)，(2, 1) と移動し，壁にぶつかって停止する。また，最初に無地のタイルに置いたロボットは止まったままで移動しない。

　Mさんは，ロボットの初期位置によって，どのような動作結果になるかを調べるため，ロボットの動きを確認する手続きを作成することにした。

問　次の文章を読み，空欄 ア ～ オ に入れるのに最も適当なものを，後の解答群のうちから一つずつ選べ。

　ロボットの位置の座標が (x, y) であり，その位置のタイルの矢印が変数 muki に格納されているとき，ロボットの位置の座標は図2の手続きで更新できる。

```
(1)  もし muki =「↑」ならば
(2) |    ア
(3)      を実行し，そうでなくもし muki =「↓」ならば
(4) |    イ
(5)      を実行し，そうでなくもし muki =「←」ならば
(6) |    ウ
(7)      を実行し，そうでなくもし muki =「→」ならば
(8) └    エ
```
図2　ロボットの位置の座標を更新する手続き

　Mさんは，まず，部屋のすべてのタイルに矢印が描かれているものとして，ロボットの動作結果を確認する手続きを作成することにした。この手続きでは，部屋の横と縦のタイルの枚数はそれぞれ YOKO 枚と TATE 枚とし，座標 (x, y) のタイルの矢印は2次元配列 Tairu の要素 Tairu[x, y] に格納されている。壁にぶつかっていないことは，現在の座標が部屋の中に存在する場合に真になる式 オ によって判定でき，Mさんは図3の手続きを完成させた。

```
(1)       オ  の間，
(2)   |   muki = Tairu[x, y]
(3-10) └  （図2の手続きと同じ）
(11)      を繰り返す
(12)      「壁にぶつかる」を表示する
```
図3　ロボットの動作結果を確認する手続き

ア ～ エ の解答群
⓪　x = x + 1　　　　① x = x − 1　　　　② y = y + 1　　　　③ y = y − 1

オ の解答群
⓪　x < 1 かつ x > YOKO かつ y < 1 かつ y > TATE
①　x >= 1 かつ x <= YOKO かつ y >= 1 かつ y <= TATE
②　x < 1 または x > YOKO または y < 1 または y > TATE
③　x >= 1 または x <= YOKO または y >= 1 または y <= TATE

[共通テスト 2021 本試験 改]

次の問題を読み，問いに答えよ

　ある工場では，限られたスペースで複数の種類の製品を生産している。工場長の高橋さんは，工場を稼働させる時間を少しでも短くしたいと考えている。

　この工場では，製作する製品ごとに使用する機器の配置などの状態が異なる。ある製品を製作しているときの状態をその製品の製作状態と呼ぶ。また，機器の点検や整備をするときの状態を待機状態と呼ぶ。待機状態から一連の製品を製作した後は再び待機状態に戻す。ある製品の製作状態から別の製品の製作状態に移るときなどのように，ある状態から別の状態に移る際に必要な時間を移行時間と呼ぶ。なお，移行時間を除いた製品の製作に要する時間は，製作する製品が同じであれば製作の順序に関わらず一定である。

問　次の文章を読み，空欄 アイ ，ク ～ シスセ に当てはまる数字をマークせよ。また，空欄 ウ ～ キ に入れるのに最も適当なものを，それぞれの解答群のうちから一つずつ選べ。ただし，ウ・エ の解答の順序は問わない。

　高橋さんは，6種類の製品をそれぞれ一つずつ製作する場合を検討した。表1に各状態間の移行時間を示す。N は待機状態を，数字1から6はそれぞれ製品1から6の製作状態を表す。表1では，縦方向に現在の状態，横方向に次の状態が示されている。以下，製品1の製作状態を「状態1」のように表す。

　例えば，待機状態から状態1への移行時間は20分である。また，状態1から状態2への移行時間は アイ 分である。状態1から状態2への移行時間と，その逆の状態2から状態1への移行時間は等しい。この関係は，他の状態間の移行時間についても同様である。

表1　各状態間の移行時間（分）

		次の状態					
		N	1	2	3	4	5	6
現在の状態	N		20	30	30	50	40	70
	1	20		50	30	10	30	50
	2	30	50		30	30	10	40
	3	30	30	30		50	40	40
	4	50	10	30	50		20	40
	5	40	30	10	40	20		30
	6	70	50	40	40	40	30	

　待機状態から一連の製品を順に製作して待機状態に戻るとき，この順序を製作順序と呼ぶ。例えば，製品1，製品2，製品3という製作順序は前後の待機状態を含めて［N，1，2，3，N］のように表す。6種類の製品を一つずつ製作する場合，例えば，製品5，製品2，製品4，製品6の順で始まる製作順序は，［N，5，2，4，6，ウ，エ，オ］と［N，5，2，4，6，エ，ウ，オ］の2通りがある。

　ある製作順序の移行時間の合計を総移行時間と呼び，総移行時間を求めることを「製作順序を評価する」ということにする。すべての製作順序を評価することで，総移行時間が最短となる製作順序を求められる。6種類の製品を一つずつ製作する製作順序は カ 通り存在する。表1の移行時間を踏まえると，ある製作順序での総移行時間とその逆順で製作する場合の総移行時間は等しいため，カ × キ 通りの製作順序を評価すればよい。

　高橋さんは，総移行時間ができるだけ短い製作順序を見つけたいが，すべての製作順序を評価する場合，製品の種類が増えると製作順序を評価する回数は膨大になる。そこで，次の手順Aで製作順序を考えた。

手順A　(1) Nからの移行時間が最短の製作状態を選択し，Nの後に追加する。
　　　　(2) まだ追加していない製作状態のうち，最後に追加した製作状態からの移行時間が最短のものを選択して，最後に追加する。移行時間が等しい製作状態が複数ある場合は製品番号が小さい方を選択する。
　　　　(3) 追加していない製作状態がなくなるまで，(2)を繰り返す。
　　　　(4) 最後にNを追加し，得られた製作順序を評価する。

　手順Aに従うと，［N，1，4，ク，ケ，コ，サ，N］の製作順序が得られた。このときの総移行時間は シスセ 分であった。

ウ ～ オ の解答群
⓪ N　　① 1　　② 2　　③ 3　　④ 4　　⑤ 5　　⑥ 6

カ ・ キ の解答群
⓪ $7×6×5×4×3×2$　① $6×5×4×3×2$　② 7^6　③ 6^6　④ 6　⑤ 2　⑥ $\dfrac{1}{2}$

⑦ $\dfrac{1}{6}$

［共通テスト 2021 本試験 改］

7章　モデル化とシミュレーション

1　モデル

　自宅から駅までの地図を描く際に，道や建物を線や四角で表し実際の構造などを省略したり，サッカーのフォーメーションを考える際に，マグネットを選手に見立てて動かしたりするように，表したいものの本質的な部分を強調し，本質的でない部分を省略するなどして単純化したものを　1　という。また，　1　をつくることを　2　という。

　1　には，様々な分類方法がある。

［表現形式による分類］

○　3　モデル：実物の形を拡大・縮小するなど，実物の形に似せて作られたモデル

・　4　モデル：　3　モデルの中で実物の大きさと同じ大きさで表現されたモデル

（例）モデルハウスなど

・　5　モデル：　3　モデルの中で実物の大きさを拡大して表現されたモデル

（例）原子の模型など

・　6　モデル：　3　モデルの中で実物の大きさを縮小して表現されたモデル

（例）地球儀など

○　7　モデル：できごとや現象を図や数式で表すモデル

・　8　モデル：　7　モデルの中で図を用いて表現されたモデル

（例）ベン図，家の間取り図など

・　9　モデル：　7　モデルの中で数式を用いて表現されたモデル

（例）数学の公式など

［特性による分類］

○時間的な概念の有無による分類

・　10　モデル：時間の経過に伴って変化するモデル

（例）商品の売上予測など

・　11　モデル：時間の経過による変化のないモデル

（例）プラスチックモデルなど

○決まっていない要素の有無による分類

・　12　モデル：決まっていない要素や不規則な現象を含むモデル

（例）レジの支払い方法など

・　13　モデル：決まっていない要素のない，規則的な現象のモデル

（例）銀行の預金残高など

○データの連続性による分類

・　14　モデル：データが続いている状態を表現するモデル

（例）毎日測定した気温など

・　15　モデル：データが続いていない状態を表現するモデル

（例）サイコロの出目など

　下記に示す式のように，　9　モデルなどで利用する x_1, x_2, x_3, …のような文字の右下についている数字のことを　16　という。これにより，異なる変数として扱うことができる。

$$x_1 + x_2 = 120$$

　また，下記に示すように，x_1 が決まれば，その後の値が決まるようなものを　17　という。

$$x_{n+1} = x_n + 10$$

解答

1：モデル　2：モデル化　3：物理　4：実物　5：拡大　6：縮小　7：論理　8：図的　9：数式
10：動的　11：静的　12：確率　13：確定　14：連続　15：離散　16：添字　17：帰納的定義

2　シミュレーション

モデルにいろいろな変更を加えて試すことを意味する，問題解決の手法のひとつを　18　という。

［　18　を行うことが適している場合］
- 実際の物を使った実験を行おうとすると莫大な　19　がかかるもの
- 20　をともなう実験・活動
- 本物のシステムを利用した実験が難しい実験・活動
- 21　世界や　22　世界を対象とした実験・活動
- 23　時間に行う実験や　24　かかる実験・活動

3　モデル化とシミュレーションの手順

［モデル化の手順］
- ①　モデル化の　25　を明らかにする
- ②　モデルを構成している要素とその　26　を明確にする
- ③　モデルを　27　や　28　などで表現する

［シミュレーションの手順］
- ①　29　を使ってシミュレーションする
- ②　シミュレーションの結果を実際の現象と比べて，30　や　29　を修正する
- ③　シミュレーションの結果を利用して，問題を解決する

4　モデル化とシミュレーションの例①

　X市の議会議員数は人口1,000人に対して1人と定められている。2035年の議員数を考えるにあたり，そのもととなる人口を予測することになった。また，X市の人口は，2016年時点で80,253人，2017年時点で81,658人だった。2035年のX市の人口はおおよそ何人と推測できるか。

［モデル化の手順］
- ①　モデル化の目的は「X市の　31　から，2035年のX市の人口を推定する」ことである
- ②　2016年から2017年の　32　が，2035年まで変化しないと仮定する
- ③　今回の例でモデルを数式で表すと以下のようになる
  - （翌年の人口）＝（　33　）×（2016年から2017年の　32　）

［シミュレーションの手順］
- ①　プログラム等を利用して，モデル化したものをシミュレーションする
- ②　シミュレーションの結果を実際の現象と比較し，仮説やモデルを修正する

　X市の新たな資料により，2020年の人口が81,562人，2021年の人口が81,122人であることが判明した。これをもとに2035年の人口をシミュレーションした結果を下図に示す。

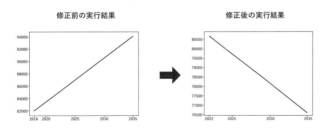

- ③　②をもとに2035年の議員数を計算する

【解答】
18：シミュレーション　19：費用　20：危険　21：微小　22：極大　23：微小　24：長時間　25：目的
26：関係　27：数式　28：図（27と28は順不同）　29：モデル　30：仮説　31：人口の推移　32：人口増加率
33：その年の人口

5 モデル化とシミュレーションの例②

ホットケーキとクッキー1つあたりの必要な材料と販売価格はそれぞれ次の通りである。

製品	材料		価格
ホットケーキ	砂糖 9g	小麦粉 10g	20 円
クッキー	砂糖 6g	小麦粉 9g	16 円

手に入った砂糖は 2 kg，小麦粉 2.5 kg だった。ホットケーキとクッキーをそれぞれいくつ作ればよいか。全て売れると仮定して，売り上げを最大にすることを目的とする。
モデルを数式で表すと以下のようになる。

ホットケーキの個数を x，クッキーの枚数を y とすると，売り上げ（P）は P ＝ $\boxed{34}$ と表せる。
また，砂糖の量から関係式を作ると，$\boxed{35}$ ≦ 2000…① となる。
同様に，小麦粉の量から関係式を作ると，$\boxed{36}$ ≦ 2500…② となる。
変数の範囲を手に入った砂糖の量，小麦粉の量から設定する。
全てホットケーキだと仮定すると，数式①より，最大で $\boxed{37}$ 個作成可能である。
また，数式②より，最大で $\boxed{38}$ 個作成可能である。
この結果より，x の範囲は，$0 ≦ x ≦ \boxed{37}$ で考えればよい。

上記で作成したモデルを利用し，プログラムでシミュレーションした結果から売り上げを最大にするためにはホットケーキとクッキーをそれぞれいくつ作ればよいかを求めることができる。

これらをもとに，シミュレーションを行うと，P ＝ 4760，x ＝ 142，y ＝ 120 となる。つまり，ホットケーキを 142 個，クッキーを 120 枚作ればよいことがわかる。

6 モデル化とシミュレーションの例③

スーパーマーケットで買い物をするときに，レジに長い行列ができるように，あるサービスを受けるためにつくられる順番待ちの列を $\boxed{39}$ という。

$\boxed{39}$ を考える際に，レジに来る客の数に対して，レジの処理時間が $\boxed{40}$ と，$\boxed{39}$ が長くなる。また，逆にレジの処理時間が $\boxed{41}$ と，$\boxed{39}$ が発生せず，サービスの提供や施設が機能しなくなるという問題が発生する。このため，客の到着率を予想し，施設の計画や運用に最適な状態を作るための研究が進んでいる。

レジの場合，いつ，どの程度の人が来るかを正確に予測することはできない。このように偶然の要素が含まれるシミュレーションには，規則性のない数を表す $\boxed{42}$ が用いられる。

スーパーマーケットにレジが1つだけあり，そこに客が並び，買い物をするときの状況を考える。このときの状況をモデル化し，シミュレーションを行う。

長く待たされる客がどれくらい発生するかを予想するために，客がレジに並び，レジで精算する過程を，「前の客が来てから次の客が来るまでの $\boxed{43}$ 」と「精算にかかる $\boxed{44}$ 」を用いて表す。
このモデルを利用して，プログラムでシミュレーションすることにより，どれぐらいの客が長く待たされるかを可視化することができる。

解答
34：$20x + 16y$　35：$9x + 6y$　36：$10x + 9y$　37：222　38：250　39：待ち行列　40：長い　41：短い
42：乱数　43：時間間隔　44：時間

次の問いについて，空欄にあてはまる最も適切なものをそれぞれの解答群から選び，数字で答えよ。

a　モデルとは，　ア　であり，モデルを作成する主な目的は，　イ　である。

　　ア　の解答群
⓪　現実の対象やシステムを単純化したもの
①　コンピュータウイルスの集合
②　コンピュータソフトウェアのプログラム
③　データの集合やパターン

　　イ　の解答群
⓪　簡単なデータを扱うこと
①　予測やシミュレーションを行うこと
②　プログラムを作成すること
③　現実の対象やシステムを再現すること

b　モデルの表現形式による分類として，物理モデルと論理モデルがある。物理モデルとは，　ウ　であり，論理モデルとは，　エ　である。物理モデルはさらに，　オ　，　カ　などに分類できる。また，論理モデルの中には　キ　，　ク　などがある。

　　ウ　の解答群
⓪　コンピュータのハードウェアの設計図を表したモデル
①　抽象的な概念や関係を表現したモデル
②　物理的な模型や類似物として表現されたモデル
③　データベースのテーブルや関連性を定義したモデル

　　エ　の解答群
⓪　実物をそのままの大きさで再現したモデル
①　数式や論理式，図などで表現されたモデル
②　コンピュータのソフトウェアの概念を表したモデル
③　実物を縮小して再現したモデル

　　オ　，　カ　の解答群
⓪　確率モデル
①　拡大モデル
②　縮小モデル
③　連続モデル

　　キ　，　ク　の解答群
⓪　図的モデル
①　散布モデル
②　数式モデル
③　分散モデル

解答
ア：⓪　イ：①　ウ：②　エ：①　オ：①　カ：②（オ，カは順不同）　キ：⓪　ク：②

c 時間的な概念の有無によるモデルの分類として，動的モデルと静的モデルがある。動的モデルとは，<u>ケ</u>であり，静的モデルとは<u>コ</u>である。動的モデルの具体的な例として<u>サ</u>などがあり，静的モデルの具体的な例として，<u>シ</u>などがある。

<u>ケ</u> の解答群
⓪ 不確定要素や不規則な現象を含むモデル
① データの連続的な状態を表現するモデル
② 数式や論理式，図などで表現されたモデル
③ 時間の経過に従って変化するモデル

<u>コ</u> の解答群
⓪ 不確定要素のない，規則的な現象のモデル
① データが散らばった状態を表現するモデル
② 模型や類似品として表現されたモデル
③ 時間の経過を考える必要のないモデル

<u>サ</u> の解答群
⓪ サイコロの出目
① フローチャート
② レジに並ぶ待ち時間
③ 地球儀

<u>シ</u> の解答群
⓪ 商品の売上予測
① 銀行の預金残高
② トーナメント
③ プラスチックモデル

d 不確定要素の有無によるモデルの分類として，確率モデルと確定モデルがある。確率モデルとは，<u>ス</u>であり，確定モデルとは<u>セ</u>である。確率モデルの具体的な例として<u>ソ</u>などがあり，確定モデルの具体的な例として，<u>タ</u>などがある。

<u>ス</u> の解答群
⓪ 不確定要素や不規則な現象を含むモデル
① データの連続的な状態を表現するモデル
② 数式や論理式，図などで表現されたモデル
③ 時間の経過に従って変化するモデル

<u>セ</u> の解答群
⓪ 不確定要素のない，規則的な現象のモデル
① データが散らばった状態を表現するモデル
② 模型や類似品として表現されたモデル
③ 時間の経過を考える必要のないモデル

解答
ケ：③　コ：③　サ：②　シ：③　ス：⓪　セ：⓪

ソ 　の解答群
⓪　サイコロの出目
①　フローチャート
②　レジに並ぶ待ち時間
③　地球儀

　　 タ 　の解答群
⓪　商品の売上予測
①　銀行の預金残高
②　トーナメント表
③　プラスチックモデル

e　データが連続するかどうかによるモデルの分類として，連続モデルと離散モデルがある。連続モデルとは， チ 　であり，離散モデルとは 　ツ 　である。連続モデルの具体的な例として 　テ 　などがあり，離散モデルの具体的な例として， 　ト 　などがある。

　　 チ 　の解答群
⓪　不確定要素や不規則な現象を含むモデル
①　データの連続的な状態を表現するモデル
②　数式や論理式，図などで表現されたモデル
③　時間の経過に従って変化するモデル

　　 ツ 　の解答群
⓪　不確定要素のない，規則的な現象のモデル
①　データが散らばった状態を表現するモデル
②　模型や類似品として表現されたモデル
③　時間の経過を考える必要のないモデル

　　 テ 　の解答群
⓪　数学の公式
①　トーナメント表
②　レジに並ぶ待ち時間
③　毎日測定した気温

　　 ト 　の解答群
⓪　商品の売上予測
①　サイコロの出目
②　トーナメント表
③　プラスチックモデル

f　数式モデルなどで利用される文字式の添字を用いて，帰納的定義を表した式として正しいものは 　ナ 　である。
　　 ナ 　の解答群
⓪　$x_n = x_1 + 10$
①　$x_{n+1} = x_n + 10$
②　$x_n = 1 + 10$
③　$x_{n+1} = x_{n+1} + 10$

解答
ソ：⓪　タ：①　チ：①　ツ：①　テ：③　ト：①　ナ：①

g シミュレーションとは，| ニ |であり，シミュレーションの主な目的は| ヌ |である。また，シミュレーションの利点としては| ネ |や| ノ |などが挙げられる。| ハ |や| ヒ |などの場合は，シミュレーションの利用が適している。シミュレーションの具体的な応用例としては，| フ |などがある。

| ニ |の解答群
⓪ 現実の状況やプロセスを再現すること
① データの集合やパターンを整理すること
② 問題の特定や解決策の検証を支援すること
③ 抽象的な概念や関係を表現すること

| ヌ |の解答群
⓪ 現実の状況やプロセスを再現すること
① データの予測を行うこと
② 問題の特定や解決策の検証を支援すること
③ コンピュータのハードウェアの設計図を作成すること

| ネ |，| ノ |の解答群
⓪ データの予測を可能にすること
① ソフトウェアのデバッグを行えること
② ハードウェアの故障を検知できること
③ 複雑な現実を理解しやすくすること

| ハ |，| ヒ |の解答群
⓪ 費用がほとんどかからない実験・活動
① 危険をともなう実験・活動
② 実際に行うことが可能な実験・活動
③ 微小時間内の実験や長時間かかる実験・活動

| フ |の解答群
⓪ 製造プロセスの最適化
① データベースの設計と実装
② ソフトウェアのテストとデバッグ
③ ネットワークセキュリティの脆弱性診断

h 具体的にモデル化を行う際は，| ヘ |→| ホ |→| マ |といった流れで行う。

| ヘ |，| ホ |，| マ |の解答群
⓪ モデルを構成する要素とその関係を明らかにする
① 使用しているモデルを変更する
② モデル化の目的を明確にする
③ モデルを数式や図などで表す

解答
ニ：⓪　ヌ：②　ネ：⓪　ノ：③（ネ，ノは順不同）　ハ：①　ヒ：③（ハ，ヒは順不同）
フ：⓪　ヘ：②　ホ：⓪　マ：③

i 具体的にシミュレーションを行う際の手順としては，　ミ　→　ム　→　メ　という流れで行う。

ミ　,　ム　,　メ　の解答群
⓪　モデルを使ってシミュレーションする
①　シミュレーションの結果を用いて問題を解決する
②　シミュレーションの結果を実際の現象と比較し，仮説やモデルを修正する
③　シミュレーションの結果を都合のいいように書き換える

j シミュレーションを行う方法の1つとして，プログラムを用いたシミュレーションがある。プログラムを用いたシミュレーションのメリットとしては，　モ　などがある。また，デメリットとして不適切なものは，　ヤ　などがある。

モ　の解答群
⓪　現実の状況を正確に再現できること
①　結果の予測が容易であること
②　シミュレーションの実行速度が高速であること
③　プログラミングスキルが不要であること

ヤ　の解答群
⓪　実際の状況との差異が生じることがあること
①　シミュレーションの実行が高速すぎること
②　シミュレーション結果の解釈が難しいこと
③　ハードウェアの制約による実行上の制限があること

k スーパーマーケットのレジに並ぶ人々の待ち時間に関するシミュレーションの際には，待ち行列と乱数が用いられる。待ち行列とは，　ユ　である。また，乱数とは，　ヨ　である。乱数の利用例としては，　ラ　や　リ　などがある。

ユ　の解答群
⓪　データの順位付けの方法
①　リソースやタスクの処理順序を管理するデータ構造
②　ランダムな数値の生成手法
③　データのランダムな選択手法

ヨ　の解答群
⓪　ランダムに生成される数値
①　降順に並べられたデータ
②　昇順に並べられたデータ
③　ある値から変更された数値

ラ　,　リ　の解答群
⓪　ソフトウェアの実行時間
①　暗号化のアルゴリズム
②　オンラインショップの在庫
③　ゲーム内の敵キャラクターの行動パターン

解答
ミ：⓪　ム：②　メ：①　モ：②　ヤ：①　ユ：①　ヨ：⓪　ラ：①　リ：③（ラ，リは順不同）

l 　モデル化とシミュレーションにおいて，モデル化を難しくする要因として考えられるものには，　ル　などがある。また，シミュレーションの結果の解釈が難しくなる要因としては，　レ　などが挙げられる。モデル化とシミュレーションにおいて，精度を上げるためには，　ロ　が重要である。そして，モデル化とシミュレーションを行いやすくするためには，　ワ　といった工夫が挙げられる。これらを考慮しながら，モデル化とシミュレーションを行うことによって，簡単に高い精度の結果が得られる。

　　　ル　の解答群
　⓪　入力データの正確さ
　①　モデル化の対象となるものの複雑さ
　②　適切でないモデルの使用
　③　モデル化の精度

　　　レ　の解答群
　⓪　シミュレーションの実行速度
　①　モデルの複雑さ
　②　入力データの正確さ
　③　シミュレーション結果の精度の低さ

　　　ロ　の解答群
　⓪　シミュレーションの実行速度が高速であること
　①　モデルの複雑さを最小限に抑えること
　②　入力データの正確さを確保すること
　③　シミュレーション結果の解釈が容易であること

　　　ワ　の解答群
　⓪　モデルの複雑さを増加させる
　①　入力データの正確さを犠牲にする
　②　シミュレーション結果の解釈を簡略化させる
　③　シミュレーションの実行速度を向上させる

m 　待ち行列を考える際に，到着する客の数に比べてサービスを処理する能力が　ヲ　行列ができるため，サービスが進まず，待ち時間の長い人が増えるため，改善する必要がある。

　　　ヲ　の解答群
　⓪　小さすぎると，長い
　①　小さすぎると，短い
　②　大きすぎると，長い
　③　大きすぎると，短い

解答
ル：①　レ：③　ロ：②　ワ：②　ヲ：⓪

例題 52

　表現形式によるモデルの分類には，物理モデル（実物モデル，拡大モデル，縮小モデル）と論理モデル（図的モデル，数理モデル）がある。以下のモデルの具体例は，それぞれどれに分類されるか，あとの選択肢の中から1つずつ答えよ。
(1)　フローチャート
(2)　モデルハウス
(3)　地球儀
(4)　商品の売上予測
(5)　原子模型
(6)　三平方の定理の公式
(7)　家の建築模型
(8)　ベン図

＜選択肢＞
⓪　実物モデル　　　①　拡大モデル　　　②　縮小モデル
③　図的モデル　　　④　数理モデル

Point
モデルの表現形式による分類と具体例について整理しよう！

　表現形式によるモデルの分類には，物理モデルと論理モデルがある。物理モデルとは，物理的な模型や類似物として表現されたモデルであり，実際の大きさと同じ大きさのモデルである実物モデル，実際の大きさを拡大したモデルである拡大モデル，実際の大きさを縮小したモデルである縮小モデルの3つに分けられる。また，論理モデルは数式や論理式，図などで表現されたモデルであり，図を用いて表したモデルである図的モデルと，数式を用いたモデルである数理モデルに分けられる。

解説
▶ 映像講義

(1)　フローチャートは，処理の流れを視覚的にわかりやすくするために用いられる図である。このため，図的モデルである。
(2)　モデルハウスは，実際の建物の大きさそのままで，外観や内観を確認できるように作られたモデルである。このため，実物モデルである。
(3)　地球儀は，実物はとても大きい地球の形を縮小して国などの位置関係をわかりやすくしたものである。このため縮小モデルである。
(4)　商品の売上予測では，商品の売上の計算のために数式を利用する。このため，数理モデルである。
(5)　原子模型は，実物はとても小さい原子の結合の様子などを拡大してわかりやすくしたものである。このため，拡大モデルである。
(6)　三平方の定理は，以下の式で表される数学の公式である。このように，数式を用いているため数理モデルである。

$$a^2 + b^2 = c^2$$

(7)　家の建築模型は，家を建築する前に計画，説明，打ち合わせなどで用いられる実際の家を縮小した模型である。このため，縮小モデルである。
(8)　数学などで用いられるベン図は，図を用いたモデルである。このため，図的モデルである。

解答
(1)③　(2)⓪　(3)②　(4)④　(5)①　(6)④　(7)②　(8)③

例題 53

　モデルには，特性による分類として，時間的な概念の有無による分類（動的モデル，静的モデル），不確定要素の有無による分類（確率モデル，確定モデル），データが連続するかどうかによる分類（連続モデル，離散モデル）がある。以下のそれぞれのモデルについて具体例として，最も適するものを選択肢から1つずつ答えよ。（ただし，選択肢を重複して選択してはならない）

(1) 動的モデル
(2) 静的モデル
(3) 確率モデル
(4) 確定モデル
(5) 連続モデル
(6) 離散モデル

<選択肢>
⓪ サイコロの出目など
① 地球儀，プラスチックモデルなど
② 車の運動モデルなど
③ 電話の通話，ゲームのキャラクターの移動など
④ レジに並ぶ待ち時間についてのモデルなど
⑤ 銀行の預金残高など

Point

モデルの特性による分類の種類と具体例を整理しよう！

モデルにはさまざまな分類が存在するが，具体例として以下がある。
<時間的な概念の有無による分類>
　・動的モデル：時間の経過に従って変化するモデルのこと
　・静的モデル：時間の経過を考える必要のないモデルのこと
<不確定要素の有無による分類>
　・確率モデル：不確定要素や不規則な現象を含むモデルのこと
　・確定モデル：不確定要素のない，規則的な現象のモデルのこと
<データが連続するかどうかによる分類>
　・連続モデル：データの連続的な状態を表現するモデルのこと
　・離散モデル：データが散らばった状態を表現するモデルのこと

解説

▶ 映像講義

(1) 動的モデルとは，時間の経過に従って変化するモデルである。したがって，時間によって変化するレジに並ぶ待ち時間についてのモデルなどが挙げられる。
(2) 静的モデルとは，時間の経過を考える必要のないモデルである。したがって，地球儀，プラスチックモデルなどの静止状態で見ることのできるモデルが挙げられる。
(3) 確率モデルとは，不確定要素や不規則な現象を含むモデルである。したがってサイコロの出目などが挙げられる。
(4) 確定モデルとは，不確定要素のない，規則的な現象のモデルである。したがって，銀行の預金残高などが挙げられる。
(5) 連続モデルとは，データの連続的な状態を表現するモデルである。したがって，連続した現象である車の運動などが挙げられる。
(6) 離散モデルとは，データが散らばった状態を表現するモデルである。したがって，電話の通話や，ゲームのキャラクターの移動などのデータがバラバラのものなどが挙げられる。

解答

(1)④　(2)①　(3)⓪　(4)⑤　(5)②　(6)③

 例 題 54

以下の ア ～ ツ に入る数値を答えよ。

蕎麦屋を経営しており，売上利益を増やすための価格改定を検討している。現状では，かけ蕎麦，月見蕎麦，かき揚げ蕎麦，およびとろろ蕎麦をそれぞれ 500 円，550 円，700 円，および 700 円で提供している。原価はそばが 200 円（全てのメニューで必要），卵が 20 円（月見およびとろろ蕎麦で必要），かき揚げが 100 円（かき揚げ蕎麦で必要），とろろが 100 円（とろろ蕎麦で必要）となっている。

これらの原価は表 1 のとおりである。また，メニューに必要な材料（必要な場合に 1），原価，売価，一杯当たりの利益，（かき揚げ蕎麦以外の）1 日当たりの売上数等をまとめたものが以下の表 2 となる。金額の単位はすべて円とする。

表 1

	そば	卵	かき揚げ	とろろ
原価	200	20	100	100

表 2

	そば	卵	かき揚げ	とろろ	原価	売価	一杯当たり利益	売上数	売上額	売上利益
かけ蕎麦	1	0	0	0	200	500	300	40	20000	12000
月見蕎麦	1	1	0	0	220	550	330	40	22000	13200
かき揚げ蕎麦	1	0	1	0	300	700	400			
とろろ蕎麦	1	1	0	1	320	700	380	30	21000	11400

(1) 現状の売価ではかき揚げ蕎麦は 1 日当たり 40 杯の売り上げがあるとする。この場合には，かき揚げ蕎麦の 1 日の売上額は アイウ 00 円であり，売上利益は エオカ 00 円，この蕎麦屋の 1 日当たりの売上利益の合計は キクケ 00 円となる。

(2) 卵の一時的な価格上昇により，卵の原価が 40 円になった。売価の改定は行わず，それぞれの商品の売上数にも変化がないものとした場合，1 日当たりの売上利益の合計は コサ 00 円低下する。

(3) かき揚げ蕎麦の売価を一時的に 50 円値引きしたところ，かき揚げ蕎麦の売上数は 20 杯増加したが，かけ蕎麦ととろろ蕎麦の売上数がそれぞれ 10 杯減少した（なお卵の原価は 20 円に戻っているものとする）。この場合には，かき揚げ蕎麦の売上利益は シス 00 円増加，他方，かけ蕎麦ととろろ蕎麦からの売上利益は合計 セソ 00 円減少しているので，この結果，売上利益の合計の変化額は タチツ 00 円である。

［駒澤大 2021 改］

Point

具体的なシミュレーションの問題で練習しよう！

解説

▶ 映像講義

(1) 一杯 700 円のかき揚げ蕎麦が 1 日当たり 40 杯の売り上げがあったので，かき揚げ蕎麦の 1 日当たりの売上額は，$700 \times 40 = 28000$ 円，売上利益は，$400 \times 40 = 16000$ 円である。これより，1 日当たりの売上利益の合計は，$12000 + 13200 + 16000 + 11400 = 52600$ 円となる。

(2) 卵の原価が 40 円になったとき，月見蕎麦の原価は 240 円，一杯当たりの利益は 310 円，とろろ蕎麦の原価は 340 円，一杯当たりの利益は 360 円となる。月見蕎麦，とろろ蕎麦ともに一杯当たりの利益は 20 円減少する。したがって，1 日当たりの売上利益は $20 \times 70 = 1400$ 円低下する。

(3) $350 \times 60 = 21000$ 円，$21000 - 16000 = 5000$ 円より，かき揚げ蕎麦の売上利益は，5000 円増加した。かけ蕎麦ととろろ蕎麦の売上利益の合計は，$300 \times 30 + 380 \times 20 = 16600$ 円。$12000 + 11400 = 23400$ 円，$16600 - 23400 = -6800$ 円より，元のかけ蕎麦ととろろ蕎麦の売上利益の合計は 6800 円減少している。この結果，売上利益の合計の変化額は -1800 円である。

解答

アイウ：280　エオカ：160　キクケ：526　コサ：14　シス：50　セソ：68　タチツ：-18

例題 55

　生物の誕生や死亡などを簡単にモデル化したものをライフゲームという。このライフゲームで，下の図のパターンを第1世代として，以下のルールを適用した場合，第2世代はどのようになるか図示せよ。なお，下の図における1つの正方形（マス）をセルとよび，丸い点は生存しているセル，空白のセルは死亡しているセルを意味しているものとする。このとき，セルの周囲とは，そのセルの周囲の8か所のセルを意味する。
（ルール）
【誕生】死亡しているセルの周囲に，生存しているセルがちょうど3つある場合，次の世代でそのセルは新たに生存状態になる。
【生存】生存しているセルの周囲に，2つまたは3つの生存しているセルがある場合，次の世代でも生存し続ける。
【死亡】その他の場合には，次の世代では，死亡状態でとどまるか，または死亡状態となる。

	1	2	3	4	5	6	7	8
A								
B								
C			●	●	●			
D				●				
E				●				
F			●	●				
G								
H								

┌ Point

ルールを理解して，シミュレーションを行おう！

ライフゲームでは，1つ1つのセルの周囲のセルを確認し，次の世代でどうなるかを考える。

解説

▶ 映像講義

　ここでは，列の数字と行の文字を利用してセルを表すこととする。例えば，一番左上のセルは「1A」のように表す。
　まず，誕生について考える。第1世代では，空白のセルで，かつ周囲に生存しているセルがちょうど3つあるセルは，4Bのセルと5Eのセルのみである。このため，第2世代では，4Bのセルと5Eのセルは新たに生存状態となる。
　次に，死亡について考える。第1世代で生存しているセルにおいて，周囲のセルのうち2つまたは3つが生存しているセルであるという条件を満たさないものは4Dのセルのみである。このため，第2世代では4Dのセルは死亡する。
　その他の第1世代で生存しているセルは，どれも次の世代での生存するルールに当てはまるため，3C，4C，5C，4E，3F，4Fのセルは第2世代でも生存する。

解答

	1	2	3	4	5	6	7	8
A								
B				●				
C			●	●	●			
D								
E				●	●			
F			●	●				
G								
H								

 **56**

　ある遊園地にある一人乗りのゴーカートの周回コースでのシミュレーションを考える。コースは一方通行で，1台分の幅しかない。ゴーカートは一周4分の速度で走行し，一人一周で次の人と交代する。一周を走行したゴーカートが停止してから，次の人のゴーカートが発進するまでの時間（交代時間）は1分である。最初のゴーカートが9:00ちょうどとする。

　ゴーカートの台数を1台とする。最初のゴーカートの発進時9:00に19人が列に並んでいたとする。9:00の発進時にゴーカートに乗っている人を1人目としたとき，10人目のゴーカートが発進する時刻と15人目のゴーカートが発進する時刻と20人目のゴーカートが発進する時刻を答えよ。

［駒澤大 2021 改］

Point

1つずつ段階を整理しながらシミュレーションを行おう！

ゴーカートの交代時間1分とゴーカートが一周する時間4分をセットにすると考えやすい。

解説

▶ 映像講義

　まず，9:00に1人目が発進する。4分後の9:04に一周回り，そこから1分間の交代時間となる。つまり，9:05に2人目が発進することになる。ここから4分後の9:09に一周回り，1分間の交代時間となる。つまり，9:10から3人目が発進することになる。

　このように，一周する時間である4分と交代時間である1分を1セットとすると，1人目から2人目までは5分，2人目から3人目までも5分，というように5分ずつ時間が経過していく。これを踏まえると，それぞれの発進時刻は以下のようになる。

人目	発進時刻
1	9:00
2	9:05
3	9:10
4	9:15
5	9:20
6	9:25
7	9:30
8	9:35
9	9:40
10	9:45
11	9:50
12	9:55
13	10:00
14	10:05
15	10:10
16	10:15
17	10:20
18	10:25
19	10:30
20	10:35

解答
10人目の発進する時刻：9:45
15人目の発進する時刻：10:10
20人目の発進する時刻：10:35

例題 57

　ある店でレジ1台だけで対応した場合の混雑状況をシミュレーションする。単純化のため，客はすべて30秒ごとにレジ前に来ると仮定する。また，レジサービスに要する時間はすべて1分30秒とし，一人の客へのサービスが終了すると同時に次の客へのサービスが開始されると仮定する。そして，1人目の客が到着するのは0：00とする。

　表1はレジ1台のときのシミュレーションである。各列の数値は，何人目の客が0時何分にレジ前に到着し（「レジ到着時間（分）」），0時何分からレジでのサービスが開始されるか（「サービス開始時間（分）」）を示す。そして，「待ち人数」は，それぞれの客がレジ前に到着した際，到着した客を含めたレジ待ち中の客の人数である。表1の ア ～ カ に当てはまる数字を答えよ。

表1　レジ1台のシミュレーション

客（人目）	レジ到着時間（分）	サービス開始時間(分)	待ち人数
1	0.0	0.0	0
2	0.5	1.5	1
3	1.0	3.0	ア
4	1.5	4.5	イ
5	2.0	6.0	ウ
6	2.5	7.5	エ
7	3.0	9.0	オ
8	3.5	10.5	カ

[駒澤大 2016 改]

Point

待ち行列のシミュレーションについて確認しておこう！

　待ち行列とは，あるサービスを受けるためにつくられる順番待ちの列のことである。シミュレーションにおいてよく利用される。

解説

▶ 映像講義

　まず，2人目の客が来たとき，2人目の客のみ待っているため，待ち人数は1人である。

　次に，3人目の客が来たとき，2人目の客のサービスは開始していないため，2人目と3人目の2人が待ち状態となる。したがって，待ち人数は2人である。

　続いて，4人目の客が来たとき，2人目の客のサービスが開始されるため，待ち人数は3人目と4人目の客の2人である。

　5人目の客が来たとき，2人目がサービス中なので，待ち人数は3人目と4人目と5人目の3人である。

　6人目の客が来たときも，2人目のサービス中で3人目のサービスが開始されていないため，待ち人数は3人目，4人目，5人目，6人目の4人である。

　7人目の客が来たとき，3人目の客のサービスが開始されるため，待ち人数は4人目と5人目と6人目と7人目の4人である。

　8人目の客が来たとき，3人目の客がサービス中なので，待ち人数は4人目と5人目と6人目と7人目と8人目の5人である。

解答

ア：2　イ：2　ウ：3　エ：4　オ：4　カ：5

例題 58

文化祭でカップケーキとビスケットをつくって売ることになった。次の問題を売り上げのシミュレーションを使って解決する。
カップケーキとビスケットの1つあたりの必要な材料と販売価格は、それぞれ次の通りである。

製品	材料		価格
カップケーキ	砂糖 9g	小麦粉 10g	20 円
ビスケット	砂糖 6g	小麦粉 9g	16 円

文化祭当日、手に入った砂糖と小麦粉のうち一部を使って売り上げのシミュレーションを行うことにした。砂糖50gと小麦粉60gの場合、売り上げを最大にするにはそれぞれいくつずつ作ればよいか答えよ。また、最大の売り上げ金額も答えよ。

Point

シミュレーションの目的を明確にして問題を解こう！

今回の目的は、売り上げを最大にすることである。売り上げを最大にするためには、カップケーキをできるだけ多く作る必要がある。材料の分量との兼ね合いも考え、カップケーキとビスケットの個数を検討する。

解説

▶ 映像講義

売り上げを最大にするには、カップケーキをできるだけ多く作る必要がある。材料との兼ね合いも考慮して、作成可能な個数についてそれぞれ売り上げを考えていく。カップケーキを x 個、ビスケットを y 個作成すると考えると、砂糖に着目して、立式すると $9x + 6y \leqq 50$…①となる。また、小麦粉に着目して、立式すると $10x + 9y \leqq 60$…②となる。また、売り上げをPとして、売り上げの式を立てると $P = 20x + 16y$…③となる。このPが最大になる値を考えればよい。①②よりカップケーキの作成する範囲を考えると $0 \leqq x \leqq 5$ である。この範囲で、③が最大になる個数を考えていく。カップケーキのそれぞれの個数の場合に対して、ビスケットの作成できる最大数を考えると、以下の表のようになる。ただし、ビスケットの個数を考える際に、小麦粉の量に関する式②も考慮することを忘れないようにしておく。

カップケーキ（個）	ビスケット（個）	売り上げ（円）
5	0	100
4	2	112
3	3	108
2	4	104
1	5	100
0	6	96

以上より、売り上げが最大になるためには、カップケーキを4個、ビスケットを2個作ればよい。
また、この時の売り上げは112円となる。

解答

カップケーキ：4 個
ビスケット：2 個
売り上げ：112 円

例題 59

　確率モデルに対して，乱数を用いた試行を繰り返し利用することによって，シミュレーションを行い，問題を解決する手法をモンテカルロ法という。モンテカルロ法を利用して，円周率 π を求める方法がある。

　右の図のような，一辺が $2r$ cm の正方形の内部に半径 r cm の円が内接している。ここに乱数を用いて，ランダムに点を打ち，円の内部に点がある確率を考える。このとき，打たれた点が円の内部にある確率 p は以下の式で求められる。

$$p = \frac{円の面積}{正方形の面積} = \frac{\pi \times r \times r}{2r \times 2r} = \frac{\pi}{4}$$

　ランダムに打った点の個数を 10000 個とすると，円の中に入った点の個数は何個と推定できるか。整数で答えよ。ただし，円周率は 3.14 とする。

Point

シミュレーションの手法の一つであるモンテカルロ法について理解しておこう！

　モンテカルロ法は，確率モデルに対して，乱数を用いてシミュレーションを行う手法の一つである。円の面積は円の内部に打たれた点の個数，正方形の面積は正方形の内部に打たれた点の個数と考えることができる。

解説

▶ 映像講義

　モンテカルロ法を用いた，円周率を求める方法では，正方形の中にランダムに点を打ち，正方形に内接する円の中に打たれた点の個数を用いて計算を行う。

　円の内部に点がある確率は，問題より以下のように表される。

$$p = \frac{円の面積}{正方形の面積} = \frac{\pi \times r \times r}{2r \times 2r} = \frac{\pi}{4}$$

円の面積を円の中に打たれた点の個数，正方形の面積を正方形の中に打たれた点の個数に置き換えると

$$\frac{円の中に打たれた点の個数}{正方形の中に打たれた点の個数} = \frac{\pi}{4}$$

　したがって，正方形の中に打たれた点の個数が 10000 個のとき，円の中に打たれた点の個数は以下で求められる。

$$円の中に打たれた点の個数 = \frac{\pi}{4} \times 正方形の中に打たれた点の個数$$

　この式より，$\pi = 3.14$ として円の中に打たれた点の個数を求めると，以下の式となり，7850 個と求めることができる。

$$円の中に打たれた点の個数 = \frac{3.14}{4} \times 10000 = 3.14 \times 2500 = 7850$$

解答

7850 個

1 次の文章を読み，問いに答えよ。

　モデルとは，現実世界の複雑な現象やシステムを単純化し，　ア　や数学的な枠組みなどで表現したものである。モデルは，対象となる現象やシステムの特徴や振る舞いを捉えるために使用される。モデルは様々な分野に活用することができ，自然科学，社会科学，工学，経済学など幅広い領域で利用されている。

　一方，シミュレーションは，モデルを使用して現実の状況を再現し，その動作や結果を　イ　する手法である。シミュレーションでは，モデルに基づいて仮想的な実験や状況を再現し，現象やシステムの挙動や変化を観察することが可能である。

　モデルとシミュレーションは，現実の複雑な現象を理解し，予測・評価するための重要なツールとして活用されている。モデル化によって現象の本質的な特徴を捉え，シミュレーションによって仮説の検証や政策の評価など様々な目的を達成することが可能である。しかし，モデルやシミュレーションは単なる近似や推定であり，(1)現実の複雑さを完全に再現することは難しい場合もある。このため，モデルの構築やシミュレーションの結果の解釈には注意が必要である。

　　問1：　ア　に当てはまる語句を1つ選べ。
　　　⓪　観察データ
　　　①　理論的な法則
　　　②　ランダムな変数
　　　③　実験結果

　　問2：　イ　に当てはまる語句を1つ選べ。
　　　⓪　観測する
　　　①　予測・分析する
　　　②　再現する
　　　③　実証する

　　問3：下線部(1)について，現実の複雑さを完全に再現することが難しいのは以下のうちどれか。1つ選べ。
　　　⓪　現実の環境がランダムな要素を含む場合
　　　①　シミュレーションのモデルが正確に構築された場合
　　　②　モデル化される現象が非常に単純な場合
　　　③　シミュレーションのパラメータが事前に完全に把握された場合

　　問4：モデルの分類として，存在するものを全て選べ。
　　　⓪　離散モデル
　　　①　視覚モデル
　　　②　拡大モデル
　　　③　経済モデル

　　問5：シミュレーションの新しい形である「デジタルツイン」とは何か。1つ選べ。
　　　⓪　コンピュータゲームで使用されるキャラクターのデジタルモデル
　　　①　インターネット上の仮想空間での自己表現手段
　　　②　デジタル機器を使用した仮想現実体験
　　　③　現実世界の物理的なオブジェクトやシステムをデジタルの形で再現したもの

2 次の問1, 問2に答えよ。

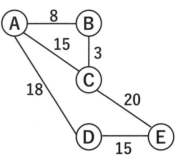

問1

右の図は電車の経路図であるとし, 各経路上に書かれている数は, その経路を通るのにかかる時間（分）とする。また, 各駅では, 乗り換えのために必ず1分かかるとする。A駅からE駅に行くための最短経路と, そのときにかかる時間（分）を解答せよ。A駅およびE駅でかかる時間は考慮しない。

問2

問1において, 各駅で乗り換えのためにかかる時間が, 3分であるとした場合に, A駅からE駅に行くための最短経路と, そのときにかかる時間（分）を解答せよ。A駅およびE駅でかかる時間は考慮しない。

［東洋大 2020］

3 次の文章を読み, 問いに答えよ。

ワクチンの有効性は, 一定期間の接種完了者と未接種者の感染率を用い, 以下の数式を用いて計算される（単位%）。

$$有効性：\left(1 - \frac{接種完了者の感染率}{未接種者の感染率}\right) \times 100$$

例えば, 接種完了者の感染率が0.2%, 未接種者の感染率が1.0%の場合, 当該ワクチンの有効性は,

$$(1.0 - 0.2/1.0) \times 100 = 80\% \text{ となる。}$$

問1：ワクチンの有効性が90%, 未接種者の感染率が2.0%の場合, 接種完了者の感染率を小数第一位まで求めよ。

問2：ワクチンの有効性が90%のままで, 未接種者の感染率が1.0%に低下した場合の接種完了者の感染率を小数第一位まで求めよ。

問3：ワクチンの有効性が80%, 未接種者の感染率が3.0%の場合, 接種完了者の感染率を小数第一位まで求めよ。

問4：ワクチンの有効性は80%のままで, 接種完了者の感染率が0.4%の場合, 未接種者の感染率を小数第一位まで求めよ。

［駒澤大 2022］

4 以下の ア ～ ツ に入る数値を答えよ。
※ アイ で5と入れる場合は，ア…0，イ…5となる。

　ある病院では，8時30分から受付を開始して9時から午前の診察を開始，11時40分に受付を終了する。診察日Aでは9時の時点で10名の患者が既に受付を済ませており，その後9時15分，9時30分というように15分ごとに1人の患者が受付を行った。医師はそれぞれの患者に10分の時間をかけて診察を行い，残っている患者がいなくなるまで診察を続けた。

　9時からの経過時間を t（単位は分）とする。すなわち $t = 0$ は9時を示し，$t = 60$ は10時を示す。

　診察日Aで診察中ないし診察待ちの患者の数 $Y(t)$ は以下の式で示される。

$$Y(t) = 10 - f(t) + g(t)$$

ただし $f(t)$ は診察済みの患者の数であり

$0 \leqq t < 10$ の場合，$f(t) = 0$
$10 \leqq t < 20$ の場合，$f(t) = 1$
$20 \leqq t < 30$ の場合，$f(t) = 2$
　　　　　　…
$190 \leqq t < 200$ の場合，$f(t) = 19$
$200 \leqq t$ の場合，$f(t) = 20$

他方 $g(t)$ は9時以降に受付を済ませた患者の数であり

$0 \leqq t < 15$ の場合，$g(t) = 0$
$15 \leqq t < 30$ の場合，$g(t) = 1$
$30 \leqq t < 45$ の場合，$g(t) = 2$
　　　　　　…
1 オカ $\leqq t < 150$ の場合，$g(t) = 9$
$150 \leqq t$ の場合，$g(t) = 10$

という値をそれぞれ取る。

問1：受付開始から10番目に受付を済ませた患者の診察が終わったのは アイ 時 ウエ 分である。

問2： オカ に当てはまる数値を答えよ。

問3：診察日Aの11時（$t = 120$）の時点で診察中ないし診察待ちの患者の数は，キク 人であり，12時（$t = 180$）の時点では ケコ 人である。

　診察日Bには，9時の時点で15名の患者が受付を済ませていたため，医師はそれぞれの患者に割く時間を9分に短縮して診察を行い，診察日Aと同様に残り患者数がゼロになるまで診察を続けた。9時以降に受付を行う患者は同様に15分に1人であり，11時40分に受付を終了した。

　診察日Bに診察中ないし診察待ちの患者の数 $Y(t)$ は以下の式で示される。

$$Y(t) = 15 - h(t) + g(t)$$

$g(t)$ は診察日Aと同じであるが，$h(t)$ は診察日Bに診察済みの患者の数であり

$0 \leqq t < 9$ の場合，$h(t) = 0$
$9 \leqq t < 18$ の場合，$h(t) = 1$
$18 \leqq t < 27$ の場合，$h(t) = 2$
　　　　　　…

で示される。

問4：診察日Bに医師が診察を終えるのは サシ 時 スセ 分である。

問5：診察日Bの11時（$t = 120$）の時点で診察中ないし診察待ちの患者の数は，ソタ 人であり，12時（$t = 180$）の時点では チツ 人である。

［駒澤大 2022］

8章　情報通信ネットワーク

基本事項　　　　　　　　　　　　　　　　　穴埋めで知識を確認しよう

1 コンピュータネットワーク

コンピュータや電話のような電化製品などの機器を接続し，情報を送受信する通信網を 1 という。特に，コンピュータ同士を接続し，それぞれのデータを送受信するための通信網を 2 という。

 2 の中でも，学校や企業のように限られた区域内の小規模のネットワークを 3 という。また，通信事業者の回線を利用した広域で大規模なネットワークを 4 という。

より多くの機器を同じネットワークに接続させるために，ケーブルを集線する機器を 5 という。また，異なるネットワーク同士を接続させるときは， 6 を用いる。

2 ネットワークの接続

ネットワークに情報機器を接続する形態は大きく2つに分けることができ，LAN ケーブルを利用して通信する 7 と，LAN ケーブルを利用せずに通信する 8 がある。

 7 には，下図のような3種類の接続形態がある。現在は， 10 型が一般的である。

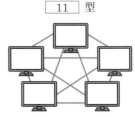

 9 型　　　　　　　　　　　　　 10 型　　　　　　　　　　　　　 11 型

 8 では，コンピュータなどの情報機器をネットワークに接続する中継機として， 12 を用いる。 12 には， 6 の機能が搭載されたものもある。また， 8 では，一般的に 5GHz 帯と 2.4GHz 帯の電波を用いている。これらの規格は， 13 という通信規格で決められている。さらに，駅や電車，飛行機，コンビニエンスストアやファストフード店などで多くの人が利用可能な 8 のサービスとして， 14 がある。

3 プロトコル

コンピュータネットワークにおける，送信側と受信側の間での通信手順やデータの形式の取り決めのことを 15 という。インターネットではおもに 16 という 15 が用いられる。 16 では，下記のような4階層モデルで通信が行われている。

- 17 層：代表的な 15 として HTTP や SMTP，POP などが存在し，各アプリケーションに固有の 15 を用いる
- 18 層：代表的な 15 として TCP や UDP が存在し，アプリケーションを判断し，通信の信頼性を決める
- 19 層：代表的な 15 として IP が存在し，データを宛先へ届ける
- 20 層：物理的な通信手段の仕様を決定する

 16 における，通信ではデータが 21 に分割される。 21 には4階層モデルのそれぞれの階層で，ヘッダと呼ばれる管理情報が付加される。受信された際には，ヘッダを用いてデータを復元する。この通信方式を 21 交換方式という。

 19 層の 15 である IP は， 21 を目的のコンピュータに届ける 22 （経路制御）という役割を担っている。 21 の転送先は 22 テーブルをもとに決定している。

解答
1：情報通信ネットワーク　2：コンピュータネットワーク　3：LAN　4：WAN　5：ハブ（集線装置）
6：ルータ　7：有線 LAN　8：無線 LAN　9：バス　10：スター　11：メッシュ　12：アクセスポイント
13：IEEE 802.11　14：公衆無線 LAN　15：プロトコル　16：TCP/IP　17：アプリケーション
18：トランスポート　19：インターネット　20：ネットワークインタフェース　21：パケット　22：ルーティング

目的のコンピュータを特定してデータを届けるために，下図のように一般的に8ビットずつピリオドで4つに区切り，10進法で表された __23__ が用いられる。__23__ には，32ビットで構成される __24__ が用いられていた（下図）が，インターネットの利用人口の増加や，情報通信機器数の増大により，__24__ のアドレスがほぼ枯渇したため，現在では，128ビットで構成される __25__ への移行が進められている。

__15__ のうち，通信相手にデータを確実に届けるものを __26__ という。また，音声通話や動画のストリーミングのように，データを確実に届けることよりもリアルタイム性を重視するものを __27__ という。さらに，WebブラウザとWebサーバの間でHTMLなどのデータの送受信に用いられるものを __28__ という。

電子メールの __15__ のうち，メールをメールサーバへ転送するものを __29__ ，メールサーバからメールをダウンロードするものを __30__ ，メールサーバにあるメールを読みにいくものを __31__ という。

WebブラウザでWebページを表示する際Webブラウザのアドレスバーに表示される「www.example.co.jp」のような文字列を __32__ という。__32__ はIPアドレスに対応しており，__32__ とIPアドレスの対応を管理する __33__ という仕組みを利用して特定される。

Webページを閲覧する際には，そのWebページのデータの置き場所である以下のような __34__ をWebブラウザに入力する必要がある。__32__ は，__34__ のほか，メールアドレスなどにも利用されている。

> https://www.example.co.jp/index.html

上記は，__34__ の例である。この例において，「https」は __35__ を表している。また，「www」は __36__ を表しており，「example」は __37__ ，「co」は __38__ ，「jp」は __39__ を表している。さらに，「index.html」は __40__ を表している。

4 情報セキュリティ

正しく許可された利用者だけが，正確かつ完全に保護された情報を必要なときに扱えるようにすることを __41__ という。__41__ に求められる要素は，大きく以下の3つに分けられる。

- __42__ ：情報報へのアクセス権を保持しているユーザだけが，その情報にアクセスできる状態を確保すること
- __43__ ：情報やその処理をする方法が正確で，情報が完全である状態を確保すること
- __44__ ：情報へのアクセス権を保持しているユーザが，情報へのアクセスを中断することなく行える状態を確保すること

外部ネットワークからの不正な侵入を防ぐためのソフトウェアとして，__45__ がある。その機能のひとつとして，パケットにつけられたヘッダ情報などを検査し，パケットを通過させるかどうかを判定する機能である __46__ がある。

ソフトウェアの設計ミスなどによってシステムに生じるセキュリティ上の欠陥を __47__ という。__47__ を狙った不正アクセスなどはOSやソフトウェアをつねに最新の状態に更新することによって防止することができる。

記録メディアやネットワークを介して次々に他のコンピュータに伝染していく性質のあるマルウェアなどを検知・駆除・隔離することができるソフトウェアを __48__ という。

解答

23：IPアドレス　24：IPv4　25：IPv6　26：TCP　27：UDP　28：HTTP　29：SMTP　30：POP　31：IMAP　32：ドメイン名　33：DNS　34：URL　35：スキーム名　36：ホスト名　37：組織名　38：組織種　39：トップレベルドメイン　40：ファイル名　41：情報セキュリティ　42：機密性　43：完全性　44：可用性　45：ファイアウォール　46：パケットフィルタリング　47：セキュリティホール　48：ウイルス対策ソフトウェア

　通信回線を流れるデータを盗聴されたり，保存してあるデータを改ざんされたりといった危険性から情報を守るために，第三者がデータを解読できないようにすることを [49] という。なお，[49] されたデータをもとの状態に戻すことを [50] という。また，データを [49] する際に用いられるデータのことを [51] という。[51] を利用した代表的な暗号化方式として，[52] 方式と，[53] 方式がある。

　[52] 方式では，[49] ・ [50] に同じ鍵（秘密鍵）を用いる。同じ鍵を用いるため，処理は速いが，送る相手ごとに鍵が必要になる。このため，多くの鍵を管理する手間や，相手に鍵を渡すまでの安全性に関する問題がある。

　[53] 方式では，[49] ・ [50] に異なる鍵を用いる。相手ごとに鍵を用意する必要はなく，1組だけ鍵を準備すればよい。[49] する鍵（公開鍵）が正しい通信相手の物であることを証明するためには，認証局から証明書の発行を受ける。

　契約書などの紙の文書では，本人が作成したことを証明するために印鑑やサインを用いる。デジタル文書の場合は，本人の証明のために [54] を用いる。[54] では，文書の作成者本人が認証局に公開鍵を登録し，[54] つきの [55] を発行してもらうことで作成者本人による署名であることの証明が可能である。

　無線LANは電波を用いて通信するため，セキュリティ対策を十分に行う必要がある。無線LANのセキュリティを高めるための技術として，アクセスポイントに [56] を設定し，知らない端末が勝手にアクセスポイントに接続できないようにするなどが挙げられる。無線LANの [49] 技術として，最初の規格である [57] ，[57] の改良版である [58] ，[58] の改良版である [59] ，[59] の改良版である [60] などがある。特徴などは以下の表の通りである。

	特徴	[49] 方式	[49] の強度
[57]	無線LANの初めての暗号化の規格。現在は推奨されていない	[57]	弱い
[58]	[57] を改良したものである	[61]	弱い
[59]	[58] を改良したものである	[62]	強い
[60]	[59] を改良したものである	[62]	[59] より強い

　なお，[49] 方式の [61] 方式は [57] を改良したものであり，一定時間ごとに自動で [63] を更新することが特徴である。また，[62] はさらに [61] を改良したものである。改良点としては，[61] よりも強い [64] （AES）を利用している点である。

　データを [49] し，送受信するプロトコルとして，[52] と [53] のいいところを組み合わせた [65] がある。[65] による通信が行われている場合，URLは「https://」で始まる。また，電子メールの [49] にも [65] が利用されている。具体的な例としては，SMTPに [65] を利用した [66] ，POPに [65] を利用した [67] ，IMAPに [65] を利用した [68] などがある。

　今まで国家機密や軍事用の文書などに利用されていた暗号である [69] は，解読までに膨大な時間を要するため，広く利用されてきた。しかし，近年になり，量子力学を利用した [70] の登場により，[69] が数十秒で解読可能となった。このため，現在開発が進んでいる暗号の1つに量子力学を利用した「[71]」というものがある。この [71] では，光ファイバの回線を利用して，[51] を配送する。万が一 [51] が盗聴された場合，[72] の量子状態が乱れることにより，正しく配送が行われないため再送されることになる。さらに，[49] では，[51] を使い捨てて，毎回変わるという [73] 方式（使い捨て鍵方式）が使用されている。

解答

49：暗号化　50：復号　51：鍵　52：共通鍵暗号　53：公開鍵暗号　54：電子署名　55：電子証明書
56：暗号化キー　57：WEP　58：WPA　59：WPA2　60：WPA3　61：TKIP　62：CCMP　63：暗号鍵
64：暗号化アルゴリズム　65：SSL/TLS　66：SMTPS　67：POPS　68：IMAPS　69：RSA暗号
70：量子コンピュータ　71：量子暗号　72：光子　73：ワンタイムパッド

次の問いについて，空欄にあてはまる最も適切なものをそれぞれの解答群から選び，数字で答えよ。

a 　情報セキュリティに求められる要素は3つある。機密性とは ア であり，完全性とは イ である。可用性とは ウ である。

　　具体的な対策として，機密性の確保のためには エ ，完全性には オ ，可用性には カ が挙げられる。

b 　ネットワークに情報機器を接続する形態には，有線 LAN と無線 LAN がある。有線 LAN は無線 LAN に比べ，キ 。

　　接続形態には，ク ，ケ ，コ （ク，ケ，コは順不同）などがあり，現在は サ が一般的である。無線 LAN の特徴として，シ がある。また，登録商標から ス と呼ばれることが多い。

ア ～ ウ の解答群
⓪ 情報やその処理をする方法が正確で，情報が完全である状態を確保すること
① 情報へのアクセス権のあるものが，情報へのアクセスを中断することなく行える状態を確保すること
② 情報へのアクセス権を保持しているユーザだけが，その情報にアクセスできる状態を確保すること
③ 情報へのアクセス権を正確かつ完全に確保すること

エ ～ カ の解答群
⓪ アクセス制御
① 定期的なシステムメンテナンス
② システム障害
③ 電子署名

キ の解答群
⓪ 高速で安定した通信が実現できる
① 場所の制約をそれほど受けずに情報機器を利用できる
② よりセキュリティが脆弱で，安全面の保証が低い
③ 通信機器によるノイズの発生が多い

ク ～ サ の解答群
⓪ メッシュ型
① バス型
② ハブ型
③ スター型

シ の解答群
⓪ 高速で安定した通信が実現できる
① 場所の制約をそれほど受けずに情報機器を利用できる
② セキュリティ管理がしっかりされており，安全面の保証が高い
③ 通信機器によるノイズの発生が少ない

ス の解答群
⓪ IEEE 802.11
① 公衆無線
② Wi-Fi
③ ルータ

解答
ア：② イ：⓪ ウ：① エ：⓪ オ：③ カ：① キ：⓪ ク：⓪ ケ：① コ：③（ク，ケ，コは順不同）
サ：③ シ：① ス：②

c　TCP/IP における 4 階層モデルのうち，宛先までデータを届ける階層を セ といい，代表的なプロトコルとして ソ がある。また，アプリケーションを識別し，通信の信頼性を決める階層を タ といい，代表的なプロトコルとして チ がある。

セ タ の解答群
⓪　アプリケーション層
①　トランスポート層
②　インターネット層
③　ネットワークインタフェース層

ソ チ の解答群
⓪　HTTP
①　TCP，UDP
②　IP
③　SMTP，POP

d　プロトコルの中で，TCP とは ツ ，UDP とは テ ，HTTP とは ト である。また，電子メールのプロトコルの中で，SMTP とは ナ ，POP とは ニ ，IMAP とは ヌ である。

ツ ～ ト の解答群
⓪　Web ブラウザと Web サーバの間で HTML などのデータの送受信に用いられるプロトコル
①　データ送信の際に，通信相手にデータを確実に届けるためのプロトコル
②　データ送信の際に，確実性よりもリアルタイム性を重視するプロトコル
③　データを受信する際に，確実に受け取るためのプロトコル

ナ ～ ヌ の解答群
⓪　メールサーバからメールをダウンロードするプロトコル
①　メールをサーバへ転送するプロトコル
②　メールをサーバから削除するプロトコル
③　メールサーバにあるメールを読みにいくプロトコル

e　ドメイン名「www. example. co. jp」において，「co」は ネ の組織であることを表し，「jp」は ノ を表す。

ネ の解答群
⓪　大学，研究機関
①　小中学校，高等学校
②　政府機関，独立行政法人
③　会社，企業

ノ の解答群
⓪　ホスト名
①　組織名
②　トップレベルドメイン
③　組織種

解答
セ：②　ソ：②　タ：①　チ：①　ツ：①　テ：②　ト：⓪　ナ：①　ニ：⓪　ヌ：③　ネ：③　ノ：②

f 情報通信ネットワークの通信方式に関して，回線交換方式とパケット交換方式を比較する。回線交換方式は，従来の固定電話でも用いられていた通信方式で，通信する2点間で接続を確立し，送受信するデータの有無にかかわらず，回線を占有する。一方，パケット交換方式は，インターネットなどで使用されている通信方式で，データをパケットと呼ばれる小さな単位に分割して，一つの回線に異なる宛先のパケットが混在してもよい形で通信を行う。 ハ は回線交換方式のメリット， ヒ はパケット交換方式のメリットと言える。

ハ ヒ の解答群
⓪ 必ず接続が確立できること
① 回線を効率的に利用して，回線数より多くのユーザが同時に通信できること
② 通信中は回線を占有できるため，時間あたりに通信できるデータ量が安定すること
③ 安全な通信ができる仕組みであるため，暗号化が不要であること

［共通テスト 2022 改］

g ファイアウォールを設置することでセキュリティが高まる。その理由は フ である。

フ の解答群
⓪ すべての通信をファイアウォールが暗号化するため
① ルールに合わない通信をファイアウォールが遮断するため
② 定期的にウイルス検査をファイアウォールが行うため
③ サーバのセキュリティホールをファイアウォールが修正するため

h 公開鍵暗号技術は共通鍵暗号技術に比べて， ヘ や ホ といった利点がある。

ヘ ホ の解答群
⓪ アルゴリズムが公開されているため，必要なプログラムの開発期間を短縮でき，また機能追加も容易である
① 秘密鍵の受け渡しを安全に行う限り，簡単には解読されない
② 暗号化に用いた鍵が誰かの手に渡っても，その鍵では復号できない
③ 暗号化した文書をやり取りする相手と，秘密鍵の受け渡しをする必要がない

i インターネットでは，接続する機器を マ ビットのIPアドレスで特定するプロトコルを使ってきた。しかし，このアドレスの個数が足りなくなったこともあり，128ビットのIPアドレスを使用する ミ というプロトコルも使われるようになった。

マ の解答群
⓪ 4
① 8
② 16
③ 32

ミ の解答群
⓪ HTTP
① IPv6
② TCP
③ UDP

解答
ハ：② ヒ：① フ：① ヘ：② ホ：③（ヘとホは順不同） マ：③ ミ：①

j　情報通信ネットワークにおいて，不正アクセスを防止するための認証技術に用いられる情報として，適切でないものは　ム　である。

　ム　の解答群
⓪　パスワードなどの知識情報
①　住所・氏名などの個人情報
②　指紋や虹彩などの生体認証
③　身分証明書やスマートフォンなどの所持情報

k　公共の場で不特定多数の人々に提供される無線 LAN サービスは　メ　。

　メ　の解答群
⓪　不特定多数の人々に提供する際には，県や市町村に届け出が必要である
①　利用する際，暗号化方式によっては，どの IP アドレスとどのような通信をしたかも暗号化できる
②　「接続可能な無線 LAN に自動的に接続する機能」を有効にしておくと，知らない間に悪意のある人の設置したアクセスポイントに接続する危険性がある
③　WPA/WPA2 などの暗号化方式を選んで接続すれば，インターネットの通信が暗号化される

l　情報セキュリティにおいて，認証に用いられるパスワードの設定で推奨されていることとして適切でないものは　モ　である。

　モ　の解答群
⓪　全てのサービスで同じパスワードにする
①　8 文字以上で設定する
②　アルファベットの大文字・小文字や数字・記号を交ぜる
③　頻繁に変更しない

m　コンピュータやスマートフォン同士で情報のやり取りを行うために利用されているネットワークは大きく 2 つの種類に分けられる。一つ目は，　ヤ　と呼ばれ，学校や会社などの建物の中や，一定の限られた区域内で構築されるネットワークである。また，　ヤ　同士を繋いだ，より広域なネットワークを　ユ　という。さらに多数のネットワークがつながり世界規模となったものを　ヨ　という。　ヨ　に接続するためには，　ラ　と契約する必要がある。

　ヤ　～　ヨ　の解答群
⓪　インターネット
①　ISDN
②　WAN
③　LACN

　ラ　の解答群
⓪　ハブ
①　プロバイダ
②　ルータ
③　アクセスポイント

解答
ム：①　メ：②　モ：⓪　ヤ：③　ユ：②　ヨ：⓪　ラ：①

n　一般に，暗号化したデータを元のデータに戻すことを　あ　という。情報通信における暗号化の方式には，共通鍵暗号方式と公開鍵暗号方式の2種類がある。共通鍵暗号方式では暗号化と　あ　に共通の鍵を使用する。通信で共通鍵暗号を用いる場合，鍵は送信者と受信者だけの秘密にする必要がある。一方，公開鍵暗号方式では，2個の鍵をペアで使用し，暗号化と　あ　に異なる鍵を用いる。送信者が　い　を使用して暗号化すると，受信者はその暗号を受信者の秘密鍵で　あ　できる。

　　　あ　の解答群
⓪　反転
①　復号
②　符号化
③　標本化

　　　い　の解答群
⓪　送信者の秘密鍵
①　送信者の公開鍵
②　受信者の秘密鍵
③　受信者の公開鍵

o　インターネットにおける通信では，データは分割され，宛先を指定する情報などを加えた　う　の集まりとして扱われる。なお，宛先の指定にはIPアドレスを使う。32ビットのIPアドレスは，文書などに表記するときには，8ビットずつ区切って192. 168. 1. 23 のように4つの数で表す。4つの数のそれぞれの範囲は10進法で0〜　え　である。また，32ビットで表現できるIPアドレスの個数は232個である。仮にIPアドレスのビット数を32から40に増やしたとすれば，表現できるIPアドレスの個数は　お　倍になる。

　　　う　の解答群
⓪　パケット
①　パック
②　テラ
③　セクタ

　　　え　の解答群
⓪　63
①　125
②　255
③　511

　　　お　の解答群
⓪　2.5
①　8
②　82
③　28

解答
あ：①　い：③　う：⓪　え：②　お：③

p パスワードの漏えいや解析による不正アクセスを防ぐ手段として2要素認証がある。2要素認証の組み合わせの一種として正しいのは ［か］ である。

［か］ の解答群
⓪ デジタル署名・ハードウェアトークン
① 静脈認証・指紋認証
② パスワード認証・静脈認証
③ パスワード認証・秘密の質問の答え

q WebページにアクセスするときのURLとして次の例を考える。

http://www. example. ne. jp/aaa/bbb. html

左端は「http」か「https」を指定する。httpsの場合は通信が ［き］ される。「www. example. ne. jp」の部分は、［く］ のドメイン名である。また、「bbb. html」は表示したい ［け］ である。下の図はドメイン名の階層を表している。階層は右から、トップレベル、第2レベルというように呼ばれる。トップレベルのjpは ［こ］ を表しており、第2レベルとトップレベルの組み合わせがac. jpやco. jpのとき、第2レベルは ［さ］ を表している。ドメイン名とIPアドレスの対応は ［し］ で管理されている。

［センター試験2019改］

www . example . ne . jp
第4レベル　第3レベル　第2レベル　トップレベル

［き］ の解答群
⓪ 抽象化
① 復号
② 暗号化
③ 高速化

［く］ の解答群
⓪ クライアント
① Web ブラウザ
② Web サーバ
③ プロバイダ

［け］ の解答群
⓪ フィールド名
① プロバイダ名
② ドライブ名
③ ファイル名

［こ］ ［さ］ の解答群
⓪ 国名
① 部や課のような部署
② 大学や企業のような組織種別
③ 大学名や企業名のような具体的な組織名

［し］ の解答群
⓪ ルータ
① アクセスポイント
② DNS サーバ
③ ハブ

解答
か：②　き：②　く：②　け：③　こ：⓪　さ：②　し：②

例題 60

次の文章の空欄 ア ～ エ に入れるのに最も適当なものを，後の選択肢から一つずつ選べ。

(1) インターネットで利用されるプロトコルは階層化されており，アプリケーション層とインターネット層（ネットワーク層）の間には ア 層が存在する。 ア 層に含まれるプロトコルとしては イ がある。

(2) インターネットにおける通信では，送りたい情報を小さく分割して送受信が行われる。この際，送信元や受信先などの送るデータに関する情報が付与され， ウ という小さなデータが送受信される。さらに，これらの ウ は エ という装置を経て経路が識別されて，受信先へ送られていく。

<アの選択肢>
⓪ 物理　　　　　① トランスレート　　　　② データリンク
③ トランスポート　④ ネットワークインタフェース　⑤ トランザクション

<イの選択肢>
⓪ IP　① HTTP　② FTP
③ P2P　④ TCP　⑤ DTP

<ウ，エの選択肢>
⓪ スマートフォン　① パケット　② メール　③ メモリ
④ ルータ　　　　　⑤ テーブル　⑥ フッタ

［駒澤大 2016］

Point

インターネットで利用されるプロトコルの階層化やパケット送受信方法について整理しよう！

TCP/IP の 4 階層モデルは，以下の 4 つから成り立っている。

	説明	代表的なプロトコル
アプリケーション層	ユーザとアプリケーションとの接続を行う	HTTP, SMTP, POP など
トランスポート層	アプリケーションを識別し，通信の信頼性を決める	TCP, UDP など
インターネット層	宛先までパケットの転送を行う	IP など
ネットワークインタフェース層	物理的な通信手段の仕様を決める	イーサネットなど

解説

▶ 映像講義

(1) 4 階層モデルにおいて，アプリケーション層とインターネット層の間にある階層は「トランスポート層」である。トランスポート層の代表的なプロトコルは TCP，UDP などである。

(2) 送信データを小さく分割したものを「パケット」という。パケットには，送信元や受信先の情報（ヘッダ）が付与され，目的のコンピュータに正確に送信するために，ルーティングテーブルを保持している「ルータ」によって制御されている。

解答

ア：③　イ：④　ウ：①　エ：④

例題 61

　コンピュータの有線 LAN 接続には一般的に 3 つの接続形態（スター型接続, メッシュ型接続, バス型接続）がある。以下の文において，空欄に当てはまる接続形態を答えよ。また，あとの選択肢から，それぞれの形態の特徴として適切なものを 1 つずつ選べ。

(1)　ネットワークの中心にハブまたはスイッチがあり，各コンピュータが個別にハブやスイッチに接続される形態を 　　　　 と呼ぶ。

(2)　すべてのコンピュータが一本の共有伝送路に接続される形態を 　　　　 と呼ぶ。

(3)　各コンピュータが網目状に他のコンピュータに接続され，すべてのコンピュータ同士が接続される形態を 　　　　 と呼ぶ。

<選択肢>

⓪　中心にあるハブなどの機器が故障するとネットワーク全体がダウンしてしまう。

①　データの衝突が発生する可能性があり，衝突を解決するための仕組みが必要である。

②　1 つの接続が切れても迂回した接続があれば動作可能である。

Point

有線 LAN 接続における接続形態をチェックしておこう！

有線 LAN の接続形態としては，下図のようなものがある。

バス型　　　　　　　　　　スター型　　　　　　　　　　メッシュ型

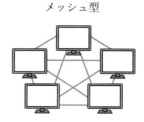

解説

▶ 映像講義

　スター型接続は，ネットワークの中心にハブまたはスイッチがあり，各コンピュータが個別にハブまたはスイッチに接続される形態である。特徴としては，各コンピュータが直接中央のハブまたはスイッチに接続されており，データの送受信が中央のデバイスを介して行われる。スター型接続の利点としては，一つのコンピュータの故障や接続の問題が他のコンピュータに影響を与えず，管理やトラブルシューティングが比較的容易であることなどが挙げられる。

　バス型接続は，全てのコンピュータが一本の共有伝送路に接続される形態である。特徴としては，各コンピュータはバス上を流れるデータを受信し，自身が宛先の場合にのみ処理を行う。バス型接続の利点は，簡易な設定や低コストで実現できることである。ただし，データの衝突が発生する可能性があるため，衝突を解決するための仕組みが必要となる。

　メッシュ型接続は，複数のコンピュータを網目状に接続する形態である。すべてのコンピュータが相互に接続する形態であり，WAN やインターネットで利用されることが多い。メッシュ型接続の利点は，1 つの接続が切れても，迂回した接続があれば動作可能であることである。

　これらを踏まえると，(1)はスター型接続，(2)はバス型接続，(3)メッシュ型接続となる。

解答

(1) スター型接続，⓪　(2) バス型接続，①　(3) メッシュ型接続，②

例題 62

TCP/IP の 4 階層モデルには，下記の 4 つの階層がある。

・トランスポート層
・インターネット層
・アプリケーション層
・ネットワークインタフェース層

(1) これらの階層をより物理的，基盤的な階層から順に並べよ。
(2) 各階層について，代表的なプロトコルとして適切なものを選択肢からすべて選べ。

＜選択肢＞
⓪ TCP　　① イーサネット　　② UDP　　③ IP
④ POP　　⑤ SMTP　　　　⑥ HTTP

Point

TCP/IP の 4 階層モデルについて整理しておこう！

TCP/IP の 4 階層モデルは，以下の 4 つから成り立っている。

	説明	代表的なプロトコル
アプリケーション層	ユーザとアプリケーションとの接続を行う	HTTP，SMTP，POP など
トランスポート層	アプリケーションを識別し，通信の信頼性を決める	TCP，UDP など
インターネット層	宛先までパケットの転送を行う	IP など
ネットワークインタフェース層	物理的な通信手段の仕様を決める	イーサネット など

解説

▶ 映像講義

インターネットで主に利用されているプロトコルである TCP/IP では 4 階層モデルで通信が行われている。物理的，基盤的な階層から順に，ネットワークインタフェース層，インターネット層，トランスポート層，アプリケーション層で構成されている。

アプリケーション層では，ユーザとアプリケーションとの接続を行う。代表的なプロトコルとしては，HTTP，SMTP，POP などが使用されている。

トランスポート層では，アプリケーションを識別し，通信の信頼性を決めている。代表的なプロトコルとしては，TCP や UDP などが使用されている。

インターネット層では，宛先までパケットの転送を行う。代表的なプロトコルとしては，IP などが使用されている。

ネットワークインタフェース層では，物理的な通信手段の仕様を決める。代表的なプロトコルとしては，イーサネットなどが使用されている。

解答

(1) ネットワークインタフェース層　→　インターネット層　→　トランスポート層　→　アプリケーション層
(2) アプリケーション層：④，⑤，⑥
　　トランスポート層：⓪，②
　　インターネット層：③
　　ネットワークインタフェース層：①

例題 63

次の文章を読み，問いに答えよ。

コンピュータシステムやインターネット上のサービスを利用する際，あらかじめ登録した正規の利用者であることを確認するために ア を行う。 ア では，ユーザ ID によって利用者を イ する。しかし，誰でも①そのユーザ ID を名乗ることができてしまうため，利用者は本人であることを証明する必要がある。一般的には，本人だけが知る文字列のパスワードを用いる。ユーザ ID とパスワードの組み合わせがあらかじめ登録されたものと一致していれば，そのユーザ ID を登録した本人であると認められる。最近では，人間の身体の固有の特徴値から読み取った照合データを用いる生体認証（あるいは ウ ）や，②信用できる第三者が発行した エ を用いる電子認証も利用されるようになってきたが，現状ではパスワードの利用が主流である。

パスワードを決める際には，他人が オ しやすいものを避け，英文字の大文字・小文字，数字，記号を混ぜて短すぎないようにしなければならない。しかし，利用しようとしているインターネット上のサービスが，登録できるパスワードに例えば「0〜9 の数字 4 桁」等の制限を設けていることもありうる。そのようなサービスの利用は避けたほうがよい。なぜなら，そのようなサービスは逆総当たり攻撃を防ぐことが難しいからである。通常の総当たり攻撃は同一のユーザ ID に対して様々なパスワードの試行を繰り返す手法であり，この攻撃を防ぐには，誤ったパスワードの試行が連続して何度も繰り返された場合にそのユーザ ID の使用を一定時間禁止にする対策を行えばよい。しかし，逆総当たり攻撃は同一パスワードに対して様々なユーザ ID の試行を繰り返すため，この対策方法が無効になってしまう。逆総当たり攻撃をされにくくするには，登録できるパスワードのパターン数を増やさなくてはならない。もしパスワードがサービスによって「0〜9 の数字 4 桁」と制限された場合，パスワードのパターン数は 10000 である。このサービスの利用者が 1000 万人いたとして単純計算すると，1 つのパスワードあたりの利用者は平均で 1000 人もいることになり，根気よく試行を繰り返せば平均でそれだけの利用者のパスワードが判明してしまうことになる。パスワードに使用できる文字の種類に数字だけでなく英文字の大文字・小文字（A,B, …, Z, a,b,…,z）も含めるようにすれば，パスワードの長さが 4 桁以上でパターン数が 1000 万を超え，さらに文字数制限をなくせばパターン数は無限大となるため，逆総当たり攻撃は現実的ではなくなる。ただし当然ながら，登録できるパスワードのパターン数を増やしても，利用者が容易なパスワードを設定してしまうと逆総当たり攻撃を受けるリスクは高まってしまう。

問1： ア 〜 オ の空欄に入る適切な語を以下の選択肢より選べ。
  ⓪ アプライアンス　　① 許諾　　　　　② サーバ証明　　③ 識別　　④ 電子証明書
  ⑤ 同意　　　　　　⑥ バイオメトリクス　⑦ プロトコル　　⑧ URL　　⑨ ユーザ認証
  ⓐ 類推
問2：下線①に書かれたことを不正に行うことを何というか。以下の選択肢より選べ。
  ⓪ 改ざん　　① 情報漏えい　　② 盗聴　　③ なりすまし　　④ フィッシング
問3：下線②で示した電子認証は，暗号化と復号化とで異なる鍵を用いる暗号方式に基づいている。この暗号方式を何というか。以下の選択肢より選べ。
  ⓪ 共通鍵暗号方式　　① 公開鍵暗号方式　　② シーザー暗号方式　　③ 対象鍵暗号方式
  ④ 秘密鍵暗号方式　　⑤ ブロック暗号方式
　　　　　　　　　　　　　　　　　　　　　　　　　　　　　　　　　［高知大 2017 改］

Point

パスワードの利用などネットワーク上のセキュリティについて理解しておこう！

解説

▶ 映像講義

問1：インターネット上では，利用者本人かどうかのユーザ認証を行う。ユーザ認証を行うことによって，本人かどうかを識別する。生体認証のことを別名バイオメトリクスという。本人かどうかを識別する手法には，電子認証もある。パスワードを利用する際は，他人が類推しづらいものを設定する必要がある。
問2：他人のユーザ ID を名乗ることを「なりすまし」という。
問3：暗号化と復号化で異なる鍵を利用する暗号方式を「公開鍵暗号方式」という。

解答

問1：ア：⑨　　イ：③　　ウ：⑥　　エ：④　　オ：ⓐ　　問2：③　　問3：①

次の文章を読んで，問いに答えよ。

　情報通信において，不正アクセスやなりすましを防ぐために，本人であることを確認する必要がある。このために，確実な認証技術が必要となってくる。認証技術には，①「知識情報を利用した認証」（知識認証），「所持情報を利用した認証」（所有物認証），「生体情報を利用した認証」（生体認証）の3種類が主に利用されている。ただし，これらのうち1種類だけでは，認証をくぐり抜ける可能性があるため，より強固な認証を行うために，②これらの認証のうち2つ以上の認証を組み合わせることが好ましい。しかし，現状として，広く利用されているものは③パスワードを用いた知識認証のみである。

問1：下線部①に関して，下記のものが知識認証，所有物認証，生体認証のうちどれに該当するかそれぞれ答えよ。
(1)　スマートフォンを利用した認証
(2)　指紋を利用した認証
(3)　暗証番号を利用した認証
(4)　虹彩を利用した認証
(5)　免許証を利用した認証
(6)　生年月日を利用した認証
問2：下線部②に関して，2つ以上の認証を組み合わせる認証のことをなんというか。漢字を用いて答えよ。
問3：下線部③に関して，パスワードを利用した認証について正しいものを下記の選択肢から1つ選べ。
　⓪　できるだけ数字，英大文字・英小文字，記号などを利用して複雑なものにする。
　①　できるだけ覚えやすいように，単純で短いものにする。
　②　忘れては困るので，パスワードの中に必ず生年月日を入れる。
　③　決めたパスワードを忘れないために，スマートフォンの中にメモを残しておく。

Point

認証のために必要な情報について整理しておこう！

二要素認証とは，以下の3種類のうち2つ以上の情報を組み合わせて認証を行うことである。
・知識情報による認証：人の持つ知識を用いて認証を行う
　　　　　（例）パスワード，生年月日など
・所持情報による認証：人の所持する物を利用して認証を行う
　　　　　（例）スマートフォン，身分証明書など
・生体情報による認証：人の身体の特徴を利用して認証を行う
　　　　　（例）指紋，虹彩など

解説

▶ 映像講義

問1
(1)　スマートフォンを利用した認証，(5)　免許証を利用した認証のような人が保持している物を利用したものは所有物認証である。
(2)　指紋を利用した認証，(4)　虹彩を利用した認証のような人の身体の特徴を利用したものは生体認証である。
(3)　暗証番号を利用した認証，(6)　生年月日を利用した認証のような人の知識を利用したものは知識認証である。
問2：これらの認証を2つ以上組み合わせてより強固な認証にすることを「二要素認証」という。
問3：短いもの，その人に関係のある生年月日を入れたものはパスワードとして好ましくない。また，メモをする行為も漏えいする可能性があるため，好ましくない。

解答
問1：(1)　所有物認証　(2)　生体認証　(3)　知識認証　(4)　生体認証　(5)　所有物認証　(6)　知識認証
問2：二要素認証　　問3：⓪

例題 65

下記の表は共通鍵暗号方式と公開鍵暗号方式についてまとめたものである。2つの方式を比較して空欄に入る言葉をあとの選択肢から選べ。

	共通鍵暗号方式	公開鍵暗号方式
処理速度	ア	イ
安全性	ウ	エ
管理の手間	オ	カ
鍵の数	キ	ク

＜選択肢＞
⓪ 速い　　① 遅い　　② 高い　　③ 低い　　④ 多い　　⑤ 少ない
⑥ 1組　　⑦ やり取りする人数分

Point

暗号化の方式である共通鍵暗号方式と公開鍵暗号方式について理解しておこう！

暗号化の方式として，同じ鍵（共通鍵）を送信者と受信者が共有して使用する暗号方式である共通鍵暗号方式と，異なる2つの鍵（公開鍵と秘密鍵）を使用して暗号化と復号を行う暗号方式である公開鍵暗号方式の2種類がある。共通鍵暗号方式では，同じ鍵を用いるため，処理は速いが，送る相手ごとに鍵が必要になる。このため，多くの鍵を管理する手間や，相手に鍵を渡すまでの安全性に関する問題がある。公開鍵暗号方式では，相手ごとに鍵を用意する必要はなく，1組だけ鍵を準備すればよい。暗号化する鍵（公開鍵）が正しい通信相手の物であることを証明するためには，認証局から証明書の発行を受ける必要がある。

解説

▶ 映像講義

共通鍵暗号方式は，同じ鍵（共通鍵）を送信者と受信者が共有して使用する暗号方式である。送信者はデータを暗号化するために共通鍵を使い，受信者は暗号文を復号するために同じ鍵を使用する。共通鍵暗号方式では高速な暗号化・復号が可能であるが，鍵の安全な共有が必要となる。また，データをやり取りする人ごとに別の鍵を用意する必要があるため，管理の手間が多いこともデメリットである。

公開鍵暗号方式は，異なる2つの鍵（公開鍵と秘密鍵）を使用して暗号化と復号を行う方式である。公開鍵は外部に公開され，誰でも使用できるが，秘密鍵は受信者のみが所有している。送信者は相手の公開鍵を使用してデータを暗号化し，受信者は秘密鍵を使用して暗号文を復号する。公開鍵暗号方式は鍵の共有を必要とせず，受信者以外は暗号文を解読できないという利点がある。また，鍵は1組だけ用意すればよいため，管理の手間も少ないという利点があるが，処理速度が遅いというデメリットもある。

まず，処理速度に関して，共通鍵暗号方式では，送信者と受信者で同じ鍵を用いるため，高速に暗号化・復号が可能である。一方で，公開鍵暗号方式は，送信者と受信者で異なる鍵を用いるため，暗号化・復号の処理速度が遅い。

安全性に関して，共通鍵暗号方式では，送信者と受信者で同じ鍵を用いるため，安全性は低い。一方で，公開鍵暗号方式は，送信者と受信者で異なる鍵を用いるため，安全性は高い。

鍵の数や管理の手間に関して，共通鍵暗号方式では，暗号化と復号に利用される鍵はやり取りする相手ごとに用意する必要があり，管理の手間が多くなる。一方で，公開鍵暗号方式では，鍵を1組だけ用意すればよいため，管理の手間は少ない。

解答

ア：⓪　イ：①　ウ：③　エ：②　オ：④　カ：⑤　キ：⑦　ク：⑥

例題 66

次の説明文の空欄 ア ～ ク に入る最も適切な言葉を選択肢から選べ。

インターネットは様々なデバイス，様々な場所で利用ができるグローバルな巨大ネットワークである。インターネットは ア などの狭い範囲のネットワークや複数の ア で構成される イ などの様々な規模の世界中にあるネットワークを接続して構成されている。それを実現するために ウ が利用されている。 ウ はやりとりするデータを小さなデータに分割して送信して受信する側で元のデータに戻す エ 交換方式を利用している。小さなデータにどのようなヘッダの情報を付加して エ を作るかを ウ で決めている。このような通信に関する決まり事のことをプロトコルという。

インターネットは ウ というプロトコルを使って エ を作成し送信元のネットワークから オ と呼ばれる機器を次々に中継して送り先のネットワークへデータを送っている。通信の混雑具合や障害などに対応するため オ では通信状況とヘッダの情報に応じて エ の中継先を変更している。このようにインターネットのデータを送る仕組みは郵便と似ていて， オ を設置している者が誰かはわからない。特に遠隔地へインターネットを使ってデータを送る場合はなおさらである。はがきを郵便で送る場合は，郵便局の関係者にははがきの文面は見えてしまうが，それ以外の人には見えない。しかしインターネットの場合はデータをそのまま送ってしまうと途中の オ で誰が見ていてもおかしくはない。そのため第三者に見られたくないデータを送る場合には，郵便で例えると手紙を封筒に入れて第三者が開けられないようにして送ることが必要となる。インターネットでそれを実現するにはデータの カ を行って関係の無い第三者が見てもわからないような情報に変換して送ることが必要となる。このようにインターネットで カ されていないデータをやりとりするときは，第三者に見られているかもしれないと意識して，やりとりするデータの内容を吟味したり， カ したりすることが重要である。

インターネット上の Web サイトにアクセスする場合は，Web サーバへウェブページのデータを要求して，それに対してデータが送り返されることによってクライアントでブラウザを使って表示される。Web サーバへのアクセスは URL を用いて行われるが，その中に含まれている宛先の Web サーバは キ を使って指定されるのが一般的である。Web サーバへのアクセスは キ を DNS サーバに問い合わせることで ク に変換することで行われる。DNS サーバもインターネットの仕組みと同じように複数の DNS サーバが繋がってデータが共有されており，途中で繋がっている DNS サーバを設置している者が誰かはわからない。そのため悪意ある第三者がわざと偽の情報を DNS サーバで共有した場合，その偽の情報の影響下にある DNS サーバを使って Web サイトにアクセスしようとした人は，偽の Web サイトに誘導されてしまう。そのため Web サイトが本物かどうかや偽の情報を含まない信頼できる DNS サーバを区別するために，電子証明書の仕組みを利用して偽の Web サイトによる被害を抑える取り組みが進められている。

<選択肢>
⓪ ルータ ① TCP/IP ② WAN ③ LAN ④ パケット
⑤ 回線 ⑥ IP アドレス ⑦ ドメイン名 ⑧ 暗号化 ⑨ 復号化

[武蔵野大 2022]

Point

実際の入試問題で練習してみよう！

解説

▶ 映像講義

学校内や会社内のような狭い範囲でのネットワークは「LAN」である。LAN のような狭い範囲のネットワークを複数構成した広範囲のネットワークを「WAN」という。WAN やインターネットへの接続を実現するためのプロトコルとして「TCP/IP」が利用されている。また，やりとりするデータを小さなデータに分割したものを「パケット」という。パケットを利用したデータのやりとりをパケット交換方式という。パケットがネットワークで目的の場所へ送られるために「ルータ」を経由している。また，データを送る際に第三者に内容が見られないようにデータの「暗号化」が行われている。Web サーバへアクセスするためには「ドメイン名」を利用する。ドメイン名をDNS サーバによって「IP アドレス」へ変換することによりアクセスが可能になる。

解答

ア：③ イ：② ウ：① エ：④ オ：⓪ カ：⑧ キ：⑦ ク：⑥

例題 67

　ルータに LAN ケーブルで接続されているコンピュータで 300MB の動画ファイルをインターネットから
ダウンロードしたところ，30 秒かかった。ただし，1MB = 8Mbit とする。

(1)　このとき，平均通信速度は何 Mbps か計算しなさい。

(2)　この回線で 400MB の動画ファイルをインターネットからダウンロードする場合にかかる時間を求め
よ。

(3)　400MB の動画ファイルを 20 秒短縮してダウンロードするためには，回線の平均通信速度は何 Mbps
であればよいか。

(4)　(3)の回線において，別の動画ファイルをダウンロードすると 15 秒で完了した。この場合，ダウンロー
ドした動画ファイルの容量は何 MB か。

Point

単位に注意しよう！

通信速度の単位である Mbps とは，1 秒間に通信できるデータ量 (Mbit) を表しており，下記の式で求めるこ
とができる。

$$通信速度 (Mbps) = \frac{通信するデータ量 (Mbit)}{通信時間 (s)}$$

解説

▶ 映像講義

(1)　300MB を bit に直すと以下のようになる。

$$300MB = 300 \times 8Mbit = 2400Mbit$$

　Mbps は 1 秒間にダウンロードできるデータ量（Mbit）を表していることから，下記のように計算できる。

$$2400Mbit \div 30s = 80Mbps$$

　したがって，答えは 80Mbps となる。

(2)　(1)より，この回線の通信速度は 80Mbps であるため，1 秒間で 80Mbit のデータをダウンロードできる。

$$400MB = 400 \times 8Mbit = 3200Mbit$$

　より，3200Mbit のデータをダウンロードする場合にかかる時間を求めればよい。

　したがって，下記のように計算できる。

$$3200Mbit \div 80Mbit = 40 秒$$

　したがって，答えは 40 秒となる。

(3)　(2)より，ダウンロード時間は 40 秒だったため，20 秒短縮するためには，20 秒でデータのダウンロード
を完了する必要がある。このため，400MB つまり 3200Mbit を 20 秒でダウンロードするためには，

$$3200Mbit \div 20 秒 = 160Mbps$$

　つまり，160Mbps の平均通信速度が必要であるといえる。

(4)　(3)より，平均通信速度は 160Mbps であった。この速度で 15 秒でダウンロードが完了したことから，

$$160Mbps \times 15 秒 = 2400Mbit$$

　つまり，2400Mbit のデータであることがわかる。最後に 1MB=8Mbit より，

$$2400Mbit \div 8 = 300MB$$

　つまり，2400Mbit=300MB であるため，動画ファイルの容量は 300MB である。

解答

(1)　80Mbps　(2)　40 秒　(3)　160Mbps　(4)　300MB

1　　次の文章を読み，問いに答えよ。

　情報通信ネットワークは，コンピュータやデバイス間でデータを送受信するためのインフラストラクチャである。このネットワークでは，世界中のコンピュータやサーバ，モバイルデバイスなどが相互に接続され，情報の共有やコミュニケーションが可能となっている。情報通信ネットワークは，インターネットや企業内のローカルエリアネットワーク（LAN）など，さまざまなスケールと規模で構築される。

問1：情報通信ネットワークの主な目的は何か。
　　⓪　データの保存
　　①　データの送受信と情報の共有
　　②　ソフトウェアの開発
　　③　デバイスの製造

問2：情報通信ネットワークで使用される主要なケーブル規格は次のうちどれか。
　　⓪　HDMI
　　①　USB
　　②　Ethernet
　　③　Bluetooth

問3：情報通信ネットワークにおいて，データを小さな単位に分割するプロセスは何と呼ばれるか。
　　⓪　ルーティング
　　①　エンコード
　　②　パケット化
　　③　キャッシング

問4：情報通信ネットワークにおいて，データを受信するデバイスを特定するために使用される一意の識別子は何か。
　　⓪　IPアドレス
　　①　MACアドレス
　　②　DNSサーバ
　　③　インターネットプロトコル

問5：情報通信ネットワークにおいて，異なるネットワーク間でデータを転送する役割を果たしているものは何か。
　　⓪　ルータ
　　①　スイッチ
　　②　モデム
　　③　ファイアウォール

問6：情報通信ネットワークにおいて，データを処理し，宛先にデータを転送する役割を果たしているものは何か。
　　⓪　ルータ
　　①　スイッチ
　　②　モデム
　　③　ファイアウォール

2 　次の文章を読み，問いに答えよ。

　情報セキュリティとは，データや情報を不正なアクセスや攻撃から保護し，機密性，完全性，可用性を確保するための対策を講じることである。情報セキュリティは，組織や個人の重要なデータやシステムを保護するために欠かせない要素である。

　　問1：情報セキュリティの主な目的は何か。
　　　⓪　データの共有性を向上させる
　　　①　機密情報の漏えいやデータの改ざんを防ぐ
　　　②　システムのパフォーマンスを最適化する
　　　③　ソフトウェアの開発プロセスを簡略化する

　　問2：暗号化の目的は次のうちどれか。
　　　⓪　データを圧縮する
　　　①　データをネットワーク上で安全に転送する
　　　②　データベースの容量を節約する
　　　③　データの形式を変換する

　　問3：共通鍵暗号方式の特徴は次のうちどれか。
　　　⓪　データの暗号化と復号に公開鍵と秘密鍵のペアを使用する
　　　①　データの暗号化と復号に同じ鍵を使用する
　　　②　鍵の配布に公開鍵暗号方式を使用する
　　　③　高いセキュリティレベルとパフォーマンスを両立する

　　問4：ファイアウォールの役割はどれか。
　　　⓪　データの暗号化を行う
　　　①　ウイルスやマルウェアの検出と削除を行う
　　　②　ネットワークトラフィックの監視と制御を行う
　　　③　データのバックアップと復元を行う

　　問5：マルウェアに関する記述として，正しいものはどれか。
　　　⓪　ハードウェアの障害を修正するソフトウェア
　　　①　不正なアクセスを防ぐためのセキュリティ対策
　　　②　ネットワークの通信速度を向上させるソフトウェア
　　　③　コンピュータシステムに害を与える目的で作成されたソフトウェア

　　問6：情報セキュリティにおける認証とは何か。
　　　⓪　データを暗号化するための手法
　　　①　データの真正性を確保するための手法
　　　②　ユーザの正当性を確認するための手法
　　　③　ネットワークの可用性を向上させるための手法

3 次の会話文を読み，空欄 ア ～ エ に入れるのに最も適当なものを後の解答群から 1 つずつ選べ。

[共通テスト 2023 本試験]

先輩：やあ，元気だったか。一年ぶりだね。こんなところでパソコンを広げて，課題レポートでも書いているのかい。

後輩：先輩こんにちは，ご無沙汰してます。明日までに提出しなきゃいけない課題レポートをやってるんですよ。ここみたいなカフェは無料の Wi-Fi があって便利ですからね。

先輩：でも Wi-Fi は盗聴の危険もあるから気を付けた方がいいよ。このカフェの Wi-Fi の場合，壁に貼ってある SSID と暗号化キーを利用者全員が共有しているよね。この場合，同じ SSID と暗号化キーが設定された ア に接続していれば，相応の技術をもった人になら，Wi-Fi の通信が暗号化されていても復号される可能性があるよ。

> SSID   : cafefree
>
> 暗号化キー : Japan2023!

後輩：盗聴の危険性については，聞いたことがありますよ。だから，普段から https で接続できるサイトだけにアクセスするようにしてます。https で接続していれば イ から安心なんですよね。

先輩：そうだね。

後輩：あっ，ネットショップからショートメッセージだ。支払いが確認できないからアカウント情報を更新してくれって。メッセージに記載されている更新用ページの URL は https で始まっているから大丈夫ですよね。

先輩：いや，ちょっと待って。https で始まっていたとしても，何でも信用してしまうと，偽サイトにアクセスして ウ の被害にあっちゃうかもしれないよ。特にパスワードやクレジットカード番号の入力を求められる場合は，安全のために エ した方がいいよ。

ア の解答群
⓪ アクセスポイント
① DNS
② Web サーバ
③ クラウドサービス

イ の解答群
⓪ 通信データの宛先が暗号化されている
① セキュリティホールを修復することができる
② ブラウザなどから Web サーバまでの通信内容が暗号化されている
③ 接続先のサーバが信頼できる組織のサーバであることを認証できる

ウ の解答群
⓪ スキミング
① セキュリティパッチ
② ランレングス
③ フィッシング

エ の解答群
⓪ 受信したショートメッセージに返信して確認
① ショートメッセージに記載されている電話番号に電話して確認
② 信頼できるショップ専用アプリがあるなら，それを利用
③ 更新用ページの URL をブラウザのアドレス欄に貼り付けてアクセス

9章 情報システムとデータベース

1 情報システム

　コンピュータや入出力機器，計測機器などをネットワークでつないで，全体として１つのはたらきを持つようにしたものを　1　という。

　道路の交通における事故や渋滞のような問題を解決するためのシステムを総称して，　2　という。　2　の１つとして，人工衛星を用いて現在の位置を確認するシステムである　3　を活用し，最適なルートを案内する　4　システムがある。ほかにも，高速道路の料金所で料金収受を自動で行う　5　など様々なものがある。

　1　の中には，防災に関するものも存在する。日本は地震や津波，台風による洪水や土砂災害など，自然災害の多い国である。このため，さまざまなデータを集め，これから起こることを予測し，事前に人々に知らせるしくみがつくられている。地震発生時，大きな揺れが来る前に知らせるしくみである　6　もこの一種である。また，国土交通省の災害情報システムである　7　なども存在する。

　1　の発展は，経済活動にも大きく貢献している。たとえば，インターネットを通じてさまざまな商品やサービスの売買を行う　8　などができるようになった。　8　の具体的なサービスとしては，下記のようなものがある。

- ・　9　：インターネットを通じて，商品を購入できるサービス
- ・　10　：インターネット上で，競売ができるサービス
- ・　11　：インターネットを利用して金融取引を行えるサービス
- ・　12　：インターネットなどの情報通信ネットワークを通じて，株式や投資信託などの金融商品の取引ができるサービス

　また，お店で買い物などをしたときに，現金の代わりにクレジットカードやお金と同等の価値を持つデジタルデータである　13　による支払いや，バーコードや２次元コードを用いた　14　などの電子決済が広がっている。

2 データベース

　一定の規則に従ってコンピュータ内に整理，蓄積されたデータ群を　15　という。　15　には，必要な情報の検索や，データの追加や削除，更新をしたりすることができ，大量のデータであっても扱いやすいという特徴がある。情報システムは，これらの大量のデータを利用して，さまざまなサービスを提供している。

　15　を利用しているシステムとしては，以下のようなものがある。

- ・　16　：コンビニなどに設置されている現金自動預け払い機である　17　と，　16　の預金や為替，融資などの情報を蓄積した　15　を連携させるシステム
- ・　18　：商品情報や顧客情報を蓄積した　15　と連携し，インターネット上で商品販売を行うシステム
- ・　19　：ユーザ情報や決済情報などを蓄積した　15　と連携し，ゲームなどに活用しているシステム

（　16　，　18　，　19　には，「銀行」，「アプリケーション」，「ショッピングサイト」のいずれかが入る）

解答

1：情報システム　　2：高度道路交通システム/ITS　　3：全地球測位システム/GPS　　4：カーナビゲーション
5：自動料金収受システム/ETC　　6：緊急地震速報　　7：DiMAPS　　8：電子商取引　　9：ネットショッピング
10：ネットオークション　　11：インターネットバンキング　　12：オンライントレード　　13：電子マネー
14：コード決済　　15：データベース　　16：銀行　　17：ATM　　18：ショッピングサイト　　19：アプリケーション

情報システム上のさまざまなデータは，ネットワークを通じてデータベースに蓄積され，有効活用される。たとえばコンビニエンスストアなどでは，商品の販売情報を記録した　15　を利用し，どの時間帯に，どのような人が，どのような商品を買ったかという情報を蓄積する　20　システムなどが活用されている。

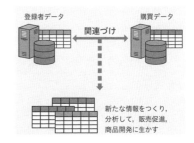

　15　のデータは，目的に応じて取り出すこともできる。サービスを提供する企業や組織は，この機能を利用することで，さまざまな情報を多角的に　21　することができ，別のデータと関連づけて新たな情報をつくり出すなど活用を行っている。

新たな情報をつくり，分析して，販売促進，商品開発に生かす

　15　の作成，運用，管理を行うシステムを，　22　という。　22　は，データベースを利用するユーザがデータを簡単かつ安全に利用できる環境を提供する。　22　に対し，データの追加・削除・更新，データの定義，データの制御などを行うことを　23　という。　23　を行うためには，　24　などの　23　言語を利用する。

DBMS には主な機能として下記の 4 つがある。

・データの　25　を保つ：先にデータにアクセスした方がデータベースをロックすることで，データの更新が同時に起こらないようにする

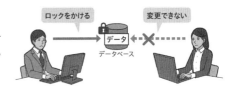

ロックをかける　データ　変更できない　データベース

・データを　26　する：DBMS を介することで，データの操作方法とデータそのものを分けて管理できる

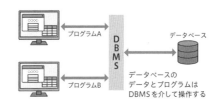

プログラムA　DBMS　データベース　プログラムB　データベースのデータとプログラムはDBMSを介して操作する

・データの　27　を保つ：障害が発生した場合，バックアップを反映させるなどしてデータを復旧する

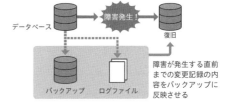

データベース　障害発生！　復旧　バックアップ　ログファイル　障害が発生する直前までの変更記録の内容をバックアップに反映させる

・データへの　28　を制限する：アクセスできるデータをユーザごとに制限する

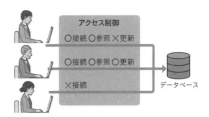

アクセス制御　○接続○参照×更新　○接続○参照○更新　×接続　データベース

データベースは，データの相互の関係を図や表などに表した　29　に基づいて作成される。　29　は下記のような種類に分けられるが，これらのうち，最も利用されるのが　30　モデルをもとにした　31　である。

・　32　モデル：データを木のような構造で表す

・　33　モデル：データを網目のような構造で表す

・　30　モデル：データを表形式で表す

商品コード	商品名
K1010	消しゴム
E0712	鉛筆
B1022	ボールペン
N1205	ノート
E0131	鉛筆削り

受注番号	商品コード	数量
0001	K1010	50
0002	K1010	50
0003	E0131	150
0004	N1205	120
0005	N1205	120

相互の関係を定型的な　29　としてあらわせるデータのことを　34　という。一方で，メッセージや画像，音声など構造化できないものを　35　という。　35　を集めて蓄積する方法としては，　36　というDBMSがある。

3　新しいサービス

家電や車など身のまわりのものをネットワークに接続し，収集した情報を活用したり，命令を出して制御できるようにした技術を　37　という。ネットワークの進化により，ネットワークの高速化や，安定性が向上していることから，消費電力を抑え，広域通信が可能な通信技術が実現し，　38　は増加している。具体的に鉄道において　37　を利用する利点は以下のようなものがある。

・作業員　39　システム：GPS などを利用して，電車が作業員に近づくと作業員の携帯に通知が届くシステム
・　40　ストレスの解消：アプリを利用してリアルタイムで遅延情報などを把握できる
・　41　車内を実現：電車内の混雑具合を認識し，事前に空調をコントロールする
・手間や　42　を削減：人が行っていた線路や架線の確認作業を，モニタリングによって行う
・自動　43　システム：車両同士がお互いの位置を把握することにより，停止するタイミングを調整するシステム

解答

29：データモデル　30：リレーショナル　31：リレーショナルデータベース/RDB　32：階層　33：ネットワーク
34：構造化データ　35：非構造化データ　36：NoSQL　37：IoT　38：IoT デバイス　39：安全確保
40：電車待ち　41：快適な　42：コスト　43：ブレーキ

次の問いについて，空欄にあてはまる最も適切なものをそれぞれの解答群から選び，数字で答えよ。

a 情報システムとは，　ア　であり，　イ　などを目的に，さまざまな分野で活用されている。

　ア　の解答群
⓪　データを収集，保存，処理，伝達するための組織，技術，手法の総称
①　ソフトウェアアプリケーションを実行するためのハードウェア構成要素の集合
②　コンピュータネットワーク上でデータを暗号化するためのセキュリティプロトコル
③　インターネット上での電子商取引をサポートするためのプラットフォーム

　イ　の解答群
⓪　組織の業務プロセスを効率化し，意思決定をサポートすること
①　ハードウェアとソフトウェアのトラブルシューティングを行うこと
②　セキュリティ攻撃から組織の情報を保護すること
③　ソーシャルメディア上でのマーケティングキャンペーンを実行すること

b ITSとは　ウ　であり，　エ　システムである。また，GPSとは　オ　であり，　カ　システムである。さらに，ETCとは　キ　であり，　ク　システムである。

　ウ　オ　キ　の解答群
⓪　自動料金収受システム
①　高度道路交通システム
②　災害情報システム
③　全地球測位システム

　エ　カ　ク　の解答群
⓪　人工衛星を利用して，現在位置を確認する
①　高速道路の料金所での料金収受を自動で行う
②　国土交通省などによる防災のための情報を提供する
③　道路交通における事故や渋滞などの課題を解決する

c 防災のための情報システムとして提供されている，地震発生時に大きな揺れが来る前に人々に知らせるしくみを　ケ　という。

　ケ　の解答群
⓪　地震緊急速報
①　緊急地震速報
②　緊急災害速報
③　災害緊急速報

解答
ア：⓪　イ：⓪　ウ：①　エ：③　オ：③　カ：⓪　キ：⓪　ク：①　ケ：①

　電子商取引とは，　コ　であり，セキュリティ面に関する懸念事項としては，　サ　などがある。また，電子商取引を導入することによる顧客側のメリットとしては　シ　などがあり，企業側のメリットとしては　ス　などがある。電子商取引の具体例としては，　セ　や　ソ　や　タ　などがある。

　コ　の解答群
⓪　電子メールを使用してビジネス間のコミュニケーションを行うこと
①　インターネットを介して商品やサービスを売買すること
②　電子署名を使用して契約を締結すること
③　電子マーケティングを通じて顧客に広告を配信すること

　サ　の解答群
⓪　ソーシャルメディアのプライバシー設定の管理方法
①　Web サイトとデザインのユーザビリティ
②　クレジットカード情報や個人情報の漏えいのリスク
③　オンライン広告キャンペーンの効果測定方法

　シ　の解答群
⓪　オフラインの店舗での買い物よりも安価な商品が入手できること
①　クレジットカード情報の提供が不要なので安全なこと
②　商品やサービスの比較と選択が容易なこと
③　商品の実物を直接確認できるため，購入後の後悔が少ないこと

　ス　の解答群
⓪　グローバルな市場へのアクセスが可能であること
①　顧客との対面接触による信頼関係の構築が容易であること
②　商品の在庫管理と物流が複雑になること
③　店舗の運営コストが増加すること

　セ　の解答群
⓪　オンラインゲームのダウンロードと購入
①　電子メールでのビジネスプロポーザルの送信
②　ソーシャルメディアでの友達との写真共有
③　銀行の ATM での現金引き出し

　ソ　の解答群
⓪　銀行での振込手続き
①　郵便局での郵便物の送付
②　オンラインマーケットプレイスでの商品の販売
③　インターネット上での音楽のストリーミング再生

　タ　の解答群
⓪　商業施設の店での商品の購入
①　インターネットオークションで商品の落札
②　動画配信サイトでの動画の視聴
③　災害時に備えた防災アプリの使用

解答
コ：①　サ：②　シ：②　ス：⓪　セ：⓪　ソ：②　タ：①

e 電子マネー（電子決済）とは，| チ | である。電子マネーの利点としては | ツ | などが挙げられる。また，電子マネーのセキュリティを強化するために一般的に採用されている技術としては | テ | などがある。

| チ | の解答群
⓪ インターネット上での仮想通貨の取引手段
① 電子デバイス（スマートフォンや IC カード）を使用したデジタルフォームでの支払いが可能なシステム
② 電子メールを介して送金や決済を行う方法
③ 電子サインを使用して契約や取引を行う仕組み

| ツ | の解答群
⓪ 匿名性とプライバシーの保護が容易であること
① 物理的なお金を持ち歩かなくても支払いができること
② インターネット接続がなくても使用できること
③ 誤った送金や取引が発生するリスクがないこと

| テ | の解答群
⓪ 二要素認証
① バーコードスキャン
② ソーシャルメディアのアカウント連携
③ 電子署名

f データベースとは | ト | であり，データベース管理システム（DBMS）は | ナ | 役割を持つ。データベースは | ニ | などに利用されている。

| ト | の解答群
⓪ コンピュータのソフトウェアを管理するためのプログラム
① ネットワーク上のファイルを共有するためのプロトコル
② 構造化されたデータの集合を保存・管理するためのシステム
③ インターネット上の情報を検索するためのエンジン

| ナ | の解答群
⓪ データベース外のデータを参照し，検索して表示する
① データベースのセキュリティ対策を自動で導入するなどの管理を行う
② データベースの全データの削除のみを行う
③ データベースへのデータの追加，更新，削除などの操作を管理する

| ニ | の解答群
⓪ オンラインゲームのキャラクターデータの保存
① メールの送受信
② プレゼンテーションスライドの作成
③ Web ブラウザでの Web ページの閲覧

解答
チ：① ツ：① テ：⓪ ト：② ナ：③ ニ：⓪

g　　コンビニエンスストアなどで活用される POS システムとは ☐ヌ であり，主な機能としては ☐ネ などがある。POS システムを利用する利点としては， ☐ノ などがあり，具体的には ☐ハ などに利用されている。また，POS システムのセキュリティ強化のために行われる方法として ☐ヒ などがある。POS システムを利用する業界としては ☐フ などが挙げられる。なお，POS システムは別名で ☐ヘ と呼ばれる。

☐ヌ の解答群
⓪　商品の在庫管理を行うシステム
①　顧客の支払い情報を収集するためのシステム
②　商品の販売時にお金の受け渡しを処理するシステム
③　店舗の顧客情報を管理するためのシステム

☐ネ の解答群
⓪　在庫管理と発注処理
①　マーケティングキャンペーンの実施
②　社内メッセージングシステムの提供
③　電子メールの送受信機能

☐ノ の解答群
⓪　キャッシュレジスターと比べて操作が簡単で効率的
①　販売データのリアルタイム分析が可能
②　会計処理のみを行うことができる
③　オフライン環境でも動作することができる

☐ハ の解答群
⓪　スーパーマーケットでの商品のスキャンと支払い処理
①　銀行でのキャッシャー業務の管理
②　レストランでの予約管理と席の割り当て
③　オフィスでの文書作成と印刷業務の管理

☐ヒ の解答群
⓪　パスワードを定期的に変更する
①　ネットワーク接続を完全に遮断する
②　データの暗号化を行う
③　POS システムのバージョンを更新しない

☐フ の解答群
⓪　レストラン・カフェ
①　旅行・観光
②　教育・研究
③　農業・漁業

☐ヘ の解答群
⓪　販売後情報管理システム
①　販売前情報管理システム
②　販売中情報管理システム
③　販売時点情報管理システム

解答
ヌ：②　ネ：⓪　ノ：①　ハ：⓪　ヒ：⓪　フ：⓪　ヘ：③

h データベース管理システムでは，データベースに対して行う，データの追加・削除・更新などの操作のことを ホ という。近年主に利用されているリレーショナルデータベースでは， ホ の際， マ という言語を用いる。また，データベース管理システムでは，データの一貫性を保つための工夫として， ミ などが行われる。また，データを操作するための工夫として ム ことなどが，データの安全性を保つ工夫として メ ことなどが，データへのアクセスを制限する工夫として モ ことなどが挙げられる。なお，データベース管理システムは ヤ と省略される。

ホ の解答群
⓪ 命令
① 連絡
② 問い合わせ
③ 報告

マ の解答群
⓪ QOL
① POS
② ATM
③ SQL

ミ の解答群
⓪ トランザクション処理とロック機構の使用
① データベースのバックアップとリカバリの実施
② データベースの物理的な格納方法の最適化
③ ネットワークセキュリティの強化とアクセス制御の実施

ム の解答群
⓪ データベース管理システムを介さずにデータベースへのアクセスを行う
① 他のプログラムを介してデータベースにアクセスを行う
② データベースのデータと操作方法のプログラムを切り離す
③ データベースのデータにはアクセスできないよう制御する

メ の解答群
⓪ データベースには管理者のみしかアクセスできないよう制御する
① 障害発生時に復旧ができるように自動でバックアップを取り，復旧の際に利用する
② データベースの格納場所を自動で変更する
③ セキュリティ侵害が発生したときに，管理者に知らせる

モ の解答群
⓪ 管理者以外は，アクセスできないようにする
① ユーザが自由にアクセス制限を設定できる
② アクセスするたびに管理者への連絡が必要である
③ ユーザごとにアクセスできるデータに制限を設ける

ヤ の解答群
⓪ RDB
① ITS
② DBMS
③ GPS

解答
ホ：② マ：③ ミ：⓪ ム：② メ：① モ：③ ヤ：②

i データモデルには，┌─ユ─┐という特徴を持った階層モデルや，┌─ヨ─┐という特徴を持ったネットワークモデル，┌─ワ─┐という特徴を持ったリレーショナルモデルなどがある。データベースに近年広く使われているものとして，リレーショナルモデルをもとにしたリレーショナルデータベースがある。リレーショナルデータベースでは，テーブル内の１行分のデータのことを┌─ヲ─┐といい，┌─ン─┐のことをキーという。

┌─ユ─┐～┌─ワ─┐の解答群
⓪ データをテーブルとして行と列の形式で表現する
① データを属性と値の組み合わせで表現する
② データを親子関係の木構造で表現する
③ データを関連ノードとエッジで表現する

┌─ヲ─┐の解答群
⓪ ファイル
① スキーマ
② レコード
③ クエリ

┌─ン─┐の解答群
⓪ データベース内のデータを識別するための一意の値
① データベース内のデータの関連性を表すための値
② データベース内のデータの順序を定義するための値
③ データベース内のデータの統計情報を保持するための値

j データの中には，┌─あ─┐である構造化データと，┌─い─┐である非構造化データがある。構造化データの特徴は┌─う─┐であること，非構造化データの特徴は┌─え─┐であることといえる。非構造化データを集めて蓄積する方法としては┌─お─┐などがある。

┌─あ─┐┌─い─┐の解答群
⓪ データベース内でテーブルとして定義され，行と列の形式で表現されるデータ
① テキストや画像などの自由形式のデータ
② 階層的なデータ構造を持つデータ
③ キーバリューペアの形式で表現されるデータ

┌─う─┐┌─え─┐の解答群
⓪ スキーマに基づいて事前に定義されたデータ形式
① 柔軟な形式でデータを表現可能
② 階層的な関係を持つデータ
③ 関連性や組織性が明確に定義されているデータ

┌─お─┐の解答群
⓪ Java
① SQL
② POS
③ NoSQL

解答
ユ：② ヨ：③ ワ：⓪ ヲ：② ン：⓪ あ：⓪ い：① う：⓪ え：① お：③

178

例題 68

　以下の情報システムやデータベースに関連する説明に当てはまるもので，アルファベットの略称として最も適切なものをあとの選択肢から選べ。

(1) 人工衛星を利用して，現在位置を確認するシステム。
(2) 高速道路の料金所での料金収受を自動で行うシステム。
(3) 道路交通における事故や渋滞などの課題を解決するためのシステムの総称。
(4) 紙幣，硬貨，通帳，磁気カード，IC カードの受入口を備え，金融機関，貸金業者などが提供するサービスを利用できる機械。
(5) データベースの作成，運用，管理を行うシステム。
(6) 表形式でデータを扱い，複数の表を関連付けるデータベース。
(7) コンビニエンスストアなどで利用されている，商品の購入時間帯，購入した人の年齢層などの情報を蓄積し，在庫を調整するのに利用しているシステム。

＜選択肢＞
⓪ ATM　① POS　② DBMS　③ ITS　④ GPS　⑤ RDB　⑥ ETC

Point

略称が使われている用語の正式名称や内容を整理しておこう！

　「人工衛星を利用して，現在位置を確認するシステム」とは，「GPS（全地球測位システム）」のことである。
　「高速道路の料金所での料金収受を自動で行うシステム」とは，「ETC（自動料金収受システム）」のことである。
　「道路交通における事故や渋滞などの課題を解決するためのシステムの総称」とは，「ITS（高度道路交通システム）」のことである。
　「紙幣，硬貨，通帳，磁気カード，IC カードの受入口を備え，金融機関，貸金業者などが提供するサービスを利用できる機械」とは，「ATM（現金自動預け払い機)」のことである。
　「データベースの作成，運用，管理を行うシステム」とは，「DBMS（データベース管理システム)」のことである。

解説

▶ 映像講義

　「人工衛星を利用して，現在位置を確認するシステム」とは，「全地球測位システム（Global Positioning System）」のことであり，略称は「GPS」である。
　「高速道路の料金所での料金収受を自動で行うシステム」とは，「自動料金収受システム（Electronic Toll Collection System）」のことであり，略称は「ETC」である。
　「道路交通における事故や渋滞などの課題を解決するためのシステムの総称」とは，「高度道路交通システム（Intelligent Transport Systems）」のことであり，略称は「ITS」である。
　「紙幣，硬貨，通帳，磁気カード，IC カードの受入口を備え，金融機関，賃金業者などが提供するサービスを利用できる機械」とは，「現金自動預け払い機（Automatic Teller Machine）」のことであり，略称は「ATM」である。
　「データベースの作成，運用，管理を行うシステム」とは，「データベース管理システム（DataBase Management System）」のことであり，略称は「DBMS」である。
　「表形式でデータを扱い，複数の表を関連付けるデータベース」とは，「リレーショナルデータベース（Relational DataBase）」のことであり，略称は「RDB」である。
　「商品の購入情報を管理し，在庫を調整するのに利用されているシステム」とは，「販売時点情報管理システム（Point Of Sales System）」のことであり，略称は「POS」である。

解答
(1)④　(2)⑥　(3)③　(4)⓪　(5)②　(6)⑤　(7)①

例題 69

次の文章を読み，問いに答えよ。

今日の情報システムではデータベースを利用することが多い。複数の利用者が同時にデータベースを利用してもデータに矛盾が生じないようにしたり，大量のデータの中から必要なものを高速に取り出せるようにしたりするなど，データベースを効率的かつ安全に利用できるようにするのは ア の役割である。ここで，表Aと表Bがあったとする。このとき，これら2つの表を共通のフィールドで結合することによって得られる表は イ である。ただし，結合以外の射影と選択は行わないものとする。

表A

生徒番号	氏名	通学方法	部活
101	佐藤章恵	電車	サッカー
102	鈴木輝子	自転車	テニス
103	高橋裕之	電車	ダンス
104	田中仁美	徒歩	書道
105	中村慶太	自転車	ダンス

表B

部活	監督	部員数
サッカー	山田哲郎	50
書道	石井大介	20
ダンス	井上直美	25
テニス	木村智子	60

問1： ア に当てはまる語句を以下の選択肢から選べ。
⓪ データベース管理システム　① SQL　② ファイアウォール
③ トランザクション管理　④ リレーション　⑤ データベースの正規化

問2： イ に当てはまる表を答えよ。

[駒澤大 2016 改]

┌─ Point ──────────────────────────────
│ データベースの語句や操作を整理しておこう！
└──────────────────────────────────────

解説

▶ 映像講義

問1　データベースを効率的に利用できるようにするシステムは「データベース管理システム」である。

問2　結合とは，複数の表における共通する特定のフィールドをもとに1つの表にまとめることである。今回は，部活のフィールドが共通しているため，部活のデータを表Bを元に結合を行い，1つの表にまとめる。

解答

問1：⓪
問2：

生徒番号	氏名	通学方法	部活	監督	部員数
101	佐藤章恵	電車	サッカー	山田哲郎	50
102	鈴木輝子	自転車	テニス	木村智子	60
103	高橋裕之	電車	ダンス	井上直美	25
104	田中仁美	徒歩	書道	石井大介	20
105	中村慶太	自転車	ダンス	井上直美	25

例題 70

次の文章を読み，問いに答えよ。

リレーショナルデータベースでは，データを表形式で表現する。データは行として表される ア を単位として格納され，ア は複数の イ と呼ばれる列により構成される。また，値が重複せず，ア を識別する役割を持つ イ を ウ という。

リレーショナルデータベースでは，複数の表を用いてデータを管理することで，各表で共通する イ がある場合，①選択，射影，結合を利用してデータ操作を行い，その イ 同士を関連付け，それぞれの表から他の イ を参照して，新たな表を作成することができる。

リレーショナルデータベースを作成する際には，②正規化という手法を用いて第三正規化まで表の最適化を行うことが多い。

問1：文中の空欄 ア ～ ウ に当てはまる語句を以下より選択せよ。
　⓪　クエリ　　　①　主キー　　　②　セル　　　③　レコード　　　④　データベース
　⑤　メンバー　　⑥　エレメント　⑦　外部キー　　⑧　フィールド

問2：下線①に示す3種類の関係演算について，どのようなものか下記の選択肢から選べ。
　⓪　複数の表で共通するキーにより項目を結び付け，1つの表にすること
　①　与えられた条件に合う行のみを抽出し，表示すること
　②　表の中から一部の列だけを表示すること

問3：下線②を行うことにより得られる利点として，正しくないものを下記の選択肢から選べ。
　⓪　重複するデータが減少することにより，データ容量を削減できる。
　①　データを整理することにより，他のシステムとの連携や移行がしやすくなり，データの汎用性を向上できる。
　②　データを整理することにより，表の数を削減できる。
　③　重複するデータが減少することにより，変更の際は修正しやすい。

[高知大 2016 改]

Point

データベースの語句や操作について整理しておこう！

解説

▶ 映像講義

問1　データを行として表すものは「レコード」である。また，データの列として表すものは「フィールド」である。レコードの中で値を重複させず一意に識別させる役割のあるフィールドを「主キー」という。

問2　選択，射影，結合について意味や具体例を確認しておこう。

問3　正規化とは，データベース内で冗長性，一貫性のないデータを整理することで，柔軟性を高めることである。正規化を行うことにより，重複するデータを減らしたり，データの汎用性を高めることができる。ただし，場合によっては表の数が増加することもある。

解答

問1：ア…③　イ…⑧　ウ…①
問2：選択…①　　射影…②　　結合…⓪
問3：②

例題 71

情報システムにより，近年は電子商取引が主流となってきており，経済活動にも大きく貢献している。また，お店やネットショッピング等では，現金での支払いに代わり「電子マネー」で支払うことが主流になってきている。「電子マネー」を利用するメリット・デメリットに関する説明として適するものを全て選べ。

⓪ 電子マネーはどこでも，いつでも利用できるため，常に現金を持ち歩く必要はなく便利である。

① 電子マネーは事前にチャージする必要があり，残高の管理が必要である。十分な残高がない場合には，支払いができないため，残高の確認とチャージの必要性がある。

② 電子マネーはスマートフォンや IC カードなどのデバイスを利用して支払いができるため，財布や現金を持ち歩く必要がない。また，支払いが迅速でスムーズなため，時間の節約にもなる。

③ 多くの店舗やオンラインサービスで電子マネーの受け入れが進んでいるため，広範囲で利用できる。また，一部の電子マネーサービスでは，ポイントや特典などの付加価値が提供されていることもある。

④ 電子マネーは，いつでも好きな時にチャージすることが可能であるため，決済をする際に残高不足があれば，その場でチャージすればよい。

⑤ 電子マネーは，暗号化技術やパスワードなどのセキュリティ機能が備わっているため，盗難や不正利用のリスクが少ない。また，紛失や盗難があっても利用停止や再発行の手続きが可能な場合がある。

⑥ 電子マネーを利用する際には，カードが必須であり，決済金額が大きい場合，電子マネーを利用する処理に長時間かかる可能性もある。

⑦ すべての店舗や施設で電子マネーが利用できるわけではない。一部の小規模店舗や地域によっては，現金のみの支払いしか受け付けていない場合もある。

⑧ 電子マネーはいつでも現金に戻すことが可能なため，残高不足にならないように，できるだけ多くの額をチャージしておく方がよい。

⑨ 電子マネーシステムはインターネットやネットワークに依存しているため，システム障害やメンテナンスにより利用できない場合がある。

Point

電子マネーの特徴をおさえておこう！

電子マネーのメリットとしては，暗号化技術やパスワードなどのセキュリティ機能が搭載されている安全性や現金を持ち歩かず，カードやスマートフォンを利用して，スムーズに決済が可能であるという利便性などが挙げられる。また，デメリットとしては，利用できる場所が制限されていること，ネットワーク障害，システム障害により利用できない場合があること，残高不足の場合利用できないため，常に残高の確認の必要があることなどが挙げられる。

解説

▶ 映像講義

⓪ 利用できる店は増加傾向にあるが，まだすべての店で利用できるわけではない。また，ネットワーク障害やシステム障害などで利用できない場合もあるため，万が一のために現金は持ち歩く方が好ましい。このため不適である。

④ 電子マネーの種類によっては，買い物の際のレジなどでチャージできない場合がある。このため，買い物をする前に残高をチェックしておき，不足しそうな場合は事前にチャージしておくことが好ましい。このため不適である。

⑥ 電子マネーの利用について，カードはもちろんのこと，スマートフォンでの支払いも可能である。また，購入金額が大きい場合であっても，残高が十分にあれば，瞬時に決済が完了する。このため不適である。

⑧ 電子マネーは基本的に現金に戻すことはできない。このため，チャージする際は，利用する分より多くのチャージを行わない方がよい。また，残高不足にならないように利用前には残高の確認をする習慣をつけておくとよい。このため不適である。

解答

①，②，③，⑤，⑦，⑨

例題 72

下記はデータベースに関する用語である。正しいものは○，間違っているものは×を答えよ。

(1) テーブルとは，データを行と列の形式で格納するデータベースの基本的な構成要素である。テーブルの列のことをレコード，行のことをカラムという。

(2) スキーマとは，データベースで使用される標準的な問い合わせ言語である。データベースのデータの取得，更新，削除が行える。

(3) 主キーとは，テーブル内の各レコードを一意に識別するためのフィールドである。重複が許されず，データの一意性と整合性を確保するために使用される。

(4) インデックスとは，データベースにおける論理的な操作の単位である。一連のデータベース操作をまとめて実行し，データの一貫性と永続性を確保する。

(5) 正規化とは，データベースの設計プロセスで行われる手法である。データの重複を排除し，データの整合性と一貫性を高めるための規則を適用する。

(6) 射影とは，データベースにおいて，与えられた条件に合う行のみを抽出して，表形式で表示することである。

(7) 選択とは，データベースにおいて，複数の表で共通するキーにより項目を結び付け，1つの表にすることである。

(8) 結合とは，データベースにおいて，表の中から一部の列だけを抽出し，表形式で表示することである。

(9) 問い合わせとは，データベース管理システムに対し，データの追加・削除・更新，データの定義，データの制御などを行うことである。

(10) NoSQL とは，リレーショナルデータベースの構造化データに対して，データベースで問い合わせを行う際に利用される問い合わせ言語である。

Point

データベースに関する用語をチェックしておこう！

データベースを扱うには，テーブル，カラム，レコード，スキーマ，主キー，外部キー，インデックス，SQL，バックアップ，トランザクション，正規化，射影，選択，結合など，さまざまな用語の理解が必要であるため，しっかり整理しておく必要がある。

解説

▶ 映像講義

(1) テーブルの説明は正しいが，テーブルの列のことをカラム，行のことをレコードという。

(2) これは SQL（Structured Query Language）の説明である。スキーマとは，データベースの構造や関係を定義したものである。テーブル間の関連，制約，データ型などの情報を含み，データベースの正しい構造を定義する。

(4) これはトランザクションの説明である。インデックスとは，データベース内のデータの検索やソートを高速化するための構造である。インデックスは特定の列に対して作成され，データの検索性能を向上させる効果がある。

(6) これは選択の説明である。射影とは，データベースにおいて，表の中から一部の列だけを抽出し，表形式で表示することである。

(7) これは結合の説明である。選択とは，データベースにおいて，与えられた条件に合う行のみを抽出して，表形式で表示することである。

(8) これは射影の説明である。結合とは，データベースにおいて，複数の表で共通するキーにより項目を結び付け，1つの表にすることである。

解答
(1)×　(2)×　(3)○　(4)×　(5)○　(6)×　(7)×　(8)×　(9)○　(10)○

次の表1から表3は，あるコンビニエンスストアのPOSシステムに蓄積されたデータの一部を取り出したものである。3つのテーブルで管理されたこのデータについて，次の問いに答えなさい。

表1 売り上げテーブル

No	顧客コード	商品コード	数量
1	F001	490110	1
2	F001	490108	1
3	F001	490101	1
4	F001	490115	1
5	M001	490103	1
6	M001	490109	1
7	M001	490115	1
8	F002	490109	1
9	F002	490102	1
10	M002	490101	2
11	M002	490112	1
12	M003	490102	3
13	M004	490101	1
14	M004	490111	2
15	F003	490103	2
16	F003	490112	1
17	F003	490113	2
18	F003	490115	1
19	F004	490101	1
20	F004	490105	1
21	F004	490106	1
22	F004	490107	1
23	F004	490114	2
24	F005	490106	2
25	F005	490108	1
26	F005	490115	1
27	M005	490101	1
28	M005	490111	1

表2 商品テーブル

商品コード	メーカー	商品名	価格	分種
490101	A社	緑茶	120	飲料
490102	A社	コーヒー	147	飲料
490103	A社	ミルクティー	133	飲料
490104	A社	炭酸水	138	飲料
490105	B社	おにぎり（こんぶ）	110	米飯類
490106	B社	おにぎり（ツナ）	120	米飯類
490107	B社	おにぎり（しゃけ）	130	米飯類
490108	C社	手巻き寿司（納豆）	140	米飯類
490109	C社	サンドイッチ（ハム）	227	弁当類
490110	C社	幕の内弁当	458	弁当類
490111	C社	からあげ弁当	520	弁当類
490112	D社	ポテトチップス	135	菓子類
490113	D社	果実のグミ	98	菓子類
490114	D社	バナナ	102	菓子類
490115	D社	ヨーグルト	142	菓子類

表3 購入者属性テーブル

顧客コード	性別	購入日	購入時間
F001	女	2023/10/20	11:08
M001	男	2023/10/20	11:14
F002	女	2023/10/20	11:38
M002	男	2023/10/20	11:42
M003	男	2023/10/20	11:45
M004	男	2023/10/20	11:51
F003	女	2023/10/20	12:35
F004	女	2023/10/20	12:38
F005	女	2023/10/20	12:42
M005	男	2023/10/20	12:59

(1) 2023/10/20 の午後に売れた商品の個数を答えなさい。

(2) おにぎりの売り上げの合計個数と総額を答えなさい。

(3) ポテトチップスが売れた個数を性別ごとに答えなさい。

Point

テーブル形式のデータベースの読み取り方を理解しておこう！

各テーブルを関連づけているコードに注目し，テーブルごとの関係を整理する。表1と表2は商品コードで関連づけられており，表1と表3は顧客コードで関連づけられている。

解説

▶ 映像講義

(1) 表3より顧客コードがF003以降の顧客が午後に商品を購入していることがわかるため，表1の顧客コードがF003以降となっているデータの数量をすべて加算すればよい。このため，合計は18個である。

(2) 表2よりおにぎりの商品コードは「490105」「490106」「490107」である。それぞれの売上個数を表1から読み取ると，490105は1個，490106は3個，490107は1個であることがわかる。したがって，合計個数は5個であり，総額は $110 \times 1 + 120 \times 3 + 130 \times 1 = 600$ 円となる。

(3) ポテトチップスの商品コード「490112」の売り上げを表1で確認すると，M002が1つ，F003が1つ購入していることから，男女ともに1つずつ売れていることがわかる。

解答

(1) 18個　(2) 合計個数：5個，総額：600円　(3) 男性：1個，女性：1個

次の文章を読んで，このデータをデータベース化する際のデータモデルとして最も適切なものは，階層モデル，ネットワークモデル，リレーショナルモデルのうちどれか，それぞれのモデルの特徴を考慮して選べ。

(1) 大学には複数の学部が存在する。それぞれの学部には複数の学生が在籍している。また，学生は複数の授業を履修し，授業ごとに成績がつけられている。さらに，学生は複数のクラブ活動に参加しており，それぞれのクラブには複数の学生が所属している。

(2) 旅行の際のホテルの予約について考える。1つのホテルには多数の客が存在している。また，1人の客も複数のホテルを予約する可能性がある。

(3) コンピュータのOSが管理しているファイルやディレクトリの階層構造について考える。1つのディレクトリに対して多数のファイルが格納されている。1つのファイルに対しては，複数のディレクトリ内に存在することはなく，必ず1つのディレクトリ内に存在している。最上位のルートディレクトリから始まり，ディレクトリまたはファイルへと階層が分かれていく。

Point

それぞれのデータモデルについて理解しておこう！

階層モデルは，木構造を用いて，データを階層構造で表現するデータモデルである。ネットワークモデルは，データを網目のような構造で表現するデータモデルである。リレーショナルモデルは，データを表形式で表現し，特定の列を識別子として，複数の表を関連づけることができるデータモデルである。それぞれのメリット・デメリットなどの特徴を確認しておこう。

解説

▶ 映像講義

リレーショナルモデルは，データをテーブル形式で表現し，テーブル間の関係をキーによって表現する。メリットとしては，柔軟なデータや複雑なデータを取り扱うことができ，データ処理の一貫性を保つことができる。デメリットとしては，データベースに対する処理を実行するためのプログラムが複雑になりやすく，複雑化に伴って処理速度が遅くなる傾向がある。

階層モデルは，木構造でデータを保存するデータベースである。階層モデルでは，データの関係が親と子で1対多の関係である。メリットとしては，データの参照やデータの操作の際に，データにアクセスするための対象が限定されるので，データへのアクセス速度が速い。速度を重視する際に利用できる。一方でデメリットとしては，子に対して親が1つだけなので，複数の親が必要な場合は重複して登録する必要があり，冗長なデータになってしまう。また，データの追加や削除を行うたびに，木構造の再構築が必要であり，データを管理する柔軟性には欠けている。

ネットワークモデルは，階層モデルの子に対して親が1つだけというデメリットを解決しているモデルである。このため，網目状になるように展開されたモデルである。メリットとしては，階層モデルのデメリットのデータの重複を避けることができることである。デメリットとしては，階層モデルに対して，データ構造が複雑になるため，柔軟性に欠けていることが挙げられる。

(1)では，学部，学生，授業，成績，クラブ活動などのデータが複数存在し，それらのデータ間に関連性がある。リレーショナルモデルは，データ間の関係を1対多や多対多の関連性として表現することができる。具体的には，学部を表すテーブルと学生を表すテーブルを作成し，学生がどの学部に所属しているかを関連づけることなどができる。また，授業や成績，クラブの情報もそれぞれのテーブルで管理し，学生と授業の関係，学生とクラブの関係などを表現することもできる。

(2)では，ホテルの予約に関して，ホテル側と客側で多対多の関係がある。このような多対多の関係性を効率よく管理することを考えると，ネットワークモデルが効率的である。

(3)では，ファイルとディレクトリの階層構造に関して，ディレクトリとファイルで1対多の関係である。このような1対多の関係性を管理するためには階層モデルが効率的である。

解答

(1) リレーショナルモデル　(2) ネットワークモデル　(3) 階層モデル

例題 75

次の文章を読んで，問いに答えよ。

あるWebサイトでは，ユーザが投稿した記事を保存している。記事には①タイトル，本文，作成日時，著者名，カテゴリなどの情報が含まれる。また，ユーザは②画像や動画も投稿することができる。このようなデータを効率的に管理するためにはそれぞれに適するデータベースタイプが存在する。

問1：下線部①に関して，タイトル，本文，作成日時，著者名，カテゴリなどの典型的なデータモデルとして表されるデータを何というか。最も適当なものを以下の選択肢から選べ。
⓪ 問い合わせデータ　　① 構造化データ
② 典型データ　　　　③ 非構造化データ

問2：問1のデータを管理するために利用されるデータベースタイプとして最も適当なものを以下の選択肢から選べ。
⓪ リレーショナルデータベース管理システム
① NoSQL
② ネットワークデータベース管理システム
③ 階層データベース管理システム

問3：下線部②に関して，画像や動画などの問1のデータとは異なるものを何というか。最も適当なものを以下の選択肢から選べ。
⓪ 問い合わせデータ　　① 構造化データ
② 典型データ　　　　③ 非構造化データ

問4：問3のデータを管理するために利用されるデータベースタイプとして最も適当なものを以下の選択肢から選べ。
⓪ リレーショナルデータベース管理システム
① NoSQL
② ネットワークデータベース管理システム
③ 階層データベース管理システム

Point

構造化データ，非構造化データとそれぞれに最適なデータベースタイプを整理しておこう！

　構造化データは，明確な形式や構造があるデータである。構造化データは，スプレッドシートなどのリレーショナルデータベース管理システム（RDBMS）で一般的に使用されている。一方，非構造化データとは，形式や構造が一律ではなく，柔軟な形式で存在するデータである。テキスト文書や画像，音声，ビデオ，ログファイルなどが非構造化データの例である。リレーショナルデータベースでは扱いづらいため，NoSQLデータベースや分散ファイルシステムなどを利用する。

解説

▶ 映像講義

　構造化データの管理には，リレーショナルデータベース管理システム（RDBMS）を用いる。記事のタイトル，本文，作成日時，著者名，カテゴリなどの情報を各テーブルのカラムとして表現することで，データの整合性とクエリの柔軟性を確保できる。
　非構造化データの管理には，NoSQLデータベースを用いる。NoSQLデータベースは，柔軟なデータモデルとスケーラビリティを提供し，非構造化データの格納と迅速な処理を行うことができる。画像や動画をバイナリデータとして格納し，高速なデータアクセスと分散処理を可能にする。

解答

問1：① 問2：⓪ 問3：③ 問4：①

1 次の文章を読み，問いに答えよ。

　データベースとは，情報システム内のデータを効率的に保存・管理するためのしくみである。データベースでは，情報の取得，更新，削除，検索といったデータ操作を容易に行うことができる。また，データベースはデータの整合性やセキュリティを確保するための機能も提供する。代表的なデータベースである　ウ　データベースはテーブルと呼ばれる形式でデータを組織化する。テーブルは行と列から構成され，各行は　ア　（個々のデータ）を表し，各列は　イ　（データの属性）を表す。テーブルは関連性を持たせることもでき，複数のテーブルが相互に関連づけられることで，複雑なデータ構造を表現している。　ウ　データベースでは，SQL（Structured Query Language）を使用してデータの操作やクエリを行う。他にも，データベースにはさまざまな種類が存在する。たとえば，　エ　データベースは，柔軟なデータモデルであり，非構造化データや大規模なデータセットの処理に向いている。

問1：　ア　，　イ　に当てはまる言葉を下記の解答群の中からそれぞれ1つずつ答えよ。

〈解答群〉
⓪　カラム　　①　キー
②　セル　　　③　インデックス
④　レコード　⑤　テーブル
⑥　クエリ　　⑦　フィールド

問2：　ウ　，　エ　に当てはまるデータベース名を答えよ。

問3：データベース管理システムを導入する主な目的は何か。正しいものをすべて選べ。
⓪　データの整合性の確保
①　データの入力と出力の制御
②　データの書き換え
③　データの暗号化とセキュリティの維持

問4：データベース管理システムとは何か。その役割と主な機能について説明せよ。

問5：データベースにおいて，インデックスとは何を目的として使用されるか。
⓪　データの整合性を保証するために使用される。
①　データのバックアップと復元を行うために使用される。
②　データの検索の高速化を行うために使用される。
③　データの暗号化とセキュリティを強化するために使用される。

問6：データベースのクエリ（問い合わせ）言語に関する以下の記述のうち，正しいものはどれか。
⓪　クエリ言語はデータの物理的な保護を行うための手段である。
①　クエリ言語はデータの整合性を保証するための手段である。
②　クエリ言語はデータのバックアップを行うための手段である。
③　クエリ言語はデータの検索や操作を行うための手段である。

2 次の文章を読み，問いに答えよ。

　電子商取引とは，インターネットを介して商品やサービスの ア が行われるしくみである。電子商取引を利用することにより，消費者は自宅やオフィスなどから簡単に商品を注文することができ，企業はグローバルな市場にアクセスすることができる。電子商取引には多くの利点がある。まず，消費者は，(1)24時間いつでもオンライン上で買い物が可能である点だ。さらに，企業は地理的な制約を超えて商品を販売できるため，市場の拡大と新たな顧客の獲得も可能である。また，顧客との直接的な対話を通じて，マーケティングやカスタマーサービスを強化することもできる。一方で，いくつかの課題も存在する。セキュリティ面と イ の問題があるため，(2)オンライン上での個人情報や支払い情報の保護が重要である。また，競争が激化しているため，差別化された商品やサービス，効果的なマーケティング戦略などが求められる。さらに，物流や配送の効率化も重要である。迅速かつ正確な商品の配送を実現するために，ロジスティクスや在庫管理の最適化が求められる。

問1： ア に入る語句を選べ。
⓪ 販売・購入
① 配送・納品
② 製造・販売
③ 輸出・輸入

問2： イ に入る語句を選べ。
⓪ データベース
① コンプライアンス
② プライバシー
③ オンライン

問3：下線部(1)に関して，オンライン上での買い物と同様に，24時間いつでも銀行口座の残高照会や入出金照会，振込・振替・各種決済などをインターネットを通じて行えるシステムやサービスのことを何というか。

問4：下線部(2)に関して，現金の代わりにお金として使えるデジタルデータのことを何というか。

問5：電子商取引は情報システムの1つであるが，下記の中で情報システムといえるものをすべて選べ。
⓪ タッチペン
① 緊急地震速報
② プリンタ
③ GPS

問6：電子商取引として当てはまるものをすべて選べ。
⓪ ネットオークション
① フェアトレード
② オンライントレード
③ ウインドウショッピング

3 次の文章を読み，問いに答えよ。

　ある地域のある予防接種の対象者と接種履歴を管理するシステムを作る。表Aのようにリレーショナル(関係)データベースを作成し，データを格納した。属性（フィールド）として，それぞれのレコード（行）に固有の管理番号，それぞれの対象者に固有の個人番号，対象者の氏名と生年月日，接種日を作成した。接種日は，未接種の場合，空欄である。この予防接種の一人あたりの接種回数は1回とは限らない。

表A

管理番号	個人番号	氏名	生年月日	接種日
1	00001100	佐々木守	1961年9月1日	2021年7月2日
2	00001395	中田さくら	1949年1月1日	空欄
3	00002135	東竹子	2000年1月24日	2021年6月20日
4	00002135	東竹子	2000年1月24日	2021年7月11日
5	00002183	三宅金江	1950年3月2日	2021年8月2日
6	00008367	仲西麗	1992年6月10日	空欄
7	00009142	小森しげる	1985年12月19日	2021年8月3日
8	00009142	小森しげる	1985年12月19日	2021年8月24日

問1：表Aから60歳以上かつ予防接種を1度も受けていない人の表が得られる操作は　ア　である。ただし，操作は2023年3月31日に行うものとする。　ア　に当てはまる適切なものを選択肢の中から選びなさい。

⓪　表Aを対象として属性「管理番号」が「3」より大きいデータを選択
①　表Aを対象として属性「接種日」が「1963年3月31日」以前のデータを射影
②　表Aを対象として属性「接種日」が「空欄」かつ「生年月日」が「1963年3月31日」以前のデータを選択
③　表Aを対象として属性「生年月日」が「1963年3月31日」以前のデータを射影
④　表Aを対象として属性「接種日」が「空欄」であるデータを選択
⑤　表Aを対象として属性「接種日」が「1963年3月31日」以前かつ「生年月日」が「空欄」のデータを選択

問2：表Aには，データが冗長であるという問題が存在し，正規化をすることでそれを解決できる。データが冗長であるという問題に関する説明として適切なものは，下記の選択肢のうち　イ　である。

⓪　個人番号と氏名と生年月日の組み合わせはいつも同じである。
①　レコードのうち，生年月日が60歳以上で接種日が空欄でないものがある。
②　個人番号と氏名と接種日の組み合わせはいつも同じである。
③　管理番号と個人番号の組み合わせはいつも同じになる。

問3：表Aの問題を解消するため，正規化し表Bと表Cに分割した。表Bのみを下に示す。このとき，表Cに含まれる属性の組み合わせとして正しいものは，下記の選択肢のうち　ウ　である。

表B

個人番号	氏名	生年月日
00001100	佐々木守	1961年9月1日
00001395	中田さくら	1949年1月1日
00002135	東竹子	2000年1月24日
00002183	三宅金江	1950年3月2日
00008367	仲西麗	1992年6月10日
00009142	小森しげる	1985年12月19日

⓪　管理番号，氏名，生年月日　　　　　①　管理番号，接種日
②　個人番号，接種日　　　　　　　　　③　管理番号，接種日，個人番号

[駒澤大 2023]

10章　データの活用

1　データの収集と整理

　コンビニエンスストアなどで利用されている 　1　 では，天候のデータなどを加えて分析することで，天候によってどの商品が売れそうかなどといったことを予測し，商品の発注に活かしている。

　この際に利用されるような大量で複雑なデータのことを 　2　 といい，統計学などを用いて 　2　 の分析を行うことを 　3　 という。

　データ分析を行う際の流れは，下記の通りである。

　データの 　4　 ⇒ データの 　5　 ⇒ データの 　6　

　データの 　4　 を行う際に用いる，多くの人に同じ質問を行い，回答を集める調査のことを 　7　 という。また，国の行政機関や自治体，研究・教育機関，企業などが，誰でも簡単に入手し，自由に使えるようにインターネット上で広く一般に公開しているデータのことを， 　8　 という。

　 　4　 したデータのうち，ほかのものと比べて大きく外れている値のことを 　9　 といい，回答者が記入していない，入力をし忘れたなどの理由で欠けている値のことを 　10　 という。これらがある場合は，検討や修正を行いデータを 　5　 することが必要になる。また，項目ごとに，該当するデータの数やその割合を計算する集計方法を 　11　 といい，2つ以上のカテゴリ間でデータを比較するために，同じ項目におけるカテゴリごとのデータ数やその割合を計算する集計方法を 　12　 という。

2　数値データの分析

　データの 　6　 の際に扱うデータのうち，身長や体重のように数値として意味のあるデータのことを 　13　 といい，性別や名前などのようにカテゴリを示すためのデータのことを 　14　 という。また，数値であらわされたデータのことを 　15　 という。

　データの 　6　 を行うときには，さまざまなグラフや図を利用する。例えば，一定時間ごとに変化するデータである 　16　 の様子を見るときなどには 　17　 を用いる。 　17　 とは，下記のような図である。

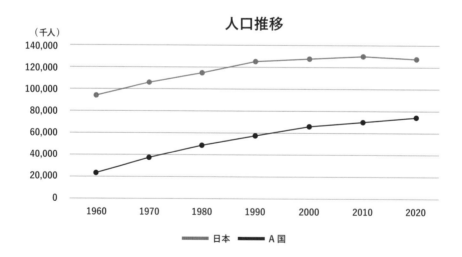

解答
1：POS システム　2：ビッグデータ　3：データサイエンス　4：収集　5：整理
6：分析　7：アンケート調査　8：オープンデータ　9：外れ値　10：欠損値
11：単純集計　12：クロス集計　13：量的データ　14：質的データ　15：数値データ
16：時系列　17：折れ線グラフ

データの特徴を把握するために，データの分布状況を見るときは， 18 や 19 を用いる。 18 は，横軸にデータの階級，縦軸に各階級に含まれるデータ数をとる，柱状のグラフである。 19 は，データを大きさ順に並べ，25% の区切りの値を 20 ，50% の区切りの値を 21 ，75% の区切りの値を 22 として，以下のような図で表したものである。

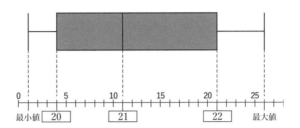

データの割合を見るときには 23 や 24 を用いる。 23 とは，全体を 100% として，帯を構成する四角形の長さで各要素の比率を表した下記のような図のことである。 24 は円全体を 100% として，各要素の割合を扇形の面積で表す。

産業別就業人口の割合

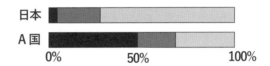

■ 第1次産業　■ 第2次産業　□ 第3次産業

2 つのデータの関係性を分析する際は， 25 を用いる。 25 とは，調査結果を数値として表したものである 26 をそれぞれ縦軸と横軸にとり，各データをグラフ上に点として打つことによって表した下記のような図のことをいう。 25 では，2 つの変数の関係の強さを意味する 27 を見ることができる。一方が増加したときに，もう一方も増加する場合， 28 があるといい，一方が増加し，もう一方が減少するときは 29 があるという。 27 の強さを見る値を 30 といい，−1.0 〜 1.0 の値で表される。1.0 に近いほど 28 が強い。

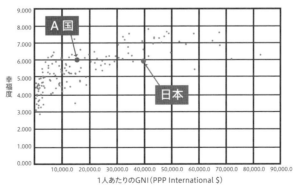

解答
18：ヒストグラム　19：箱ひげ図　20：第 1 四分位数
21：中央値（第 2 四分位数）　22：第 3 四分位数　23：帯グラフ　24：円グラフ　25：散布図
26：変数　27：相関　28：正の相関　29：負の相関　30：相関係数

3 テキストデータの分析

テキストデータのように文章などの文字情報の集まりを分析する手法として　31　が発達し，大量のテキストの分析が可能となった。　31　を行う際には，誤字脱字の修正，表記のゆれの統一，広告やHTMLタグの除去のような，分析に不要な文字を除去するなどの修正作業を意味する　32　を行う必要がある。　31　を行う際に利用するツールによっては，文章中でよく出てくる単語を選出し，出てくる頻度に応じて，大きさや色，フォントなどを変化させて図示する　33　や，どの単語の組み合わせが同じ文脈で出現するかといった単語のつながりを図示した　34　を利用できるものもある。

4 アンケート調査の収集

ある集団の行動などを把握するため，適切な調査対象を選んで同じ質問を行い，多くの回答を集める調査活動を　35　という。　35　には，対象となる集団をすべて調査する方法である　36　と，対象となる集団から一部のデータを取り出して調査し，そこから対象となる集団の性質を統計的に推定する方法である　37　がある。

収集されるデータは，数量として測定できるデータである　38　と，分類や種類として測定できるデータである　39　に分けられる。

　38　の中には，温度，西暦，年号などのように，目盛りが等間隔で数値の差に意味がある尺度である　40　尺度と，身長，体重，年齢などのように，数値の大小関係や差だけでなく比率に意味がある尺度である　41　尺度がある。

　39　の中には，性別，名前，出身地，血液型などのように，分類や区別をするための名称として数値を割り当てた尺度である　42　尺度と，成績の5段階評価，おみくじの大吉や小吉，好みの3段階評価などのように，数値の順序や大小関係に意味がある尺度である　43　尺度がある。

　35　において，質問を作成する際の回答方式として以下のようなものがある。
- 　44　型：選択肢の中から回答を1つ選ぶ
  （例）年齢を選んでください。
  ① 10代以下　② 20代　③ 30代　④ 40代　⑤ 50代　⑥ 60代以上
- 　45　型：複数の選択肢から回答を複数選べるが，選ぶ個数は限定される
  （例）特に満足したものを選択肢から2つ選んでください。
  ①食事の内容　②食事の説明　③食事の際の景色
  ④スタッフの対応　⑤食事を提供するタイミング
- 　46　型：回答として当てはまる選択肢を数の制限なく選べる
  （例）食事についてよかったと思うものをすべて選んでください。
  ①前菜　②スープ　③魚料理　④ソルベ
  ⑤肉料理　⑥デザート　⑦コーヒー　⑧その他
- 　47　型：文章で自由に記述する
  （例）その他，気になる点がありましたらご自由にご記入ください。

　35　の質問文を作成する際は，以下のような点に注意する。
（　48　～　53　には「複数のこと」，「意味や範囲」，「簡潔」，「対象者全員」，「誘導的」，「個人情報」のいずれかが入る）
- 質問文を作成する際は　48　に
- 　49　が理解できる言葉を用いる
- 　50　を明確に（期間，単位など）
- 　51　な質問は行わない
- 1つの質問で　52　を問わない
- 　53　にふれる質問は行わないか，最低限にする

解答

31：テキストマイニング　32：データクレンジング　33：ワードクラウド　34：共起ネットワーク
35：アンケート調査　36：全数調査　37：標本調査　38：量的データ　39：質的データ
40：間隔　41：比例　42：名義　43：順序　44：単一回答　45：複数回答・制限　46：複数回答・無制限
47：自由記述　48：簡潔　49：対象者全員　50：意味や範囲　51：誘導的　52：複数のこと　53：個人情報

5 量的データの分析手法

データを階級ごとに区分し，それぞれに属するデータの個数（度数）を記入した下記に示したような表を 54 という。また， 54 を柱状のグラフで表した下記のような図を 55 という。

階級 (%)	度数
40 未満	4
40～44	11
45～49	11
50～54	12
55～59	5
60 以上	4
計	47

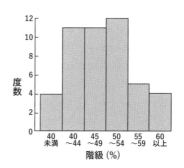

統計量の1つである 56 とは，複数のデータに対して，それらをすべて足し合わせたあと，データの個数で割った値のことである。また， 57 とは，データの散らばりの度合いを表す値のことである。データを x_1, x_2, $\cdots$, x_n の n 個に対して，これらの平均を $\overline{x}$ とすると， 57 は S_x^2 として以下の式で求めることができる。 58 も，データの散らばりの度合いを表す値であり， 57 の正の平方根をとることにより求めることができる。 58 は S_x として以下の式で求めることができる。

$$S_x^2 = \frac{1}{n}\{(x_1-\overline{x})^2+(x_2-\overline{x})^2+\cdots+(x_n-\overline{x})^2\}$$

$$S_x = \sqrt{S_x^2}$$

演算を行うときの条件になる変数である 59 と， 59 の演算を行うことで値が決定する変数である 60 の間の関係を推定するための統計的手法を 61 という。 61 のうち， 59 が1つの場合を 62 といい， 59 が2つ以上の場合を 63 という。
62 では，$y=ax+b$ の形の 64 でデータの相関に最も当てはまる数式を表すのが一般的である。この場合に，$y=ax+b$ を利用し，x の値によって求めた y の値と実際の値との差を 65 という。 64 は， 65 を2乗した値の和が最小になるように決めるのが一般的である。また，2つのデータ x と y の値の相関が強いほど， 64 の 66 は高いといえる。

6 統計的検定

母集団について立てた仮説に対し，正しいか正しくないかを標本を利用して検証することを 67 という。仮説と結果の差異が意味を持つのか，許すことのできる誤差の範囲なのかを検証する。
67 は次の手順で行う。
① 68 を立てる
② 69 を行う
③ 70 （検証の対象とするために立てる仮説）を立てる
④ 71 を行う
検定手法の1つとして，平均値を対象にした検定手法である 71 や，クロス集計表などで2つの変数の独立性を調べる検定手法である 72 などもよく利用される。

解答
54：度数分布表　55：ヒストグラム　56：平均値　57：分散　58：標準偏差　59：独立変数
60：従属変数　61：回帰分析　62：単回帰分析　63：重回帰分析　64：回帰直線
65：残差　66：信頼性　67：仮説検定　68：仮説　69：調査・集計　70：帰無仮説
71：t 検定　72：χ（カイ）二乗検定

次の問いについて，空欄にあてはまる最も適切なものをそれぞれの解答群から選び，数字で答えよ。

a　ビッグデータとは，　ア　であり，ビッグデータを活用する利点は，　イ　ことである。

　　　ア　の解答群
　⓪　高速で処理されるデータを指す用語
　①　非常に大量のデータを指す用語
　②　統計的なデータ解析手法を指す用語
　③　データベース管理システムの一種を指す用語

　　　イ　の解答群
　⓪　データの整合性と一貫性を向上させることができる
　①　ネットワークのセキュリティを強化できる
　②　個人情報の漏えいを防ぐことができる
　③　リアルタイムのビジネスインサイトを提供できる

b　データ分析を行う際の最初のステップは　ウ　であり，データの前処理としては　エ　を行う必要がある。また，データ分析の主な目的は　オ　である。データの解釈に関する手法として一般的なものは　カ　である。

　　　ウ　の解答群
　⓪　データの可視化
　①　データの前処理
　②　データの収集
　③　データの解釈

　　　エ　の解答群
　⓪　データの公開
　①　データのクレンジング
　②　データの収集
　③　データの削除

　　　オ　の解答群
　⓪　データの可視化
　①　パターンの抽出と洞察の獲得
　②　データの保存と管理
　③　データの収集

　　　カ　の解答群
　⓪　機械学習アルゴリズム
　①　統計的な仮説検定
　②　データの可視化
　③　データの前処理

解答
ア：①　イ：③　ウ：②　エ：①　オ：①　カ：①

c オープンデータとは，　キ　であり，主な特徴として　ク　であることなどが挙げられる。また，オープンデータの例としては　ケ　などがある。

　キ　の解答群
⓪　プライベートなデータセット
①　政府や機関が公開している，自由にアクセス可能なデータ
②　機密性の高いデータ
③　オンラインでのデータストレージサービス

　ク　の解答群
⓪　利用に制約があるデータフォーマット
①　利用者の個人情報が含まれるデータ
②　商業利用が禁止されているデータ
③　自由な利用・再利用が許可されるデータ

　ケ　の解答群
⓪　銀行の顧客データ
①　政府の予算データ
②　医療機関の患者データ
③　企業の財務報告書

d データの分析をする際，データの連続的な変化を可視化するために使用されるグラフは　コ　であり，データの分布や頻度を可視化するために使用されるグラフは　サ　である。また，データの中央値や四分位数などの統計的な情報を可視化するために使用されるグラフは　シ　である。

　コ　の解答群
⓪　円グラフ
①　散布図
②　折れ線グラフ
③　箱ひげ図

　サ　の解答群
⓪　散布図
①　折れ線グラフ
②　ヒストグラム
③　帯グラフ

　シ　の解答群
⓪　帯グラフ
①　箱ひげ図
②　円グラフ
③　折れ線グラフ

解答
キ：①　ク：③　ケ：①　コ：②　サ：②　シ：①

e　データを分析する際に用いられる図の1つである散布図では，2つの変数の ス を計算することができる。また，相関係数は セ の値をとり，ソ を評価することができる。

ス の解答群
⓪　平均値の差
①　データのばらつき
②　データの相対的な位置
③　相関係数

セ の解答群
⓪　−1から1の間
①　0から1の間
②　−∞から∞の間
③　1から100の間

ソ の解答群
⓪　データの分布の形状
①　データのばらつきの大きさ
②　データの関係の強さ
③　データの平均の差

f　テキストマイニングとは タ のことであり，テキストマイニングを行う目的は，チ である。また，テキストマイニングの活用例としては ツ などが挙げられる。

タ の解答群
⓪　テキストメッセージの送受信を管理する技術
①　テキストデータから有用な情報やパターンを抽出する技術
②　テキスト文書をデータベースに格納する技術
③　テキストファイルの変換を自動化する技術

チ の解答群
⓪　テキストデータの圧縮を行うこと
①　テキストデータの保管と管理を行うこと
②　テキストデータから洞察し，知識を得ること
③　テキストデータの安全性を確保すること

ツ の解答群
⓪　ソーシャルメディアでの感情分析
①　Webサイトのデザイン改善
②　データベースのバックアップと復元
③　音声認識システムの開発

解答
ス：③　セ：⓪　ソ：②　タ：①　チ：②　ツ：⓪

g アンケート調査とは，│ テ │であり，アンケート調査の目的は│ ト │である。また，アンケート調査のうち，全数調査とは│ ナ │であり，標本調査とは│ ニ │である。全数調査の利点は│ ヌ │であり，標本調査の利点は│ ネ │である。

│ テ │の解答群
⓪ 店舗における在庫状況の把握を行う手法の1つ
① データ分析を実施する手法の1つ
② 研究目的でデータを分析する手法の1つ
③ 製品の評価や意見を提案する手法の1つ

│ ト │の解答群
⓪ データの可視化と分析
① 統計的な仮説検定
② 店舗での在庫状況の把握
③ 機械学習モデルの構築

│ ナ │，│ ニ │の解答群
⓪ 集団のすべてを調査対象としてデータを収集する方法
① 集団の一部を調査対象としてデータを収集する方法
② インターネットを利用してデータを収集する方法
③ 複数の調査手法を利用してデータを収集する方法

│ ヌ │，│ ネ │の解答群
⓪ データの収集が複雑で遅い
① 調査結果がより正確で信頼性が高い
② 調査コストが低い
③ サンプリングバイアスが大きい

h アンケート調査などによって収集されたデータは量的データと質的データに分類できる。量的データとは│ ノ │であり，質的データとは│ ハ │である。また，量的データの特徴は│ ヒ │こと，質的データの特徴は│ フ │ことなどである。

│ ノ │，│ ハ │の解答群
⓪ 数値によって表されるデータ
① 文字や記号によって表されるデータ
② 観察や調査に基づいて得られるデータ
③ データの集まりやデータセットを指す用語

│ ヒ │，│ フ │の解答群
⓪ 順序やランキングが重要である
① カテゴリや属性の特徴を持つ
② 数値の加減算が可能である
③ 記述的な統計分析に適している

解答
テ：② ト：① ナ：⓪ ニ：① ヌ：① ネ：② ノ：⓪ ハ：① ヒ：② フ：①

i 量的データや質的データは，それぞれ2つの尺度に分類される。量的データは $\boxed{\text{ヘ}}$ と $\boxed{\text{ホ}}$，質的データは $\boxed{\text{マ}}$ と $\boxed{\text{ミ}}$ に分けられる。これらの4つの尺度のうち，名義尺度とは $\boxed{\text{ム}}$，比例尺度とは $\boxed{\text{メ}}$ である。

$\boxed{\text{ヘ}}$ ～ $\boxed{\text{ミ}}$ の解答群
⓪ 名義尺度
① 間隔尺度
② 順序尺度
③ 比例尺度

$\boxed{\text{ム}}$，$\boxed{\text{メ}}$ の解答群
⓪ 順序やランキングに意味を持つデータの尺度
① 数値の大小関係や差だけでなく比率に意味がある尺度
② カテゴリや属性を持つデータの尺度
③ 連続的な値を持つデータの尺度

j アンケート調査における質問文への回答方法について，下記のようなアンケート問1の回答方法を $\boxed{\text{モ}}$，問2の回答方法を $\boxed{\text{ヤ}}$，問3の回答方法を $\boxed{\text{ユ}}$ という。また，質問文を作成するときのポイントとして正しいものは $\boxed{\text{ヨ}}$，$\boxed{\text{ワ}}$ などである。

アンケート
問1．あなたの学年を選んでください。
　　高校1年　　高校2年　　高校3年

問2．好きな色を2つ選んでください。
　　白　　黒　　赤　　黄　　青　　緑

問3．あなたが好きな曲とその理由を答えてください。

$\boxed{\text{モ}}$，$\boxed{\text{ヤ}}$，$\boxed{\text{ユ}}$ の解答群
⓪ 単一回答型
① 複数回答・制限型
② 複数回答・無制限型
③ 自由記述型

$\boxed{\text{ヨ}}$，$\boxed{\text{ワ}}$ の解答群
⓪ できるだけ回答をそろえるように誘導的な質問を取り入れる
① 個人情報にふれる質問はできるだけしない
② 1つの質問でできるだけたくさんのことを聞く
③ 質問文はできるだけ簡潔にする

解答
ヘ：①　ホ：③（ヘとホは順不同）　マ：⓪　ミ：②（マとミは順不同）　ム：②　メ：①
モ：⓪　ヤ：①　ユ：③　ヨ：①　ワ：③（ヨとワは順不同）

k データの集計方法として単純集計やクロス集計などがある。単純集計とはクロス集計とは　い　である。また，クロス集計したデータが標本調査で得たもので，検定が必要な場合は，　う　を利用することが多い。

　あ　，　い　の解答群
⓪　データの品質や一貫性を確認する方法
①　複数のデータソースを統合して分析する方法
②　数値データを集計して統計量を計算する方法
③　複数の変数間の関係を分析する方法

　う　の解答群
⓪　Q 検定
①　R 検定
②　t 検定
③　χ（カイ）二乗検定

l データ分析を行う際の仮説検定とは　え　であり，仮説検定の目的は　お　である。仮説検定を行う際の帰無仮説とは　か　であり，p 値とは　き　である。

　え　の解答群
⓪　データの収集と整理を行う手法
①　統計的な仮説を検証する手法
②　データの可視化と分析を行う手法
③　データの予測モデルを構築する手法

　お　の解答群
⓪　データの可視化とグラフ作成
①　統計的な分析結果の報告
②　データの収集と整理
③　統計的な仮説の検証

　か　の解答群
⓪　検定を行いたい仮説を支持する仮説
①　検定を行いたい仮説を否定する仮説
②　予測モデルの基準となる仮説
③　検定結果の有意性を判断するための仮説

　き　の解答群
⓪　検定結果の有意性を表す値
①　仮説を肯定するための基準値
②　検定の結果を表す値
③　予測モデルの精度を表す値

解答
あ：②　い：③　う：③　え：①　お：③　か：①　き：⓪

例題 76

次の各事例は，どのグラフや図を用いることが適当か，それぞれ下記の選択肢から1つずつ答えよ。

(1) コンビニエンスストアで異なる商品の毎月の売り上げデータをグラフにすることにより，各商品の売り上げへの貢献度などの比較や変化の可視化を行う。

(2) ある学校の生徒たちの身長と体重のデータの関係性を見る。

(3) 複数の各都市の気温データについて，気候の違いや異常値の存在を確認する。

(4) ある都市の住宅価格データについて，価格の範囲ごとの住宅の数を確認する。

(5) ある都市の1年間の月ごとの平均気温の変化を見る。

＜選択肢＞
⓪ ヒストグラム
① 折れ線グラフ
② 帯グラフ
③ 円グラフ
④ 箱ひげ図
⑤ 散布図

Point

グラフや図の利用事例を整理しておこう！

以下の利用事例を整理し，グラフを使い分けることが重要である。
・ヒストグラム：データの分布や頻度を可視化する際に利用する
・折れ線グラフ：データの連続的な変化や傾向を示すのに使用される
・帯グラフ：カテゴリごとの比較や変化を示すのに使用される
・円グラフ：カテゴリの相対的な割合や比率を示すのに使用される
・箱ひげ図：データの中央値や四分位数，外れ値の有無を示すのに使用される
・散布図：2つの変数の関係性や相関関係を示すのに使用される

解説

▶ 映像講義

(1) コンビニエンスストアでの異なる商品の売り上げデータを帯グラフにすることにより，カテゴリごとの比較や変化を可視化することができる。

(2) 身長と体重のような2つの変数の関係性や相関関係を見る際は散布図を利用する。これを用いて相関係数を求めたり，回帰分析することが可能となる。

(3) 複数の都市の気温データを箱ひげ図で表すことにより，各都市の気温データの中央値や四分位数，外れ値といった値の確認が可能となる。

(4) 住宅価格データを価格の範囲ごとの数でまとめるには，ヒストグラムを利用する。これにより，大まかな分布や頻度を可視化することができる。

(5) ある都市の1年間の月ごとの平均気温の変化を表すには，折れ線グラフを利用する。これにより，時系列での温度の変化や傾向を見ることができる。

解答

(1) ② (2) ⑤ (3) ④ (4) ⓪ (5) ①

例題 77

次の各データは，あとの選択肢の4つの尺度のうちどれに当たるか，1つずつ答えよ。

(1) 西暦2000年1月15日
(2) 身長165cm，体重58kg
(3) 性別：男，出身地：東京都
(4) おみくじの結果：大吉
(5) 本日の気温：32℃
(6) 電話番号：090-0000-0000
(7) 車の速さ：時速60km
(8) 模試の偏差値：58

＜選択肢＞
⓪ 名義尺度
① 順序尺度
② 間隔尺度
③ 比例尺度

Point

データの分類方法である4つの尺度を理解しておこう！

データは大きく質的データと量的データに分類される。質的データは，分類や区別をするための名称として文字や記号，数値を割り当てた尺度である名義尺度と，数値の順序や大小関係に意味がある尺度である順序尺度に分けられる。量的データは，目盛りが等間隔で，数値の差に意味がある尺度である間隔尺度と，数値の大小関係や差だけでなく比率にも意味がある尺度である比例尺度に分けられる。

解説

▶ 映像講義

(1) 西暦などの日付のデータは，目盛りが等間隔で数値の差に意味があり，加算・減算ができるため，間隔尺度に分類される。
(2) 身長や体重のデータは，数値の大小の差だけではなく，比率にも意味があり，四則演算ができることから，比例尺度に分類される。
(3) 性別や出身地などのデータは，分類や区別をするための名称として割り当てられており，加算・減算ができないことから名義尺度に分類される。
(4) おみくじの結果などのデータは，数値の順序や大小関係に意味があり，加算・減算ができないことから順序尺度に分類される。
(5) 気温などのデータは，目盛りが等間隔で数値の差に意味があり，加算・減算ができるため，間隔尺度に分類される。
(6) 電話番号などのデータは，分類や区別をするための名称として割り当てられており，加算・減算ができないことから名義尺度に分類される。
(7) 車の時速などのデータは，数値の大小の差だけではなく，比率にも意味があり，四則演算ができることから，比例尺度に分類される。
(8) 偏差値などのデータは，目盛りが等間隔で数値の差に意味があり，加算・減算ができるため，間隔尺度に分類される。

解答
(1) ② (2) ③ (3) ⓪ (4) ① (5) ② (6) ⓪ (7) ③ (8) ②

例題 78

次に示すアンケートの改善点に関してあとの選択肢から全て選べ。

アンケート

問1. 学年を選んでください。
　　高校1年　　高校2年　　高校3年

問2. 好きな食べ物を1つと嫌いな食べ物を1つ選んでください。
　　カレーライス　　ハンバーグ　　唐揚げ　　麻婆豆腐　　ミートソースパスタ

問3. パソコンのOSの中で一番好きなものとその理由を答えてください。

問4. 最後にあなたの住所と氏名を記入してください。

<選択肢>
⓪　調査のタイトルや実施者，調査目的などが記載されていない。
①　問1について，選択するための番号が付与されていない。
②　問2において，好きな食べ物と嫌いな食べ物の2つを同時に質問している。
③　問3において，「OS」が理解できない人がいる可能性がある。
④　問3において，質問内容を「パソコンのOS」と限定している。
⑤　問4において，明らかに不要な個人情報を答えさせている。

Point

アンケート調査の作成方法の注意点を整理しておこう！

アンケート調査の質問文を作るときの注意点としては，以下のようなものがある。
　・質問文はできるだけ簡単にする
　・アンケートの対象者が理解できる言葉を使う
　・アンケート内容の意味や範囲を明確にする
　・回答を誘導するような質問はしない
　・1つの質問で複数のことを回答させない
　・個人情報にふれる質問は行わないか，最低限にする

解説

▶ 映像講義

　アンケートの調査票には，調査のタイトル，実施者や実施の目的を記載しておく必要がある。また，問2のように，1つの質問で2つ以上のことを聞かないために質問を分ける方がよい。問2には，選択肢のすべてが好きな食べ物であった場合などには，強制的に嫌いな食べ物を選んで答えないといけないという問題もある。このため，「その他」という選択肢を作ってもよい。問3には，「OS」という人によっては理解できない可能性のある言葉が含まれている。そのような単語を使用する際は，説明を書いておくなどの工夫を行う必要がある。問4では，明らかに不要な個人情報の記入を求めている。基本的に，必要がない場合は個人情報にふれる質問は行わないことを心掛ける。

解答

⓪，②，③，⑤

例題 79

以下は，ある高校で実施した情報のテストの結果の一部である。次の問いに答えよ。

$$80 \text{点}, \ 85 \text{点}, \ 90 \text{点}, \ 70 \text{点}, \ 95 \text{点}$$

(1) この5人のテストの点数の平均値を求めよ。
(2) この5人のテストの点数の分散を求めよ。
(3) この5人のテストの点数の標準偏差を求めよ。答えは平方根を用いて解答してもよい。

Point

データの分析に利用する平均値，分散，標準偏差の求め方を確認しておこう！

n個のデータを $x_1, \ x_2, \ \cdots, \ x_n$ の n 個に対して，これらの平均を $\bar{x}$ とする。

平均値は，データの合計をデータの個数で割ることによって求めることができ，下記の式で求めることができる。

$$\text{平均} \ \bar{x} = \frac{1}{n}(x_1 + x_2 + \cdots + x_n)$$

分散は，データの散らばり具合を表す値であり，下記のどちらかの式で求めることができる。

$$\text{分散} \ S_x^{\ 2} = \frac{1}{n}\{(x_1 - \bar{x})^2 + (x_2 - \bar{x})^2 + \cdots + (x_n - \bar{x})^2\}$$

$$\text{分散} \ S_x^{\ 2} = \overline{x^2} - \bar{x}^2$$

標準偏差は，データの散らばり具合を表す値であり，分散の正の平方根をとることで求めることができ，下記の式で表される

$$\text{標準偏差} \ \ S_x = \sqrt{S_x^{\ 2}}$$

解説

▶ 映像講義

(1) 平均値は，データの合計をデータの個数で割ることによって求めることができる。

$$\bar{x} = \frac{1}{5}(80 + 85 + 90 + 70 + 95) = 84$$

したがって，平均値は84点となる。

(2) 分散は，データの散らばり具合を表す値であり，以下の式で求めることができる。

$$S_x^{\ 2} = \frac{1}{5}\{(80-84)^2 + (85-84)^2 + (90-84)^2 + (70-84)^2 + (95-84)^2\}$$

$$S_x^{\ 2} = \frac{1}{5}\{16 + 1 + 36 + 196 + 121\}$$

$$S_x^{\ 2} = \frac{1}{5}(370) = 74$$

したがって，分散は74である。

(3) 標準偏差は下記の式で求めることができる。

$$S_x = \sqrt{S_x^{\ 2}}$$
$$= \sqrt{74} \fallingdotseq 8.6$$

したがって，標準偏差は約8.6である。

解答

(1) 84点　(2) 74　(3) $\sqrt{74}$（約8.6）

あるアンケート調査で，16人の参加者の性別と好きなスポーツのデータが以下のように得られた。

性別	好きなスポーツ
男	サッカー
男	野球
女	テニス
男	サッカー
女	テニス
男	バスケットボール
女	野球
女	バスケットボール
男	テニス
男	バスケットボール
男	テニス
女	テニス
男	サッカー
女	サッカー
女	野球
男	野球

(1) 参加者の性別ごとの度数を求めよ。

(2) 参加者の好きなスポーツごとの度数を求めよ。

(3) 参加者の性別と好きなスポーツの組み合わせによるクロス集計表を作成せよ。

Point

単純集計とクロス集計の違いを理解しておこう！

単純集計とは，項目ごとに，該当する数やその割合を計算する集計方法である。クロス集計とは2つ以上のカテゴリ間でデータを比較するための集計方法である。

解説

▶ 映像講義

(1) 参加者の性別で集計した単純集計である。表を見て数えると男性は9人，女性は7人であることがわかる。

(2) 好きなスポーツで集計した単純集計である。表を見て数えるとサッカーは4人，野球は4人，テニスは5人，バスケットボールは3人であることがわかる。

(3) 2つのカテゴリを用いてデータの比較を行っているクロス集計である。
なお，どの問題に対しても合計が16人になることを確認しておくとよい。

解答

(1) 男：9人　女：6人

(2) サッカー：4人　野球：4人　テニス：5人　バスケットボール：3人

(3)

	サッカー	野球	テニス	バスケットボール
男	3	2	2	2
女	1	2	3	1

例題 81

次の状況において，t検定とχ（カイ）二乗検定のどちらの検定方法を利用するべきか答えよ。

(1) ある新しい薬の効果を調べるために，薬を服用するグループとプラセボを服用するグループを比較したい場合。

(2) ある商品の販売地域ごとに商品の好まれている種類を比較し，地域間で違いがあるかを調べたい場合。

(3) ある製品の品質が規格を満たしているかどうかを検証するために，サンプルの欠陥品の割合を調べたい場合。

(4) ある教育プログラムが学生のテストスコアに効果を与えるかどうかを検証するために，プログラムに参加するグループと参加しないグループのテストスコアを比較したい場合。

(5) サイコロにおいてどの目の出方も同じ確率かどうか調べるために，600回の試行を行い，その結果をもとに公正なサイコロかどうかを調べたい場合。

(6) ある会社で製造されている製品Aと製品Bに対して，耐久性を比較する。耐久性は時間で表され，製品Aと製品Bの平均耐久時間に違いがないかどうかを調べたい場合。

Point

t検定とχ（カイ）二乗検定を理解しておこう！

t検定とは，平均値を対象にした検定手法であり，帰無仮説が正しいと仮定した場合に，統計量がt分布（母集団の分散が未知の確率分布）に従うことを利用する。

χ（カイ）二乗検定とは，クロス集計表などで，2つの変数の独立性を調べる検定手法であり，帰無仮説が正しいと仮定した場合に，統計量が近似的にχ（カイ）二乗分布に従うことを利用する。

解説

▶ 映像講義

(1) 服薬グループとプラセボグループの2つの独立な群間で平均値の差を比較したい場合には，t検定を利用する。この場合，新薬の効果をプラセボと比較するため，2つの群間で平均値の差を検定する。

(2) 複数のカテゴリ間の関連性や分布の違いを調べる場合には，χ（カイ）二乗検定を利用する。地域ごとに好まれる商品の種類を比較する場合，カテゴリの頻度や割合を比較するため，χ（カイ）二乗検定を使用する。

(3) 製品の品質が規格を満たしているかどうかを検証するために，サンプルの欠陥品の割合を比較する場合には，χ（カイ）二乗検定を使用する。規格品と欠陥品の割合を比較し，統計的に有意な違いがあるかどうかを検定する。

(4) プログラムに参加するグループと参加しないグループのテストスコアを比較する場合には，t検定を使用する。この場合，2つのグループ間でテストスコアの平均値の差を検定し，教育プログラムの効果を評価する。

(5) サイコロでどの目の出方も同じ確率かどうか調べるためには，χ（カイ）二乗検定を利用する。600回行った結果をもとに近似的にχ（カイ）二乗分布に従うことを確認する。

(6) 2つの製品の耐久性を比較する場合は，t検定を用いる。この場合，それぞれの平均耐久時間の平均値を用いて比較を行う。

解答

(1) t検定　(2) χ（カイ）二乗検定　(3) χ（カイ）二乗検定
(4) t検定　(5) χ（カイ）二乗検定　(6) t検定

例題 82

　ある高校の5人の生徒の数学と理科の成績データがある。数学のテストの得点と理科のテストの得点の相関係数を小数第二位まで求め、相関について述べよ。

生徒名	数学	理科
A	85 点	78 点
B	90 点	92 点
C	70 点	65 点
D	75 点	80 点
E	80 点	85 点

Point

相関係数の求め方と相関関係について覚えておこう！

x と y の相関係数は以下の式で求められる。

$$\frac{x \text{と} y \text{の共分散}}{(x \text{の標準偏差}) \times (y \text{の標準偏差})}$$

また、相関係数は 1.0 に近いほど、正の相関が強く、−1.0 に近いほど負の相関が強い。

解説

▶ 映像講義

　まず、数学の平均を求めると、$(85+90+70+75+80) \div 5 = 80$

　理科の平均を求めると、$(78+92+65+80+85) \div 5 = 80$

　続いて、数学のデータを x、理科のデータを y、それぞれの平均を $\bar{x}$、$\bar{y}$ とし、データを表にまとめると以下のようになる。

x	y	$x-\bar{x}$	$y-\bar{y}$	$(x-\bar{x})^2$	$(y-\bar{y})^2$	$(x-\bar{x})(y-\bar{y})$
85	78	5	-2	25	4	-10
90	92	10	12	100	144	120
70	65	-10	-15	100	225	150
75	80	-5	0	25	0	0
80	85	0	5	0	25	0
			合計	250	398	260

　したがって、相関係数を計算すると、以下のようになる。

$$\frac{260 \times \frac{1}{5}}{\sqrt{250 \times \frac{1}{5}} \times \sqrt{398 \times \frac{1}{5}}} = \frac{260}{\sqrt{99500}} \fallingdotseq 0.824$$

　したがって、小数第二位まで求めると 0.82 となる。また、相関係数が 1.0 に近いことから、正の相関が強いといえる。

解答

相関係数：0.82

正の相関が強いといえる。

データの可視化について述べた下記の文章を読み，次の各問に答えよ。

　以下の表1は，4種類のグラフについて，そのグラフの用途および，用いる具体的なデータの例をまとめたものである。

表1

グラフの種類	用途	具体的なデータの例
棒グラフ	ア	オ
折れ線グラフ	イ	カ
帯グラフ	ウ	キ
散布図	エ	ク

問1：空欄　ア　～　エ　に入る最も適切な項目を選択肢の中から選べ。
⓪　内訳や比率を表す
①　全体的な分布や傾向，相関関係を見る
②　項目間の数値を比較する
③　時間経過に伴うデータの変化を読み取る

問2：空欄　オ　～　ク　に入る最も適切な項目を選択肢の中から選べ。
⓪　ある市の8月の日毎の最高気温
①　ある商品の店舗ごとの販売価格
②　さまざまな自動車の燃費データと重量データ
③　ある政策に対する年代別の支持／不支持のデータ

［武蔵野大 2021］

Point

データの可視化のための手法を整理しておこう！

解説

▶ 映像講義

　棒グラフは，データの変化や項目間での差異を見るときに利用する。このため，データの例としては，「ある商品の店舗ごとの販売価格」が適する。

　折れ線グラフは，時系列でのデータの増減などの変化を見るときに利用する。このため，データの例としては，「ある市の8月の日毎の最高気温」が適する。

　帯グラフは，全体の中での項目ごとの割合を見るときに利用する。このため，データの例としては，「ある政策に対する年代別の支持／不支持のデータ」が適する。

　散布図は，データの分布やばらつきを見るときに利用する。このため，データの例としては，「さまざまな自動車の燃費データと重量データ」が適する。

解答
問1：ア…②　イ…③　ウ…⓪　エ…①
問2：オ…①　カ…⓪　キ…③　ク…②

1　次の文章を読み，問いに答えよ。

　データ分析は，ビジネスや科学の領域で重要な意思決定をサポートするために活用されている。データ分析では，収集したデータを可視化し，パターンや関係性を把握することが求められる。グラフや図は，データを視覚的に表現するために使用される。

　例えば，　ア　は時間の経過に伴うデータの変化を示し，トレンドや季節性を把握するのに役立つ。　イ　はデータの分布を表現し，値の範囲や頻度を確認するのに適している。　ウ　はデータの中央値や(1)四分位数，(2)外れ値を示し，データのばらつきや異常値を把握するのに有用である。

　さらに，　エ　はカテゴリごとの割合を比較したり割合の変化を確認するのに適しており，　オ　はカテゴリ間の相対的な割合を視覚化するのに適している。　カ　は(3)2つの変数間の相関関係を示し，データのクラスタリングやパターンの特定に役立つ。

　これらのグラフや図を活用することで，データ分析者はデータの特徴を理解し，意思決定をサポートする洞察を得ることができる。データの可視化は，複雑なデータセットを理解しやすくし，データ駆動型の意思決定を促進する。

問1：　ア　～　カ　に当てはまる言葉を下記の解答群の中からそれぞれ1つずつ答えよ。

　　　〈解答群〉
　　　⓪　箱ひげ図
　　　①　帯グラフ
　　　②　散布図
　　　③　折れ線グラフ
　　　④　円グラフ
　　　⑤　ヒストグラム

問2：下線部(1)に関して，下記のデータの四分位数をそれぞれ求めよ。

$$12, 17, 20, 24, 26, 30, 33, 38, 42, 50$$

問3：下線部(2)に関して，外れ値の説明として正しいものを次の選択肢から選べ。
　　　⓪　外れ値は，データセット内の特異な値であり，ほかのデータポイントと比較して極端に大きな値または極端に小さな値を指す。
　　　①　外れ値は，データセット内の最頻値であり，データ分布の中央部に集中している値を指す。
　　　②　外れ値は，データセット内の中央値であり，データの平均的な値を指す。
　　　③　外れ値は，データセット内の中間値であり，データの上位25%と下位25%の間に位置する値を指す。

問4：下線部(3)に関して，2つの変数間の相関関係の強さを表す値のことを何というか。また，その値としてとり得る範囲を答えよ。

2 次の文章を読み，問いに答えよ。

　　データの尺度は，データの測定レベルや性質をあらわす指標である。データの尺度によって，データをどのように解釈し，どのような統計的手法を適用するかが異なる。主なデータの尺度には，名義尺度，順序尺度，間隔尺度，比例尺度の4つがある。
　　| ア | は，データをカテゴリやグループに分類するための尺度である。データ間に大小や順序の関係はなく，単に分類のためのラベルとして使用される。例えば，具体例として色や血液型などがある。| イ | は，データを大小の関係で分類するための尺度である。データの大小で関係を表現できるが，値の差に量的な意味はない。具体例としてアンケートの評価スケールやランキングなどがある。| ウ | は，等間隔の目盛りにおけるデータの大小をあらわす尺度である。データの差を比較することができ，相対的な大小関係や差の量的な解釈が可能であるが，絶対的なゼロ点は存在しない。例えば，具体例として気温や年号などがある。| エ | は，データの大小，間隔，および比率の関係をあらわす尺度である。データの差や比率の比較が可能であり，絶対的なゼロ点も存在する。具体例として，身長や体重，時間などがある。
　　データの尺度に応じて適切な統計手法やグラフが異なる。名義尺度のデータには，(1)クロス集計や| A | が適している。順序尺度のデータには，順位相関やウィルコクソンの順位和検定が有効である。間隔尺度や比率尺度のデータには，(2)平均値や分散などの統計的手法が適用できる。

問1：| ア | ～ | エ | に入る語句を選べ。
　　⓪　順序尺度
　　①　比例尺度
　　②　名義尺度
　　③　間隔尺度

問2：問1の4つの尺度を質的データと量的データに分類せよ。

問3：下線部(1)に関して，クロス集計について説明せよ。また，空欄| A | には，クロス集計をしたデータに対して有効な検定の名称が入る。この検定の名称を答えよ。

問4：下線部(2)に関して，統計的手法に関する説明として正しいものをすべて選べ。
　　⓪　中央値はデータセットを得られたデータの順に並べた際の中央の値を指す。
　　①　平均はデータセットの中心的な値であり，データの合計をデータ数で割った値を指す。
　　②　分散はデータの散らばり具合をあらわし，データの値と平均値の差の平均を指す。
　　③　標準偏差は，データのばらつきを表し，分散の正の平方根を指す。

問5：データ分析を行う際には，アンケート調査などによりデータの収集を行う必要がある。データの収集方法には，全数調査と標本調査がある。以下の選択肢は，全数調査と標本調査のどちらに該当するかそれぞれ答えよ。
　　(1)　選挙後に行われる世論調査
　　(2)　全国の大学生から選ばれた100人に対して行われるアンケート調査
　　(3)　あるテレビ番組の視聴率の調査
　　(4)　ある企業の全従業員に対して行われる満足度調査

11章 実戦問題

1 以下の文章を読み，問に答えなさい。

　知的財産権とは，小説・コンピュータプログラム・特許等，知的な活動によって新しく生みだされたものに関し，それを生みだした人物・企業等に認められる権利の総称である。日本では，明治期以降，法令が整備されるとともに，1899 年に著作権に関する国際条約（ベルヌ条約）に加盟するなど，国内的・国外的に知的財産権を保護する制度が整えられてきた。

　知的財産権は，大別すると，［　A　］，［　B　］およびその他の権利に分けられる。

　［　A　］とは，アイディアや思想を何らかの形態で表現した著作物を創作した著作者に認められる権利である。［　C　］によって規定されており，［　D　］と［　E　］に分けられる。両者の特徴は下表のとおりである。

［　D　］	公表権	著作物の公表・非公表を決める権利
	氏名表示権	著作物を公表するにあたっての氏名の表示・非表示等を決める権利
	同一性保持権	［　F　］
［　E　］	複製権	著作物を複製する権利
	上演権・演奏権・上映権	著作物を公に上演・演奏・上映する権利
	公衆送信権	著作物を公衆に送信ないしは送信可能化する権利
	口述権	言語による著作物を口述する権利
	展示権	美術の著作物を展示する権利
	頒布権	映画の著作物を頒布する権利
	譲渡権・貸与権	映画以外の著作物を譲渡・貸与する権利
	翻訳権・翻案権	著作物を翻訳・編曲・変形する権利

　［　B　］は，［　G　］に関する権利である特許権，物品の形状や構造などのアイディアに関する権利である［　H　］，物品の形状や模様，色彩等に関する権利である［　I　］，商品やサービスにかかわるマークに関する権利である商標権に分けられる。

　(あ)［　B　］と［　A　］を比べた場合，特許権，［　H　］，［　I　］，商標権等の［　B　］はいずれも出願・登録によって発生する権利であるが，［　A　］は対象となるものが生みだされた時点で発生する権利であるという点が異なっている。

　なお，情報社会が進展するにつれ，著作物もディジタル化が進み，複製や伝達によって劣化しない，容易に加工を行うことができる，多様な形態の情報を統合することができるというディジタル情報の特質を有することになった。このようななかで，知的財産権をめぐっては，各国においてその保護が法的に進められるとともに，他方，著作者が使用許諾条件を事前に開示することによって，著作物の再利用や二次利用を推進するクリエイティブコモンズという取り組みが世界的に広がるなど，新たな局面が到来している。

問1　文中の空欄［　A　］・［　B　］にあてはまる語句の組み合わせとして最も適切なものを，次の①～⑨のうちから一つ選べ。

① A：産業財産権　B：著作権　　　　　② A：産業財産権　B：著作隣接権
③ A：産業著作権　B：著作権　　　　　④ A：著作権　　　B：産業財産権
⑤ A：著作権　　　B：産業著作権　　　⑥ A：著作権　　　B：著作隣接権
⑦ A：著作隣接権　B：著作権　　　　　⑧ A：著作隣接権　B：産業財産権
⑨ A：著作隣接権　B：産業著作権

問2　文中の空欄［　C　］にあてはまる語句として最も適切なものを，次の①〜④のうちから一つ選べ。
　　① 著作権法　　　　　　　　　　　　　② 著作者人格権法
　　③ 著作財産権法　　　　　　　　　　　④ 著作権等管理事業法

問3　文中の空欄［　D　］・［　E　］にあてはまる語句の組み合わせとして最も適切なものを，次の①〜⑨
　　のうちから一つ選べ。
　　① D：著作者権　　　　E：著作財産権　　　② D：著作者権　　　　E：著作経済権
　　③ D：著作者権　　　　E：著作利用権　　　④ D：著作者人格権　　E：著作財産権
　　⑤ D：著作者人格権　　E：著作経済権　　　⑥ D：著作者人格権　　E：著作利用権
　　⑦ D：著作創作権　　　E：著作財産権　　　⑧ D：著作創作権　　　E：著作経済権
　　⑨ D：著作創作権　　　E：著作利用権

問4　文中の空欄［　F　］にあてはまる語句として最も適切なものを，次の①〜④のうちから一つ選べ。
　　① 著作物を他者に譲渡することができる権利
　　② 著作物を意に反して改変されない権利
　　③ 著作物を実名で公表することを妨げられない権利
　　④ 複数人による著作物は関与したものがそれぞれ同一の著作権を得る権利

問5　文中の空欄［　G　］にあてはまる語句として最も適切なものを，次の①〜④のうちから一つ選べ。
　　① 既知の知識の組み合わせによる工夫
　　② 自然法則を利用した高度な発明
　　③ 商品・製品・サービスの販売方法
　　④ 情報通信技術を活用した製造方法

問6　文中の空欄［　H　］にあてはまる語句として最も適切なものを，次の①〜④のうちから一つ選べ。
　　① 意匠権　　　　　　② 形状構造新案権　　　③ 実用新案権　　　　　④ 設計製造権

問7　文中の空欄［　I　］にあてはまる語句として最も適切なものを，次の①〜④のうちから一つ選べ。
　　① 意匠権　　　　　　② 外装美装権　　　　　③ デザイン権　　　　　④ 表象権

問8　文中の下線部（あ）に関する記述として最も適切なものを，次の①〜④のうちから一つ選べ。
　　① この文章に誤りはない。
　　② ［　A　］・［　B　］とも，出願・登録によって発生する権利である。
　　③ ［　A　］・［　B　］とも，対象となるものが生みだされた時点で発生する権利である。
　　④ ［　A　］は出願・登録によって発生する権利であり，［　B　］は対象となるものが生みだされた時
　　　点で発生する権利である。

［和光大 2020］

2　次の記述a・bの空欄　ア　〜　エ　，　シ　に入れるのに最も適当なものを，次ページのそれぞれ
　の解答群のうちから一つずつ選べ。また，空欄　オカ　〜　クケコサ　に当てはまる数字を答えよ。ただし，
　　イ　・　ウ　の解答の順序は問わない。

a　ある父と娘の電子メールに関する会話
娘：さっき友達から，「拡散希望」っていう件名の電子メールが届いたんだ。テレビ番組の企画で，メールの
　　転送を繰り返してどれだけ広い範囲に伝わるかっていう実験なんだって。番組の担当者の名前とメールア
　　ドレスも書いてある。転送するときには，**宛先欄に転送先として4人のアドレスを書き並べて，CC欄に**
　　担当者のアドレスを入れることになってるみたい。面白そうだから，友達に転送しようかな。

父：ちょっと待って。転送してはだめだよ。それは ア メールだね。 ア メールでは，偽情報を拡散させようとしていることが多いんだよ。他にも イ とか， ウ ということもあるよ。

娘：情報が正しいかどうか確認するためにその番組の公式 エ を見てみるね。あれ，「当番組の企画をかたった ア メールにご注意ください」って書いてある。転送しないでよかった。友達にも伝えておくね。

父：それにね，正しい内容だったらいいってわけではないんだよ。どのメールアドレスに対してもそれぞれ一人にメールが届くとして，最初に ア メールを始めた人が4人のアドレスを宛先にしてメールを送った時を1回目とするよ。2回目に，宛先で受け取った4人がそれぞれ4人に転送したとすると，担当者を除くと最大16人にメールが送られることになるよね。3回目に，その16人がメールを転送したとすると，担当者を除くと最大 オカ 人にメールが送られるよ。そうすると キ 回目では，担当者を除いても最大1万人以上に送られることになるんだ。そして，2回目から キ 回目までにCCにある担当者に送られるメールを合計すると クケコサ 通になるよね。

娘：そうなると担当者にものすごい数のメールが届くことになるし，同じ内容のメールが何回も送られてくる人もいるかもしれないね。

b 相談メール

記述 a で娘に ア メールを転送してきた友人Xは，友人Aから指摘を受け，担任の先生に相談のメールを表1のようにアドレスを指定して送信したとする。この場合，娘が受け取ったメールには シ のアドレスは含まれない。

表1 友人Xによるメール送信でのアドレスの指定

宛先（To）	担任のアドレス
CC	娘のアドレス，友人Bのアドレス，友人Cのアドレス
BCC	友人Aのアドレス

ア ， エ の解答群

⓪ アクセスログ
① Web サイト
② 公開鍵
③ ショート
④ タグ
⑤ チェーン
⑥ データベース
⑦ ワーム

イ ， ウ の解答群

⓪ 拡散させてしまった情報の削除や訂正は難しい
① 転送である旨を件名に書かないと不正アクセス禁止法に違反する
② CC で送信するとメール内容が暗号化されてしまう
③ 宛先欄のメールアドレスを収集して迷惑メールの送信に使おうとしている

シ の解答群

⓪ 担任
① 娘と友人Bと友人C
② 友人A
③ 担任と友人A
④ 娘と友人Aと友人Bと友人C

［センター試験 2017 本試験］

3 次の記述の空欄 [ア] ～ [エ] , [カ] ～ [ク] に入れるのに最も適当なものを, それぞれの解答群のうちから一つずつ選べ。また, 空欄 [オ] に当てはまる数字を答えよ。ただし, [カ] , [キ] の解答の順序は問わない。

 Sさんは, 情報をディジタル化することで加工が容易になったり, 圧縮できたりすることを学んだ。圧縮に興味を持ったSさんは, 圧縮に関する用語や種類などについて調べた。

・圧縮したデータは通常, [ア] して利用する。圧縮前のデータと [ア] 後のデータとで違いが生じる圧縮方式を [イ] という。この方式を利用した圧縮は, 一般に [ウ] 。

・圧縮によってデータの大きさがどの程度変化したかを表す指標として, 圧縮比が次の式で定義されていた。

$$圧縮比 = \frac{圧縮後のデータ量}{圧縮前のデータ量}$$

この定義に従えば, [エ] 。

 さらに, Sさんは白黒画像を文字列で表現し, それを圧縮することを考えた。

 まず, 画像の左上から横方向に画素を読み取り, 読み取った画素が黒色であれば「黒」, 白色であれば「白」と表記することにした。右端の画素まで到達したら, 次の行の左端の画素から再び読み取りを始め, これを最後の画素まで繰り返す。ただし, 画像の縦と横の画素数は, 事前にわかっているものとする。例えば, 3×3の画素からなる図1は, 「黒黒黒白黒黒黒黒白」という文字列で表現する。

図1　3×3の白黒画像の例

 次に, Sさんは「黒黒黒」のように同じ文字が3つ以上並んでいる場合に, 「黒3」のように色を表す文字に並んでいる数を付け加えて表記することで, 文字列の文字数を減らすことにした。図1をこの方法で圧縮すると, 「黒3白黒4白」となるので3文字短くなり, 「黒黒黒黒黒白白黒黒黒白黒黒黒」を圧縮すると [オ] 文字短くなる。一方, [カ] や [キ] のような画像は, この方法で文字数を減らすことができない。

 また, 解答群にある4つの画像の中では, [ク] が最も圧縮比が小さくなる。

[ア] , [イ] の解答群
⓪　無圧縮　　　　　① 可逆圧縮　　　　② 差分圧縮　　　③ 非可逆圧縮
④　複　製　　　　　⑤ 再圧縮　　　　　⑥ 暗号化　　　　⑦ 伸縮（展開）

[ウ] の解答群
⓪　圧縮によって画質を向上させたいデータに利用される
①　機密性の高い重要なデータの圧縮に利用される
②　アプリケーションソフトウェアを圧縮するために利用される
③　圧縮前のデータとの違いを人間が識別しにくいものに利用される

[エ] の解答群
⓪　データが違っても同じアルゴリズムで圧縮すれば圧縮比は等しい
①　データが違っても圧縮比が等しければ圧縮後のデータ量は等しい
②　圧縮比が小さいほど圧縮に必要な時間が短い
③　圧縮前に比べ圧縮後のデータ量が少ないほど圧縮比が小さい

[カ] ～ [ク] の解答群
⓪ 　　① 　　② 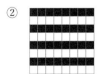　　③

［共通テスト 2021 追試験］

4 次の文を読み，空欄 ア ～ ウ に入れるのに最も適当なものを，後の解答群のうちから一つずつ選べ。ただし，空欄 イ ・ ウ は解答の順序は問わない。

情報を整理して表現する方法として，アメリカのリチャード・S・ワーマンが提唱する「究極の5つの帽子掛け」というものがある。これによれば，情報は無限に存在するが，次の5つの基準で情報の整理・分類が可能という。

・場所・・・物理的な位置を基準にする
　例：都道府県の人口，大学のキャンパスマップ
・アルファベット・・・言語的な順番を基準にする。
　　　　　　　　　（日本語なら五十音）
　例：辞書，電話帳
・時間・・・時刻の前後関係を基準にする
　例：歴史年表，スケジュール
・カテゴリー・・・物事の差異により区別された領域を基準にする
　例：生物の分類，図書館の本棚
・階層（連続量）・・・大小や高低など数量的な変化を基準にする
　例：重要度順の ToDo リスト，ファイルサイズの大きい順

この基準によれば，図1の「鉄道の路線図」は ア を基準にして整理されており，図2のある旅行会社の Web サイトで提唱されている「温泉がある宿の満足度評価ランキング」は イ と ウ を基準に整理・分類されていると考えられる。

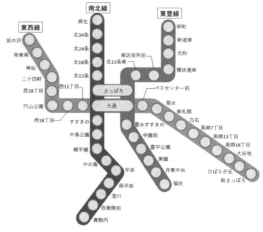

図1　鉄道の路線図

図2　温泉がある宿の満足度評価ランキング

ア ～ ウ の解答群
⓪　場所
①　アルファベット
②　時間
③　カテゴリー
④　階層（連続量）

［共通テスト試作問題］

214

5　次の文章を読み，空欄　ア　～　ウ　に入れるのに最も適当なものを，後の解答群のうちから一つずつ選んで答えよ。

数字情報の表示を行う 7 セグメント LED というものが存在する。

図 1 の a ～ g の部分は発光部，Dt の部分はドット発光部であり，これらの LED の消灯・点灯の組み合わせで 0 ～ 9 の数字を表現することができる。例えば，数字の「1」を表現するためには，発光部 b と c を点灯させる。

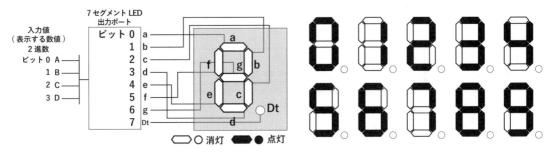

図 1　7 セグメント LED の仕組み　　　　図 2　0 ～ 9 からの LED 表示

このとき，ビット 7（Dt）を最上位ビット（MSB），ビット 0（a）を最下位ビット（LSB）とし，ポート出力が 1 のときに LED を点灯させる。例えば図 2 のように数字「1」を表示するには，b と c を点灯させる必要があるため，この時の出力ポートのビット 7 ～ 0 に設定すべきデータは 00000110 となる。なお，データは 16 進数で表記することにすると，$(05)_{16}$ となる。

(1)　数字「6」を表示するとき，出力ポートのビット 7 ～ 0 に設定すべきデータは，（　ア　）$_{16}$ である。また，$(6F)_{16}$ を設定した場合，7 セグメント LED で表現される数値は　イ　である。

　ア　の解答群
⓪　4D　　　　　　　①　5D　　　　　　　②　6D　　　　　　　③　7D

　イ　の解答群
⓪　0　　　　　　　①　3　　　　　　　②　8　　　　　　　③　9

(2)　「7」を表示したい時，入力値は $(0111)_2$ である。入力 A ～ D はそれぞれ 1，1，1，0 である。このとき入力値 A，B，C，D に対して出力 e の論理回路図を図 3 に表している。この時空欄に当てはまる論理回路は　ウ　である。

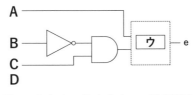

図 3　入力 A ～ D と出力 e の論理回路

　ウ　の解答群

⓪ 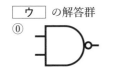　　　① 　　　② 　　　③

[基本情報技術者試験 2016 改]

6　Nさんは15個のマスからなるスゴロクを作成した。1番目のマスをスタート，15番目のマスをゴールとし，間のマスには楽しめる仕掛けを入れることにした。

問1　次の文章を読み，空欄 ［ ア ］ ～ ［ ウ ］ に当てはまる数字を答えよ。また，空欄 ［ エ ］ に入れるのに最も適当なものを，解答群のうちから一つ選べ。

　図1はNさんが作ったスゴロクである。スゴロクに参加するプレーヤーは開始時に自身のコマをスタートに置く。プレーヤーは順番にサイコロを振り，出た目に応じて自身のコマを動かす。最も早くコマをゴールに到達させたプレーヤーが勝者になる。

図1

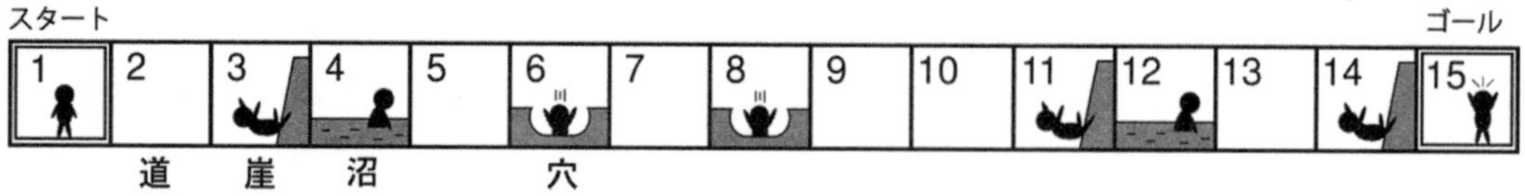

　表1にマスの種類とその効果を示す。「マスの効果」は，そのマスにいるコマのプレーヤーがサイコロを振ったときに適用される。スタートとゴールとそれらの間以外にはマスが存在しないため，スタートより後ろに戻ろうとした場合はスタートにとどまり，ゴールより先に進もうとした場合はゴールにとどまる。
　Nさんは友人のSさんとスゴロクで遊んでみた。表2はその記録である。サイコロは1～6の目が出るものを使用した。全プレーヤーが1回ずつサイコロを振り，出た目に応じてコマの位置の更新を行うことを，ラウンドと呼ぶ。ゲームは1ラウンド，2ラウンド，… と進行する。

表1

マスの種類		マスの効果
スタート		出た目の数だけコマを前進させる。
道		
崖		出た目の数だけコマを後進させる。
穴		出た目が4以上なら，出た目の数だけコマを前進させる。3以下の場合はそのマスにとどまる。
沼		出た目の数の半分だけコマを前進させる。小数点以下は切り捨てる。
ゴール		－

表2

	ラウンド	開始時	1	2	3	4	5	6	7
N	出た目	－	3	6	?	1	2	4	3
	コマの位置	1	4	ア	9	10	12	?	11
S	出た目	－	1	4	3	ウ	3	5	3
	コマの位置	1	2	イ	?	?	8	13	15

（設問の都合により，値を”?”で隠している箇所がある）

表2のラウンド1を見ると，Nさんのコマ（コマN）は出た目が3なのでマス4に移動し，Sさんのコマ（コマS）は出た目が1なのでマス2に移動した。続くラウンド2で，沼マスにいるコマNはマス　ア　に，道マスにいるコマSはマス　イ　に，それぞれ移動した。ラウンド4では，Nさんは1の目を出してマス10に移動した。このラウンドでSさんは　ウ　の目を出している。ラウンド5でコマNはマス12に，コマSは8マスに移動した。コマNはラウンド6で　エ　の目が出ればゴールに到達するはずだったが，実際にはゴールに到達できなかった。一方，コマSはラウンド6でマス8の穴マスから脱出し，ラウンド7でゴールに到達したため，この勝負はSさんの勝ちになった。

問2　次の文章を読み，空欄　オ　～　ク　に入れるのに最も適当なものを，解答群のうちから一つずつ選べ。

　Nさんは，出た目から移動先のコマの位置が自動的にわかれば便利と考え，コマの位置をコンピュータで計算する手続きを作成することにした。できた手続きを図2に示す。表3に図2で使われる配列変数を示す。図2では，(08) 行目でラウンドごとに各プレーヤーがサイコロを振って出た目が入力され，その値を配列変数 Saikoro に格納する。各プレーヤーのコマの位置は配列変数 Koma に格納することにした。変数 r は何番目のラウンドであるかを表し，手続きの開始時の値は 0，最初にサイコロを振るときの値は 1 である。

　Nさんは，コマが移動する数を「出た目×マスの効果値」の計算で求められるように，マスの種類ごとの効果を表す「効果値」を考えた。各マスの効果値はあらかじめ配列変数 Masu に格納されている。効果値の値は，道マスは 1，崖マスは -1，沼マスは 0.5 である。穴マスは 0 が格納されているが，サイコロの目に応じて (11) ～ (13) 行目で適切な値に変更してから使用される。

図2

```
(01)    ninzu = 2, owari = 0, r = 0
(02)    i を 1 から ninzu まで 1 ずつ増やしながら繰り返す：
(03)    └ Koma [i, r] = 1
(04)
(05)    owari = 0 の間繰り返す：
(06)    │  r = r+1
(07)    │  i を 1 から ninzu まで 1 ずつ増やしながら繰り返す：
(08)    │   Saikoro [i, r] =【出た目を入力】
(09)    │   k = Koma [i,   オ   ]
(10)    │   bairitu = Masu [k]
(11)    │   もし bairitu = 0 かつ Saikoro [i, r] ≧ 4 ならば：
(12)    │      bairitu =   カ
(13)    │
(14)    │   idou = 切り捨て（Saikoro [i, r] ×   キ   ）
(15)    │   Koma [i, r] = k+   ク
(16)    │   もし Koma [i, r] <1 ならば：Koma [i, r] = 1
(17)    │   もし Koma [i, r] ≧ 15 ならば：
(18)    │      Koma [i, r] = 15, owari = 1
(19)    │
(20)    │
(21)
```

表3

配列変数	説明
Koma［i，r］	ラウンド r におけるプレーヤー i の更新後のコマの位置
Saikoro［i，r］	ラウンド r におけるプレーヤー i の出た目
Masu［k］	マス k の効果値

　この手続きでは何人でも遊べるように変数 ninzu にプレーヤーの人数を格納することにした。変数 owari はゲームの状態を表し，どのプレーヤーもゴールに到達していない場合は 0 のままで，誰かがゴールに到達した場合は 1 が入る。また，数値の小数点以下を切り捨てて整数にする関数「切り捨て」を用いている。例えば「切り捨て（3.8）」の結果は 3 になる。

　　オ　～　ク　の解答群

⓪　0 　　　　　　　　① 1 　　　　　　　　② 0.5 　　　　　　　③ － 1
④　k 　　　　　　　　⑤ r 　　　　　　　　⑥ r ＋ 1 　　　　　　⑦ r － 1
⑧　bairitu 　　　　　⑨ idou 　　　　　　ⓐ ninzu

問 3　次の文章を読み，空欄　ケ　・　コ　・　シ　・　ス　に当てはまる数字を答えよ。また，空欄　サ　に入れるのに最も適当なものを，解答群のうちから一つ選べ。

　友人の S さんはスゴロクを面白くするために，オバケ👻が登場するスゴロクを作成した。N さんは早速，S さんが作った図 3 の手続きをもらった。S さんによると，「オバケは一定範囲のマスを移動する。コマがゴール方向にオバケを追い抜こうとするとオバケに捕まる」とのことである。図 3 において，変数 obake にはオバケの位置が格納される。（22）～（24）行目が「オバケに捕まる」処理とのことであるが，それ以上のことは教えてくれなかった。なお，（07）行目の（r - 1）％ 4 は，r - 1 を 4 で割った余りを計算している。

　N さんは図 4 のスゴロクを用いて S さんが作ったオバケの動きを調べることにした。図 3 を見ると，開始時（r が 0 のとき）のオバケの位置はマス 6 である。オバケの位置を求めるには図 3 の（07）行目の a の値が必要になることから，ラウンド r のときの更新後の a の値，更新後のオバケの位置，出た目，更新後のコマ N の位置を記入する表 4 を作成し，実際にサイコロを振りながら値を記入することにした。

図 3

```
(01)    ninzu = 1,  owari = 0,  r = 0,  obake = 6
(02 － 04)  （図 2 の（02）～（04）と同じ）
(05)    owari = 0 の間繰り返す：
(06)          r = r+1
(07)          a = (r － 1) ％4
(08)          もし a<2 ならば：
(09)             obake = obake+1
(10)          そうでなければ：
(11)             obake = obake-1
(12)
(13)          i を 1 から ninzu まで 1 ずつ増やしながら繰り返す：
(14 － 21)        （図 2 の（08）～（15）と同じ）
(22)             もし Koma［i，r-1］<obake かつ Koma［i，r］>obake ならば：
(23)                Koma［i，r］= obake
(24)
(25 － 28)        （図 2 の（16）～（19）と同じ）
(29)
(30)
```

図 4

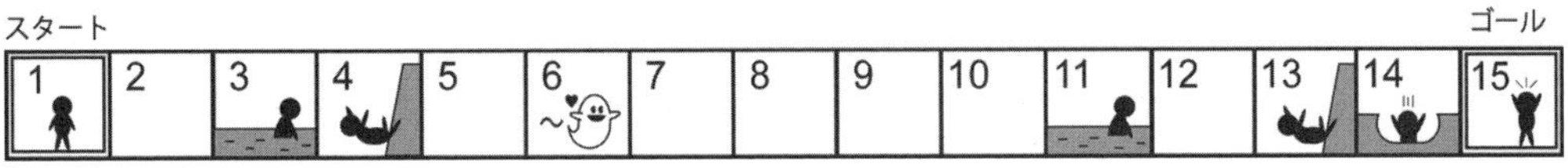

（この図でオバケのいるマス 6 は道マスである）

表 4

ラウンド r		0	1	2	3	4	5	6	7		
a の値		−									
オバケの位置		6	7	ケ	コ						
N	出た目	−	3	1	4	3	6	1	2	3	2
	コマの位置	1	4	3	5	シ					

　まず，オバケの動きを調べてみた。ラウンド 1 のときのオバケの位置は図 3 の（08）〜（12）行目の処理からマス 7 となり，ラウンド 2, 3 のときのオバケの位置は，それぞれマス ┃ ケ ┃，マス ┃ コ ┃ になる。ラウンドを進めるうちに，オバケはマス ┃ サ ┃ の範囲内で移動することがわかった。

　次に，オバケが登場するスゴロクでのコマ N の動きを調べてみた。ラウンド 3 の更新後のコマの位置はマス 5 である。ラウンド 4 で出た目は 3 で，そのラウンドの更新後のコマの位置はマス ┃ シ ┃ となる。コマが初めてマス 9 以降のマスに移動するのはラウンド ┃ ス ┃ の更新後であった。以上から，N さんはこの手続きにおけるコマとオバケの動きを理解できた。

┃ サ ┃ の解答群

⓪　5 から 9　　　　①　6 から 8　　　　②　5 から 7　　　　③　6 から 10

［共通テスト 2021 本試験 改］

次の文章を読み，あとの問いに答えよ。

　Mさんのクラスでは，文化祭の期間中2日間の日程でクレープを販売することにした。1日目は，慣れないこともあり，客を待たせることが多かった。そこで，1日目が終わったところで，調理の手順を見直すなど改善した場合に，どのように待ち状況が変化するかシミュレーションすることにした。なお，このお店では同時に一人の客しか対応できないとし，客が注文できるクレープは一枚のみと考える。また，注文は前の客に商品を渡してから次の注文を聞くとして考える。

問　次の文章および表中の空欄 ア 〜 エ に当てはまる数字を答えよ。
　まず，Mさんは，1日目の記録を分析したところ，注文から商品を渡すまでの**一人の客への対応時間に約4分を要している**ことが分かった。
　次に，クラスの記録係が1日目の来客時間を記録していたので，最初の50人の客の到着間隔を調べたところ，表1の人数のようになった。この人数から相対度数を求め，その累積相対度数を確率とみなして考えてみた。また，到着間隔は一定の範囲をもとに集計しているため，各範囲に対して階級値で考えることにした。

表1　到着間隔と人数

到着間隔（秒）	人数	階級値	相対度数	累積相対度数
0 以上〜 30 未満	6	0 分	0.12	0.12
30 以上〜 90 未満	7	1 分	0.14	0.26
90 以上〜 150 未満	8	2 分	0.16	0.42
150 以上〜 210 未満	11	3 分	0.22	0.64
210 以上〜 270 未満	9	4 分	0.18	0.82
270 以上〜 330 未満	4	5 分	0.08	0.90
330 以上〜 390 未満	2	6 分	0.04	0.94
390 以上〜 450 未満	0	7 分	0.00	0.94
450 以上〜 510 未満	1	8 分	0.02	0.96
510 以上〜 570 未満	2	9 分	0.04	1.00
570 以上	0	—	—	—

　そして，表計算ソフトウェアで生成させた乱数（0以上1未満の数値が同じ確率で出現する一様乱数）を用いて試しに最初の10人の到着間隔を，この表1をもとに導きだしたところ，次の表2のようになった。ここでの到着間隔は表1の階級値をもとにしている。なお，1人目は到着間隔0分とした。

表2　乱数から導き出した到着間隔

	生成させた乱数	到着間隔
1人目	—	0分
2人目	0.31	2分
3人目	0.66	4分
4人目	0.41	2分
5人目	0.11	0分
6人目	0.63	3分
7人目	0.43	3分
8人目	0.28	2分
9人目	0.55	3分
10人目	0.95	ア 分

　表2の結果から10人の客の待ち状況が分かるように，次の図1のように表してみることにした（図1は6人目まで記入）。ここで，待ち時間とは，並び始めてから直前の人の対応時間が終わるまでの時間であり，対応時間中の客は待っている人数に入れないとする。このとき，最も待ち人数が多いときは イ 人であり（これを最大待ち人数という），客の中で最も待ち時間が長いのは ウ エ 分であった。

図1　シミュレーション結果（作成途中）

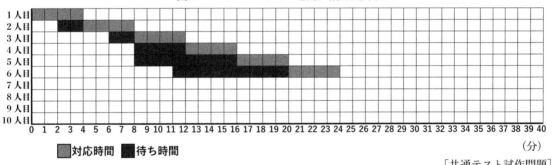

対応時間　待ち時間

（分）

［共通テスト試作問題］

次の文章を読み，あとの問い（問1〜6）に答えよ。

　1990年代以降，使いやすいインタフェースを備えたパーソナルコンピュータ用基本ソフトウェアの普及やインターネット接続事業者のサービスが拡大したことにより，一般家庭においてもインターネットの利用が増えていった。その後，光ファイバ等を利用した［　A　］接続が低廉な価格で提供されるようになり，一般家庭におけるインターネット利用は常時接続の形態をとるようになる。

　また，2000年代に入ると，電気通信事業者等が公共のスペースで［　B　］規格の公衆無線LANサービスを開始したり，その後，携帯電話が「ガラケー」と呼ばれるフィーチャーフォンからスマートフォンへ進化したりするなど，さまざまな条件が整うことで，自宅においてのみならず，自宅外においてもインターネットに接続できる環境が整えられていった。

　インターネットが情報インフラストラクチャーとして確立したことによって，一般の消費者もインターネットを通じて商品やデジタルコンテンツを購入するようになった。インターネットを通じ，種々の個人情報や取引情報がやりとりされるうえで，通信の暗号化技術は非常に重要なものである。

　デジタル情報の暗号化においては，当初，情報を発信する側と受信する側が暗号化のための鍵を共有する［　C　］が一般的だった。両者があらかじめ特定の鍵を共有しておく，あるいは，インターネットを通じて情報を発信した後，電話等，別の手段を用いて第三者に知られないかたちで鍵を伝達するというものである。ワープロソフトや表計算ソフトでは，作成したファイルにパスワードを設定することで，第三者の閲覧を防止することができるが，［　C　］はこのようなケースで使用されている。

　しかし，インターネットを通じて多数の人々が暗号化通信を行う場合，［　C　］は鍵の共有に大きな手間がかかる。これを解消するものが［　D　］である。

　［　D　］の利用は，ユーザがそれぞれ一対の鍵を持つところから始まる。［　E　］と［　F　］である。情報の送信者は，受信者があらかじめ公表している［　E　］を用いて暗号化を行う。受信者は受信した情報をみずからの［　F　］で復号化する。［　E　］と［　F　］は数学的な計算によって相手を導きだすことができないところに特徴がある。

　通信の暗号化に加え，電子的にやりとりされるみずからの署名を［　F　］で暗号化して送付することで，なりすましを防止することができる。受信者が送信者の［　E　］を利用して署名を正しく復号できた場合，情報の送信者の身元が真正であると証明される。これを［　G　］と呼ぶ。

　［　D　］は，ウェブブラウザの暗号化通信のプロトコルである［　H　］などに利用されており，インターネットを通じた各種経済活動の基盤となっている。

問1　文中の空欄［　A　］に当てはまる語句として最も適当なものを，次の⓪〜③のうちから一つ選べ。
　⓪　ADSL　　　　　　　①　ISDN　　　　　　②　ナローバンド　　　③　ブロードバンド

問2　文中の空欄［　B　］に当てはまる語句として最も適当なものを，次の⓪〜③のうちから一つ選べ。
　⓪　IrDA　　　　　　　①　LTE　　　　　　②　Wi-Fi　　　　　　③　モバイル通信

問3　文中の空欄［　C　］・［　D　］に当てはまる語句の組み合わせとして最も適当なものを，次の⓪〜⑧のうちから一つ選べ。
　⓪　C：共通鍵暗号　　D：公開鍵暗号　　　　①　C：共通鍵暗号　　D：同一鍵暗号
　②　C：共通鍵暗号　　D：複合鍵暗号　　　　③　C：公開鍵暗号　　D：同一鍵暗号
　④　C：公開鍵暗号　　D：複合鍵暗号　　　　⑤　C：公開鍵暗号　　D：共通鍵暗号
　⑥　C：同一鍵暗号　　D：公開鍵暗号　　　　⑦　C：同一鍵暗号　　D：複合鍵暗号
　⑧　C：同一鍵暗号　　D：共通鍵暗号

問4　文中の空欄［　E　］・［　F　］に当てはまる語句の組み合わせとして最も適当なものを，次の⓪〜⑧のうちから一つ選べ。
　⓪　E：共通鍵　F：開錠鍵　　①　E：共通鍵　F：公開鍵　　②　E：共通鍵　F：秘密鍵
　③　E：公開鍵　F：開錠鍵　　④　E：公開鍵　F：施錠鍵　　⑤　E：公開鍵　F：秘密鍵
　⑥　E：施錠鍵　F：開錠鍵　　⑦　E：施錠鍵　F：公開鍵　　⑧　E：施錠鍵　F：秘密鍵

問5　文中の空欄［　G　］に当てはまる語句として最も適当なものを，次の⓪～③のうちから一つ選べ。
　　⓪　ID カード　　　　　　①　電子署名　　　　　②　デジタル名刺　　　③　ハイパーシグネチャ

問6　文中の空欄［　H　］に当てはまる語句として最も適当なものを，次の⓪～③のうちから一つ選べ。
　　⓪　JAVA　　　　　　　　①　SSL　　　　　　　②　WEP　　　　　　　③　ブロックチェーン

［和光大 2020］

9　次の三つのテーブルを対象とした処理について，下の問い（問1～3）に答えよ。

テーブル：患者

患者番号	年齢	性別	姓
1	50	F	A
2	49	M	B
3	63	F	C
4	58	M	D
5	42	M	E
6	55	M	F
7	42	F	G
8	49	F	H

テーブル：薬

薬番号	薬名	製薬会社
1	P	x
2	Q	y
3	R	x
4	S	y
5	T	y
6	U	x

テーブル：投薬

患者番号	薬番号	投薬日時
1	1	2019 年 1 月 1 日
2	1	2019 年 2 月 1 日
3	2	2019 年 3 月 1 日
4	2	2019 年 4 月 1 日
5	3	2019 年 5 月 1 日
6	4	2019 年 6 月 1 日
7	5	2019 年 7 月 1 日
8	6	2019 年 8 月 1 日

問1　次のテーブルを得るための処理として最も適当なものを，後の⓪～⑤のうちから一つ選べ。

患者番号	年齢	性別	姓
1	50	F	A
3	63	F	C
7	42	F	G
8	49	F	H

　⓪　テーブル「患者」を対象として属性「年齢」が「40」以上であるデータを射影
　①　テーブル「患者」を対象として属性「年齢」が「40」以上であるデータを選択
　②　テーブル「患者」を対象として属性「性別」が「F」であるデータを射影
　③　テーブル「患者」を対象として属性「性別」が「F」であるデータを選択
　④　テーブル「患者」を対象として属性「姓」が「B」でないデータを射影
　⑤　テーブル「患者」を対象として属性「姓」が「B」でないデータを選択

問2 次のテーブルを得るための処理として最も適当なものを，後の⓪〜⑤のうちから一つ選べ。

薬番号	薬名
1	P
2	Q
3	R
4	S
5	T
6	U

⓪ テーブル「薬」を対象として属性「薬番号」と「薬名」を射影
① テーブル「薬」を対象として属性「薬番号」と「薬名」を選択
② テーブル「薬」を対象として属性「薬番号」と「薬」を射影
③ テーブル「薬」を対象として属性「薬番号」と「薬」を選択
④ テーブル「投薬」を対象として属性「薬番号」を射影
⑤ テーブル「投薬」を対象として属性「薬番号」を選択

問3 次のテーブルを得るための処理として最も適当なものを，後の⓪〜⑤のうちから一つ選べ。

年齢	薬名	投薬日時
50	P	2019 年 1 月 1 日
49	P	2019 年 2 月 1 日
42	R	2019 年 5 月 1 日
49	U	2019 年 8 月 1 日

⓪ テーブル「患者」と「薬」と「投薬」を共通の属性を対象として結合し，属性「製薬会社」が「x」であるデータを選択し，属性「年齢」と「薬名」と「投薬日時」を射影
① テーブル「患者」と「薬」と「投薬」を共通の属性を対象として結合し，属性「性別」が「M」であるデータを選択し，属性「年齢」と「薬名」と「投薬日時」を射影
② テーブル「患者」と「薬」と「投薬」を共通の属性を対象として結合し，属性「製薬会社」が「y」であるデータを選択し，属性「年齢」と「薬名」と「投薬日時」を射影
③ テーブル「患者」と「薬」と「投薬」を共通の属性を対象として結合し，属性「製薬会社」が「x」であるデータを射影し，属性「年齢」と「薬名」と「投薬日時」を選択
④ テーブル「患者」と「薬」と「投薬」を共通の属性を対象として結合し，属性「製薬会社」が「y」であるデータを射影し，属性「年齢」と「薬名」と「投薬日時」を選択
⑤ テーブル「患者」と「薬」と「投薬」を共通の属性を対象として結合し，属性「性別」が「M」であるデータを射影し，属性「年齢」と「薬名」と「投薬日時」を選択

［駒澤大 2022］

10 次の文章を読み，下の問い（問1～2）に答えよ。

　K市の高校生の花子さんは，「情報Ⅰ」の授業のデータ分析の課題「季節に関係のある商品のデータを探して，季節とその売り上げの関係性について調べなさい」について，暑い夏に売り上げの伸びそうなエアコンとアイスクリームの月別売上データを収集し分析しようと考えた。

　表1のデータは，2016年1月から2020年12月までの全国のエアコンの売上台数（単位は千台）とK市のアイスクリームの売上個数（単位は個）を表している。

　花子さんは，これら二つの売上数の関係を調べるためにこのデータを，次の図1のようなグラフで表した。このグラフでは，横軸は期間を月ごとに表し，縦軸はエアコンの売上台数（単位は千台）とアイスクリームの売上個数（単位は個）を同じ場所に表している。破線はエアコン，実線はアイスクリームの売上数を表している。

表1　コアコンとアイスクリームの売上データ

年月	エアコン(千台)	アイス(個)
2016年 1月	434	464
2016年 2月	504	397
2016年 3月	769	493
2016年 4月	420	617
2016年 5月	759	890
2016年 6月	1470	883
2016年 7月	1542	1292
2016年 8月	651	1387
2016年 9月	469	843
2016年 10月	336	621
2016年 11月	427	459
2016年 12月	571	562
2017年 1月	520	489
2020年 12月	635	599

図1　コアコンとアイスクリームの売上数のグラフ

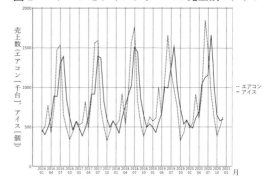

（出典：一般社団法人日本冷凍空調工業会，
　　　　一般社団法人日本アイスクリーム協会の資料より作成）

問1　図1のグラフを見て読み取れることとして，最も適当なものを，次の⓪～③のうちから一つ選べ。
　⓪　アイスクリームの売上個数は毎月増加している。
　①　エアコンの売上台数は年々減少している。
　②　年ごとの最もよく売れる時期についてはエアコンの方がアイスクリームよりもやや早い傾向がある。
　③　2016年10月は，エアコンの売上台数よりもアイスクリームの売上個数の方が多い。

問2　エアコンやアイスクリームの売り上げが年々増加しているのかどうかを調べたいと考えた花子さんは，月ごとの変動が大きいので，数か月のまとまりの増減を調べるためにその月の前後数か月分の平均値（これを移動平均という）を考えてみることにした。

表2　コアコンの移動平均を計算するシート

年月	エアコン(千台)	6か月移動平均
2016年 1月	434	
2016年 2月	504	
2016年 3月	769	
2016年 4月	420	726.0
2016年 5月	759	910.7
2016年 6月	1470	935.2
2016年 7月	1542	885.2
2016年 8月	651	871.2
2016年 9月	469	815.8
2016年 10月	336	666.0
2016年 11月	427	495.7
2016年 12月	571	478.3
2017年 1月	520	536.2

例えば，**表2**は6か月ごとのまとまりの平均を計算している例である。「6か月移動平均」の列について，2016年1月から6月までの6か月の平均値である726.0を2016年4月の行に記載している。このようにエアコンとアイスクリームの売上数について6か月，9か月，12か月，15か月の移動平均を求め，それらの一部をグラフに描いたものが⓪〜③である。これらのグラフはそれぞれ順不同である。この中から，12か月移動平均の増減を表していると考えられるグラフとして，最も適当なものを，次の⓪〜③のうちから一つ選べ。

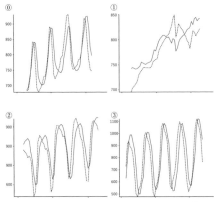

［共通テスト試作問題（参考問題）改］

11　次の記述a〜dの空欄　ア　〜　エ　，　カ　〜　サ　に入れるのに最も適当なものを，次ページのそれぞれの解答群のうちから一つずつ選べ。また，空欄　オ　に当てはまる数字を答えよ。

a　パソコン購入後の親子の会話

親：さっそく(1)インターネットに接続してみよう。

子：接続できたよ。じゃあ，すぐにWeb検索で調べごとをしてもいいかな。

親：その前にオペレーティングシステムとインストールされているアプリケーションソフトを　ア　しておこう。

子：それって絶対しないといけないのかな。

親：するべきだね。ソフトウェアに　イ　があると，ウイルスに感染したり，他のコンピュータを攻撃するための　ウ　にされたりするおそれがあるよ。

子：わかった。　ア　するね。あれ，なんか時間がかかりそうな感じだよ。あとは自分でやっておくけど，他にも気をつけることあるかな。

親：Web検索の結果には，偽のサイトが含まれることもあるから，(2)本当に自分がアクセスしたいWebサイトかどうかよく確かめてね。それに，(3)Webサイトの内容を鵜呑みにしてはいけないことも忘れないでね。

b　アドレスの表記

　会話aの下線部(1)のインターネットに接続している機器を判別するための　エ　アドレスが10.0.0.170であるとき，32ビット表記した　エ　アドレスに含まれる1のビットの個数は　オ　である。

c　Webサイトの確認

　会話aの下線部(2)のWebサイトの確認方法として，URLに含まれる　カ　を確認することが考えられる。例えば，日本の官公庁の公式Webサイトを閲覧しようとしているのに，　カ　の末尾がgo.jpでない場合，公式Webサイトでない可能性がある。さらに，　カ　が適切であっても，なりすましのWebサイトである可能性が残る。HTTPSでアクセスして，　カ　が署名した　ク　を確認できれば，なりすましのWebサイトである可能性はほぼなくなる。

d　インターネット上の情報の取り扱い

　　会話aの下線部(3)のように，Web上で情報を収集する際には情報の　ケ　の確認が必要になる。なぜなら，情報発信者が自分にとって都合のいいように　コ　していたり，発信者の不完全な知識で記述されていたりするからである。他にも，Webページの　サ　には注意を払うべきである。なぜなら，例えば，日本人のノーベル賞受賞者数のような情報は変化していくからである。

　　ア　～　ウ　の解答群
⓪　ファイアウォール　　　　①　アップデート　　　　　②　ライセンス
③　セキュリティホール　　　④　アップロード　　　　　⑤　踏み台
⑥　シェア　　　　　　　　　⑦　サンドボックス　　　　⑧　スパム

　　エ　の解答群
⓪　MAC　　　　　　　①　IP　　　　　　　②　GPS　　　　　③　TCP

　　カ　～　ク　の解答群
⓪　メールアドレス　　　　　①　プロトコル　　　　　　②　情報局
③　ファイル名　　　　　　　④　パスワード　　　　　　⑤　許可局
⑥　ドメイン名　　　　　　　⑦　電子証明書　　　　　　⑧　認証局

　　ケ　～　サ　の解答群
⓪　ソーシャルエンジニアリング　　　　①　不正アクセス
②　機密性　　　　　　　　　　　　　　③　アクセスカウンタ
④　情報操作　　　　　　　　　　　　　⑤　信憑性
⑥　アクセスログ　　　　　　　　　　　⑦　更新日時
⑧　高速性

［センター試験 2018］

12 後の問い（問1～6）に答えよ。なお以下の法制度に関しては，日本のものについて考えるものとする。

問1　インターネットバンキングにおける不正送金被害を防ぐための対策として，正しいものとして最も適当なものを，次の⓪～④のうちから一つ選べ。

⓪　暗号化通信がブロックされると盗聴のリスクが高くなるため，セキュリティ対策ソフトをアンインストールする。

①　振込み・払戻しの限度額は，できるだけ高く設定しておく。

②　ID・パスワード等は，スマートフォンやクラウドサービスに画像（写真）の形式で保存しておく。

③　インターネットカフェなどに設置されている複数の人が利用する共用のパソコンを使用して，インターネットバンキングを利用することは，できるだけ避ける。

④　パソコンの基本ソフト（OS）やウェブブラウザは，金融機関の安全対策が最新のバージョンには対応していない可能性があるため，インターネットバンキングの利用を開始した時点のバージョンのまま維持する。

問2　生体認証に関して，**誤っている**ものとして最も適当なものを，次の⓪～④のうちから一つ選べ。

⓪　生体情報には，身体の形状に基づく身体的特徴のほか，行動特性に基づく行動的特徴があり，行動的特徴には，音声（声紋）等が含まれる。

①　顔認証は，顔の形や目鼻などの位置関係を示す特徴的な点や輪郭線の曲率等により顔を識別するため，経年変化により再登録が必要となる場合がある。

②　指紋認証は，異なる2本以上の指を登録するなどしておくことにより，負傷等により一方の指が一時的に利用できなくなった場合でも，他方の指で認証を行うことができる。

③　サイン（署名）認証は，負傷等により通常どおりの筆記が困難になった場合に，本人を受け入れできない可能性がある。

④　指静脈の形態による認証は，指が触れた場所の残留物から形態を再現することにより認証情報を偽造される可能性がある。

問3　著作権法に関して，正しいものとして最も適当なものを，次の⓪～④のうちから一つ選べ。

⓪　未成年者が作曲した楽曲は，成熟した思想または感情の表現とはいえないから，著作権による保護の対象とはならない。

①　プログラムは，その機能の経済的価値がある場合には，表現に創作性が認められなくても著作権による保護の対象となる。

②　撮影者が自分自身を撮影した写真（自撮り写真）は，創作的とはいえないから，著作権による保護の対象とはならない。

③　学術論文で表明された学問的なアイデアそのものは，思想または感情であって表現ではないから，著作権による保護の対象とはならない。

④　俳句のように短い文章は，文芸の範囲に属するとはいえないから，著作権による保護の対象にはならない。

問4　商標法に関して，正しいものとして最も適当なものを，次の⓪～④のうちから一つ選べ。
　⓪　特許や実用新案は特許庁に出願するのに対して，商標は消費者庁に出願する。
　①　商標権の存続期間は，登録の日から10年だが，更新が可能である。
　②　他人の氏名や肖像であっても，まだ商標として出願されていないものであれば，誰でも商標登録することができる。
　③　商標登録の出願にあたっては，登録商標をどのような商品・役務について使用するのかを指定する必要はない。
　④　商標法の目的は，商標を使用する事業者の信用を維持することであり，消費者を含む需要者の利益を保護することではない。

問5　個人情報の保護に関する法律（個人情報保護法）に関して，**誤っている**ものとして最も適当なものを，次の⓪～④のうちから一つ選べ。
　⓪　個人情報取扱事業者の保有している個人データの内容が事実と異なるときは，本人は，その個人データの内容の訂正を請求することができる。
　①　個人情報取扱事業者は，既に取得した個人情報の利用目的を自由に変更することができるが，変更した場合には，そのことを速やかに公表しなければならない。
　②　個人情報取扱事業者は，人命を保護するために必要で，かつ本人の同意を得ることが困難である場合には，本人の同意を得ずに個人データを第三者に提供することができる。
　③　個人情報取扱事業者は，個人データを利用する必要がなくなったときは，そのデータを遅滞なく消去するように努めなければならない。
　④　個人情報取扱事業者は，個人データの取扱いを委託する場合は，安全管理について委託先に対する必要かつ適切な監督を行わなければならない。

問6　行政機関の保有する情報の公開に関する法律（情報公開法）に関して，正しいものとして最も適当なものを，次の⓪～④のうちから一つ選べ。
　⓪　国家の安全保障に関する事務を所掌する外務省および防衛省は，情報公開の対象機関から除外されている。
　①　情報公開の対象となる「行政文書」は，「行政機関の職員が組織的に用いるもの」とされており，複数の職員が押印したものに限られる。
　②　情報公開法は，国民主権の理念に基づき制定されたものであるから，ジャーナリストが報道を目的として行政文書の開示を請求することはできない。
　③　行政機関の長は，公開すると国の安全が害されるおそれがある情報についても，請求があれば開示しなければならない。
　④　情報公開法の背景には，政府はその活動を国民に説明する責務を負うという考え方がある。

［慶應義塾大 2018］

13 次の記述 a ～ c の空欄 `ア` ～ `エ` に入れるのに最も適当なものを，次ページのそれぞれの解答群のうちから一つずつ選べ。また，空欄 `オカ` ・ `キク` に当てはまる数字を答えよ。

太郎君は授業で情報の符号化とデータ量について学んだ。授業では，以下のように一つのライトを規則的に点灯・消灯して，ひらがなの文字列を表現する方法が示された。

点灯ルール：
・文字は，1秒の短い点灯状態と，3秒の長い点灯状態の組合せによって表現する。それらの点灯の間には，必ず1秒の短い消灯状態を設ける。
・2文字以上の文字列を表現する場合，文字の間に3秒の消灯状態を設ける。これを字間と呼ぶ。

図1に，ひらがなの各文字に割り当てた点灯パターンを示す。黒い棒は点灯状態を，その長さは点灯時間を表している。棒と棒の間は消灯状態である。例えば，「え」は1秒の短い点灯状態のあとに1秒の短い消灯状態，そのあとに3秒の長い点灯状態で表現する。

図2に，2文字以上の文字列を表現する例として「えい」の点灯パターンを示す。「え」と「い」を表現する点灯パターンの間に，字間を示す3秒の消灯状態があることがわかる。

以下，授業ではライトの点灯状態の符号化について段階的に検討した。

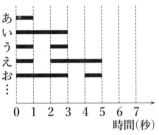

図1　各文字の点灯パターン

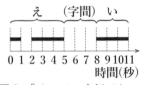

図2　「えい」の点灯パターン

a　まず先生は，秒ごとの点灯状態を1，消灯状態を0に対応させたビット列としてデータ化する方法を提示した。例えば，「え」は「10111」となる。「あい」は「　`ア`　」となり，「11101000101」は「　`イ`　」を意味する。

b　次に先生は，aの手法は直感的で簡単だが，データとして長くなることを指摘し，これを改善する次の手法を提示した。表現する情報は，長短2種類の点灯状態と字間を合わせた3種類なので，これらを表1のように2ビットのコードに割り当てる。1文字を表現する複数の点灯状態の間には1秒の消灯状態が必ず存在するため，この消灯状態についてはデータ化しない。これによって「え」は「0110」となる。「あい」は「　`ウ`　」となり，「0101000110」は「　`エ`　」を意味する。

表1　対応表

意味	二進コード
字間	00
短い点灯	01
長い点灯	10
（未使用）	11

c　続いて先生は，bの手法は表現する情報が長短2種類の点灯状態と字間を合わせた3種類なのに，00から11までの4種類の状態を表現できる2ビットを使用しており，その無駄がデータ量を増やしていることを指摘した。授業では3種類の状態の表現を三進法で考えながら，これを改善する手法が示された。

表2に示すように，三進法では0，1，2の3種の数字を使う。十進法での3は三進法では2桁の10となり，十進法での6は三進法では `オカ` と表現される。先生はまた図3に示す方法によって，三進法で表現した値を十進法の表現に直せることを示した。

表2　十進法との対応

十進法	二進法	三進法
0	0	0
1	1	1
2	10	2
3	11	10
4	100	11
5	101	12
6	110	`オカ`

次に先生は表3に三進法でライトの点灯状態を符号化するための対応表を示した。これに従うと「いえ」は長・字間・短・長なので「2012」となる。三進法での2012は十進法表現では `キク` である。 `キク` は6ビットで表現できる。bの手法での「いえ」は「10000110」であるから，データ量が8ビットから6ビットに減ったことが確認できた。

図3　三進法の121

$$\begin{array}{ccc} 9\text{の位} & 3\text{の位} & 1\text{の位} \end{array}$$
$$(\ 1 \quad\quad 2 \quad\quad 1\ )_3$$
$$\downarrow \quad\quad \downarrow \quad\quad \downarrow$$
$$1\times9+2\times3+1\times1$$
$$=(16)_{10}$$

表3　対応表（三進法）

意味	三進コード
字間	0
短い点灯	1
長い点灯	2

ア・**ウ** の解答群

⓪　01010　　　①　10010　　　②　10111　　　③　010010　　　④　100001

⑤　100010　　　⑥　100011　　　⑦　100111　　　⑧　0100010　　　⑨　1000111

イ・**エ** の解答群

⓪　いう　　　　①　うえ　　　　②　おい　　　　③　おう

④　おえ　　　　⑤　ああう　　　⑥　いいえ

14　次の文を読み，後の問い（問1〜3）に答えよ。

　小池ケイコさんは，なぜか回文が大好きで毎日回文のことばかりを考えている。

問1　次の文章を読み，空欄 **ア**，**ウ**，**エ** に入れるのに最も適当なものを，後の解答群のうちから一つずつ選べ。また，空欄 **イ** に当てはまる数字を答えよ。

　文字の並びを逆順にしても元と同じになる文字列を回文という。例えば，「えとをとえ」や「ようかんかうよ」は回文であるが，**ア** は回文ではない。ここでは文字の並びのみに注目し，読み方や意味は考えない。
　小池さんは常々世の中には回文ではない文字列も存在することを残念に思っていた。しかし，幸いなことに長さ1の文字列は回文なので，どんな文字列も回文を連結して作れることに気付いた。その際，連結する回文の数が少ない方がより幸せに感じられたため，ある文字列を作るために連結する最も少ない回文の数でその文字列の長さを割った値を，その文字列の幸いさと呼ぶことにした。例えば，長さ6の文字列「こしたんたん」は

　・「こ・し・た・ん・た・ん」の6つの回文の連結，または
　・「こ・し・たんた・ん」もしくは「こ・し・た・んたん」の4つの回文の連結で作れ，4つが最も少ないため幸いさは $\dfrac{6}{4}=1.5$ である。同様に，長さ8の文字列「とらのこのこのこ」の幸いさは **イ** である。
長さ n の文字列の幸いさは，それ自身回文であるときに最も大きく **ウ** となり，文字列中に長さ1の回文しか現れないときに最も小さく **エ** となる。

ア の解答群

⓪　うといすいとう　　　　　　　　①　えのとらとらえ

②　またまたさいかいさたまたま　　③　しましまましまし

ウ・**エ** の解答群

⓪　0　　　　　　　①　1　　　　　　　②　$\dfrac{1}{n}$

③　$\dfrac{n}{2}$　　　　　④　n　　　　　　⑤　$\dfrac{n(n-1)}{2}$

問2　次の文章を読み，空欄　オ　・　カ　・　ク　～　シ　に当てはまる数字を答えよ。また，空欄　キ　に入れるのに最も適当なものを，後の解答群から一つ選べ。

　小池さんは，皆にも文字列の幸いさに親しんでもらいたいと思っている。文字列の幸いさを機械的に計算するために，まずは文字列に現れるすべての回文を求める方法を考えた。以下では「しばししばまた」を例に考える。

　「しばししばまた」の中には1文字のもの以外には「しばし」や「しし」という回文があるが，回文を見落とすことがないように，次の図1を用いて文字列のx文字目からy文字目までが回文かどうかをすべてのx，yの組（ただし$1 \leqq x \leqq y \leqq 7$）について調べる。例えば$(x, y) = (1, 2)$は文字列「しば」に対応し，これは回文ではない。回文「しし」は$(x, y) = (3, 4)$に対応する。また，回文「ばししば」は$(x, y) = (\boxed{オ}, \boxed{カ})$に対応する。回文に対応するマスに○，そうでないマスに×を記入することですべての回文が求められる。

y＼x	1	2	3	4	5	6	7
1	○						
2	×	○					
3	×	×	○				
4	×	×	×	○			
5	×	○	×	×	○		
6	×	×	×	×	×	○	
7	×	×	×	×	×	×	○

図1　「しばししばまた」に現れる回文を調べた図

　小池さんは図1を作る際に，長い文字列に対応するマスでも○×を決めるために調べる文字が少なくて済む，次の方法を考えた。
　まず，長さ1の文字列は回文であるため，これに対応する図1の対角線上のマス(i, i)（ただし$1 \leqq i \leqq 7$）はすべて○となる。また，長さ2の文字列は，マス$(i, i + 1)$（ただし$1 \leqq i \leqq 6$）に対応するが，これはそれぞれの2文字を調べることで回文かどうかを判断し，マスの○×を決める。
　残りのマスの○×を決めるためには，図1において×の左下のマスは必ず×であるという性質を利用する。これは，

　　　x文字目からy文字目までが回文でないとき，その両隣の$x - 1$文字目と$y + 1$文字目がどのような文字であっても，$x - 1$文字目から$y + 1$文字目までは回文にはならない

　からである。一方で，

　　　x文字目からy文字目までが回文のとき，その両隣の$x - 1$文字目と$y + 1$文字目が　キ　ならば，$x - 1$文字目から$y + 1$文字目までは回文となり，そうでないならば回文にはならない

　こともわかる。
　このことを使い，長さ1と2の文字列に対応するそれぞれのマスから始めて順に左下のマスの○×を決めていく。例えば，$(x, y) = (4, 4)$から始めると，このマスは○なので次は$(\boxed{ク}, \boxed{ケ})$のマスの○×を考える。　ク　文字目と　ケ　文字目を調べ，×と決められる。すると，$(2, \boxed{コ})$のマス，$(1, \boxed{サ})$のマスは，それ以上文字を調べずに×と決められる。
　この方法で図1を作成するとき，文字を調べずに×と決めるマスは全部で　シ　個である。

　キ　の解答群
　⓪　同じ文字　　　　　　　　　　　　　①　x文字目からy文字目に現れる
　②　異なる文字　　　　　　　　　　　　③　x文字目からy文字目に現れない

問3　次の文章を読み，空欄 ス ～ タ ，テ に入れるのに最も適当なものを，後の解答群のうちから一つずつ選べ。ただし，同じものを繰り返し選んでもよい。なお，空欄 ス ・ セ の解答の順序は問わない。また，空欄 チ ・ ツ ，ト ～ ニ に当てはまる数字を答えよ。

　与えられた文字列を作るために連結する最も少ない回文の数（以降，最少回文数と呼ぶ。）がわかれば，その幸いさは簡単に計算できる。以下では文字列「ガタイイイタイガーガイタ」を例に，最少回文数を求める方法を考える。
　小池さんは，次の図2を作成した。この図では，文字列全体の前と後および各文字の間に，図中に示す番号を振った丸印を対応させる。また，文字列中に現れるすべての回文それぞれに対して，開始直前の丸印から出て，終了直後の丸印へ入る矢印を引く。ただし，図2には設問の都合により⑫に入る矢印は描かれていない。

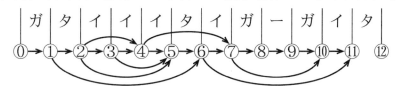

図2　「ガタイイイタイガーガイタ」に現れる回文にもとづき作成した図
（ただし，設問の都合により⑫に入る矢印は描かれていない）

　例えば，矢印「⓪→①」は回文「ガ」に，矢印「②→⑤」は回文「イイイ」に対応する。⑫に入る矢印は「 ス →⑫」と「 セ →⑫」となる。
　このように表すと，例えば，「⓪→①→⑥→⑦」という3本の矢印でのたどり方は「ガ・タイイイタ・イ」の3つの回文の列に対応し，連結すると先頭から7文字目までの「ガタイイイタイ」になる。一方，連結すると同じ文字列になる「ガ・タ・イイ・イタイ」の4つの回文の列は「⓪→①→ ソ → タ →⑦」という4本の矢印でのたどり方に対応する。つまり，⓪から⑦へのたどり方と，連結すると先頭から7文字目までの文字列を作る回文の列とが一対一に対応する。このことは⓪からどの丸印へのたどり方についても同様であるため，「ガタイイイタイガーガイタ」の最少回文数は⓪から⑫へたどるのに必要な矢印の最少本数（以降，最短距離と呼ぶ。）と一致する。
　すべてのたどり方を考えるのは大変なので，小池さんは⓪から各丸印への最短距離を，その丸印に入る矢印に注目することで求める方法を考えた。
　①に入る矢印は「⓪→①」しかない。同様に，②，③それぞれに入る矢印は「①→②」，「②→③」しかない。よって，⓪から①，②，③へのたどり方は1通りしかなく，⓪からの最短距離はそれぞれ1，チ ，ツ である。
　⓪から④へのたどり方は最後の矢印が「②→④」の場合と「③→④」の場合に分けられる。前者の場合は⓪から②へたどってから矢印「②→④」をたどるので，（「⓪から②への最短距離」＋1）本の矢印でたどるのが最短であり，後者の場合は（「⓪から③への最短距離」＋1）本の矢印でたどるのが最短である。よって，⓪から④への最短距離は チ ＋1と ツ ＋1の小さい方となる。同様に考えると，⓪から⑤へのたどり方は，最後に矢印「 テ →⑤」をたどるのが最短であり，最短距離は ト となる。
　以上の手順で番号の小さい順に⓪から各丸印への最短距離を求めることができ，文字列「ガタイイイタイガーガイタ」全体の最少回文数は⓪から⑫への最短距離，つまり ナ となる。なお，⓪から各丸印への最短距離を与える矢印のたどり方を考えると，連結して「ガタイイイタイガーガイタ」を作る ナ つの回文の列は ニ 通りであることもわかる。

ス ～ タ ，テ の解答群

［共通テスト 2022 本試験］

15 下記の文章を読み，次の各問い（問1～問5）に答えなさい。

(1) ある一定の区間毎に一つの値しか持たないディジタルな関数について考える。2つの区間を持ち，1つ目の区間で2の値を，2つ目の区間で1の値を持つ関数 $F_1 = (2, 1)$，1つ目の区間で1の値を，2つ目の区間で3の値を持つ関数 $F_2 = (1, 3)$ を図に表すと以下のようになる。

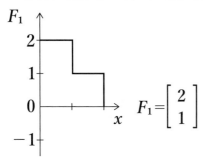

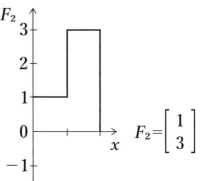

この関数を，別の関数 f と g 関数の組み合わせで表現することを考える。関数 f と g 関数を以下に示す。

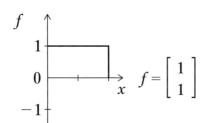

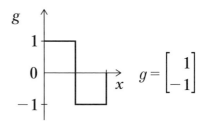

問1 空欄 ア ～ エ に入る最も適切な項目を選択肢の中から選び，その番号を答えよ。

関数 F_1 と F_2 はそれぞれ以下の式で表すことができる。

$$F_1 = af + bg$$
$$F_2 = cf + dg$$

このとき，$a =$ ア ，$b =$ イ ，$c =$ ウ ，$d =$ エ である。

① −2.0　　② −1.5　　③ −1.0　　④ −0.5　　⑤ 0.0
⑥ 0.5　　⑦ 1.0　　⑧ 1.5　　⑨ 2.0

(2) 4つの区間を持つディジタルな関数について考える。関数 $f_1 \sim f_4$ を以下に示す。

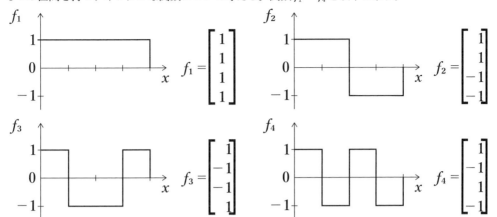

関数 f_i と f_j をそれぞれ $f_i = (k_{i1}, \ k_{i2}, \ k_{i3}, \ k_{i4})$, $f_j = (k_{j1}, \ k_{j2}, \ k_{j3}, \ k_{j4})$ とするとき，関数 f_i と f_j の積の積分 $\int f_i \cdot f_j dx$ の定義は以下の通りとなる。

$$\int f_i \cdot f_j dx = \sum_{l=1}^{4} k_{il} k_{jl} = k_{i1} k_{j1} + k_{i2} k_{j2} + k_{i3} k_{j3} + k_{i4} k_{j4}$$

ここで関数 $f_1 \sim f_4$ は $i \neq j$ であるとき，$\int f_i \cdot f_j dx = 0$ となる。この関係を，関数 f_i と f_j は直交していると呼ぶ。関数 $f_1 \sim f_4$ はそれぞれが互いに直交している。

問2　空欄 　オ 　～ 　ク 　に入る最も適切な項目を選択肢の中から選び，その番号を答えよ。

具体例として，$\int f_2 \cdot f_3 dx$ について計算すると

$$\int f_2 \cdot f_3 dx = k_{21} k_{31} + k_{22} k_{32} + k_{23} k_{33} + k_{24} k_{34} = 0$$

となる。このとき $k_{21} k_{31} =$ 　オ 　，$k_{22} k_{32} =$ 　カ 　，$k_{23} k_{33} =$ 　キ 　，$k_{24} k_{34} =$ 　ク 　である。

① -2.0 　　② -1.5 　　③ -1.0 　　④ -0.5 　　⑤ 0.0
⑥ 0.5 　　⑦ 1.0 　　⑧ 1.5 　　⑨ 2.0

問3　次の文章の空欄 　ケ 　に入る数字を答えよ。

関数 $f_1 \sim f_4$ について，$\int f_i \cdot f_j dx$ は $i = j$ であるとき，$\int f_i \cdot f_j dx =$ 　ケ 　となる。

4つの区間を持つディジタルな関数 F_n は，どのようなものであっても，関数 $f_1 \sim f_4$ を用いて以下のように表現できる。

$$F_n = a_1 f_1 + a_2 f_2 + a_3 f_3 + a_4 f_4$$

そして，このとき，a_i は，以下に示す式で求めることができる。

$$a_i = \frac{1}{\boxed{ケ}} \int F_n \cdot f_i dx$$

問4　次の文章の空欄 　コ 　，　サ 　に入る数字を答えよ。

$F_3 = (-1, \ 3, \ 7, \ -1)$ であるとき，F_3 は以下の式で表現できる。

$$F_3 = b_1 f_1 + b_2 f_2 + b_3 f_3 + b_4 f_4$$

このとき $b_1 =$ 　コ 　，$b_2 = -1$，$b_3 = -3$，$b_4 =$ 　サ 　である。

(3) 8つの区間を持つディジタル関数について考える。4つの区間の場合と同様に，互いに直交する関数を用意することで，任意の関数を展開することができる。4つの区間のときに用いた $f_1 \sim f_4$ は，区間の刻みを2倍細かくすることで以下のように表現できる。

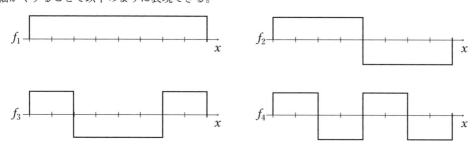

8つの区間を持つ任意の関数を展開するには，関数 $f_1 \sim f_4$ に加えて，$f_5 \sim f_8$ が必要である。関数 $f_1 \sim f_8$ は互いに直交している必要がある。

問5　空欄 シ に入る最も適切なグラフを選択肢から選び，その番号を答えよ。

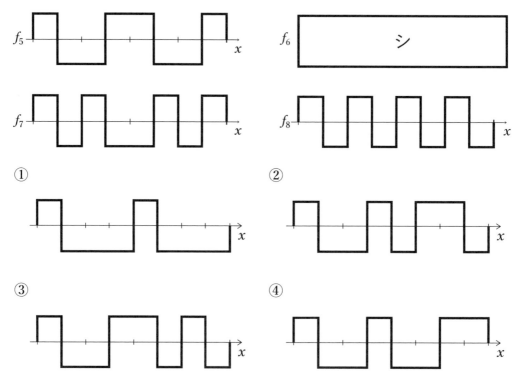

［武蔵野大 2021］

16 以下の ア ～ ハ に入る数値を答えよ。
※ アイ に5と入れる場合は，ア…0，イ…5とする。

　表1は学生5名の英語と数学のテスト結果（10点満点）である。この成績をもとに，学生のグループ分けを行う。以下は，そのアルゴリズムである。

表1

学生	英語得点	数学得点
A	9	9
B	9	9
C	1	9
D	3	3
E	5	3

　最初に，個々の学生同士似ている程度（「距離」）を以下のように計算する。学生Aの英語の点数を x_A，学生Aの数学の点数を y_A，学生Bの英語の点数を x_B，学生Bの数学の点数を y_B としたとき，学生AとBの距離を以下で定義する。

$$距離 = (x_A - x_B)^2 + (y_A - y_B)^2$$

この定義によれば，学生Aと他の学生との距離は，それぞれ以下のとおりである。

AとBの距離 $= (9 - 9)^2 + (9 - 9)^2 = 0$
AとCの距離 $= (9 - 1)^2 + (9 - 9)^2 = 64$
AとDの距離 $= (9 - 3)^2 + (9 - 3)^2 = 72$
AとEの距離 $= (9 - 5)^2 + (9 - 3)^2 = 52$

(1) 上の距離の定義を用い，各学生同士の距離をまとめた表2を完成させたい。

表2

	B	C	D	E
A	0	64	72	52
B		アイ	ウエ	オカ
C			キク	ケコ
D				サシ

　表2において，距離が最も近い（距離の値が小さい）のはAとBである。そこで，AとBでグループABを作り，グループAB内の平均点（英語9点，数学9点）と，他の学生の点数との距離を計算する。例えば，グループABと学生Cとの距離は，

$$(9 - 1)^2 + (9 - 9)^2 = 64$$

である。

(2) グループABと他の学生との距離をまとめた表3を完成させなさい。

表3

	C	D	E
AB	64	スセ	ソタ
C		チツ	テト
D			ナニ

(3) 表3における距離が最も近い学生同士（または学生とグループ）で再度グループを作る。そして次は，グループ同士の距離を各グループ内の平均点を用いて計算する。なお，学生一人のグループの平均点は，その学生の点数とする。この計算で求めた距離が近いグループ同士を一つのグループにまとめると，5人の学生は，平均点が高いグループと低いグループの2つに分けることができる。平均点が高いグループの英語の平均点は ヌ 点，数学の平均点は ネ 点である。平均点が低いグループの英語の平均点は ノ 点，数学の平均点は ハ 点である。

［駒澤大 2020］

17 次の文章を読み，空欄 ア ・ イウ ， クケ ・ コサ に当てはまる数字を答えよ。また，空欄 エ ～ キ ， シ に入れるのに最も適当なものを，後の解答群のうちから一つずつ選べ。

アナログの信号波形をディジタル変換する方法について考える。電気信号の波形の例を図1に示す。横軸は時刻，縦軸（左）は電圧を表している。量子化のために0～3の整数の段階値を設定してあり，縦軸（右）は段階値を表している。

図1には，標本化と量子化をした結果も示している。標本は白丸で，段階値は棒グラフで表している。標本化周期は0.01秒であり，標本の電圧Vがj－0.5≦V<j+0.5なら段階値jを割り当てている。図1の場合，時刻0.02秒における標本の電圧を量子化した結果の段階値は ア である。

段階値は最終的に2進法で表す。ただし，設定した段階値すべてを表現できる最少のビット数を量子化ビット数とし，段階値自体は量子化ビット数を桁数とする固定長で表す。

図1の場合，段階値は0～3の整数なので量子化ビット数は2となり，時刻0.02秒における段階値は2進法で イウ と表される。

図2では，信号波形は図1と同じで，単位時間当たりの標本の数を図1の場合の2倍に設定し，また，量子化の段階の数も2倍にし，縦軸（右）のように0～7の整数の段階値を設定した。標本化だけをする場合，図2の設定では エ を読み取れるが，図1の設定では エ を読み取れない。また，標本化と量子化をする場合，図2の設定では エ と オ を読み取れるが，図1の設定では エ も オ も読み取れない。

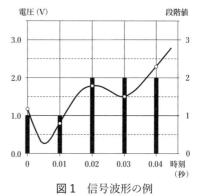

図1 信号波形の例

一般に，元の標本化周期をTとするとき，単位時間当たりの標本の数を2倍にすると標本化周期は カ になる。また，元の量子化ビット数をnとするとき，量子化の段階の数を2倍にすると量子化ビット数は キ になる。

次に，1秒間の信号波形をディジタル変換したときのデータ量について考える。標本化周期を1万分の1秒，量子化のための段階値を0～4095の整数にすると，量子化ビット数は クケ であり，データ量は クケ 万ビットとなる。また，標本化周期を4万分の1秒，量子化のための段階値を0～32767の整数にすると，データ量は コサ 万ビットとなる。

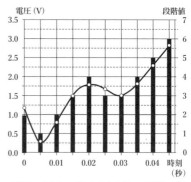

図2 標本の数と量子化の段階の数を変更したグラフ

単位時間当たりの標本の数を増やしたり，量子化の段階の数を増やしたり，あるいは両方増やしたりすることで，より元の信号波形に近い信号波形を復元できるディジタルデータを得られるが，同一のデータ量で表現できる時間は シ 。

⓪ 時刻 0 秒と時刻 0.01 秒の間で電圧がいったん下がった後，上がっていること

① 時刻 0 秒の電圧より時刻 0.01 秒の電圧の方が低いこと

② 時刻 0.02 秒の電圧より時刻 0.03 秒の電圧の方が低いこと

③ 時刻 0.01 秒の電圧より時刻 0.02 秒の電圧の方が高いこと

カ の解答群

⓪ $2T$　　　① $T/2$　　　② T^2　　　③ $\sqrt{T}$　　　④ $T+1$　　　⑤ $T-1$

キ の解答群

⓪ $2n$　　　① $n/2$　　　② n^2　　　③ $\sqrt{n}$　　　④ $n+1$　　　⑤ $n-1$

シ の解答群

⓪ 長くなる　　　　　　　① 変わらない　　　　　　　② 短くなる

［共通テスト 2018 本試験］

18 次のテーブルを対象とした処理として，正しいものを選びなさい。

テーブル 1：国

Country_Number	Country_Name	Capital	Currency
1	United Kingdom	London	Pound
2	Spain	Madrid	EUR
3	France	Paris	EUR
4	Italy	Rome	EUR
5	Netherlands	Amsterdam	EUR
6	Denmark	Copenhagen	Danish Krone
7	Germany	Berlin	EUR
8	Austria	Vienna	EUR
9	Sweden	Stockholm	Swedish Krona
10	Greece	Athens	EUR

テーブル 2：山

Mountain_Number	Mountain_Name	Mountain_System
1	Blanc	Alps
2	Dufour	Alps
3	Matter	Alps
4	Maudit	Alps
5	Blanche	Alps
6	Finsteraar	Alps
7	Aletsch	Alps
8	Jungfrau	Alps
9	Monch	Alps
10	Eiger	Alps
11	Etna	—
12	Zugerberg	Alps
13	Corno Grande	Apennines
14	Cerredo	Cantabrian
15	Parnassus	—
16	Ponta do Pico	—
17	Estrela	Estrela
18	Sancy	Auvergne
19	Fichtel	Erz

テーブル 3：国に含まれる山

Mountain_Name	Country_Name
Blanc	France
Blanc	Italy
Dufour	Italy
Matter	Italy
Maudit	France
Maudit	Italy
Etna	Italy
Zugerberg	Austria
Zugerberg	Germany
Corno Grande	Italy
Cerredo	Spain
Pernassus	Greece
Sancy	France
Fichtel	Germany

次の結果を得るための処理は ア である。

Country_Number	Country_Name	Capital	Currency
2	Spain	Madrid	EUR
3	France	Paris	EUR
4	Italy	Rome	EUR
5	Netherlands	Amsterdam	EUR
7	Germany	Berlin	EUR
8	Austria	Vienna	EUR
10	Greece	Athens	EUR

⓪ テーブル「国」を対象として属性「Currency」が「EUR」のデータを射影
① テーブル「国」を対象として属性「Currency」が「EUR」のデータを選択
② テーブル「山」を対象として属性「Capital」に「a」が含まれるデータを射影
③ テーブル「山」を対象として属性「Capital」に「a」が含まれるデータを選択
④ テーブル「国に含まれる山」を対象として属性「Country_Name」に「Italy」のデータを射影
⑤ テーブル「国に含まれる山」を対象として属性「Country_Name」に「Italy」のデータを選択

次の結果を得るための処理は イ である。

Country_Name	Mountain_Name	Mountain_System
Italy	Blanc	Alps
Italy	Dufour	Alps
Italy	Matter	Alps
Italy	Maudit	Alps
Italy	Etna	—
Italy	Corno Grande	Apennines

⓪ テーブル「山」と「国に含まれる山」を共通の属性を用いて結合し,属性「Mountain_System」が「Alps」であるデータを選択し,属性「Country_Name」「Mountain_Name」「Mountain_System」を射影
① テーブル「山」と「国に含まれる山」を共通の属性を用いて結合し,属性「Country_Name」が「Italy」であるデータを選択し,属性「Country_Name」「Mountain_Name」「Mountain_System」を射影
② テーブル「山」と「国に含まれる山」を共通の属性を用いて結合し,属性「Country_Name」が「Alps」であるデータを選択し,属性「Country_Name」「Mountain_Name」「Mountain_System」を射影
③ テーブル「山」と「国に含まれる山」を共通の属性を用いて結合し,属性「Country_Name」が「Italy」であるデータを射影し,属性「Country_Name」「Mountain_Name」「Mountain_System」を選択
④ テーブル「国」「山」と「国に含まれる山」を共通の属性を用いて結合し,属性「Mountain_System」が「Alps」であるデータを選択し,属性「Country_Name」「Mountain_Name」「Mountain_System」を射影
⑤ テーブル「国」「山」と「国に含まれる山」を共通の属性を用いて結合し,属性「Country_Name」が「Italy」であるデータを選択し,属性「Country_Name」「Mountain_Name」「Mountain_System」を射影

次の結果を得るための処理は ウ である。

Country_Name	Capital	Currency	Mountain_Name	Mountain_System
Italy	Rome	EUR	Blanc	Alps
Italy	Rome	EUR	Dufour	Alps
Italy	Rome	EUR	Matter	Alps
Italy	Rome	EUR	Maudit	Alps
Italy	Rome	EUR	Etna	—
Italy	Rome	EUR	Corno Grande	Apennines

⓪　テーブル「国」と「山」を共通の属性を用いて結合し，属性「Currency」が「EUR」であるデータを選択し，属性「Country_Name」「Capital」「Currency」「Mountain_Name」「Mountain_System」を射影

①　テーブル「国」と「山」を共通の属性を用いて結合し，属性「「Country_Name」が「Italy」であるデータを選択し，属性「Country_Name」「Capital」「Currency」「Mountain_Name」「Mountain_System」を射影

②　テーブル「国」と「山」を共通の属性を用いて結合し，属性「「Country_Name」が「Rome」であるデータを選択し，属性「Country_Name」「Capital」「Currency」「Mountain_Name」「Mountain_System」を射影

③　テーブル「国」「山」と「国に含まれる山」を共通の属性を用いて結合し，属性「Country_Name」が「Rome」であるデータを選択し，属性「Country_Name」「Capital」「Currency」「Mountain_Name」「Mountain_System」を射影

④　テーブル「国」「山」と「国に含まれる山」を共通の属性を用いて結合し，属性「Country_Name」が「Italy」であるデータを選択し，属性「Country_Name」「Capital」「Currency」「Mountain_Name」「Mountain_System」を射影

⑤　テーブル「国」「山」と「国に含まれる山」を共通の属性を用いて結合し，属性「Mountain_System」が「Alps」であるデータを選択し，属性「Country_Name」「Capital」「Currency」「Mountain_Name」「Mountain_System」を射影

［駒澤大 2020］

19 次の文章を読み，後の問い（a〜c）に答えよ。

　S市は，「農業における生産量の低下」という問題を抱えている。そこで，S市に住むユウキさんは，情報通信技術を利用した解決方法を提案するために，学校で学んだ問題解決の手順を参考にして，情報の収集と分析を行った。

a　ユウキさんは，この問題に対する解決の手段としてAI（人工知能）とVR（バーチャルリアリティ）の技術に注目した。そこで，情報収集のために図書館の文献検索システムを利用して，文献を検索することにした。なお，図書館の文献検索システムは，検索条件を次のとおり指定する。

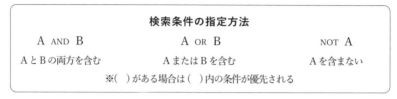

> **検索条件の指定方法**
>
> | A AND B | A OR B | NOT A |
> |---|---|---|
> | AとBの両方を含む | AまたはBを含む | Aを含まない |
>
> ※（ ）がある場合は（ ）内の条件が優先される

　文献の集合を示した図1と図2の斜線部分のみを検索するのに最も適当な指定方法を，次の⓪〜⑤のうちから一つずつ選べ。

図1： ア 　　　図2： イ

⓪　（農業 AND AI）AND VR
①　（農業 OR AI）AND（NOT VR）
②　（農業 AND AI）OR VR
③　（農業 AND AI）AND（NOT VR）
④　（農業 OR AI）OR VR
⑤　（農業 AND VR）AND（NOT AI）

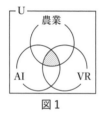
図1

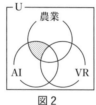
図2

四角 U：図書館で検索できるすべての文献の集合

円 x ：語句 x で検索できる文献の集合

b　S市の総労働人口は，2002年から2022年の20年間でおよそ6割に減少している。そこで，ユウキさんはS市における就業者の推移を把握するために，20年間の産業別就業者数を調査し，図3と図4のグラフを作成した。二つのグラフから読み取れる事柄として**適当でないもの**を，次の⓪〜③のうちから一つ選べ。なお，ここでの総労働人口は，就業者の総数とする。 ウ

⓪　「情報通信産業」の就業者の割合は，20年間で増加している。
①　「建設・製造業」の就業者の割合は，20年間で減少している。
②　「農林漁業」の就業者数は，20年間で増加している。
③　「その他」の就業者数は，20年間でおよそ半数になっている。

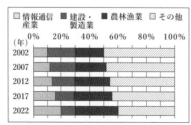
図3　産業別就業者割合の推移

図4　情報通信産業の就業者数と総数労働人口の推移

c　ユウキさんは，学校の先生から図4のグラフでは情報通信産業の就業者数が著しく増加しているような誤解を招く可能性があると指摘された。そこで，ユウキさんは，誤解を招かないように図4のグラフを改善することにした。改善すべき箇所として最も適当なものを，次の⓪～③のうちから一つ選べ。　エ
　⓪　凡例を削除　　　　　　　　　　　　　　　　①　棒グラフを折れ線グラフに変更
　②　左縦軸目盛りの範囲を修正　　　　　　　　③　右縦軸目盛りの範囲を修正

［共通テスト 2023 本試験］

20　二次元コードの3か所の隅にある二重の少し大きな正方形は，読み取り機にこの二次元コードがあることを認識させる位置検出用の目印である。この目印は，図1の (a)～(c) のように，どの角度で読み取っても，黒白黒白黒の比が1:1:3:1:1となることで，二次元コードの目印として認識できるようになっている。これは，図2のように円形の目印でも同じと考えられるが，正方形の方が都合がよい。その理由として最も適当なものを，後の⓪～③のうちから一つ選べ。

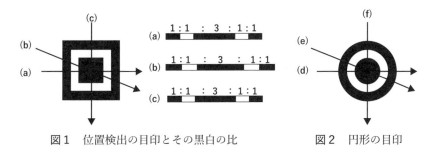

図1　位置検出の目印とその黒白の比　　　　　図2　円形の目印

　⓪　円形では，(d)～(f) の角度によって黒白の比が異なってしまい，正しく読み取れなくなる可能性があるから。
　①　円形だと上下左右がないので，二次元コードの向きが分からなくなるから。
　②　プリンタやディスプレイの解像度によっては，正方形の目印に比べて正しく読み取れる小さな円形の目印を作ることが難しくなるから。
　③　円形では目印が斜めに傾いていても，それを認識することができないため正しく読み取ることができないから。

［共通テスト試作問題 改］

映像でわかる 情報Ⅰ共通テスト対策問題集

2023年（令和5年）11月10日　初版第1刷発行

編　　　集　　日本文教出版編集部
発 行 者　　佐々木 秀樹
発 行 所　　日本文教出版株式会社
　　　　　　　https://www.nichibun-g.co.jp/
　　　　　　　〒558-0041 大阪市住吉区南住吉4-7-5　TEL : 06-6692-1261

編 集 協 力　　株式会社Vision
印刷・製本　　株式会社あいぼっくす

別冊解答解説

1章 情報社会

1

　本問題は知的財産権に関する問題である。産業財産権と著作権の分類や，産業財産権の中の特許権，商標権，意匠権，実用新案権など似ていて紛らわしいものがたくさんあるので，1つ1つ整理して記憶し，権利に関する問題に答えられるようにしておこう。

> 問1：産業財産権について不適切な説明を選べ。
> ⓪ 発明や新しい使い方，デザイン，ブランド名やロゴなどを保護する権利を含む。
> ① 文学作品，映画，絵画，写真などの芸術作品を保護する権利を含む。
> ② 特許権，実用新案権，意匠権，商標権の4つに限定された権利を含む。
> ③ 産業用の製品についてのみ保護する権利を含む。

解答・解説

答えは①

　問1は，産業財産権について不適切な説明を選ぶ問題である。産業財産権には，**特許権，実用新案権，意匠権，商標権**の4つがある。つまり，これらの説明になっているものは適切な説明であるので，これら以外の選択肢を選択すればよい。選択肢を見ていくと，⓪は**特許権**に関する説明であり，②は**産業財産権の中にある権利4つ**に関する説明であり，③は**産業財産権が新しい技術やデザインについて保護する権利であること**を説明する文章である。なお，①は著作権に関する説明となっており，産業財産権に関する説明ではないため不適切な文章と言える。

> 問2：意匠権について正しい説明を選べ。
> ⓪ 新規性や進歩性がある発明に対して与えられる権利である。
> ① 物品の外観を決定する形状や構造などに対して与えられる権利であり，機能に関するものは含まない。
> ② 商標として使用される名称や図形，記号，音，色，立体形状などに対して与えられる権利である。
> ③ 著作物に付随する権利であり，著作者が自らの著作物を公表する権利や氏名を表示する権利を含む。

解答・解説

答えは①

　問2は，意匠権について正しい説明を選ぶ問題である。**意匠権とは，形状，模様，色彩などモノのデザインに関して独占的に利用できる権利**のことである。このため，正答は①と言える。他の選択肢に関して，⓪は特許権に関する説明であり，②は商標権に関する説明であり，③は著作者人格権に関する説明であるため，正答とは言えない。

> 問3：　ア　に入る正しい単語を書け。

解答・解説

答えは，著作者人格権

　問3は，　ア　に入る単語を答える問題である。　ア　には著作権の分類について，著作権ではない方が当てはまると考えられる。**著作権の分類には，「著作権（財産権）」と「著作者人格権」がある。**このため，　ア　に入る単語は「著作者人格権」であることがわかる。

> 問4：特許権について正しい説明を選べ。
> ⓪ 著作物の利用を制限する権利であり，著作物を使用するためには著作者からの許可が必要である。
> ① 技術的発明に対して与えられる権利であり，特定の技術的アイデアや製品を独占的に利用できる。
> ② 事業活動に必要な商標を使用する権利であり，商標を使用するためには許可が必要である。
> ③ 製品やサービスの機能や性能に関する情報の秘密を保ち，特定の情報の秘密を保護するために利用される。

答えは①

　問4は特許権について正しいものを答える問題である。**特許権とは，モノや製造方法などの産業上高度な発明に関して独占的に利用できる権利**である。このため，正答は①と言える。他の選択肢に関して，⓪は著作権に関する説明であり，②は商標権に関する説明であり，③は不正競争防止法に関する説明であるため，正答とは言えない。

問5：商標権について正しい説明を選べ。
　⓪ 商標の名称や図形や記号，音，色，立体形状などに対して与えられる権利であり，自社製品やサービスを他と識別するために使用される。
　① 特定の技術的アイデアや製品を独占的に利用する権利であり，事業活動に必要な商標を使用するためには商標権者の許可が必要である。
　② 著作権者が自らの著作物を公表する権利や氏名を表示する権利を含む，著作物に付随する権利である。
　③ 異なる企業が同じ商標を使用することを認める契約であり，商標の共有利用を目的とする。

答えは⓪

　問5は商標権について正しいものを答える問題である。**商標権とは，商品やサービスに使うマークや記号，文字などに関して独占的に使用できる権利**である。このため，正答は⓪と言える。他の選択肢に関して，①は前半が特許権に関する説明であり，②は著作者人格権に関する説明であり，③は共有商標使用契約に関する説明であるため，正答とは言えない。

問6：身の回りで著作物を利用する際，著作権法の権利制限規定にある例外的な利用に該当するケースを考え，2つ挙げよ。

答えは「引用」，「私的利用のための複製」，「教育機関における複製」，「非営利目的の演奏」などの中から2つ答えることができればよい。

　問6は著作権が制限される場合の具体例を答えればよい問題である。著作物の利用は著作権による保護期間が過ぎること以外にも，特例として著作権で保護されているものに関しても著作者の許可を得ずに利用できる場合もあるので，具体例を把握しておこう。

2

　本問題は，知的財産権に関する問題であるが，著作権の適用範囲，保護期間など細かい部分を問われる問題もある。大まかに権利の種類を理解するだけではなく，細かい部分も整理しておこう。

問1：空欄　ア　，　イ　に入る最も適切な語句を以下から選べ。
　⓪　特許権　　　①　創作権　　　②　実用新案権　　　③　知的財産権
　④　上映権　　　⑤　公表権　　　⑥　産業財産権　　　⑦　展示権

答えはア：③，イ：⑥

　問1は文章の空欄を埋める問題である。アに関しては，文章から知的創造活動によって生み出されたアイデアに関する権利のことであることがわかるため知的財産権である。また，イに関しては，知的財産権を2つに分類した場合の権利名のことである。**知的財産権は産業財産権と著作権に分けることができる**ため，イは産業財産権である。他の選択肢に関して，①の創作権は存在しない権利である。②の実用新案権は産業財産権の中の1つである。④の上映権は，著作物を上映する権利であり，著作権の中の1つである。⑤の公表権は，著作物を公表する権利であり，著作者人格権の中の1つである。⑦の展示権は，美術の著作物などを展示する権利のことであり，著作権の中の1つである。

『映像でわかる 情報Ⅰ共通テスト対策問題集』訂正のご案内

　現在ご使用いただいております弊社発行の高等学校副教材『映像でわかる 情報Ⅰ共通テスト対策問題集』につきまして、以下、訂正がございます。先生方、生徒、保護者の方々に大変ご迷惑をおかけいたします。深くお詫び申し上げます。

　誠に恐縮ではございますが、当該箇所につきましてご指導の際にご留意いただきますようお願い申し上げます。

　なお、来年度供給する本につきましては、すべての訂正を反映したものをお届けいたします。何卒ご容赦のほどお願い申し上げます。

解答編　　　　　　　　　　　　　　　　　　　　　　　　※赤枠部分が今回の追加分です。

頁・箇所	原文（誤）	訂正文（正）
8 頁・ 1 解答・解説	答えはア：⓪，イ：②，ウ：②，エ：⓪，オ：⓪	答えはア：⓪，イ：①，ウ：②，エ：⓪，オ：⓪
8 頁・ 2 問 1・問題文 1 行目	問 1：下線①について，次の問いに答えよ。	問 1：下線(1)について，次の問いに答えよ。
9 頁・ 2 問 2 解答・解説 1 行目	答えは①	答えは③
9 頁・ 2 問 3・問題文 1 行目	問 3：下線②を行う方法の 1 つにデータ圧縮という方法がある。・・・	問 3：下線(2)を行う方法の 1 つにデータ圧縮という方法がある。・・・
9 頁・ 2 問 3 解答・解説	答えは②，⑤	答えは①，②，⑤
10 頁・ 1 問 2 枠内 選択肢	① C言語	① C
10 頁・ 1 問 4・問題文 1 行目	・・・文化や言語，国籍，年齢，障害の有無などに関わらず，・・・	・・・文化や言語，国籍，年齢，障がいの有無などに関わらず，・・・
11 頁・ 2 問 3 解答・解説 2 行目	・・・表現することである。⓪，①，③，⑤は情報デザインの手法に・・・	・・・表現することである。①，②，③，⑤は情報デザインの手法に・・・

19 頁・ 1 問 6 解答・解説 3 行目	・・・⓪は C 言語など，①は Swift など，③は Raspberry Pi などを・・・	・・・⓪は C 言語など，②は Swift など，③は Raspberry Pi などを・・・
38 頁・ 1 問 2 解答・解説 3 行目	・・・「著作権法」である。①，③は存在しないため不適。④は・・・	・・・「著作権法」である。②，③は存在しないため不適。④は・・・
47 頁・ 6 問 1・問題文 末尾	抜け	エ の解答群 ⓪3 以下　①3　②3 以上　③5　④6
58 頁・ 11 問題文 c 5 行目	・・・HTTPS でアクセスして，カ が署名した ク を確認できれば，なりすましの・・・	・・・HTTPS でアクセスして，キ が署名した ク を確認できれば，なりすましの・・・

日本文教出版株式会社

宣伝室

〒165-0026　東京都中野区新井 1-2-16

TEL 03-3389-4681　FAX 03-3389-4395

問2：下線部(1)について，著作権法上の著作物として該当しないものを選択肢の中から1つ選べ。
　⓪ バーで泥酔した客が即興でピアノ演奏したメロディ
　① 目を閉じて筆で紙に書いた絵画
　② コンビニエンスストアで24時間撮影されている防犯カメラ
　③ 楽譜で表現されていない音楽のメロディ

解答・解説

答えは②

　問2は著作物として該当しないものを選択する問題である。正答以外の選択肢に関して，⓪はどんな状況であったとしても，作成したメロディは著作権の保護対象となる。①は目を閉じて書いたとはいえ，その人が描いたことに変わりはないため，著作権の保護対象となる。③は楽譜がなかったとしてもメロディを作成した時点で著作権の保護対象となる。

問3：下線部(2)について，著作権（財産権）の保護期間として最も適切なものを1つ選べ。
　⓪ 個人の著作物の場合，基本的には公表されてから20年まで保護される。
　① 個人の著作物の場合，基本的には公表されてから50年まで保護される。
　② 個人の著作物の場合，基本的には公表されてから70年まで保護される。
　③ 個人の著作物の場合，基本的には著作者の死後20年まで保護される。
　④ 個人の著作物の場合，基本的には著作者の死後70年まで保護される。
　⑤ 映画などの保護期間は，監督の死後20年まで保護される。
　⑥ 映画などの保護期間は，監督の死後50年まで保護される。
　⑦ 映画などの保護期間は，監督の死後70年まで保護される。

解答・解説

答えは④

　問3は著作権（財産権）の保護期間に関する選択問題である。**著作権の保護期間は，原則として著作者の死後70年（映画は公開後70年）の間保護される**ことになっている。⓪①②は「公表されてから」となっているため不適である。③は「死後20年」となっているため不適である。⑤⑥⑦は「監督の死後」となっているため不適である。

問4：著作権法におけるソフトウェアの保護について最も適切なものを選択肢から1つ選べ。
　⓪ アルゴリズム(問題を解決するための方法や手段のこと)は，著作権法によって保護される。
　① アルゴリズムを記載，解説した文書は著作権法によって保護されるが，それを表現したプログラムは保護されない。
　② OSなどの基本プログラムは，ハードウェアの権利の範疇となるため，著作権法によって保護されない。
　③ ソースプログラムは著作権法によって保護される。

解答・解説

答えは③

　問4はソフトウェアの著作権の取り扱いに関する問題である。⓪①に関しては，アルゴリズムに関する保護について記載されているが，**アルゴリズムは著作権が認められないこと**に注意すると，不適である。②に関しては，OSなどの基本ソフトウェアに関しては，**OS著作権によって保護される**ため不適である。

3

　本問題は，個人情報や引用についての問題である。個人情報の保護に関する法律は，数年に1度のペースで改正されているため，しっかりチェックしておくことが重要になる。また，情報社会の変化によって**個人情報の取り扱いがどのように変化してきているのか**も把握しておこう。

問1：個人情報の保護に関する法律は 2015 年に改正されたが，この法律の目的を示す条文にも手が加えられた。以下に改正前と改正後の条文を示す。改正前と改正後の条文から，改正の趣旨はどのようなものだと考えられるか，もっとも適切なものを 1 つ選べ。

【改正前の法律（平成十五年法律第五十七号）の条文】

> 第一条　この法律は，高度情報通信社会の発展に伴い個人情報の利用が著しく拡大していることにかんがみ，個人情報の適正な取扱いに関し，基本理念及び政府による基本方針の作成その他の個人情報の保護に関する施策の基本となる事項を定め，国及び地方公共団体の責務等を明らかにするとともに，個人情報を取り扱う事業者の遵守すべき義務等を定めることにより，個人情報の有用性に配慮しつつ，個人の権利利益を保護することを目的とする。

【平成二十七年法律第六十五号で改められた法律の条文】

> 第一条　この法律は，高度情報通信社会の発展に伴い個人情報の利用が著しく拡大していることに鑑み，個人情報の適正な取扱いに関し，基本理念及び政府による基本方針の作成その他の個人情報の保護に関する施策の基本となる事項を定め，国及び地方公共団体の責務等を明らかにするとともに，個人情報を取り扱う事業者の遵守すべき義務等を定めることにより，個人情報の適正かつ効果的な活用が新たな産業の創出並びに活力ある経済社会及び豊かな国民生活の実現に資するものであることその他の個人情報の有用性に配慮しつつ，個人の権利利益を保護することを目的とする。

⓪ 個人情報の利用を原則的に禁止したい。　　① 個人情報をより積極的に活用したい。
② 個人による情報の登録を制限したい。　　③ 個人による情報の登録を強制したい。

解答・解説
答えは①

　問 1 は，2015 年に行われた個人情報の保護に関する法律の改正についての問題である。改正前と改正後の条文の違いについて確認していくと，「個人情報の適正かつ効果的な活用が新たな産業の創出並びに活力ある経済社会及び豊かな国民生活の実現に資するものであることその他の個人情報の有用性に配慮しつつ」の部分が追加・変更されている。このため，個人情報の活用を活発にしたいという趣旨である①が正しい。⓪②③のような内容は特に記載されていない。

問2：問1において改正の趣旨・目的と関連の深い語句として，最も適切なものを 1 つ選べ。
　⓪ プライバシーマーク　　　① 肖像権保護　　　　　　② ビッグデータ活用
　③ 知的財産権保護　　　　　④ クラウドファンディング活用　⑤ 販売時点管理

解答・解説
答えは②

　問 2 は，問 1 の趣旨である「個人情報の活用」に関して関連の深い語句についての問題である。個人情報を活用しているものはビッグデータであるため，②が正答である。⓪は企業などが個人情報保護の体制を整備していることを認証する制度である。①は人の容姿などを勝手に撮影されたり公表されたりしない権利である。③は人間が行う知的創作活動によって生まれたものを保護する権利である。④はプロジェクトを立ち上げた者に対して，複数の人から資金を集めるしくみのことである。⑤は商品の販売や支払いが行われると同時に商品に関する情報が記録され，在庫などを管理することである。これらの選択肢は，個人情報の活用には無関係のため不適である。

問3：現代ではインターネットで検索した情報を，コピー・アンド・ペーストで簡単に転載ができるため，論文・レポートなどでの不適切な引用が問題となるケースが増えてきている。このような場合，適切に引用するには満たすべき条件がいくつかある。このうち3つを箇条書きで述べなさい。

解答・解説
答えは以下の中から3つ解答
・**既に公表されている著作物であること**
・**「公正な慣行」に合致すること**
・**報道，批判，研究などの引用の目的上「正当な範囲内」であること**
・**引用部分とそれ以外の部分の「主従関係」が明確であること**
・**カギ括弧などにより「引用部分」が明確になっていること**
・**引用を行う「必然性」があること**
・**出典を明記すること**
　問3は引用を行う際のルールに関する問題である。1つの情報を引用するだけでも様々なルールがあるのでしっかり把握しておこう。

2章 メディアとコミュニケーション

1

　本問題は，メディアとコミュニケーションに関する問題である。メディアやコミュニケーションの種類，その内容，利用場面など様々なものがあるためしっかり整理しておこう。

問1：　 ア 　にはメディアの特性を理解して，受信者として情報を正しく理解し，送信者として正しく情報を表現・発信する能力という意味の語句が入る。その語句を答えよ。

解答・解説
答えはメディア・リテラシー
　問1は説明に適する語句を答える問題である。メディア・リテラシーは受信者として情報を正しく理解する能力であるとともに，送信者としてただしく情報を発信する能力であることに注意しよう。

問2：下線部(1)に関して，メディアのうち，1対多で非同期的なコミュニケーションにあたるものを答えよ。
　⓪ 新聞
　① 電話
　② 手紙
　③ テレビ会議

解答・解説
答えは⓪
　問2はコミュニケーションの種類に関する問題である。コミュニケーションの種類には，1対1，1対多といった送受信する数に着目した形態と，同期的，非同期的といった同じ時間を共有するか否かに着目した形態がある。選択肢の中で，1対多で非同期的なコミュニケーションのメディアは⓪である。①は1対1で同期的なコミュニケーションのメディア，②は1対1で非同期的なコミュニケーションのメディア，③は1対多で同期的なコミュニケーションのメディアである。なお，他に1対多で非同期的なコミュニケーションである動画共有サイト，写真共有サイト，電子掲示板などのソーシャルメディアがある。

問3：下線部(2)に関して，電子メールやメッセージ交換アプリのようなメディアの場合，身振り手振りや表情などの感情面が相手に伝わらないことも多い。このような場合に感情を伝えるために利用されるものとして正しいものを全て選び記号で答えよ。
　　⓪ 太文字
　　① クエスチョンマーク
　　② 顔文字
　　③ 注釈
　　④ スタンプ
　　⑤ 大文字

解答・解説
　答えは②，④
　　問3は感情を伝えるための手法に関する問題である。顔文字やスタンプなどのイラストを用いることによって，表情などの感情面を伝えることができる。他の選択肢である⓪①③⑤は，文章を強調・補足するために利用することはできるが，表情などの感情面を伝えることはできない。

問4：下線部(3)について，意図的に事実とは異なる虚偽の情報を伝えるニュースも存在する。そのようなものを何というか。カタカナで答えよ。

解答・解説
　答えはフェイクニュース
　　問4は説明に適する語句をカタカナで答える問題である。フェイクニュースに関しては，スマートフォンの発達に伴って身近になりつつあるので，身近な例を考えて記憶をしておこう。

問5：インターネットではまだ実現されていない，電話や郵便のように社会の中で均一に維持され，全ての人が平等に受けられる公共的なサービスのことを何というか。記号で答えよ。
　　⓪ ユートピアサービス
　　① アベレージサービス
　　② ユニバーサルサービス
　　③ ソサエティサービス

解答・解説
　答えは②
　　問5は説明にある語句を選択肢から選ぶ問題である。正答以外の⓪①③は存在しない語句であるが，「均一」「平等」などの語に惑わされて選択しないように正確に語句を記憶しておこう。

2

　本問題は，SNS・マイクロブログなどのソーシャルメディアの取り扱いや情報弱者に関する問題など，現代の情報社会に関する問題について取り扱っている。ソーシャルメディアの正しい利用方法や，その他情報社会の問題についても確認しておこう。

問1：下線部(1)に関する記述としてもっとも適切なものを選べ。
　⓪ いったんネットで発信した情報は「拡散」されていくが，プロバイダおよびウェブ・サービスの事業者に依頼すれば，すべて削除してもらうことができる。
　① 企業から支援を受けていることを隠し，SNSなどで個人として商品・サービスを勧める行為は「ステルス・マーケティング」と呼ばれ，特定商取引法で禁止されている。
　② 公共機関や報道機関ではない個人は，自らが発信した情報が誤っていたことで，他人に損害を与えたとしても，法的な責任を負うことはない。
　③ 情報の検索・収集・利用という側面において，ディジタル・デバイドが社会的な問題となっているが，情報発信において，目立った格差は生じていない。
　④ 政治家は「公人」であるので，一般人が政治家の公の行為・行動をSNSなどで批判することは国民の当然の権利であり，批判したという事実のみによって罰せられることはない。
　⑤「ディジタル・タトゥー」とは，ネットで発信した自らの行為が「拡散」され，社会的に称賛を受けることである。

解答・解説

答えは④

　問1は情報発信に関する正誤問題である。いろいろな方面の知識が必要になるため，たくさん問題を解いて，知識を蓄えておこう。⓪に関しては，情報の性質のため，いったんネットで拡散された情報はプロバイダ等に依頼してもそのすべてを削除することはできない。このため不適である。①に関しては，ステルス・マーケティングは現在（2023年7月）のところ禁止されてはいないため不適である。②に関しては，個人であっても，法的な責任を負う必要がある場合があるため不適である。③に関しては，情報発信においてもディジタル・デバイドが社会的な問題となっているため不適である。⑤に関しては，デジタル・タトゥーとは，インターネット上に書き込まれたコメントや画像などが半永久的に残り，完全な削除が難しい状態のことをいうため不適である。

問2：下線部(2)に関する記述としてもっとも適切なものを選べ。
　⓪ AIの発展によって，自動運転車が普及するなど，経済活動のありようが大きく変わると予想されているが，人々の仕事内容，職種，キャリアに変化はない。
　①「GAFA」に代表されるディジタル・プラットフォーマと中小零細事業者との立場の隔たりは大きいが，自由主義経済のもと，政府は規制を行うことができない。
　② SNSなどでは，自身の考えに近い投稿がより多く表示されるため，自分と考えが近い人々とのつながりが強化される。結果として，異なる考えの人々との対話が減少する。
　③ 学校教育における情報通信技術の活用によって問題練習や補習授業がより容易に行えるようになり，家庭環境を理由とした生徒・児童の学力格差は完全に解消される。
　④ 情報通信技術は「情弱（情報弱者）」と呼ばれる人々にとって非常に生きにくい社会を生み出しているが，それは一時的なものであり，情報通信技術の発展によってやがて解決される。
　⑤ ブロック・チェーンという情報通信技術を基盤とする暗号資産の登場と普及によって，国家の通貨発行権が重要性を失い，今後，人々の経済的格差はさらに縮小していく。

解答・解説

答えは②

　問2は情報通信技術の向上に関する正誤問題である。AI，GAFA，SNS，情弱，ブロック・チェーンなど様々な知識を整理しておく必要がある。⓪に関しては，仕事内容，職種，キャリアにも変化があるため不適である。①に関しては，自由主義経済のもとであっても政府は規制を行うことはできるため不適である。③に関しては，タブレットの購入が難しいなどの理由により，家庭環境による学力格差は完全には解消されないため不適である。④に関しては，情弱が抱く生きにくさは一時的なものではなく，情報通信技術が発展すればするほど強まる可能性があるため不適である。⑤はブロック・チェーンによってさらに経済的格差が広がる可能性があるため不適である。

3章 情報のデジタル化

1

本問題は，画像のデジタル化の手法やその手順について取り扱っている。画像のデジタル化に限らず，音や動画のデジタル化も流れは同様（**標本化→量子化→符号化**）なので，しっかり手順や特徴を理解しておこう。

> 次の図1は，モノクロの画像を 16 画素モノクロ 8 階調のデジタルデータに変換する手順を図にしたものである。このとき，手順2では　ア　，このことを　イ　化という。また，手順3では　ウ　，このことを　エ　化という。手順1から3のような方法でデジタル化された画像データは，　オ　などのメリットがある。

解答・解説

答えはア：⓪，イ：②，ウ：②，エ：⓪，オ：⓪

手順1では，画像を等間隔の格子状の区画に分割しており，標本化という。手順2では，区画の濃淡を一定の規則に従って整数値に置き換えており，量子化という。手順3では，各区画の整数値を2進法で表現しており，符号化という。また，オの正答以外の選択肢に関して，①はデジタル化してもディスプレイ上でギザギザ（ジャギー）が現れるため不適である。②は圧縮方式によっては元の画像に戻らないこともあるため不適である。③はデジタル化したか否かに関わらず，著作権があるものを人にコピーして配布することは禁止されているため不適である。

2

本問題は，データ量の計算や圧縮方法（**可逆圧縮，非可逆圧縮**）に関する問題である。情報のデータ量の計算において，ビット，バイト，メガバイトなどさまざまな接頭辞や単位が出てくるため，しっかり整理しておこう。

> 問1：下線①について，次の問いに答えよ。
> 　　　新聞紙1ページに全角文字が約 20,000 字掲載され，1日分が 40 ページとする。また，Bをバイト，1MBを 10^6B とし，全角文字1文字を2Bとする。新聞紙1日分の文字のデータ量をメガバイト（MB）単位で求め，最も適切なものを選択肢から選べ。
> ⓪ 1.2MB
> ① 1.6MB
> ② 2.1MB
> ③ 2.5MB

解答・解説

答えは①

問1は新聞紙1日分の文字のデータ量の計算に関する問題である。様々な単位が出てくるので，しっかり順を追って計算しよう。まず，1ページに 20,000 字が掲載されており，1日分が 40 ページのため，1日分の新聞紙に掲載される文字の数は 20000×40＝800,000 字である。1文字につき2Bであるから，1日分の文字データ量は 800,000×2＝1,600,000B となる。最後に，単位を MB（メガバイト）にする必要があるため，1600000÷1000000＝1.6MB となる。

問2: 前問1において，8GBの USBメモリーには，何年分の新聞紙の文字データを書き込めるか。その年数を整数で求め，最も適切なものを選択肢から選べ。なお，1年は365日，1GBを 10^9B とする。

⓪ 2年
① 5年
② 9年
③ 13年

答えは①

　問2は新聞紙の文字データを USB に書き込む際の上限に関する計算問題である。新聞紙1日分のデータ量は，問1より 1.6MB である。これより，新聞紙1年（365日）分のデータ量は，1.6 MB×365＝584 MB と求めることができる。USB メモリーは 8GB であるが，単位をそろえるために 8000 MB ととらえると，8000÷584＝13.69… なので，USB メモリーに書き込める上限は新聞紙 13 年分となる。

問3: 下線②を行う方法の1つにデータ圧縮という方法がある。扱うデータや状況によって可逆圧縮と非可逆圧縮とを使い分けることになるが，次のうち，非可逆圧縮に適しているデータをすべて選べ。

⓪ ワープロで作成した文書データ
① 写真のビットマップ画像データ
② ビデオカメラで撮影した動画データ
③ 暗号化されたデータ
④ 動画再生ソフトウェアのプログラム
⑤ 音声合成ソフトウェアで自動生成した音声データ

答えは②，⑤

　問3は非可逆圧縮のデータを選択する問題である。**非可逆圧縮は，元のデータが大きい場合などに，復元時の多少の損傷を許容する代わりに，高い圧縮率を実現する圧縮手法**である。このため，正確に復元する必要のある文書データやプログラムは不適であり，動画や音声データなどに用いられることが多い。

4章 情報デザイン

1

　本問題は，情報デザインに関する手法（**抽象化，構造化，可視化**）や用語に関する問題である。さまざまな語句や Web ページを構成するために利用される言語（**HTML, CSS, JavaScript**）など，しっかり整理しておこう。

問1: 空欄 　ア 　，　イ 　 には，それぞれ情報デザインに関する用語で，使いやすさ，アクセスのしやすさという意味のカタカナの用語が入る。空欄に入る語句を選択肢から2つ答えよ。（順不同）

⓪ センシビリティ
① ユーザビリティ
② アクセシビリティ
③ アベイラビリティ

答えは①，②（順不同）

　問1は，情報デザインに関する用語に関する問題である。⓪，③に関しては，単語自体は存在するが，情報デザインに関する語句ではないため不適である。

問2：下線部(1)に関して，静的なウェブサイトを作成する際に利用されるマークアップ言語と，動的なページを作成するための代表的なプログラミング言語を選択肢からそれぞれ1つずつ答えよ。
⓪ JavaScript　　① C言語　　② C#
③ HTML　　④ CSS　　⑤ Java

解答・解説

答えは静的なウェブサイト：③，動的なページ：⓪

　問2はWebサイトを構成するための言語に関する選択問題である。情報デザインにおいて，HTML，CSS，JavaScriptは頻出なのでチェックしておこう。なお，CSSはウェブサイトのデザインを指定する際に利用する言語である。その他の①，②，⑤はシステムを構築するために利用されるプログラミング言語である。

問3：下線部(2)に関して，情報デザインの手法である構造化に当てはまるものを選択肢から全て選べ。
⓪ 商業施設のトイレの案内板
① Webページの階層メニュー
② 模擬試験の得点のレーダーチャート
③ 広告のレイアウト
④ スマートフォンアプリのアイコン

解答・解説

答えは①，③

　問3は情報デザインの手法の1つである構造化に関する問題である。構造化とは，**情報を特定の基準に沿って整理すること**である。⓪，④は情報デザインの手法の1つである抽象化（**具体的なものや動作などから余分なものを除き，要点をシンプルに表現すること**）の例である。②は情報デザインの手法の1つである可視化（**データを表やグラフ，図解などを用いてわかりやすく表現すること**）の例である。

問4：下線部(3)に関して，文化や言語，国籍，年齢，障害の有無などに関わらず，全ての人が使いやすいように配慮されたデザインのことを何というか，選択肢から1つ選べ。
⓪ アクセシビリティデザイン
① カラーデザイン
② ユニバーサルデザイン
③ ノーマライゼーションデザイン
④ ユーザビリティデザイン
⑤ バリアフリーデザイン

解答・解説

答えは②

　問4は情報デザインにおける語句の問題である。情報デザインにおいて，ユニバーサルデザインは非常に重要視されているため語句を記憶しておくとともに，ユニバーサルデザインの7原則も確認しておこう。なお，その他の選択肢は，情報デザインの語句ではないため不適である。

問5：アメリカの建築家リチャード・S・ワーマンの考案した情報を分類する基準を5つ答えよ。

解答・解説

答えは位置，時間，アルファベット，分野，階層（順不同）

　問5は情報の分類の基準に関する問題である。位置関係を表すことにより情報を整理する「位置」，時系列に並べることによって時間の関係がある情報を整理する「時間」，アルファベット順，五十音順のような順番に情報を整理する「アルファベット」，カテゴリーごとに分けるような情報を整理する「分野」，上下関係などの情報を整理する「階層」の5つである。

本問題は，情報デザインに関する手法（**抽象化，構造化，可視化**）や，情報デザインの具体例や問題発見の手法についての問題である。情報デザインに関する手法に関しては，具体例も含めて整理しておこう。

問1：情報デザインの説明として不適切なものを1つ選べ。
⓪ コミュニケーションの円滑化をはかる工夫をすること
① 利用者の立場に立ったデザイン
② 社会や身の回りの問題を解決するためのデザイン
③ 世の中には存在しない問題・課題をデザインで解決する

解答・解説

答えは③

　問1は情報デザインに関する説明の問題である。情報デザインとは，社会や身の回りの問題をデザインを通じて解決する表現や技術のことである。世の中に存在しない問題の解決について考えることは情報デザインの説明として適切とはいえない。

問2：情報デザインの活用例を挙げよ。

解答・解説

答えは ATM の画面，道路のペイント，ピクトグラムなど

　問2は情報デザインの具体例を答える問題である。情報デザインの活用例は，思いのほか身近にもたくさんあることに気付けるかもしれないため，探してみてもよい。

問3：情報デザインの3つの手法のうち，なるべくシンプルに表現する手法を何というか，選択肢から適するものを1つ選べ。
⓪ 構造化
① 都市化
② 可視化
③ 符号化
④ 抽象化
⑤ 具体化

解答・解説

答えは④

　問3は情報デザインの手法に関する問題である。⓪は**情報を特定の基準に沿って整理すること**である。④は**具体的なものや動作などから余分なものを除き，要点をシンプルに表現すること**である。⓪，①，③，⑤は情報デザインの手法に関する語句ではないため不適である。

問4：可視化の手法として適切なものを次のうちから全て選択せよ。（順不同）
⓪ 表・グラフ
① ピクトグラム
② 樹形図
③ 路線図
④ アイコン
⑤ ベン図

解答・解説

答えは⓪，②，③，⑤（順不同）

　問4は可視化の具体例に関する問題である。①，④は抽象化の具体例である。

問5：情報デザインにおいて，問題を発見するために用いられる手法としてブレーンストーミングがある。
　　　ブレーンストーミングを行う上で考慮することとして適切なものを選択肢から全て選べ。
　　⓪ 他の人の意見と自分の意見が違う場合は，できるだけ遠慮する。
　　① できるだけたくさんの意見が出るようにする。
　　② 意見が出るたびに，採用するかどうかを検討する。
　　③ 他の人の意見に対して批判を行う。
　　④ 他の人の意見に便乗してもよい。

解答・解説
答えは①，④
　問5はブレーンストーミングの特徴に関する問題である。ブレーンストーミングは，他の人の意見をできるだけ遮ったり，批判せずに，より多くの意見を出すことを重視する。また，さまざまなユニークな意見を出すことを重視するため，遠慮することなく発言することが望ましい。このような方法をとることによって，1人では思いつかないような意見が出ることが多い。⓪は自分の意見が違うからといって遠慮はするべきではないため不適である。②は意見が出るたびにではなく，意見がたくさん出てから採用するかどうかの検討をするため不適である。③は他の人の意見には批判を行うべきではないため不適である。

5章 コンピュータの仕組み

1

　本問題は，コンピュータのハードウェアに関する問題である。ハードウェアの種類，それぞれの役割や特徴を整理しておこう。特に CPU は問われる内容が多いため，しっかり頭に入れておこう。

問1：下線部(1)の「伝送路」のことを何というか。カタカナで答えよ。

解答・解説
答えはバス
　問1はハードウェアを接続する伝送路に関する語句の問題である。すべてのハードウェアはバスによってつながっている。なお，バスには，アドレスバス，データバス，コントロールバスという種類が存在する。

問2：CPUを構成する2つの装置　ア　と　イ　は何か。

解答・解説
答えは制御装置，演算装置（順不同）
　問2は CPU の構成要素に関する問題である。CPU は，入力装置や主記憶装置などに命令を送る制御装置と，演算命令を受け取り実際の演算を行う演算装置の2つで構成されている。

問3：コンピュータ内部の動作の仕組みについての記述として，正しいものはどれか。
　⓪ 補助記憶装置にデータの書き込みをする時，制御装置から主記憶装置に命令が送られ，主記憶装置と
　　補助記憶装置がデータのやり取りを行う。
　① CPUの制御装置は，演算装置や入力・出力装置，主記憶装置すべてに命令を送ることができる。
　② 補助記憶装置から主記憶装置にデータをやりとりすることはない。
　③ データを出力する時，データはまず制御装置に送られてから出力装置に送られる。

解答・解説
答えは①
　問3はハードウェアのそれぞれの装置の役割に関する問題である。⓪は補助記憶装置にデータの書き込みを
する時は，制御装置から補助記憶装置に直接命令が送られるため不適である。②は主記憶装置で利用したデー
タを長期的に保存したい場合などには，補助記憶装置とデータのやり取りを行うため不適である。③はデータ
を出力するとき，データは主記憶装置から直接出力装置に送られる。なお，出力命令は主記憶装置からではな
く，制御装置から送られるため不適である。

問4：記憶装置は，主記憶装置と補助記憶装置の2種類に大別できる。主記憶装置における，情報を記憶し，
　　読み書きする最小単位の回路のことを何と呼ぶか，以下の選択肢から選べ。
　⓪ メモリセル　　　① メモリアドレス　　　② メインメモリ　　　③ メモリブロック

解答・解説
答えは⓪
　問4は主記憶装置の読み書きする最小単位に関する問題である。各メモリセルにはアドレス（番地）がつけ
られ，どのメモリセルに何の情報が入っているかなどをOSが管理する。CPUの高速な処理に対応するため，
0と1の状態を電荷の有無などで表現しており，数百万から数十億集めた半導体素子が使われている。

問5：補助記憶装置の特徴を述べた以下の文章の空欄　ウ　を25字程度で答えなさい。
　　主記憶装置に比べて，（　ウ　）ことができる記憶装置。

解答・解説
答えは「コンピュータのプログラムやデータを長期的に保存する」など
　問5は補助記憶装置の特徴に関する問題である。補助記憶装置は，主記憶装置と比べて**長期的な保存**が可能
となっている。この旨を記述できていればよい。

問6：補助記憶装置の例を，ハードディスクドライブ以外に1つ挙げよ。

解答・解説
答えはフラッシュメモリ，DVD，CD，SSDなど
　問6は補助記憶装置の具体例に関する問題である。主記憶装置（メインメモリ）は高速である代わりに，容
量が少なかったり，電源が切れるとデータが消えてしまったりする特徴がある。そのため，長期的に保存して
おきたいデータなどは，補助記憶装置に保存するようになっている。例示されているハードディスクドライブ
のような長期的な保存をするための記憶装置を答えることができていればよい。

問7：CPUにおいて，1秒間に発する信号の数を何と呼ぶか，以下の選択肢から選べ。
　⓪ メモリ周波数　　　① レジスタ周波数　　　② クロック周波数　　　③ サイクル周波数

解答・解説
答えは②
　問7はCPUにおける語句の問題である。1秒間に発する信号のことを**クロック信号**というため，その数を
クロック周波数という。

問8：問7の値の単位を以下の選択肢から選べ。
　　⓪ cm(センチメートル)　　　① V(ボルト)　　　② A(アンペア)　　　③ Hz(ヘルツ)

解答・解説
答えは③
　問8はクロック周波数の単位に関する問題である。⓪は長さの単位のため，不適である。①は電圧の単位であるため不適である。②は電流の単位であるため不適である。

問9：CPUにおいて複雑な演算を行うために論理回路を利用している。この論理回路のうち，基本となる論理回路を3つ答えよ。

解答・解説
答えは AND（論理積）ゲート，OR（論理和）ゲート，NOT（否定）ゲート
　問9は論理回路に関する問題である。論理回路には，基本の論理回路3つに対して，基本の回路を利用した回路として，XOR（排他的論理和）ゲート，NAND（否定論理積）ゲート，NOR（否定論理和）ゲートなどがある。

2
　本問題は，ソフトウェア（特にOS）に関する問題である。ソフトウェアには**基本ソフトウェア，アプリケーションソフトウェア**の2種類が存在する。それらの具体例やOSに関する役割や特徴について理解しておこう。

問1：下線部(1)について，以下の中からアプリケーションソフトウェアを全て答えよ。
　　⓪ ウェブブラウザ　　　① 言語プロセッサ　　　② ミドルウェア　　　③ 音楽再生ソフト

解答・解説
答えは⓪，③
　問1はアプリケーションソフトウェアの具体例に関する問題である。アプリケーションソフトウェアとは，**特定の目的のために設計・開発されたソフトウェアの総称**のことである。①は**プログラムを機械語に変換するソフトウェアの総称**であるため不適である。②は**OSとアプリケーションソフトウェアの間に位置し，アプリケーションソフトウェアに対して，共通する機能やサービスを提供するもの**であるため不適である。

問2：以下のコマンドを使って sample.txtのファイル削除に関する操作を行った。

　　rm sample.txt

　　このような操作を行うユーザーインタフェースを何と呼ぶか。

解答・解説
答えは CUI（Character User Interface，キャラクターユーザインターフェース）
　問2はコマンドを利用するユーザインタフェースに関する問題である。キーボードの入力と画面の文字表示だけで操作するインタフェースのこと。今回は rm コマンドを用いて該当のファイルを削除している。一方，画像やポインティングデバイスを使って直感的に操作できるインタフェースを GUI（Graphical User Interface）と呼ぶ。

> 問3：下線部(2)について，周辺機器の違いを吸収するソフトウェアのことを何と呼ぶか。

解答・解説

答えはデバイスドライバ

　　問3はソフトウェアの中でも OS と関わりの深いソフトウェアに関する問題である。コンピュータに接続する周辺機器を OS によって制御するためのプログラムのことである。

> 問4：問3のソフトウェアが OS に組み込まれていない場合の対処として，最も適切なものを選択肢から選べ。
> ⓪ 対応するデバイスドライバが自動で組み込まれるのを待つ。
> ① 対応するデバイスドライバを自分でインストールする。
> ② OS をアップデートする。
> ③ OS をインストールしなおす。

解答・解説

答えは①

　　問4はデバイスドライバに関する問題である。⓪は該当のデバイスドライバは自動で組み込まれないことが多いため不適である。②は OS をアップデートしても基本的にはデバイスドライバは組み込まれないことも多いため不適である。③は OS をインストールしなおしても，デバイスドライバは組み込まれることはないため不適である。

> 問5：OS の管理機能の一つとして，タスク管理が挙げられる。タスク管理の説明として，正しいものはどれか。
> ⓪ OS は複数の処理を一定の時間で区切り，順次処理を行なっている。
> ① 複数の処理を並行して実行することをマルチタスクと呼ぶ。
> ② ユーザによる複数のアプリケーションの同時利用などの管理は，OS では行っていない。
> ③ CPU が行う処理の順番について，OS ではアプリケーションソフトウェアの順番のみ管理している。

解答・解説

答えは①

　　問5は OS の管理機能のうちのタスク管理についての問題である。タスク管理とは，**複数の処理の切り替えなどを行う**処理である。⓪に関して，OS は複数の処理を瞬間的に切り替えながら処理しているため不適である。②は OS で管理しているため不適である。③は OS では CPU が行うすべての処理を管理しているため不適である。

> 問6：OS におけるファイル管理についての記述として，正しいものはどれか。
> ⓪ ファイルとディレクトリは同じ意味である。
> ① ディレクトリは，データ処理の高速化を目的として利用される。
> ② データはファイルという単位で管理する。
> ③ CUI でファイルと呼ばれるデータは，GUI ではディレクトリと呼ばれる。

解答・解説

答えは②

　　問6は OS の管理機能のうちのファイル管理についての問題である。ファイル管理とは，**補助記憶装置にあるデータを階層的に管理する**機能である。⓪はファイルとディレクトリは異なるものであるため不適である。①においてディレクトリは，おもに整理や管理の目的で利用されているため不適である。③は CUI ではフォルダと呼ぶものを，GUI ではディレクトリと呼ぶため不適である。

問7：以下の説明に該当するファイルの拡張子をあとの解答群の中から選べ。

複数のファイルをまとめ，データ容量を少なくした後のファイル

＜解答群＞
   zip   html   txt   jpg   mp3

解答・解説

答えは zip

問7は拡張子に関する問題である。拡張子とは**ファイルの種類を表すファイル名に用いられる文字列**のことである。さまざまな拡張子の中で，データの容量を少なくする，つまり圧縮した後のファイルに利用される拡張子は zip である。

3

本問題は，論理回路を黒白の画像へ応用した問題である。基本論理回路はもちろんのこと，どんな回路であっても，真理値表を作成して考えて問題を解いていくことがポイントである。

問1：XORは AND，OR，NOTを用いてどのように表されるか，適切な式を選択肢の中から選べ。
  ① (A OR (NOT B)) OR ((NOT A) OR B)
  ② (A OR (NOT B)) AND ((NOT A) OR B)
  ③ (A AND (NOT B)) OR ((NOT A) AND B)
  ④ (A AND (NOT B)) AND ((NOT A) AND B)

解答・解説

答えは③

問1は XOR（排他的論理和）に関する問題である。XOR を基本論理回路を利用してどのように表すことができるかを考える必要がある。論理回路の問題は，真理値表を書いて考えてみよう。まず，表から選択肢の式を求めるために，下記の真理値表を作成する。

A	B	NOT A	NOT B	A OR (NOT B)	(NOT A) OR B	A AND (NOT B)	(NOT A) AND B
0	0	1	1	1	1	0	0
1	0	0	1	1	0	1	0
0	1	1	0	0	1	0	1
1	1	0	0	1	1	0	0

これらをもとに，選択肢の真理値表を作成すると以下のようになる。

①	②	③	④
1	1	0	0
1	0	1	0
1	0	1	0
1	1	0	0

したがって，「A XOR B」と一致しているものは，③である。

問2：0（黒），1（白）で表された画像Xと画像YをXOR演算によって重ね合わせしたとき（「X XOR Y」を表すこととする），出力される画像はどれか，選択肢の中から選べ。

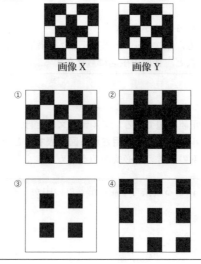

画像X　　　　画像Y

①　　　　　　　②

③　　　　　　　④

答えは②

　問2はXOR（排他的論理和）を画像に適用する問題である。画像Xと画像Yの黒と白の場所を間違えないように見比べながら1マスずつ確認していき，具体的に見ていく。画像Xと画像Yの入力が同じところは0（黒），入力が異なるところは1（白）となっていることに注意してみていく。今回の問題は一番上の列を見ると①と②の2択まで絞れるため，上から2列目を確認していき解答を確定させる。

6章 アルゴリズムとプログラム

1

　本問題は，アルゴリズムで利用される図やプログラミング言語の種類などに関する問題である。アルゴリズムでは，利用される図（特にフローチャート）を整理し，構造の種類について理解しておこう。プログラムについても，さまざまな用語や具体的なプログラミング言語について整理しておこう。

問1：　ア　に当てはまる語句を下記の選択肢から1つ選べ。
　⓪ ライブラリ
　① イベント
　② アルゴリズム
　③ プログラム

答えは②

　問1は処理手順に関する用語を埋める問題である。⓪はよく使われる機能に関して既に作成されたプログラムの集まりのことであるため不適である。①は状態遷移図において矢印に記載される処理内容のことであるため不適である。③はアルゴリズムをコンピュータで処理できるようにプログラミング言語を用いて表したものであるため不適である。

問2：　ア　についての説明のうち，正しくないものはどれか。
　　　⓪ 複数処理手順が考えられる場合，処理速度を気にする必要はないためどの処理手順を選んでも問題はない。
　　　① 処理手順の正確性は必ず確かめる必要がある。
　　　② どんなに複雑なプログラムでも，順次構造・分岐構造・反復構造の3つの組み合わせで表現できる。
　　　③「学校に行く」「洗濯をする」など，普段の生活にも存在する。

解答・解説
答えは⓪
　問2はアルゴリズムについての正誤問題である。アルゴリズムとは，**順次構造，分岐構造，反復構造を利用したものであり，身近な行動もアルゴリズムで利用される図で表すことができる。**⓪に関して，アルゴリズムでは，できるだけ処理速度が速いものを考える必要があるため正しくない。

問3：　イ　と　ウ　に当てはまる言葉を下記の解答群の中からそれぞれ1つずつ答えよ。
　　　＜解答群＞
　　　⓪ UML
　　　① アクティビティ図
　　　② フローチャート
　　　③ クラス図

解答・解説
答えはイ：②，ウ：①
　問3はアルゴリズムを表現するために利用される図に関する問題である。アルゴリズムを表現するための図として主に3つ存在する。1つ目は，アルゴリズムを図形や線，矢印などを用いて視覚的に表すフローチャートである。2つ目は，処理の流れや状態の変化を図示するアクティビティ図である。3つ目は，ある状態が別の状態に遷移するのを表現するために使われる図である状態遷移図である。

問4：状態遷移図を使用することがもっとも適しているシステムはどれか。
　　　⓪ 現在地から目的地までの最適なルートを検索する地図システム
　　　① カラオケの利用者区分や時間帯によって料金を計算する料金計算システム
　　　② 室内の温度を一定に保つ室内温度制御システム
　　　③ 質問形式で回答を集めるためのアンケート収集システム

解答・解説
答えは②
　問4は状態遷移図が適しているシステムを選ぶ問題である。状態遷移図は，時間の経過や機材の操作などによって行われる状態遷移を表現するために使われるものである。②では，ユーザーが電源を入れた時や，室内の気温が設定温度よりも高いときや低いときの状態やその時の処理などをより効率的に表すことができる。

問5：プログラミング言語には，コンパイラ方式とインタプリタ方式に分類することができる。それぞれの方式について30字程度で説明せよ。

解答・解説
答えは「コンパイラ方式：プログラムの全てを一度に機械語翻訳しそれをCPUが実行する方式（31字）」「インタプリタ方式：インタプリタと呼ばれるプログラムが1行ずつ直接実行する方式（29字）」など
　問5はプログラミング言語の種類に関する問題である。コンパイラ方式とインタプリタ方式とその具体的なプログラミング言語は曖昧になりやすいので整理しておこう。

問6：プログラミング言語 Python の利用用途としてもっとも適しているものはどれか。
　⓪ オペレーティングシステムの開発
　① 人工知能開発やビックデータ解析
　② OSや Mac向けのアプリ開発
　③ LDなどの電子部品の制御

解答・解説
　答えは①
　問6は具体的なプログラミング言語の利用例に関する問題である。Python は機械学習用のライブラリが豊富であり，**人工知能開発やビックデータ解析などの用途で使われることが多い**。⓪は C 言語など，①は Swift など，③は Raspberry Pi などを利用することが多い。

2

　本問題は，実際のプログラムを利用した問題である。プログラムにおける語句の整理や実際にプログラムを見て処理内容を理解できるようにしておこう。

問1：プログラム中の代入が行われている処理の番号を全て答えよ。

解答・解説
　答えは（01），（02），（03），（04），（05），（06），（08），（09）
　問1は代入が行われている箇所を答える問題である。代入とは，宣言された変数へ値を設定することである。例えば（01）の Kokugo = [76,86,40,76,99] は，Kokugo という変数に [76,86,40,76,99] の値を設定している。

問2：（08）の Gokei [i] などの [i] の部分を何というか。

解答・解説
　答えは添字
　問2は配列の語句に関する問題である。配列は，複数個のデータを順番にまとめた構造である。配列は通し番号がつけられたデータがつながっているものと考えることができ，それぞれの**配列要素につけられた番号のこと**を添字と呼ぶ。添字を指定することで，配列のどの要素にアクセスしたいかをプログラムが理解できる。

問3：（09）の「平均を求める」のように，あらかじめプログラミング言語に定義されている処理のまとまりのことを何というか。

解答・解説
　答えは組み込み関数
　問3はプログラミング言語に関する問題である。**処理のまとまりのことを関数**と呼ぶ。関数には，あらかじめプログラミング言語に定義されている「組み込み関数」と，自分で定義する「ユーザ定義関数」が存在する。今回のような平均を求める関数は汎用的であるため，ほとんどのプログラミング言語にあらかじめ存在している。

問4：問3に関連する言葉を全て選択せよ。
　⓪ API
　① リスト
　② 戻り値
　③ 引数

解答・解説
　答えは②，③
　問4は組み込み関数に関連する言葉を選択する問題である。関数は**引数**を設定し，それをもとに処理された結果の**戻り値**を返すように定義される。⓪はあるプログラムを他のプログラムから使うためのしくみのことであるため不適である。①はデータ構造の１種であるため不適である。

問5：プログラム中の Gokei のデータ構造を，配列ではなくスタックに変更しようとした。この変更は適切かどうか，理由として最も適しているものを下の選択肢から1つ選べ。

⓪ スタックに変更すれば，後から入ってきたデータから順番に処理することができるため，適切である。

① スタックに変更すると，後から入ってきたデータから順番に処理しなければならないため，適切ではない。

② スタックに変更すれば，先に入ってきたデータから順番に処理することができるため，適切である。

③ スタックに変更すると，先に入ってきたデータから順番に処理しなければならないため，適切ではない。

解答・解説

答えは①

　問5はデータ構造である配列とスタックの違いに関する問題である。配列は必要に応じてそれぞれの要素にアクセスすることができるが，スタックは順番に処理しなくてはならないため，今回の使い方では適さない。

問6：各生徒の点数を，棒グラフで表現したい。グラフ描画など，特定の目的のために作成された機能を実現したプログラムの集まりのことを何と呼ぶか。

⓪ リスト

① アクティビティ

② ライブラリ

③ フローチャート

解答・解説

答えは②

　問6は特定の目的のために作成されたプログラムの集まりに関する問題である。グラフ描画のほかに，データ解析や擬似乱数の生成などのためのライブラリが存在するが，詳細は利用するプログラミング言語により異なる。⓪はデータ構造の1種であるため不適である。①，③はアルゴリズムを表現する際の図の1種であるため不適である。

本問題では，具体的にプログラムを見ながら処理内を理解する必要がある。特に分岐構造，反復構造を正確に読み取り，プログラムの内容を理解できるようにしておこう。

問　次の文章を読み，空欄　ア　～　オ　に入れるのに最も適当なものを，後の解答群のうちから一つずつ選べ。

ロボットの位置の座標が(x, y)であり，その位置のタイルの矢印が変数mukiに格納されているとき，ロボットの位置の座標は図2の手続きで更新できる。

```
(1) もし muki＝「↑」ならば
(2) |    ア
(3) を実行し，そうでなくもし muki＝「↓」ならば
(4) |    イ
(5) を実行し，そうでなくもし muki＝「←」ならば
(6) |    ウ
(7) を実行し，そうでなくもし muki＝「→」ならば
(8) └    エ
```

図2　ロボットの位置の座標を更新する手続き

Mさんは，まず，部屋のすべてのタイルに矢印が描かれているものとして，ロボットの動作結果を確認する手続きを作成することにした。この手続きでは，部屋の横と縦のタイルの枚数はそれぞれ YOKO枚と TATE枚とし，座標(x, y)のタイルの矢印は2次元配列Tairuの要素Tairu[x, y]に格納されている。壁にぶつかっていないことは，現在の座標が部屋の中に存在する場合に真になる式　オ　によって判定でき，Mさんは図3の手続きを完成させた。

```
(1)       オ   の間，
(2)    | muki＝Tairu[x, y]
(3-10) └(図2の手続きと同じ)
(11)    を繰り返す
(12)    「壁にぶつかる」を表示する
```

図3　ロボットの動作結果を確認する手続き

ア　イ　エ　の解答群
⓪ x＝x＋1　　① x＝x－1　　② y＝y＋1　　③ y＝y－1

オ　の解答群
⓪ x＜1かつ x＞YOKOかつ y＜1かつ y＞TATE
① x＞＝1かつ x＜＝YOKOかつ y＞＝1かつ y＜＝TATE
② x＜1または x＞YOKOまたは y＜1または y＞TATE
③ x＞＝1または x＜＝YOKOまたは y＞＝1または y＜＝TATE

解答・解説

答えはア…③，イ…②，ウ…①，エ…⓪，オ…①

図1を見ると，x座標は右に移動すると増え，左に移動すると減る。またy座標は下に移動すると増え，上に移動すると減る。このことに注意すると，アは③，イは②，ウは①，エは⓪となる。ロボットが壁にぶつかっていないか否かは，上下左右がすべて壁の内側の座標である必要がある。したがって，オは①となる。

本問題は具体的に問題を理解しながら，ルールやアルゴリズムを考える問題である。文章が長く複雑な設定が多いことがあるので，しっかり1つ1つ理解していこう。

問　次の文章を読み，空欄　アイ　，　ク　～　シスセ　に当てはまる数字をマークせよ。また，空欄　ウ　～　キ　に入れるのに最も適当なものを，それぞれの解答群のうちから一つずつ選べ。ただし，　ウ　・　エ　の解答の順序は問わない。

高橋さんは，6種類の製品をそれぞれ一つずつ製作する場合を検討した。表1に各状態間の移行時間を示す。Nは待機状態を，数字1から6はそれぞれ製品1から6の製作状態を表す。表1では，縦方向に現在の状態，横方向に次の状態が示されている。以下，製品1の製作状態を「状態1」のように表す。

例えば，待機状態から状態1への移行時間は20分である。また，状態1から状態2への移行時間は　アイ　分である。状態1から状態2への移行時間と，その逆の状態2から状態1への移行時間は等しい。この関係は，他の状態間の移行時間についても同様である。

表1　各状態間の移行時間（分）

		次の状態					
		N	1	2	3	4	5	6
現在の状態	N		20	30	30	50	40	70
	1	20		50	30	10	30	50
	2	30	50		30	30	10	40
	3	30	30	30		50	40	40
	4	50	10	30	50		20	40
	5	40	30	10	40	20		30
	6	70	50	40	40	40	30	

待機状態から一連の製品を順に製作して待機状態に戻るとき，この順序を製作順序と呼ぶ。例えば，製品1，製品2，製品3という製作順序は前後の待機状態を含めて［N，1，2，3，N］のように表す。6種類の製品を一つずつ製作する場合，例えば，製品5，製品2，製品4，製品6の順で始まる製作順序は，［N，5，2，4，6，　ウ　，　エ　，　オ　］と［N，5，2，4，6，　エ　，　ウ　，　オ　］の2通りがある。

ある製作順序の移行時間の合計を総移行時間と呼び，総移行時間を求めることを「製作順序を評価する」ということにする。すべての製作順序を評価することで，総移行時間が最短となる製作順序を求められる。6種類の製品を一つずつ製作する製作順序は　カ　通り存在する。表1の移行時間を踏まえると，ある製作順序での総移行時間とその逆順で製作する場合の総移行時間は等しいため，　カ　×　キ　通りの製作順序を評価すればよい。

高橋さんは，総移行時間ができるだけ短い製作順序を見つけたいが，すべての製作順序を評価する場合，製品の種類が増えると製作順序を評価する回数は膨大になる。そこで，次の手順Aで製作順序を考えた。

手順A　(1)　Nからの移行時間が最短の製作状態を選択し，Nの後に追加する。

(2)　まだ追加していない製作状態のうち，最後に追加した製作状態からの移行時間が最短のものを選択して，最後に追加する。移行時間が等しい製作状態が複数ある場合は製品番号が小さい方を選択する。

(3)　追加していない製作状態がなくなるまで，(2)を繰り返す。

(4)　最後にNを追加し，得られた製作順序を評価する。

手順Aに従うと，［N，1，4，　ク　，　ケ　，　コ　，　サ　，N］の製作順序が得られた。このときの総移行時間は　シスセ　分であった。

ウ　～　オ　の解答群
⓪ N　　① 1　　② 2　　③ 3　　④ 4　　⑤ 5　　⑥ 6

カ　・　キ　の解答群
⓪ 7×6×5×4×3×2
① 6×5×4×3×2　　② 76　　③ 66　　④ 6　　⑤ 2　　⑥ $\frac{1}{2}$　　⑦ $\frac{1}{6}$

解答・解説

答えはアイ…50　ウ，エ…①，③（順不同）　オ…⓪　カ…①　キ…⑥　ク…5　ケ…2　コ…3
サ…6　シスセ…200

表1より，状態1から状態2への移行時間は50分である。製品5，製品2，製品4，製品6の順で始まる製作順序は，最後がNであればよいため，［N，5，2，4，6，1，3，N］または，［N，5，2，4，6，3，1，N］のどちらかである。6種類の製品を一つずつ製作する製作順序は，6つの製品の並べ替えを考えればよいため，

「6×5×4×3×2」で表される。逆順での総移行時間は等しいことを利用すると，評価する場合としては，半分の数を調べればよい。したがって，「6×5×4×3×2×（1/2）」通りの製作順序を評価すればよい。また，手順Aに従って，製作順序を決める。まず，状態4から移行時間が最短のもので，利用していない状態への移行を踏まえて表1を確認すると，「状態5」となる。状態5から同様に調べていくと，[N，1，4，5，2，3，6，N]となる。このときの総移行時間は，20＋10＋20＋10＋30＋40＋70＝200分となる。

7章 モデル化とシミュレーション

1

問1： ア に当てはまる語句を1つ選べ。
　⓪ 観察データ　　① 理論的な法則　　② ランダムな変数　　③ 実験結果

解答・解説
答えは①
　問1は，モデルとは何かについての空欄補充問題である。モデルとは，**本質的な箇所を強調し，それ以外の不要な部分や条件を簡略化したもの**である。モデルを用いることによって，理論的な法則，数学的な枠組みを用いたものや現実で表現することが難しいことなどを観測することが可能である。

問2： イ に当てはまる語句を1つ選べ。
　⓪ 観測する　　① 予測・分析する　　② 再現する　　③ 実証する

解答・解説
答えは①
　問2は，シミュレーションとは何かについての空欄補充問題である。シミュレーションとは，**モデルを利用するなどして，問題を解決するための手法**である。特に，危険を伴うような実験や，長時間かかるような実験など，コンピュータを用いてシミュレーションを行うことにより，さまざまな事象を予測・分析することができる。

問3：下線部(1)について，現実の複雑さを完全に再現することが難しいのは以下のうちどれか。1つ選べ。
　⓪ 現実の環境がランダムな要素を含む場合
　① シミュレーションのモデルが正確に構築された場合
　② モデル化される現象が非常に単純な場合
　③ シミュレーションのパラメータが事前に完全に把握された場合

解答・解説
答えは⓪
　問3は，モデル化やシミュレーションの実現可能性に関する正誤問題である。モデルを利用したシミュレーションでは，膨大な費用のかかる実験，微小世界を対象とした実験など現実世界で実験することが難しいことに向いている。一方で，多数のランダム要素を含むような実験などに関してはシミュレーションに適していない。

問4：モデルの分類として，存在するものを全て選べ。
　⓪ 離散モデル　　① 視覚モデル　　② 拡大モデル　　③ 経済モデル

解答・解説
答えは⓪，②
　問4は，モデルの分類に関する問題である。モデルには様々な観点での分類方法があるためしっかり整理しておこう。物理モデルとして，**拡大モデル，縮小モデル，実物モデル**などがあり，データが連続するか否かによる分類として，**連続モデル，離散モデル**などがある。

問5：シミュレーションの新しい形である「デジタルツイン」とは何か。1つ選べ。
　⓪ コンピュータゲームで使用されるキャラクターのデジタルモデル
　① インターネット上の仮想空間での自己表現手段
　② デジタル機器を使用した仮想現実体験
　③ 現実世界の物理的なオブジェクトやシステムをデジタルの形で再現したもの

解答・解説
　答えは③
　　問5は，デジタルツインに関する問題である。デジタルツインとは，**現実世界のものをサイバー空間上で再現，活用しようという考え方**である。具体的には，都市全体をバーチャル化し，都市計画などに利用したり，車の運転者からの死角を可視化して，自動運転技術に活用したりしている。

2

　本問題は，経路のシミュレーションに関する問題である。さまざまな経路をモデル上で考え，最短経路を算出するシミュレーションである。こういった問題は，具体的にすべてのルートを計算して問題に答えることが確実である。

問1
右の図は電車の経路図であるとし，各経路上に書かれている数は，その経路を通るのにかかる時間（分）とする。また，各駅では，乗り換えのために必ず1分かかるとする。A駅からE駅に行くための最短経路と，そのときにかかる時間（分）を解答せよ。A駅およびE駅でかかる時間は考慮しない。

解答・解説
　答えは最短経路 A → B → C → E，時間 33 分
　　問1は，各駅での乗り換え時間を1分としたときの最短経路を求める問題である。経路は全部で3つしかないので，全ての経路にかかる時間を求める。
A → B → C → E の経路の場合，乗り換えの時間も考慮すると，8＋1＋3＋1＋20＝33 分
A → C → E の経路の場合，乗り換えの時間も考慮すると，15＋1＋20＝36 分
A → D → E の経路の場合，乗り換えの時間も考慮すると，18＋1＋15＝34 分
以上より，最短経路は A → B → C → E であり，33 分かかることがわかる。

問2
問1において，各駅で乗り換えのためにかかる時間が，3分であるとした場合に，A駅からE駅に行くための最短経路と，そのときにかかる時間（分）を解答せよ。A駅およびE駅でかかる時間は考慮しない。

解答・解説
　答えは最短経路 A → D → E，時間 36 分
　　問2は，各駅での乗り換え時間を3分に変更したときの最短経路を求める問題である。乗り換え時間が変わると最短経路が変わるかどうかのシミュレーションである。本問も問1と同様に全ての経路でかかる時間を求める。
A → B → C → E の経路の場合，乗り換えの時間も考慮すると，8＋3＋3＋3＋20＝37 分
A → C → E の経路の場合，乗り換えの時間も考慮すると，15＋3＋20＝38 分
A → D → E の経路の場合，乗り換えの時間も考慮すると，18＋3＋15＝36 分
以上より，最短経路は A → D → E であり，時間は 36 分かかることがわかる。

3

本問題は，数式モデルが与えられ，その計算を実際に行う問題である。数式モデルが与えられる場合は，いかにその数式を利用して，計算ができるかがポイントとなる。特に単位に注意して数式モデルを使っていこう。

問1：ワクチンの有効性が 90%，未接種者の感染率が 2.0%の場合，接種完了者の感染率を小数第一位まで求めよ。

解答・解説

答えは 0.2%

接種完了者の感染率を x とすると，$(1-x/2) \times 100 = 90$ となり，これを解くと $x = 0.2$%

問2：ワクチンの有効性が 90%のままで，未接種者の感染率が 1.0%に低下した場合の接種完了者の感染率を小数第一位まで求めよ。

解答・解説

答えは 0.1%

接種完了者の感染率を x とすると，$(1-x/1) \times 100 = 90$ となり，これを解くと $x = 0.1$%

問3：ワクチンの有効性が 80%，未接種者の感染率が 3.0%の場合，接種完了者の感染率を小数第一位まで求めよ。

解答・解説

答えは 0.6%

接種完了者の感染率を x とすると，$(1-x/3) \times 100 = 80$ となり，これを解くと x = 0.6%

問4：ワクチンの有効性は 80%のままで，接種完了者の感染率が 0.4%の場合，未接種者の感染率を小数第一位まで求めよ。

解答・解説

答えは 2.0%

未接種者の感染率を x とすると，$(1-0.4/x) \times 100 = 80$ となり，これを解くと $x = 2.0$%

4

本問題は，具体的に病院の診察の状況を考えたシミュレーションの問題である。問題文にシミュレーションのための数式モデルが与えられているため，ルールをしっかり理解して，数式モデルに適する値を代入することによって計算をしていこう。

問1：受付開始から 10番目に受付を済ませた患者の診察が終わったのは アイ 時 ウエ 分である。

解答・解説

答えはアイ…10，ウエ…40

診察日 A において，1人あたり 10分の診察時間なので，1人目の診察が終わるのが 9時 10分，2人目の診察が終わるのが 9時 20分，同様にして 6人目の診察が終わるのが 10時，10人目の診察が終わるのが 1人目が診察を開始して 100分後であるため，10時 40分である。

問2：オカ に当てはまる数値を答えよ。

解答・解説

答えはオカ…13

$g(t)$ に関しては，15分ごとに 1人ずつ増加する。したがって，$g(t) = 9$ となるのは，$15 \times 9 = 135$ 分経過後である。

問3：診察日 A の 11 時（$t=120$）の時点で診察中ないし診察待ちの患者の数は，キク 人であり，12 時（$t=180$）の時点では ケコ 人である。

解答・解説

答えはキク…06，ケコ…02

$t=120$ のとき，$f(120)=12$，$g(120)=8$ であることを考慮すると，

$Y(120)=10-f(120)+g(120)=10-12+8=6$ となる。

同様にして，$t=180$ のとき，$f(180)=18$，$g(180)=10$ であることを考慮すると，

$Y(180)=10-f(180)+g(180)=10-18+10=2$ となる。

　診察日 B には，9 時の時点で 15 名の患者が受付を済ませていたため，医師はそれぞれの患者に割く時間を 9 分に短縮して診察を行い，診察日 A と同様に残り患者数がゼロになるまで診察を続けた。9 時以降に受付を行う患者は同様に 15 分に 1 人であり，11 時 40 分に受付を終了した。

　診察日 B に診察中ないし診察待ちの患者の数 $Y(t)$ は以下の式で示される。

$$Y(t)=15-h(t)+g(t)$$

$g(t)$ は診察日 A と同じであるが，$h(t)$ は診察日 B に診察済みの患者の数であり

$0 \leqq t<9$ の場合，$h(t)=0$

$9 \leqq t<18$ の場合，$h(t)=1$

$18 \leqq t<27$ の場合，$h(t)=2$

…

で示される。

　続いて，前半の問題と比べて問題の設定が変更されている。変更されている部分に注意しながら前半の問題と同様に規則性を考えて計算していこう。

問4：診察日 B に医師が診察を終えるのは サシ 時 スセ 分である。

解答・解説

答えはサシ…12，スセ…45

　診察日 B において 9 時の時点で受付を済ませていた 15 人，9 時から 11 時 40 分までに予約を行った人数 10 人の合計 25 人を診察する必要がある。1 人当たり 9 分の診察時間なので診察時間には合計で $25 \times 9=225$ 分かかる。したがって，9 時から 225 分後（3 時間 45 分後）なので，診察を終える時間は 12 時 45 分である。

問5：診察日 B の 11 時（$t=120$）の時点で診察中ないし診察待ちの患者の数は，ソタ 人であり，12 時（$t=180$）の時点では チツ 人である。

解答・解説

答えはソタ…10，チツ…05

$t=120$ のとき，$h(120)=13$，$g(120)=8$ であることを考慮すると，

$Y(120)=15-h(120)+g(120)=15-13+8=10$ となる。

同様にして，$t=180$ のとき，$h(180)=20$，$g(180)=10$ であることを考慮すると，

$Y(180)=15-h(180)+g(180)=15-20+10=5$ となる。

8章 情報ネットワーク

1

問1：情報通信ネットワークの主な目的は何か。
　⓪ データの保存　① データの送受信と情報の共有　② ソフトウェアの開発　③ デバイスの製造

解答・解説

答えは①

　情報通信ネットワークの目的に関する問題である。情報通信ネットワークとは，**コンピュータや電化製品など機器を相互に接続して，様々なデータのやり取りや様々な情報の共有を行う通信網**のことである。

問2：情報通信ネットワークで使用される主要なケーブル規格は次のうちどれか。
  ⓪ HDMI　　　① USB　　　② Ethernet　　　③ Bluetooth

答えは②

　問2は，情報通信ネットワークで利用されるケーブルについての問題である。情報通信ネットワークではEthernetというケーブル規格を用いる。⓪は出力機器と接続して映像・音声・制御信号などを1本のケーブルでまとめて送ることが可能となっているケーブルの規格であるため不適。①はコンピュータの周辺機器を接続するためのケーブルの規格であるため不適。③は無線通信技術の規格であるため不適。

問3：情報通信ネットワークにおいて，データを小さな単位に分割するプロセスは何と呼ばれるか。
  ⓪ ルーティング　　　① エンコード　　　② パケット化　　　③ キャッシング

答えは②

　問3はデータを送受信するために小さな単位に分けるプロセスに関する問題である。この問題の**小さな単位のことをパケット**という。パケットにする操作のためパケット化が正答である。⓪は異なるネットワークにパケットを送信する際の最適な経路を決めることであるため不適。①は信号やデータをある一定の規則に基づいて変換することであるため不適。③はお金を借りることのできるサービスのことであるため不適。

問4：情報通信ネットワークにおいて，データを受信するデバイスを特定するために使用される一意の識別
　　 子は何か。
  ⓪ IPアドレス　　　① MACアドレス　　　② DNSサーバ　　　③ インターネットプロトコル

答えは⓪

　問4はデータを送受信する際の一意の識別子に関する問題である。コンピュータの住所でもあるIPアドレスが，ネットワークに接続しているそれぞれのコンピュータに割り振られており，ネットワークでデータの送受信を行う際に利用されている。①はすべてのハードウェアに割り振られている固有の番号のことであるため不適。②はドメイン名とIPアドレスを変換する仕組みを提供するサーバのことであるため不適。③はパケットしたデータがネットワーク上で正しい宛先に到達できるようにするためのルールであるため不適。

問5：情報通信ネットワークにおいて，異なるネットワーク間でデータを転送する役割を果たしているもの
　　 は何か。
  ⓪ ルータ　　　① スイッチ　　　② モデム　　　③ ファイアウォール

答えは⓪

　問5は異なるネットワーク間でのデータ転送をする役割のあるものについての問題である。**異なるネットワーク間では，データが正しい宛先に到達するようにルーティングを行う必要がある。**ルーティングを行うことができる機器がルータである。①はリクエスト内容から，ハードウェアの固有番号であるMACアドレスに対してリクエストを送信するため不適。②はデジタル信号とアナログ信号を変換するための装置であるため不適。③は外部からの不正アクセスに対して不正な侵入を遮断するソフトウェアであるため不適。

問6：情報通信ネットワークにおいて，データを処理し，宛先にデータを転送する役割を果たしているもの
　　 は何か。
  ⓪ ルータ　　　① スイッチ　　　② モデム　　　③ ファイアウォール

答えは①

　スイッチは，スイッチングハブとも呼ばれる。ネットワーク内のデータフレームを受け取り，宛先MACアドレスをもとにデータを適切なポートに転送する。また，ネットワーク内のデータフローを制御し，通信効率とパフォーマンスの向上に貢献する。その他の選択肢は問5参照。

2

> 問1：情報セキュリティの主な目的は何か。
> ⓪ データの共有性を向上させる
> ① 機密情報の漏えいやデータの改ざんを防ぐ
> ② システムのパフォーマンスを最適化する
> ③ ソフトウェアの開発プロセスを簡略化する

解答・解説
答えは①

　問1は情報セキュリティの目的についての問題である。情報セキュリティでは，機密性（情報やデータへのアクセスを制限し，権限のない者による情報漏えいを防ぐこと），完全性（情報やデータが改ざんや破損されていないこと），可用性（システムやデータが必要な時に利用可能であること）の3つを目的としている。

> 問2：暗号化の目的は次のうちどれか。
> ⓪ データを圧縮する
> ① データをネットワーク上で安全に転送する
> ② データベースの容量を節約する
> ③ データの形式を変換する

解答・解説
答えは①

　問2は暗号化の目的に関する問題である。暗号化は，送信中のデータを第三者に盗聴されたり，改ざんされたりする危険性から守るために行う。

> 問3：共通鍵暗号方式の特徴は次のうちどれか。
> ⓪ データの暗号化と復号に公開鍵と秘密鍵のペアを使用する
> ① データの暗号化と復号に同じ鍵を使用する
> ② 鍵の配布に公開鍵暗号方式を使用する
> ③ 高いセキュリティレベルとパフォーマンスを両立する

解答・解説
答えは①

　問3は共通鍵暗号方式に関する問題である。共通鍵暗号方式では，暗号化と復号に同じ鍵を使用する。一方で，公開鍵暗号方式では，暗号化と復号で異なる鍵を使用する。このため，⓪は公開鍵暗号方式に関する説明である。

> 問4：ファイアウォールの役割はどれか。
> ⓪ データの暗号化を行う
> ① ウイルスやマルウェアの検出と削除を行う
> ② ネットワークトラフィックの監視と制御を行う
> ③ データのバックアップと復元を行う

解答・解説
答えは①

　問4はファイアウォールについての問題である。ファイアウォールは情報セキュリティの一環として使用されるネットワークデバイスやソフトウェアである。主な役割としては外部からの不正アクセスに対して不正な侵入を遮断することなどが挙げられる。

問5：マルウェアに関する記述として，正しいものはどれか。
  ⓪ ハードウェアの障害を修正するソフトウェア
  ① 不正なアクセスを防ぐためのセキュリティ対策
  ② ネットワークの通信速度を向上させるソフトウェア
  ③ コンピュータシステムに害を与える目的で作成されたソフトウェア

解答・解説
答えは③
　問5はマルウェアに関する問題である。マルウェアとは，コンピュータシステムやネットワークに対し害を与える目的で悪意を持って作成されたソフトウェアの総称である。マルウェアは，コンピュータやネットワークのセキュリティを侵害し，機密情報の盗取やデータの改ざん，システムの破壊などの悪影響を引き起こすことがある。

問6：情報セキュリティにおける認証とは何か。
  ⓪ データを暗号化するための手法
  ① データの真正性を確保するための手法
  ② ユーザの正当性を確認するための手法
  ③ ネットワークの可用性を向上させるための手法

解答・解説
答えは②
　問6は認証に関する問題である。認証とは，不正アクセスを防止するために，ユーザの正当性を確認するための手法である。生体認証やパスワード認証などがある。

3

　本問題では，現在では日常的に利用するようになった Wi-Fi の話題から情報セキュリティにつながる問題である。普段何気なく使っている Wi-Fi の安全性など，改めて確認しておこう。

解答・解説
答えはア：⓪　イ：②　ウ：③　エ：②
　ア：SSID と暗号化キーを利用して Wi-Fi に接続するためには「アクセスポイント」へ接続する。①はドメインと IP アドレスを変換するサーバであるため不適。②は Web ブラウザからのリクエストに応じて，リクエストにある HTML や画像などを表示するサーバであるため不適。③はさまざまなサービスをインターネット経由で利用できるサービス形態のことであるため不適。
　イ：https に接続するメリットとしては，通信内容が暗号化されていることである。ただし，問題文の文章中にもあるように，https だからといって 100%安全とは言えないので注意が必要である。
　ウ：ショートメッセージやメールなどで受信したアドレスが偽サイトだった場合，個人情報を搾取されるフィッシングの可能性が考えられる。⓪は特殊な装置を用いて，カード情報を不正に盗み取る犯罪のことであるため不適。①はオペレーティングシステムなどのソフトウェアにおいて，発見されている脆弱性（セキュリティの欠陥）を修正するためのプログラムのことであるため不適。②に関しては，「ランレングス圧縮」という可逆圧縮のアルゴリズムの名称であるため不適。
　エ：問題文にあるような信用できないものにはアクセスしないことが重要である。このため，専用のアプリなど信頼できるものを利用することが好ましい。その他の選択肢の方法は，それぞれ個人情報を搾取される可能性があるため，行わない方がよい。

9章 情報システムとデータベース

問1： ア ， イ に当てはまる言葉を下記の解答群の中からそれぞれ1つずつ答えよ。

〈解答群〉
⓪ カラム　　　　　① キー
② セル　　　　　　③ インデックス
④ レコード　　　　⑤ テーブル
⑥ クエリ　　　　　⑦ フィールド

解答・解説

答えはア：④　イ：⓪

問1はデータベースの各部の名称に関する問題である。⓪はデータベースにおける列のことである。①はデータベースにおいて，何かのカギになりそうな項目のことである。②は表計算ソフトでいう個々のマス目のことである。③はデータを検索したり，並び替えたりする際に高速化するために利用されるデータベース管理の仕組みの1種である。④はデータベース内の1行分のデータのことである。⑤はデータベース内の表のことである。⑥はデータベース管理システムに対してデータの選択，追加，削除などの処理を要求することである。⑦は表計算ソフトのセルに相当する，データベースにおけるテーブル内の1つ1つの要素のことである。

問2： ウ ， エ に当てはまるデータベース名を答えよ。

解答・解説

答えはウ：リレーショナル　エ：NoSQL

問2はデータベースの種類に関する空欄補充問題である。**構造化データに対してSQLを用いてデータの操作や問い合わせを行うデータベースをリレーショナルデータベースと言い，非構造化データに利用できるデータベースをNoSQLデータベースという。**

問3：データベース管理システムを導入する主な目的は何か。正しいものをすべて選べ。
⓪ データの整合性の確保
① データの入力と出力の制御
② データの書き換え
③ データの暗号化とセキュリティの維持

解答・解説

答えは⓪，①，③

問3はデータベース管理システムに関する問題である。データベース管理システムには，データの一貫性を保つ，データの安全性を保つ，データへのアクセスを制限するといったさまざまな機能がある。

問4：データベース管理システムとは何か。その役割と主な機能について説明せよ。

解答・解説

（例）「データベース管理システム（DBMS）とは，データベースを管理するためのソフトウェアである。DBMSの役割は，データの操作，アクセス制御，整合性の維持，バックアップ・復元，セキュリティなどである。主な機能には，データベースの作成と削除，データの検索や更新などの問い合わせ，データの整合性の確保，トランザクションの管理などがある。」

問4はデータベース管理システムの役割や機能に関する問題である。データベース管理システムにはさまざまな機能があるため，しっかり整理して記憶しておこう。

問5：データベースにおいて，インデックスとは何を目的として使用されるか。
　⓪　データの整合性を保証するために使用される。
　①　データのバックアップと復元を行うために使用される。
　②　データの検索の高速化を行うために使用される。
　③　データの暗号化とセキュリティを強化するために使用される。

解答・解説
答えは②
　データベースにおけるインデックスとは，データを検索したり，並び替えたりする際に高速化するために利用されるデータベース管理の仕組みの１種。

問6：データベースのクエリ（問い合わせ）言語に関する以下の記述のうち，正しいものはどれか。
　⓪　クエリ言語はデータの物理的な保護を行うための手段である。
　①　クエリ言語はデータの整合性を保証するための手段である。
　②　クエリ言語はデータのバックアップを行うための手段である。
　③　クエリ言語はデータの検索や操作を行うための手段である。

解答・解説
答えは③
　問6はデータベースへ問い合わせを行うために必要なクエリ言語に関する問題である。クエリ言語は，データの検索や操作を行うために利用される。その他の選択肢のような機能はない。

２

　本問題は，情報システムの１種である電子商取引に関する問題である。近年どんどん進化している電子商取引の具体例やメリット・デメリットを整理しておこう。

問1：　ア　に入る語句を選べ。
　⓪　販売・購入　　　①　配送・納品　　　②　製造・販売　　　③　輸出・輸入

解答・解説
答えは⓪
　問1は電子商取引とはなにかについての問題である。電子商取引とは，**インターネットを利用して商品の売買などが行われる電子的な取引**のことである。具体例としてネットショッピング，ネットバンキング，ネットオークション，オンライントレードなどがある。

問2：　イ　に入る語句を選べ。
　⓪　データベース　　　①　コンプライアンス　　　②　プライバシー　　　③　オンライン

解答・解説
答えは②
　問2は電子商取引のデメリットに関する問題である。電子商取引は，外出せずに自宅で商品の購入ができること，さまざまなサイトで商品の比較検討ができることなどのメリットが多くある反面，商品到着までに時間がかかること，送料がかかること，セキュリティ面やプライバシー面などの問題がある。

問3：下線部(1)に関して，オンライン上での買い物と同様に，24時間いつでも銀行口座の残高照会や入出金照会，振込・振替・各種決済などをインターネットを通じて行えるシステムやサービスのことを何というか。

答えは「インターネットバンキング」

　問3は電子商取引の具体例に関する問題である。24時間いつでも，銀行口座の残高照会や入出力照会など銀行での手続きをインターネットを通じて行えるシステムをインターネットバンキングという。

問4：下線部(2)に関して，現金の代わりにお金として使えるデジタルデータのことを何というか。

答えは「電子マネー」

　問4は実店舗でも電子商取引でも利用が可能で，年々利用が増えてきている電子マネーに関する問題である。電子マネーに関しては，さまざまなメリット・デメリットがあるので改めて確認しておこう。

問5：電子商取引は情報システムの1つであるが，下記の中で情報システムといえるものをすべて選べ。
　⓪ タッチペン
　① 緊急地震速報
　② プリンタ
　③ GPS

答えは①，③

　問5は情報システムの具体例に関する問題である。情報システムとは，コンピュータなどをネットワークでつなぎ，さまざまな働きを持つように組み合わせたものである。⓪，②に関しては，ネットワークに接続して利用するわけではないので不適。ただし，「ネットプリント」という情報システムもあるので注意しよう。

問6：電子商取引として当てはまるものをすべて選べ。
　⓪ ネットオークション
　① フェアトレード
　② オンライントレード
　③ ウインドウショッピング

答えは⓪，②

　問6は電子商取引の具体例に関する問題である。電子商取引には，インターネットバンキングやオンライントレード，ネットショッピング，ネットオークションなどがある。①は発展途上国で作られた農作物などを適正な価格で継続的に取引する仕組みのことなので不適。③は店舗に陳列されている商品を見て買い物気分を楽しむことなので不適。

表の中から一部の列だけを抽出し，表形式で表示することである。結合とは，**データベースにおいて，複数の表で共通するキーにより項目を結び付け，1つの表にすること**である。正規化とは，**データベース内で冗長性，一貫性のないデータを整理することで，柔軟性を高めること**である。

問1：表Aから60歳以上かつ予防接種を1度も受けていない人の表が得られる操作は ア である。ただし，操作は2023年3月31日に行うものとする。 ア に当てはまる適切なものを選択肢の中から選びなさい。

⓪ 表Aを対象として属性「管理番号」が「3」より大きいデータを選択
① 表Aを対象として属性「接種日」が「1963年3月31日」以前のデータを射影
② 表Aを対象として属性「接種日」が「空欄」かつ「生年月日」が「1963年3月31日」以前のデータを選択
③ 表Aを対象として属性「生年月日」が「1963年3月31日」以前のデータを射影
④ 表Aを対象として属性「接種日」が「空欄」であるデータを選択
⑤ 表Aを対象として属性「接種日」が「1963年3月31日」以前かつ「生年月日」が「空欄」のデータを選択

解答・解説

答えは②

問1は具体的なデータベースの操作に関する問題である。60歳以上のデータを取得するためには，生年月日に着目する。操作が2023年3月31日ということから，生年月日が1963年3月31日以前であれば60歳以上のデータが取得できる。また，予防接種を受けていない人のデータは，接種日が空欄のデータを取得すればよい。したがって，「接種日」が「空欄」かつ「生年月日」が「1963年3月31日」以前のデータを選択すればよい。

問2：表Aには，データが冗長であるという問題が存在し，正規化をすることでそれを解決できる。データが冗長であるという問題に関する説明として適切なものは，下記の選択肢のうち イ である。

⓪ 個人番号と氏名と生年月日の組み合わせはいつも同じである。
① レコードのうち，生年月日が60歳以上で接種日が空欄でないものがある。
② 個人番号と氏名と接種日の組み合わせはいつも同じである。
③ 管理番号と個人番号の組み合わせはいつも同じになる。

解答・解説

答えは⓪

問2は正規化に関する問題である。正規化では，重複するデータを削除することにより，冗長性を減らすことができる。このため，同じ部分に注目する必要がある。データの中で，常に組み合わせが同じものは，個人番号と氏名と生年月日の組み合わせである。

問3：表Aの問題を解消するため，正規化し表Bと表Cに分割した。表Bのみを下に示す。このとき，表Cに含まれる属性の組み合わせとして正しいものは，下記の選択肢のうち ウ である。

表B

個人番号	氏名	生年月日
00001100	佐々木守	1961年9月1日
00001395	中田さくら	1949年1月1日
00002135	東竹子	2000年1月24日
00002183	三宅金江	1950年3月2日
00008367	仲西麗	1992年6月10日
00009142	小森しげる	1985年12月19日

⓪ 管理番号，氏名，生年月日　　① 管理番号，接種日
② 個人番号，接種日　　③ 管理番号，接種日，個人番号

答えは③

　問3は具体的に正規化を行った際に作成する表に関する問題である。正規化によって表を分割した場合，共通する属性は必ず両方の表に含める必要がある。さらに，それぞれの表で共通する属性以外の属性は特別な必要がない限り異なるデータにすることが好ましい。このため，表Cには共通する属性である「個人番号」と表Bに含まれていない「管理番号，接種日」を含める。

10章 データの活用

1

　本問題は，データの可視化の手法や可視化の際に必要な語句に関する問題である。データの可視化には以下のようなグラフや図があるためしっかり整理しておこう。
・ヒストグラム：データの分布や頻度を可視化する際に利用する
・折れ線グラフ：データの連続的な変化や傾向を示すのに使用される
・帯グラフ：カテゴリごとの比較や変化を示すのに使用される
・円グラフ：カテゴリの相対的な割合や比率を示すのに使用される
・箱ひげ図：データの中央値や四分位数，外れ値の有無を示すのに使用される
・散布図：2つの変数の関係性や相関関係を示すのに使用される

問1：　ア　～　カ　に当てはまる言葉を下記からそれぞれ1つずつ答えよ。
　⓪ 箱ひげ図
　① 帯グラフ
　② 散布図
　③ 折れ線グラフ
　④ 円グラフ
　⑤ ヒストグラム

答えはア：③　イ：⑤　ウ：⓪　エ：①　オ：④　カ：②

　問1はデータを可視化する際の，具体的な手法について選択する問題である。最初に示したグラフの種類をもとに選択肢から選べばよい。

問2：下線部(1)に関して，下記のデータの四分位数をそれぞれ求めよ。
12, 17, 20, 24, 26, 30, 33, 38, 42, 50

答えは「第1四分位数：20　第2四分位数：28　第3四分位数：38」

　問2は四分位数に関する問題である。四分位数とは，**データを昇順に並べ，4分割した際の境界にあるデータのこと**であり，小さいほうから第1四分位数，第2四分位数，第3四分位数という。なお，第2四分位数は中央値ともいう。本問では具体的に計算していく。まず，数値データが昇順に並んでいることを確認する。

　　12, 17, 20, 24, 26, 30, 33, 38, 42, 50

　次に，第2四分位数を考える。データの個数は10個であるため，このデータの中央は5番目と6番目のデータの間になる。つまり，5番目のデータと6番目のデータの平均を計算すればよい。

　　$(26+30)÷2=28$

　したがって，第2四分位数は「28」となる。

　続いて，第1四分位数は，10個のデータのうち前半の5個に着目し，その範囲での中央値を求める。前半5個のデータの中央値は小さい方から3番目になる。したがって，第1四分位数は「20」となる。

　同様に，第3四分位数は，10個のデータのうち後半の5個に着目し，その範囲での中央値を求める。後半5個のデータの中央値は小さい方から8番目になる。したがって，第3四分位数は「38」となる。

問3：下線部(2)に関して，外れ値の説明として正しいものを次の選択肢から選べ。
　⓪ 外れ値は，データセット内の特異な値であり，ほかのデータポイントと比較して極端に大きな値また
　　は極端に小さな値を指す。
　① 外れ値は，データセット内の最頻値であり，データ分布の中央部に集中している値を指す。
　② 外れ値は，データセット内の中央値であり，データの平均的な値を指す。
　③ 外れ値は，データセット内の中間値であり，データの上位 25%と下位 25%の間に位置する値を指す。

解答・解説
答えは⓪
　問3は外れ値に関する問題である。外れ値とは，ほかのデータポイントと比較して非常に異常な値を持つ観測値を指す。したがって，通常はデータセット全体のパターンから大きく外れてしまう。データの入力ミス，計測エラー，システムの異常なふるまいなどによって発生する。

問4：下線部(3)に関して，2つの変数間の相関関係の強さを表す値のことを何というか。また，その値としてとり得る範囲を答えよ。

解答・解説
答えは「相関係数　範囲：−1 以上 1 以下の実数値」
　問4は相関係数に関する問題である。2つの変数間の相関関係の強さは相関係数によって表される。相関係数は，**一方の変数の値が変化するときに他方の変数の値がどのように変化するかといった傾向を表すもの**である。相関係数は**−1 から 1 までの範囲**で表される。なお，−1 に近いほど負の相関が強い，1 に近いほど正の相関が強いという。0 に近いほど相関がない。

2

　本問題は，データを表現するための尺度に関する問題である。4種類の尺度をしっかり整理しておこう。なお，データは大きく質的データと量的データに分類される。質的データは，分類や区別をするための名称として文字や記号，数値を割り当てた尺度である名義尺度と，数値の順序や大小関係に意味がある尺度である順序尺度に分けられる。量的データは，目盛りが等間隔で，数値の差に意味がある尺度である間隔尺度と，数値の大小関係や差だけでなく比率にも意味がある尺度である比例尺度に分けられる。

問1：　ア　～　エ　に入る語句を選べ。
　⓪ 順序尺度
　① 比例尺度
　② 名義尺度
　③ 間隔尺度

解答・解説
答えは「ア：②　イ：⓪　ウ：③　エ：①」
　問1は具体的な尺度に関する空欄補充問題である。最初に示した説明を参考に選択すればよい。

問2：問1の4つの尺度を質的データと量的データに分類せよ。

解答・解説
答えは「質的データ：②と⓪，量的データ：③と①」
　問2は4つの尺度を質的データと量的データに分類する問題である。本問も最初に示した説明を参考に選択しよう。

問3：下線部(1)に関して，クロス集計について説明せよ。また，空欄　　A　　には，クロス集計をしたデータに対して有効な検定の名称が入る。この検定の名称を答えよ。

解答・解説

答えは「クロス集計とは 2 つ以上のカテゴリ間でデータを比較するための集計方法である。A：χ（カイ）二乗検定」

問3はクロス集計の説明とクロス集計を利用した検定の名称に関する問題である。クロス集計とは異なり，カテゴリごとに集計した単純集計もある。また，クロス集計したデータに対して有効なχ（カイ）二乗検定とは，クロス集計表などで，2 つの変数の独立性を調べる検定手法であり，帰無仮説が正しいと仮定した場合に，統計量が近似的にχ二乗分布に従うことを利用する。

問4：下線部(2)に関して，統計的手法に関する説明として正しいものをすべて選べ。
 ⓪ 中央値はデータセットを得られたデータの順に並べた際の中央の値を指す。
 ① 平均はデータセットの中心的な値であり，データの合計をデータ数で割った値を指す。
 ② 分散はデータの散らばり具合をあらわし，データの値と平均値の差の平均を指す。
 ③ 標準偏差は，データのばらつきを表し，分散の正の平方根を指す。

解答・解説

答えは①，③

問4は統計的手法に関する問題である。⓪は，**データを昇順に並べた際の**中央の値であるため不適。②の分散は，**データの値と平均値の差の "2 乗 " の平均**である。

問5：データ分析を行う際には，アンケート調査などによりデータの収集を行う必要がある。データの収集方法には，全数調査と標本調査がある。以下の選択肢は，全数調査と標本調査のどちらに該当するかそれぞれ答えよ。
 (1) 選挙後に行われる世論調査
 (2) 全国の大学生から選ばれた 100 人に対して行われるアンケート調査
 (3) あるテレビ番組の視聴率の調査
 (4) ある企業の全従業員に対して行われる満足度調査

解答・解説

答えは(1)標本調査　(2)標本調査　(3)標本調査　(4)全数調査

問5は標本調査と全数調査に関する問題である。全数調査とは，対象となるもの全てに対して調査をすることである。標本調査とは，対象となるもののうちの一部に対して調査をすることである。標本調査は全数調査が難しいものに対して行う。(1)(2)(3)に関しては，母集団のうちの一部の標本に対してのみ行われているため，標本調査である。また，(4)に関しては，母集団全体に対して行っているため，全数調査である。

11章 実戦問題

1

知的財産権とは，小説・コンピュータプログラム・特許等，知的な活動によって新しく生みだされたものに関し，それを生みだした人物・企業等に認められる権利の総称である。日本では，明治期以降，法令が整備されるとともに，1899年に著作権に関する国際条約（ベルヌ条約）に加盟するなど，国内的・国外的に知的財産権を保護する制度が整えられてきた。

知的財産権は，大別すると，［　A　］，［　B　］およびその他の権利に分けられる。

［　A　］とは，アイディアや思想を何らかの形態で表現した著作物を創作した著作者に認められる権利である。［　C　］によって規定されており，［　D　］と［　E　］に分けられる。両者の特徴は下表のとおりである。

［　D　］	公表権	著作物の公表・非公表を決める権利
	氏名表示権	著作物を公表するにあたっての氏名の表示・非表示等を決める権利
	同一性保持権	［　F　］
［　E　］	複製権	著作物を複製する権利
	上演権・演奏権・上映権	著作物を公に上演・演奏・上映する権利
	公衆送信権	著作物を公衆に送信ないしは送信可能化する権利
	口述権	言語による著作物を口述する権利
	展示権	美術の著作物を展示する権利
	頒布権	映画の著作物を頒布する権利
	譲渡権・貸与権	映画以外の著作物を譲渡・貸与する権利
	翻訳権・翻案権	著作物を翻訳・編曲・変形する権利

［　B　］は，［　G　］に関する権利である特許権，物品の形状や構造などのアイディアに関する権利である［　H　］，物品の形状や模様，色彩等に関する権利である［　I　］，商品やサービスにかかわるマークに関する権利である商標権に分けられる。

(あ)［　B　］と［　A　］を比べた場合，特許権，［　H　］，［　I　］，商標権等の［　B　］はいずれも出願・登録によって発生する権利であるが，［　A　］は対象となるものが生みだされた時点で発生する権利であるという点が異なっている。

なお，情報社会が進展するにつれ，著作物もディジタル化が進み，複製や伝達によって劣化しない，容易に加工を行うことができる，多様な形態の情報を統合することができるというディジタル情報の特質を有することになった。このようななかで，知的財産権をめぐっては，各国においてその保護が法的に進められるとともに，他方，著作者が使用許諾条件を事前に開示することによって，著作物の再利用や二次利用を推進するクリエイティブコモンズという取り組みが世界的に広がるなど，新たな局面が到来している。

本問題は，知的財産権に関する問題である。知的財産権には，大きく分けて産業財産権，著作権が存在する。さらに細かく分類があり，曖昧になりやすいのでしっかり整理しておこう。特に産業財産権の4つの権利である特許権，実用新案権，意匠権，商標権は確実に頭に入れておこう。

問1　文中の空欄［　A　］・［　B　］にあてはまる語句の組み合わせとして最も適切なものを，次の①～⑨のうちから一つ選べ。

① A: 産業財産権　B: 著作権
② A: 産業財産権　B: 著作隣接権
③ A: 産業著作権　B: 著作権
④ A: 著作権　　　B: 産業財産権
⑤ A: 著作権　　　B: 産業著作権
⑥ A: 著作権　　　B: 著作隣接権
⑦ A: 著作隣接権　B: 著作権
⑧ A: 著作隣接権　B: 産業財産権
⑨ A: 著作隣接権　B: 産業著作権

　答えは④

　問1は知的財産権の分類に関する空欄補充問題である。知的財産権は産業財産権と著作権に分けられるが，後の文章にも注意しながら考えると，Aが著作者に認められる権利であるため「著作権」，Bが特許権などの分類があるため「産業財産権」であることがわかる。

問2　文中の空欄［　C　］にあてはまる語句として最も適切なものを，次の①～④のうちから一つ選べ。
① 著作権法　　　　② 著作者人格権法
③ 著作財産権法　　④ 著作権等管理事業法

　答えは①

　問2は著作権がどういった法律によって定められているかについての問題である。著作権について規定されているのは「著作権法」である。①，③は存在しないため不適。④は著作権，著作隣接権を管理する団体に関する法律であるため不適。

問3　文中の空欄［　D　］・［　E　］にあてはまる語句の組み合わせとして最も適切なものを，次の①～⑨のうちから一つ選べ。
① D: 著作者権　　　E: 著作財産権　　② D: 著作者権　　　E: 著作経済権
③ D: 著作者権　　　E: 著作利用権　　④ D: 著作者人格権　E: 著作財産権
⑤ D: 著作者人格権　E: 著作経済権　　⑥ D: 著作者人格権　E: 著作利用権
⑦ D: 著作創作権　　E: 著作財産権　　⑧ D: 著作創作権　　E: 著作経済権
⑨ D: 著作創作権　　E: 著作利用権

　答えは④

　問3は著作権の分類に関する問題である。著作権は「著作者人格権」「著作財産権」に分類される。問題文にある表に注目して考えると，公表権，氏名表示権を含む権利が「著作者人格権」であり，複製権，展示権などを含む権利が「著作財産権」である。

問4　文中の空欄［　F　］にあてはまる語句として最も適切なものを，次の①～④のうちから一つ選べ。
① 著作物を他者に譲渡することができる権利
② 著作物を意に反して改変されない権利
③ 著作物を実名で公表することを妨げられない権利
④ 複数人による著作物は関与したものがそれぞれ同一の著作権を得る権利

　答えは②

　問4は同一性保持権の説明に関する問題である。同一性保持権とは，**著作物を改変されない権利**である。①は譲渡権の説明である。③に関しては，氏名を表示するかどうかを決める権利として氏名表示権がある。

問5　文中の空欄［　G　］にあてはまる語句として最も適切なものを，次の①～④のうちから一つ選べ。
① 既知の知識の組み合わせによる工夫
② 自然法則を利用した高度な発明
③ 商品・製品・サービスの販売方法
④ 情報通信技術を活用した製造方法

答えは②

問5は特許権の説明に関する問題である。特許権は，発明などの高度なアイデアを保護する権利である。

問6　文中の空欄 ［ H ］にあてはまる語句として最も適切なものを，次の①～④のうちから一つ選べ。
① 意匠権　　② 形状構造新案権　　③ 実用新案権　　④ 設計製造権

答えは③

問6は実用新案権の説明に関する問題である。実用新案権とは，ものの構造や形にかかわる考案のような小発明に関して独占的に利用できる権利である。

問7　文中の空欄 ［ I ］にあてはまる語句として最も適切なものを，次の①～④のうちから一つ選べ。
① 意匠権　　② 外装美装権　　③ デザイン権　　④ 表象権

答えは①

問7は意匠権の説明に関する問題である。意匠権とは，形状，模様，色彩などのもののデザインに関して独占的に利用できる権利である。

問8　文中の下線部（あ）に関する記述として最も適切なものを，次の①～④のうちから一つ選べ。
① この文章に誤りはない。
② ［ A ］・［ B ］とも，出願・登録によって発生する権利である。
③ ［ A ］・［ B ］とも，対象となるものが生みだされた時点で発生する権利である。
④ ［ A ］は出願・登録によって発生する権利であり，［ B ］は対象となるものが生みだされた時点で発生する権利である。

答えは①

問8は産業財産権と特許権の権利が発生するタイミングに関する問題である。著作権は**生みだされた時点で**発生する権利，産業財産権は**出願・登録によって発生する**権利であるため，誤りはない。

2

a　ある父と娘の電子メールに関する会話

娘：さっき友達から，「拡散希望」っていう件名の電子メールが届いたんだ。テレビ番組の企画で，メールの転送を繰り返してどれだけ広い範囲に伝わるかっていう実験なんだって。番組の担当者の名前とメールアドレスも書いてある。転送するときには，**宛先欄に転送先として4人のアドレスを書き並べて，CC欄に担当者のアドレスを入れること**になってるみたい。面白そうだから，友達に転送しようかな。

父：ちょっと待って。転送してはだめだよ。それは ［ ア ］ メールだね。［ ア ］ メールでは，偽情報を拡散させようとしていることが多いんだよ。他にも ［ イ ］ とか，［ ウ ］ ということもあるよ。

娘：情報が正しいかどうか確認するためにその番組の公式 ［ エ ］ を見てみるね。あれ，「当番組の企画をかたった ［ ア ］ メールにご注意ください」って書いてある。転送しないでよかった。友達にも伝えておくね。

父：それにね，正しい内容だったらいいってわけではないんだよ。どのメールアドレスに対してもそれぞれ一人にメールが届くとして，最初に ［ ア ］ メールを始めた人が4人のアドレスを宛先にしてメールを送った時を1回目とするよ。2回目に，宛先で受け取った4人がそれぞれ4人に転送したとすると，担当者を除くと最大16人にメールが送られることになるよね。3回目に，その16人がメールを転送したとすると，担当者を除くと最大 ［ オカ ］ 人にメールが送られるよ。そうすると ［ キ ］ 回目では，担当者を除

いても最大1万人以上に送られることになるんだ。そして，2回目から キ 回目までにCCにある担当者に送られるメールを合計すると クケコサ 通になるよね。

娘：そうなると担当者にものすごい数のメールが届くことになるし，同じ内容のメールが何回も送られてくる人もいるかもしれないね。

b　相談メール

記述aで娘に ア メールを転送してきた友人Xは，友人Aから指摘を受け，担任の先生に相談のメールを表1のようにアドレスを指定して送信したとする。この場合，娘が受け取ったメールには シ のアドレスは含まれない。

表1　友人Xによるメール送信でのアドレスの指定

宛先（To）	担任のアドレス
CC	娘のアドレス，友人Bのアドレス，友人Cのアドレス
BCC	友人Aのアドレス

ア ， エ の解答群

⓪　アクセスログ
①　Webサイト
②　公開鍵
③　ショート
④　タグ
⑤　チェーン
⑥　データベース
⑦　ワーム

イ ， ウ の解答群

⓪　拡散させてしまった情報の削除や訂正は難しい
①　転送である旨を件名に書かないと不正アクセス禁止法に違反する
②　CCで送信するとメール内容が暗号化されてしまう
③　宛先欄のメールアドレスを収集して迷惑メールの送信に使おうとしている

シ の解答群

⓪　担任
①　娘と友人Bと友人C
②　友人A
③　担任と友人A
④　娘と友人Aと友人Bと友人C

本問題は，チェーンメールに関する問題である。チェーンメールとは，不特定多数の人へ次々と転送されるように求める内容の電子メールのことである。チェーンメールによってどの程度メールが拡散していくかを考える問題になっている。計算問題は1つ1つ丁寧に考えて正確に答えを導きだそう。

解答・解説

答えはア…⑤　イ，ウ…⓪，③（順不同）　エ…①　オカ…64　キ…7　クケコサ…5460　シ…②

ア：受信者に不特定多数への転送を促すメールをチェーンメールという。

エ：正確な情報は公式のWebサイトやSNSを参考にするとよい。

イ，ウ：宛先やCCに記載されたメールアドレスは送信したすべての人が参照可能であるため，迷惑メール送信のために悪用される可能性がある。また，電子メールを送信した場合，取り消しなどができないため，送信する前に送信しようとしている内容に問題がないかどうかなどをしっかり確認する必要がある。

オカ：16人がそれぞれ4人ずつに転送した場合，16×4＝64（人）にメールが送られる。

キ：オカ と同様にして考えていくと，それぞれの回数で以下の表の人数に送ることになる。

1回目	2回目	3回目	4回目	5回目	6回目	7回目	8回目
4人	16人	64人	256人	1024人	4096人	16384人	65536人

したがって，1万人を超えるのは7回目である。

クケコサ：2回目から7回目までに担当者にメールを送る人数は以下の表のようになる。

2回目	3回目	4回目	5回目	6回目	7回目
4人	16人	64人	256人	1024人	4096人

これらの人数の和が担当者に送られるメールになるため，

  4＋16＋64＋256＋1024＋4096＝5460（通）

したがって，5460通のメールが担当者に送られる。

シ：BCCに入力されたアドレスはToやCCで送られたアドレスの人には参照できない。

3

S さんは，情報をディジタル化することで加工が容易になったり，圧縮できたりすることを学んだ。圧縮に興味を持ったSさんは，圧縮に関する用語や種類などについて調べた。

- 圧縮したデータは通常，　ア　して利用する。圧縮前のデータと　ア　後のデータとで違いが生じる圧縮方式を　イ　という。この方式を利用した圧縮は，一般に　ウ　。

- 圧縮によってデータの大きさがどの程度変化したかを表す指標として，圧縮比が次の式で定義されていた。

$$圧縮比 = \frac{圧縮後のデータ量}{圧縮前のデータ量}$$

この定義に従えば，　エ　。

さらに，Sさんは白黒画像を文字列で表現し，それを圧縮することを考えた。

まず，画像の左上から横方向に画素を読み取り，読み取った画素が黒色であれば「黒」，白色であれば「白」と表記することにした。右端の画素まで到達したら，次の行の左端の画素から再び読み取りを始め，これを最後の画素まで繰り返す。ただし，画像の縦と横の画素数は，事前にわかっているものとする。例えば，3×3の画素からなる図1は，「黒黒黒白黒黒黒白」という文字列で表現する。

図1　3×3の白黒画像の例

次に，Sさんは「黒黒黒」のように同じ文字が3つ以上並んでいる場合に，「黒3」のように色を表す文字に並んでいる数を付け加えて表記することで，文字列の文字数を減らすことにした。図1をこの方法で圧縮すると，「黒3白黒4白」となるので3文字短くなり，「黒黒黒黒黒白白白黒黒白黒黒黒」を圧縮するとを　オ　文字短くなる。一方　カ　や　キ　のような画像は，この方法で文字数を減らすことができない。

また，解答群にある4つの画像の中では，　ク　が最も圧縮比が小さくなる。

ア　，　イ　の解答群
⓪　無圧縮　　　①　可逆圧縮　　　②　差分圧縮　　　③　非可逆圧縮
④　複　製　　　⑤　再圧縮　　　　⑥　暗号化　　　　⑦　伸縮（展開）

ウ　の解答群
⓪　圧縮によって画質を向上させたいデータに利用される
①　機密性の高い重要なデータの圧縮に利用される
②　アプリケーションソフトウェアを圧縮するために利用される
③　圧縮前のデータとの違いを人間が識別しにくいものに利用される

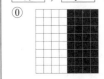
　本問題は，情報のデジタル化に関する問題である。特に，後半はランレングス圧縮に関する問題である。ランレングス圧縮とは，**データの中の同じデータの繰り返しに着目した圧縮方法**である。圧縮をする方法についても確認しておこう。また，他にも**出現頻度に着目して圧縮を行うハフマン符号化**も確認しておこう。

解答・解説

　答えはア…⑦　イ…③　ウ…③　エ…③　オ…7　カ，キ…①，③（順不同）　ク…②

ア：圧縮したデータを元に戻す操作は「展開」という。

イ：完全に圧縮前に戻すことができない圧縮を「非可逆圧縮」という。なお，完全に圧縮前に戻すことができる圧縮のことを「可逆圧縮」という。

ウ：非可逆圧縮に関して，圧縮前と展開後のデータが異なるため，その変化について人間が認識できない場合に用いられることが多い。具体的には，動画や画像などに利用される。

エ：問題文に記載されている圧縮比の定義によると，圧縮後のデータ量が圧縮前のデータ量より小さい場合に，圧縮比が小さくなることがわかる。

オ：「黒黒黒黒黒黒白白白黒黒黒白黒黒黒」のデータの文字数は16文字である。これを問題文にあるルール通りに圧縮すると「黒6白3黒3白黒3」となり，9文字となる。このため，7文字短くなる。

カ，キ：この方法では，黒と白が交互に出てくる場合は，この方法で圧縮しても，文字数が減らないため，解答群の①や③は圧縮できない。

ク：連続して出てくる黒や白の数が多いほど圧縮比が小さくなるため，②が最も圧縮比が大きいことがわかる。

　情報を整理して表現する方法として，アメリカのリチャード・S・ワーマンが提唱する「究極の5つの帽子掛け」というものがある。これによれば，情報は無限に存在するが，次の5つの基準で情報の整理・分類が可能という。

・場所・・・物理的な位置を基準にする
　例：都道府県の人口，大学のキャンパスマップ
・アルファベット・・・言語的な順番を基準にする　（日本語なら五十音）
　例：辞書，電話帳
・時間・・・時刻の前後関係を基準にする
　例：歴史年表，スケジュール
・カテゴリー・・・物事の差異により区別された領域を基準にする
　例：生物の分類，図書館の本棚
・階層（連続量）・・・大小や高低など数量的な変化を基準にする
　例：重要度順のToDoリスト，ファイルサイズの大きい順

　この基準によれば，図1の「鉄道の路線図」は　ア　を基準にして整理されており，図2のある旅行会社のWebサイトで提唱されている「温泉がある宿の満足度評価ランキング」は　イ　と　ウ　を基準に整理・分類されていると考えられる。

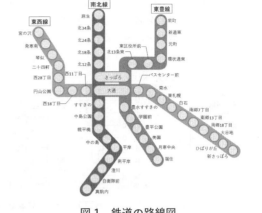

図1　鉄道の路線図

図2　温泉がある宿の満足度評価ランキング

　ア　～　ウ　の解答群
⓪　場所
①　アルファベット
②　時間
③　カテゴリー
④　階層（連続量）

　本問題は，情報デザインの分類に関する問題である。情報をデザインする際，分かりやすく伝えるためには情報の整理が必要である。情報を整理する方法として，アメリカの建築家リチャード・S・ワーマンが提唱した5つの基準による分類が利用できる。

・位置：鉄道の線路図のように各要素の位置関係を整理するときに用いられる
・アルファベット：アルファベット順，五十音順に並べるなど順序のあるものを整理するときに用いられる
・時間：時間によって変化するものを整理するときに用いられる
・分野：カテゴリーによる分類できる情報を整理するときに用いられる
・階層：階層構造で表すことのできる情報を整理するときに用いられる

解答・解説

答えはア…⓪　イ，ウ…③，④（順不同）

ア：鉄道の線路図は，各駅の位置関係をあらわしているため，「場所」を基準に整理されていると考えられる。
イ，ウ：温泉がある宿の満足度評価ランキングでは，Webページの上部にカテゴリーの選択部分があることから「カテゴリー」を基準に分類されていると考えられる。また，総合評価の高い順に表示されていることから，「階層（連続量）」を基準に整理されていると考えられる。

　数字情報の表示を行う7セグメントLEDというものが存在する。

　図1のa〜gの部分は発光部，Dtの部分はドット発光部であり，これらのLEDの消灯・点灯の組み合わせで0〜9の数字を表現することができる。例えば，数字の「1」を表現するためには，発光部bとcを点灯させる。

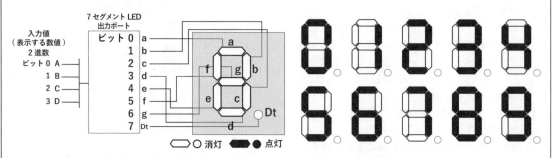

| 図1　7セグメントLEDの仕組み | 図2　0~9からのLED表示 |

　このとき，ビット7（Dt）を最上位ビット（MSB），ビット0（a）を最下位ビット（LSB）とし，ポート出力が1のときにLEDを点灯させる。例えば図2のように数字「1」を表示するには，bとcを点灯させる必要があるため，この時の出力ポートのビット7〜0に設定すべきデータは00000110となる。なお，データは16進数で表記することにすると，$(05)_{16}$となる。

　本問題は，論理回路に関する問題である。具体的に7セグメントLEDの例を用いている。見慣れない問題かもしれないが，論理回路の種類（AND，OR，NOT）の動作を整理するとともに，問題を読んで仕組みをしっかり理解しよう。

(1)　数字「6」を表示するとき，出力ポートのビット7〜0に設定すべきデータは，（　ア　）$_{16}$である。また，$(6F)_{16}$を設定した場合，7セグメントLEDで表現される数値は　イ　である。

　　ア　の解答群

⓪　4D　　①　5D　　②　6D　　③　7D

　　イ　の解答群

⓪　0　　①　3　　②　8　　③　9

(2)　「7」を表示したい時，入力値は$(0111)_2$である。入力A〜Dはそれぞれ1，1，1，0である。このとき入力値A，B，C，Dに対して出力eの論理回路図を図3に表している。この時空欄に当てはまる論理回路は　ウ　である。

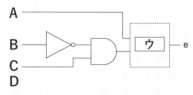

図3 入力A〜Dと出力eの論理回路

　　ウ　の解答群

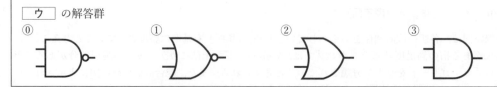

答えはア…③　イ…③　ウ…①

　数値「6」は右図のように，a, c, d, e, f, g を点灯させることで表現している。よって，出力ポートのビット 7 〜 0 に設定すべきデータは以下のようになる。

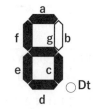

	dt	g	f	e	d	c	b	a
ビット	7	6	5	4	3	2	1	0
LED	消灯	点灯	点灯	点灯	点灯	点灯	消灯	点灯
設定データ	0	1	1	1	1	1	0	1
16 進数	7				D			

設定すべきデータは $(01111101)_2$ であり，16 進数変換を行うと $(7D)_{16}$ となる。よって（ア）は③である。

　$(6F)_{16}$ を設定した場合の表示は，先ほどと逆の手順で求めれば良い。まず，$(6F)_{16}$ を 2 進数に変換する。次に 0 を消灯，1 を点灯状態に当てはめていく。

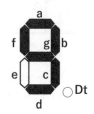

	dt	g	f	e	d	c	b	a
16 進数	6				F			
設定データ	0	1	1	0	1	1	1	1
LED	消灯	点灯	点灯	消灯	点灯	点灯	点灯	点灯
ビット	7	6	5	4	3	2	1	0
	dt	g	f	e	d	c	b	a

以下の表から，LED は a, b, c, d, f, g が点灯する。図に当てはめると，「9」を表現している。よって（イ）は③になる。

　回路図について，まずは A, B, C, D の入力値に対して出力 e は右図の通りである。
　次に，解答の回路図を見たとき，まずは B の否定（以下 !B と表現）と C の論理積をとっていることがわかる。この結果を X とおく。求めたいものはこの X と A の値をどの論理回路にするかである。このとき，A と X が両方 0 のときに e が 1 をとっていることがわかる。よって，（ウ）に当てはまる論理回路は NOR である①になる。

	D	C	B	A	e
0	0	0	0	0	1
1	0	0	0	1	0
2	0	0	1	0	1
3	0	0	1	1	0
4	0	1	0	0	0
5	0	1	0	1	0
6	0	1	1	0	1
7	0	1	1	1	0
8	1	0	0	0	1
9	1	0	0	1	0

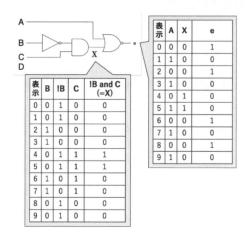

表示	B	!B	C	!B and C (=X)
0	0	1	0	0
1	0	1	0	0
2	1	0	0	0
3	1	0	0	0
4	0	1	1	1
5	0	1	1	1
6	1	0	1	0
7	1	0	1	0
8	0	1	0	0
9	0	1	0	0

表示	A	X	e
0	0	0	1
1	1	0	0
2	0	0	1
3	1	0	0
4	0	1	0
5	1	1	0
6	0	0	1
7	1	0	0
8	0	0	1
9	1	0	0

　Nさんは15個のマスからなるスゴロクを作成した。1番目のマスをスタート，15番目のマスをゴールとし，間のマスには楽しめる仕掛けを入れることにした。

　本問題は，スゴロクを利用したプログラミングの問題である。本問も一見ルールが複雑そうに見えるが，しっかり説明が明記されているため，ルールを理解して問題を解こう。

問1　次の文章を読み，空欄　ア　～　ウ　に当てはまる数字を答えよ。また，空欄　エ　に入れるのに最も適当なものを，解答群のうちから一つ選べ。

　図1はNさんが作ったスゴロクである。スゴロクに参加するプレーヤーは開始時に自身のコマをスタートに置く。プレーヤーは順番にサイコロを振り，出た目に応じて自身のコマを動かす。最も早くコマをゴールに到達させたプレーヤーが勝者になる。

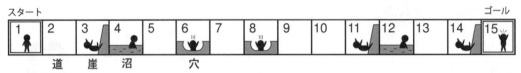

図1

　表1にマスの種類とその効果を示す。「マスの効果」は，そのマスにいるコマのプレーヤーがサイコロを振ったときに適用される。スタートとゴールとそれらの間以外にはマスが存在しないため，スタートより後ろに戻ろうとした場合はスタートにとどまり，ゴールより先に進もうとした場合はゴールにとどまる。
　Nさんは友人のSさんとスゴロクで遊んでみた。表2はその記録である。サイコロは1〜6の目が出るものを使用した。全プレーヤーが1回ずつサイコロを振り，出た目に応じてコマの位置の更新を行うことを，ラウンドと呼ぶ。ゲームは1ラウンド，2ラウンド，…と進行する。

表1

マスの種類	マスの効果
スタート　道	出た目の数だけコマを前進させる。
崖	出た目の数だけコマを後進させる。
穴	出た目が4以上なら，出た目の数だけコマを前進させる。3以下の場合はそのマスにとどまる。
沼	出た目の数の半分だけコマを前進させる。小数点以下は切り捨てる。
ゴール	－

表2

	ラウンド	開始時	1	2	3	4	5	6	7
N	出た目	－	3	6	?	1	2	4	3
	コマの位置	1	4	ア	9	10	12	?	11
S	出た目	－	1	4	3	ウ	3	5	3
	コマの位置	1	2	イ	?	?	8	13	15

（設問の都合により，値を"?"で隠している箇所がある）

表2のラウンド1を見ると，Nさんのコマ（コマN）は出た目が3なのでマス4に移動し，Sさんのコマ（コマS）は出た目が1なのでマス2に移動した。続くラウンド2で，沼マスにいるコマNはマス　**ア**　に，道マスにいるコマSはマス　**イ**　に，それぞれ移動した。ラウンド4では，Nさんは1の目を出してマス10に移動した。このラウンドでSさんは　**ウ**　の目を出している。ラウンド5でコマNはマス12に，コマSは8マスに移動した。コマNはラウンド6で　**エ**　の目が出ればゴールに到達するはずだったが，実際にはゴールに到達できなかった。一方，コマSはラウンド6でマス8の穴マスから脱出し，ラウンド7でゴールに到達したため，この勝負はSさんの勝ちになった。

解答・解説

答えはア…7　イ…6　ウ…5　エ…④

まず，2人のコマの動きは以下の表のとおりである。

ラウンド	マス1	2	3	4	5	6	7	8	9	10	11	12	13	14	15
	START	道	崖	沼	道	穴	道	穴	道	道	崖	沼	道	崖	GOAL
1		S		N											
2						S②	N①								
3						S			N						
4										N	S③				
5								S				N			
6													S	N④	
7											N				S

① 6が出たが，沼なのでその半分の3マス進む（ア）＝7
② 4マス進む（イ）＝6
③ 5ラウンド目で3を出して8マス目に到着しているが，5マス目から3を出しても穴の効果により出た目が4以下なのでとどまっているはずである。そのため，ここでは4以上を出して一度穴を抜け出していることが推測される。その場合，10〜12マス目にいることが考えられるが，5ラウンド目で3を出して8マス目に到着していることから，マスの効果で戻されていることがわかる。道（10）・崖（11）・沼（12）のうち後退させる効果を持つのは崖のみなので，4ラウンド目では11マス目にいることがわかる。よって11−6＝5を，ラウンド4で出したことがわかる。（ウ）＝5
④ 4が出たが，沼なのでその半分の2マス進む。ここで6を出していれば，その半分の3マス進めることができた。5だと小数点切り捨てのため2マスしか進むことができない。よって（エ）＝6になるため選択肢は④。

問2 次の文章を読み，空欄　**オ**　〜　**ク**　に入れるのに最も適当なものを，解答群のうちから一つずつ選べ。

Nさんは，出た目から移動先のコマの位置が自動的にわかれば便利と考え，コマの位置をコンピュータで計算する手続きを作成することにした。できた手続きを図2に示す。表3に図2で使われる配列変数を示す。図2では，(08) 行目でラウンドごとに各プレーヤーがサイコロを振って出た目が入力され，その値を配列変数 Saikoro に格納する。各プレーヤーのコマの位置は配列変数 Koma に格納することにした。変数 r は何番目のラウンドであるかを表し，手続きの開始時の値は0，最初にサイコロを振るときの値は1である。

Nさんは，コマが移動する数を「出た目 × マスの効果値」の計算で求められるように，マスの種類ごとの効果を表す「効果値」を考えた。各マスの効果値はあらかじめ配列変数 Masu に格納されている。効果値の値は，道マスは1，崖マスは−1，沼マスは0.5である。穴マスは0が格納されているが，サイコロの目に応じて (11)〜(13) 行目で適切な値に変更してから使用される。

```
(01)   ninzu = 2, owari = 0, r = 0
(02)   i を 1 から ninzu まで 1 ずつ増やしながら繰り返す：
(03)   │ Koma ［i, r］ ＝ 1
(04)   │
(05)   owari = 0 の間繰り返す：
(06)   │ r = r+1
(07)   │ i を 1 から ninzu まで 1 ずつ増やしながら繰り返す：
(08)   │ │ Saikoro ［i, r］ ＝【出た目を入力】
(09)   │ │ k = Koma ［i, オ ］
(10)   │ │ bairitu = Masu ［k］
(11)   │ │ もし bairitu = 0 かつ Saikoro ［i, r］≧ 4 ならば：
(12)   │ │ │ bairitu =  カ
(13)   │ │ │
(14)   │ │ idou ＝切り捨て（Saikoro ［i, r］× キ ）
(15)   │ │ Koma ［i, r］ = k+ ク
(16)   │ │ もし Koma ［i, r］<1 ならば：Koma ［i, r］= 1
(17)   │ │ もし Koma ［i, r］≧ 15 ならば：
(18)   │ │ │ Koma ［i, r］= 15, owari = 1
(19)   │ │ │
(20)   │ │
(21)   │
```

図 2

表 3

配列変数	説明
Koma ［i, r］	ラウンド r におけるプレーヤー i の更新後のコマの位置
Saikoro ［i, r］	ラウンド r におけるプレーヤー i の出た目
Masu ［k］	マス k の効果値

　この手続きでは何人でも遊べるように変数 ninzu にプレーヤーの人数を格納することにした。変数 owari はゲームの状態を表し，どのプレーヤーもゴールに到達していない場合は 0 のままで，誰かがゴールに到達した場合は 1 が入る。また，数値の小数点以下を切り捨てて整数にする関数「切り捨て」を用いている。例えば「切り捨て（3.8）」の結果は 3 になる。

オ ～ ク の解答群
⓪ 0   ① 1   ② 0.5   ③ － 1
④ k   ⑤ r   ⑥ r ＋ 1   ⑦ r － 1
⑧ bairitu   ⑨ idou   ⓐ ninzu

解答・解説

答えはオ…7　カ…1　キ…8　ク…9

　(07)～(20) の間は，ラウンド r において各プレイヤーがいくつコマを動かせるかの処理を行う。コマが移動する数は「出た目×マスの効果値」で計算できる。このときのマスの効果値は，サイコロをふるときのマスである。(09) は，(オ) の位置のマスの効果値を出す。ここで Koma はラウンド r におけるプレーヤー i の更新後のコマの位置を表しているため，前のラウンドの位置が計算上必要となり，r － 1 が入る。

　(11)～(13) は，問題文から穴マスの処理を行っていることがわかる。したがって，穴マスの効果から，「出た目が 4 以上なら出た目の数だけ進む」ことから，bairitu には 1 が入る。

　(14) は，idou の計算を行っている。コマが移動する数は「出た目×マスの効果値」で求められるため，マスの効果値が入っている bairtu が入る。

（15）は，上で求められた idou 分移動させたコマの位置を計算する式である。k はラウンド前の位置であるため，そこに移動距離を加えるためには idou を入れればよい。

問3　次の文章を読み，空欄 ケ ・ コ ， シ ・ ス に当てはまる数字を答えよ。また，空欄 サ に入れるのに最も適当なものを，解答群のうちから一つ選べ。

　友人の S さんはスゴロクを面白くするために，オバケ 👻 が登場するスゴロクを作成した。N さんは早速，S さんが作った図3の手続きをもらった。S さんによると，「オバケは一定範囲のマスを移動する。コマがゴール方向にオバケを追い抜こうとするとオバケに捕まる」とのことである。図3において，変数 obake にはオバケの位置が格納される。（22）〜（24）行目が「オバケに捕まる」処理とのことであるが，それ以上のことは教えてくれなかった。なお，（07）行目の（r − 1）％4 は，r − 1 を4で割った余りを計算している。

　N さんは図4のスゴロクを用いて S さんが作ったオバケの動きを調べることにした。図3を見ると，開始時（r が0のとき）のオバケの位置はマス6である。オバケの位置を求めるには図3の（07）行目の a の値が必要になることから，ラウンド r のときの更新後の a の値，更新後のオバケの位置，出た目，更新後のコマ N の位置を記入する表4を作成し，実際にサイコロを振りながら値を記入することにした。

図3

```
(01)   ninzu = 1, owari = 0, r = 0, obake = 6
(02 − 04)  （図2の（02）〜（04）と同じ）
(05)   owari = 0 の間繰り返す：
(06)   │   r = r + 1
(07)   │   a =（r − 1）％4
(08)   │   もし a<2 ならば：
(09)   │   │   obake = obake + 1
(10)   │   そうでなければ：
(11)   │   │   obake = obake − 1
(12)   │   └
(13)   │   i を1から ninzu まで1ずつ増やしながら繰り返す：
(14 − 21) │  （図2の（08）〜（15）と同じ）
(22)   │   │   もし Koma［i，r − 1］<obake かつ Koma［i，r］>obake ならば：
(23)   │   │   │   Koma［i，r］= obake
(24)   │   │   └
(25 − 28) │  （図2の（16）〜（19）と同じ）
(29)   │   └
(30)   └
```

図4

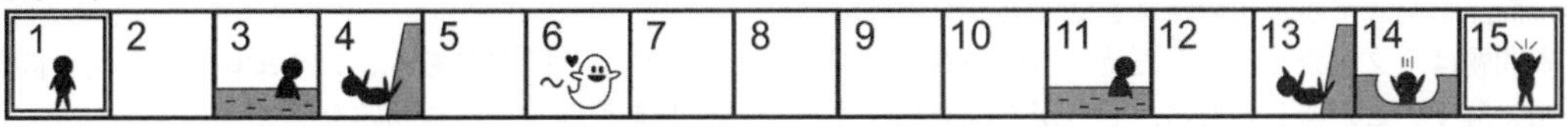

（この図でオバケのいるマス6は道マスである）

表4

ラウンド r		0	1	2	3	4	5	6	7		
a の値		−									
オバケの位置		6	7	ケ	コ						
N	出た目	−	3	1	4	3	6	1	2	3	2
	コマの位置	1	4	3	5	シ					

まず，オバケの動きを調べてみた。ラウンド1のときのオバケの位置は図3の（08）〜（12）行目の処理からマス7となり，ラウンド2, 3のときのオバケの位置は，それぞれマス　ケ　，マス　コ　になる。ラウンドを進めるうちに，オバケはマス　サ　の範囲内で移動することがわかった。

次に，オバケが登場するスゴロクでのコマ N の動きを調べてみた。ラウンド3の更新後のコマの位置はマス5である。ラウンド4で出た目は3で，そのラウンドの更新後のコマの位置はマス　シ　となる。コマが初めてマス9以降のマスに移動するのはラウンド　ス　の更新後であった。以上から，N さんはこの手続きにおけるコマとオバケの動きを理解できた。

サ　の解答群

⓪ 5から9　　① 6から8　　② 5から7　　③ 6から10

解答・解説

答えはケ…8　コ…7　サ…①　シ…6　ス…7

ラウンド2（r = 2）のとき，a は r-1（= 1）を4で割った余りで1。a < 2となるため，obake は1加算される。（ケ）= 8。

ラウンド3（r = 3）のとき，a は r-1（= 2）を4で割った余りで2。a < 2とならないため，obake は1減算され。（コ）= 7。

これを続けていくと，ラウンド4のときは a = 3となり1減算で6，ラウンド5のときは a = 0となり1加算で7…となり，6〜8の範囲内で移動する。よって，（サ）は①となる。

ラウンド4で出た目は3。5は道なので，通常であればマス8まで行くが，（22）〜（24）より，サイコロを振る前と振ったあとでオバケを抜かしていた場合，オバケのマスまで戻される。よって，ラウンド4のオバケの位置は6となる。（シ）

	ラウンド r	0	1	2	3	4	5	6	7	8	9
	a の値	−									
	オバケの位置	6	7	8(ケ)	7(コ)	6	7	8	7	6	7
N	出た目	−	3	1	4	3	6	1	2	3	2
	コマの位置	1	4	3	5	6(シ)	7	8	10		

ラウンド5は6 + 6 = 12となるが，オバケとすれ違うため マス7。ラウンド6は7 + 1 = 8。ラウンド7は8 + 2 = 10。オバケとすれ違うことはないので，ラウンド7でマス9以降のマスに移動できた。よって（ス）は7。

7

M さんのクラスでは，文化祭の期間中2日間の日程でクレープを販売することにした。1日目は，慣れないこともあり，客を待たせることが多かった。そこで，1日目が終わったところで，調理の手順を見直すなど改善した場合に，どのように待ち状況が変化するかシミュレーションすることにした。なお，このお店では同時に一人の客しか対応できないとし，客が注文できるクレープは一枚のみと考える。また，注文は前の客に商品を渡してから次の注文を聞くとして考える。

本問題は，文化祭を例にした待ち行列のシミュレーションに関する問題である。シミュレーションの問題は頭で解くことが難しいため，しっかり図を利用するなど状況を整理しながら問題を解こう。

問　次の文章および表中の空欄　ア　〜　エ　に当てはまる数字を答えよ。

まず，M さんは，1日目の記録を分析したところ，注文から商品を渡すまでの**一人の客への対応時間に約4分を要している**ことが分かった。

次に，クラスの記録係が1日目の来客時間を記録していたので，最初の50人の客の到着間隔を調べたところ，表1の人数のようになった。この人数から相対度数を求め，その累積相対度数を確率とみなして考えてみた。また，到着間隔は一定の範囲をもとに集計しているため，各範囲に対して階級値で考えることにした。

表1　到着間隔と人数

到着間隔（秒）	人数	階級値	相対度数	累積相対度数
0 以上～ 30 未満	6	0 分	0.12	0.12
30 以上～ 90 未満	7	1 分	0.14	0.26
90 以上～ 150 未満	8	2 分	0.16	0.42
150 以上～ 210 未満	11	3 分	0.22	0.64
210 以上～ 270 未満	9	4 分	0.18	0.82
270 以上～ 330 未満	4	5 分	0.08	0.90
330 以上～ 390 未満	2	6 分	0.04	0.94
390 以上～ 450 未満	0	7 分	0.00	0.94
450 以上～ 510 未満	1	8 分	0.02	0.96
510 以上～ 570 未満	2	9 分	0.04	1.00
570 以上	0	－	－	－

　そして，表計算ソフトウェアで生成させた乱数（0 以上 1 未満の数値が同じ確率で出現する一様乱数）を用いて試しに最初の 10 人の到着間隔を，この表1をもとに導きだしたところ，次の表2のようになった。ここでの到着間隔は表1の階級値をもとにしている。なお，1 人目は到着間隔 0 分とした。

表2　乱数から導き出した到着間隔

	生成させた乱数	到着間隔
1 人目	－	0 分
2 人目	0.31	2 分
3 人目	0.66	4 分
4 人目	0.41	2 分
5 人目	0.11	0 分
6 人目	0.63	3 分
7 人目	0.43	3 分
8 人目	0.28	2 分
9 人目	0.55	3 分
10 人目	0.95	ア 分

　表2の結果から 10 人の客の待ち状況が分かるように，次の図1のように表してみることにした（図1は 6 人目まで記入）。ここで，待ち時間とは，並び始めてから直前の人の対応時間が終わるまでの時間であり，対応時間中の客は待っている人数に入れないとする。このとき，最も待ち人数が多いときは　イ　人であり（これを最大待ち人数という），客の中で最も待ち時間が長いのは　ウ　エ　分であった。

図1　シミュレーション結果（作成途中）

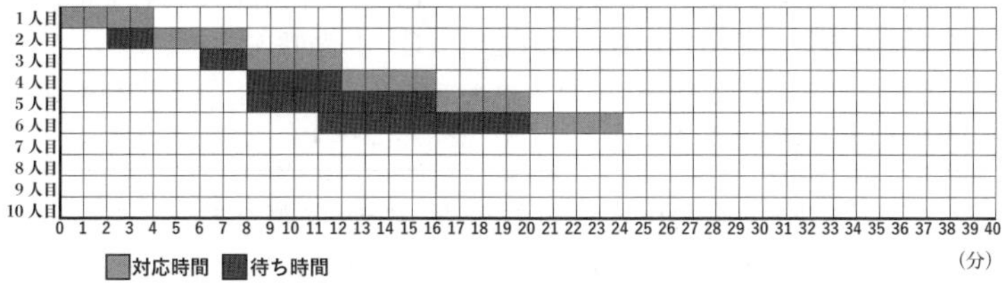

■対応時間　■待ち時間　　　　　　　　　　　　　　　　　　　　　　　　　　　（分）

解答・解説

答えはア…8　イ…4　ウ…1　エ…3。

　表2の 10 人目の行で生成させた乱数は 0.95 であり，これは表1の 450 以上 510 未満の階級に位置する。したがって，到着間隔はそのときの階級値である「8 分」となる。また，図1のシミュレーション結果の続きを図に加えると次のようになる。

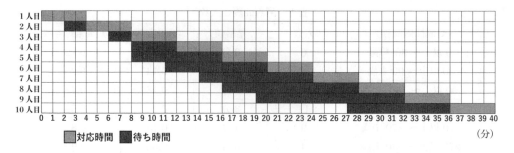

対応時間　■待ち時間　　　　　　　　　　　　　　　　　　　　（分）

　したがって，上図より，最も待ち人数が多いときは「4人」であり，最も待ち時間が長いのは9人目の客の「13分」であることがわかる。

8

　1990年代以降，使いやすいインタフェースを備えたパーソナルコンピュータ用基本ソフトウェアの普及やインターネット接続事業者のサービスが拡大したことにより，一般家庭においてもインターネットの利用が増えていった。その後，光ファイバ等を利用した［　A　］接続が低廉な価格で提供されるようになり，一般家庭におけるインターネット利用は常時接続の形態をとるようになる。

　また，2000年代に入ると，電気通信事業者等が公共のスペースで［　B　］規格の公衆無線LANサービスを開始したり，その後，携帯電話が「ガラケー」と呼ばれるフィーチャーフォンからスマートフォンへ進化したりするなど，さまざまな条件が整うことで，自宅においてのみならず，自宅外においてもインターネットに接続できる環境が整えられていった。

　インターネットが情報インフラストラクチャーとして確立したことによって，一般の消費者もインターネットを通じて商品やデジタルコンテンツを購入するようになった。インターネットを通じ，種々の個人情報や取引情報がやりとりされるうえで，通信の暗号化技術は非常に重要なものである。

　デジタル情報の暗号化においては，当初，情報を発信する側と受信する側が暗号化のための鍵を共有する［　C　］が一般的だった。両者があらかじめ特定の鍵を共有しておく，あるいは，インターネットを通じて情報を発信した後，電話等，別の手段を用いて第三者に知られないかたちで鍵を伝達するというものである。ワープロソフトや表計算ソフトでは，作成したファイルにパスワードを設定することで，第三者の閲覧を防止することができるが，［　C　］はこのようなケースで使用されている。

　しかし，インターネットを通じて多数の人々が暗号化通信を行う場合，［　C　］は鍵の共有に大きな手間がかかる。これを解消するものが［　D　］である。

　［　D　］の利用は，ユーザがそれぞれ一対の鍵を持つところから始まる。［　E　］と［　F　］である。情報の送信者は，受信者があらかじめ公表している［　E　］を用いて暗号化を行う。受信者は受信した情報をみずからの［　F　］で復号化する。［　E　］と［　F　］は数学的な計算によって相手を導きだすことができないところに特徴がある。

　通信の暗号化に加え，電子的にやりとりされるみずからの署名を［　F　］で暗号化して送付することで，なりすましを防止することができる。受信者が送信者の［　E　］を利用して署名を正しく復号できた場合，情報の送信者の身元が真正であると証明される。これを［　G　］と呼ぶ。

　［　D　］は，ウェブブラウザの暗号化通信のプロトコルである［　H　］などに利用されており，インターネットを通じた各種経済活動の基盤となっている。

　本問題は，インターネットの普及から暗号化へと話題を転換させた問題である。文章が長いので読むことが億劫になりがちだが，まずは設問を読んでから読み始めると解きやすい。また，情報セキュリティに関する語句（暗号方式など）を整理しておこう。

問1　文中の空欄［　A　］に当てはまる語句として最も適当なものを，次の⓪～③のうちから一つ選べ。
　⓪　ADSL　　①　ISDN　　②　ナローバンド　　③　ブロードバンド

答えは③

　問1は光ファイバなどの高速化した通信回線の総称に関する問題である。光ファイバなどを利用した通信回線は，ナローバンドと比較して通信速度が速いブロードバンドである。なお，ADSL もブロードバンドの一種である。なお，ナローバンドは通信速度が遅い通信回線である。具体例として，ISDN などがある。

問2　文中の空欄 [　B　] に当てはまる語句として最も適当なものを，次の⓪〜③のうちから一つ選べ。
　⓪　IrDA　　　①　LTE　　　②　Wi-Fi　　　③　モバイル通信

答えは②

　問2は公共無線 LAN サービスの規格に関する問題である。Wi-Fi は，無線 LAN の規格に関する商標登録である。公共のスペースで利用できる公衆無線 LAN サービスでも，一般的にこの規格が利用されている。⓪は赤外線による無線通信規格のことである。①は携帯電話の通信規格である 3G と 4G の間に生まれた通信規格である。③は 4G や 5G のようなスマートフォンやタブレット用の通信規格であり，Wi-Fi とは違い，基地局の電波が届く範囲であれば，どこでもインターネットを利用できる。

問3　文中の空欄 [　C　]・[　D　] に当てはまる語句の組み合わせとして最も適当なものを，次の⓪〜⑧のうちから一つ選べ。
　⓪　C：共通鍵暗号　　D：公開鍵暗号　　　①　C：共通鍵暗号　　D：同一鍵暗号
　②　C：共通鍵暗号　　D：複合鍵暗号　　　③　C：公開鍵暗号　　D：同一鍵暗号
　④　C：公開鍵暗号　　D：複合鍵暗号　　　⑤　C：公開鍵暗号　　D：共通鍵暗号
　⑥　C：同一鍵暗号　　D：公開鍵暗号　　　⑦　C：同一鍵暗号　　D：複合鍵暗号
　⑧　C：同一鍵暗号　　D：共通鍵暗号

答えは⓪

　問3は共通鍵暗号方式と公開鍵暗号方式に関する問題である。共通鍵暗号方式では，デジタル情報の暗号化に，発信する側と受信する側が同じ鍵を利用する。一方，公開鍵暗号方式では，**発信する側と受信する側で異なる鍵を利用**する。

問4　文中の空欄 [　E　]・[　F　] に当てはまる語句の組み合わせとして最も適当なものを，次の⓪〜⑧のうちから一つ選べ。
　⓪　E：共通鍵　　F：開錠鍵　　　①　E：共通鍵　　F：公開鍵　　　②　E：共通鍵　　F：秘密鍵
　③　E：公開鍵　　F：開錠鍵　　　④　E：公開鍵　　F：施錠鍵　　　⑤　E：公開鍵　　F：秘密鍵
　⑥　E：施錠鍵　　F：開錠鍵　　　⑦　E：施錠鍵　　F：公開鍵　　　⑧　E：施錠鍵　　F：秘密鍵

答えは⑤

　問4は公開鍵暗号方式の鍵の名称に関する問題である。公開鍵暗号方式では，情報の送信者は，受信者が公開している**公開鍵**で暗号化し，受信者は自分の保有している**秘密鍵**で復号を行う。

問5　文中の空欄 [　G　] に当てはまる語句として最も適当なものを，次の⓪〜③のうちから一つ選べ。
　⓪　IDカード　　　①　電子署名　　　②　デジタル名刺　　　③　ハイパーシグネチャ

答えは①

　問5はなりすまし防止のための手法に関する問題である。受信者が送信者の署名を復号できた場合，その署名は送信者本人のものであることが特定できる。この仕組みを電子署名という。⓪は氏名や所属，顔写真などが掲載されているものである。主に，社員証，学生証，会員証などがこれに当たる。②は電子化された名刺のことである。③に関する「シグネチャ」とは，マルウェアを判別するためのデータのことである。

問6　文中の空欄[　H　]に当てはまる語句として最も適当なものを，次の⓪～③のうちから一つ選べ。
　　　⓪　JAVA　　　①　SSL　　　②　WEP　　　③　ブロックチェーン

解答・解説
答えは①
　問6はウェブブラウザの暗号化通信のプロトコルに関する問題である。SSLは，ウェブブラウザ上の通信の暗号化技術である。⓪はプログラミング言語の1種である。②は無線LANの通信を暗号がする方式の1種である。③は暗号化技術を利用した改ざん不可能なようにデータの保存をする技術のことである。

9

　次の三つのテーブルを対象とした処理について，下の問い（問1～3）に答えよ。

テーブル：患者

患者番号	年齢	性別	姓
1	50	F	A
2	49	M	B
3	63	F	C
4	58	M	D
5	42	M	E
6	55	M	F
7	42	F	G
8	49	F	H

テーブル：薬

薬番号	薬名	製薬会社
1	P	x
2	Q	y
3	R	x
4	S	y
5	T	y
6	U	x

テーブル：投薬

患者番号	薬番号	投薬日時
1	1	2019年1月1日
2	1	2019年2月1日
3	2	2019年3月1日
4	2	2019年4月1日
5	3	2019年5月1日
6	4	2019年6月1日
7	5	2019年7月1日
8	6	2019年8月1日

　本問題は，具体的なテーブルを用いたデータベースの操作（選択，射影，結合）に関する問題である。それぞれの語句がどういう意味，どういう操作を表すか整理しておこう。**選択**とは，**データベースにおいて，与えられた条件に合う行のみを抽出して，表形式で表示すること**である。**射影**とは，**データベースにおいて，表の中から一部の列だけを抽出し，表形式で表示すること**である。**結合**とは，**データベースにおいて，複数の表で共通するキーにより項目を結び付け，1つの表にすること**である。

問1　次のテーブルを得るための処理として最も適当なものを，後の⓪～⑤のうちから一つ選べ。

患者番号	年齢	性別	姓
1	50	F	A
3	63	F	C
7	42	F	G
8	49	F	H

⓪ テーブル「患者」を対象として属性「年齢」が「40」以上であるデータを射影
① テーブル「患者」を対象として属性「年齢」が「40」以上であるデータを選択
② テーブル「患者」を対象として属性「性別」が「F」であるデータを射影
③ テーブル「患者」を対象として属性「性別」が「F」であるデータを選択
④ テーブル「患者」を対象として属性「姓」が「B」でないデータを射影
⑤ テーブル「患者」を対象として属性「姓」が「B」でないデータを選択

解答・解説

答えは③

　問1は特定のデータのみを取り出す操作（選択）に関する問題である。設問にあるテーブルの性別がすべて「F」であること，テーブル「患者」とカラムが一致していることに注目すると，テーブル「患者」を対象として，属性「性別」が「F」であるデータを選択すればよいことがわかる。

問2　次のテーブルを得るための処理として最も適当なものを，後の⓪～⑤のうちから一つ選べ。

薬番号	薬名
1	P
2	Q
3	R
4	S
5	T
6	U

⓪ テーブル「薬」を対象として属性「薬番号」と「薬名」を射影
① テーブル「薬」を対象として属性「薬番号」と「薬名」を選択
② テーブル「薬」を対象として属性「薬番号」と「薬」を射影
③ テーブル「薬」を対象として属性「薬番号」と「薬」を選択
④ テーブル「投薬」を対象として属性「薬番号」を射影
⑤ テーブル「投薬」を対象として属性「薬番号」を選択

解答・解説

答えは⓪

　問2も同様に特定のデータを取り出す操作（射影）に関する問題である。問にあるテーブルでは，テーブル「薬」の属性「薬番号」と「薬名」のみ抽出されていることから，テーブル「薬」を対象として属性「薬番号」と「薬名」を射影すればよい。

問3　次のテーブルを得るための処理として最も適当なものを，後の⓪～⑤のうちから一つ選べ。

年齢	薬名	投薬日時
50	P	2019 年 1 月 1 日
49	P	2019 年 2 月 1 日
42	R	2019 年 5 月 1 日
49	U	2019 年 8 月 1 日

⓪ テーブル「患者」と「薬」と「投薬」を共通の属性を対象として結合し，属性「製薬会社」が「x」であるデータを選択し，属性「年齢」と「薬名」と「投薬日時」を射影
① テーブル「患者」と「薬」と「投薬」を共通の属性を対象として結合し，属性「性別」が「M」であるデータを選択し，属性「年齢」と「薬名」と「投薬日時」を射影
② テーブル「患者」と「薬」と「投薬」を共通の属性を対象として結合し，属性「製薬会社」が「y」であるデータを選択し，属性「年齢」と「薬名」と「投薬日時」を射影
③ テーブル「患者」と「薬」と「投薬」を共通の属性を対象として結合し，属性「製薬会社」が「x」であるデータを射影し，属性「年齢」と「薬名」と「投薬日時」を選択
④ テーブル「患者」と「薬」と「投薬」を共通の属性を対象として結合し，属性「製薬会社」が「y」であるデータを射影し，属性「年齢」と「薬名」と「投薬日時」を選択
⑤ テーブル「患者」と「薬」と「投薬」を共通の属性を対象として結合し，属性「性別」が「M」であるデータを射影し，属性「年齢」と「薬名」と「投薬日時」を選択

答えは⓪

問3は同様に特定のデータを取り出す操作（結合）に関する問題である。**本問は結合を利用しているため，どの票を結合しているか見極めることが重要である。**設問にあるテーブルは，テーブル「患者」の属性「年齢」，テーブル「薬」の属性「薬名」，テーブル「投薬」の属性「投薬日時」で構成されていることから，これら3つのテーブルを結合していることがわかる。また，薬名に注目すると，すべて製薬会社が「x」であることがわかる。したがって，結合したテーブルに対して，製薬会社が「x」であるデータを選択し，属性「年齢」と「薬名」と「投薬日時」を射影したことがわかる。

10

K市の高校生の花子さんは，「情報Ⅰ」の授業のデータ分析の課題「季節に関係のある商品のデータを探して，季節とその売り上げの関係性について調べなさい」について，暑い夏に売り上げの伸びそうなエアコンとアイスクリームの月別売上データを収集し分析しようと考えた。

表1のデータは，2016年1月から2020年12月までの全国のエアコンの売上台数（単位は千台）とK市のアイスクリームの売上個数（単位は個）を表している。

花子さんは，これら二つの売上数の関係を調べるためにこのデータを，次の図1のようなグラフで表した。このグラフでは，横軸は期間を月ごとに表し，縦軸はエアコンの売上台数（単位は千台）とアイスクリームの売上個数（単位は個）を同じ場所に表している。破線はエアコン，実線はアイスクリームの売上数を表している。

表1　エアコンとアイスクリームの売上データ

年月	エアコン(千台)	アイス(個)
2016年 1月	434	464
2016年 2月	504	397
2016年 3月	769	493
2016年 4月	420	617
2016年 5月	759	890
2016年 6月	1470	883
2016年 7月	1542	1292
2016年 8月	651	1387
2016年 9月	469	843
2016年 10月	336	621
2016年 11月	427	459
2016年 12月	571	562
2017年 1月	520	489
2020年 12月	635	599

図1　エアコンとアイスクリームの売上数のグラフ

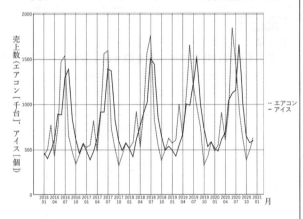

（出典：一般社団法人日本冷凍空調工業会，
　　　　一般社団法人日本アイスクリーム協会の資料より作成）

本問題は，表やグラフを利用した読み取り問題である。それぞれの表やグラフが何を表しているか把握し，問題に取り組もう。

問1　図1のグラフを見て読み取れることとして，最も適当なものを，次の⓪～③のうちから一つ選べ。
⓪　アイスクリームの売上個数は毎月増加している。
①　エアコンの売上台数は年々減少している。
②　年ごとの最もよく売れる時期についてはエアコンの方がアイスクリームよりもやや早い傾向がある。
③　2016年10月は，エアコンの売上台数よりもアイスクリームの売上個数の方が多い。

答えは②

問1はグラフの読み取り問題である。⓪に関して，アイスクリームの売上個数は減少している月もある。①に関して，エアコンの売上台数は年ごとの同じ時期で見ると基本的に増加傾向である。③に関して，縦軸のエアコンとアイスクリームの売り上げに関して，**単位の違いに注意する。**2016年10月に関して，グラフからエアコンの売上の方が多いことがわかる。

問2　エアコンやアイスクリームの売り上げが年々増加しているのかどうかを調べたいと考えた花子さんは，月ごとの変動が大きいので，数か月のまとまりの増減を調べるためにその月の前後数か月分の平均値（これを移動平均という）を考えてみることにした。

表2　エアコンの移動平均を計算するシート

年月	エアコン(千台)	6か月移動平均
2016年 1月	434	
2016年 2月	504	
2016年 3月	769	
2016年 4月	420	726.0
2016年 5月	759	910.7
2016年 6月	1470	935.2
2016年 7月	1542	885.2
2016年 8月	651	871.2
2016年 9月	469	815.8
2016年 10月	336	666.0
2016年 11月	427	495.7
2016年 12月	571	478.3
2017年 1月	520	536.2

例えば，表2は6か月ごとのまとまりの平均を計算している例である。「6か月移動平均」の列について，2016年1月から6月までの6か月の平均値である726.0を2016年4月の行に記載している。このようにエアコンとアイスクリームの売上数について6か月，9か月，12か月，15か月の移動平均を求め，それらの一部をグラフに描いたものが⓪〜③である。これらのグラフはそれぞれ順不同である。この中から，12か月移動平均の増減を表していると考えられるグラフとして，最も適当なものを，次の⓪〜③のうちから一つ選べ。

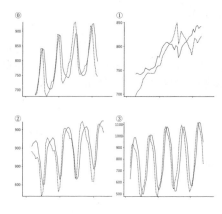

答えは①

問2は問題文で定義されている6か月移動平均などあるまとまりごとの平均値に関する問題である。12か月移動平均とは，12か月，つまり1年間の平均を計算している。図1より12か月移動平均に関しては，年々増加しており，周期的に増減することがないと考えられるため，正答は①である。

a　パソコン購入後の親子の会話

親：さっそく⑴インターネットに接続してみよう。

子：接続できたよ。じゃあ，すぐに Web 検索で調べごとをしてもいいかな。

親：その前にオペレーティングシステムとインストールされているアプリケーションソフトを　 ア 　しておこう。

子：それって絶対しないといけないのかな。

親：するべきだね。ソフトウェアに　 イ 　があると，ウイルスに感染したり，他のコンピュータを攻撃するための　 ウ 　にされたりするおそれがあるよ。

子：わかった。 ア 　するね。あれ，なんか時間がかかりそうな感じだよ。あとは自分でやっておくけど，他にも気をつけることあるかな。

親：Web 検索の結果には，偽のサイトが含まれることもあるから，⑵本当に自分がアクセスしたい Web サイトかどうかよく確かめてね。それに，⑶Web サイトの内容を鵜呑みにしてはいけないことも忘れないでね。

b　アドレスの表記

　　会話 a の下線部⑴のインターネットに接続している機器を判別するための　 エ 　アドレスが 10.0.0.170 であるとき，32 ビット表記した　 エ 　アドレスに含まれる 1 のビットの個数は　 オ 　である。

c　Web サイトの確認

　　会話 a の下線部⑵の Web サイトの確認方法として，URL に含まれる　 カ 　を確認することが考えられる。例えば，日本の官公庁の公式 Web サイトを閲覧しようとしているのに，　 カ 　の末尾が go.jp でない場合，公式 Web サイトでない可能性がある。さらに，　 カ 　が適切であっても，なりすましの Web サイトである可能性が残る。HTTPS でアクセスして，　 カ 　が署名した　 ク 　を確認できれば，なりすましの Web サイトである可能性はほぼなくなる。

d　インターネット上の情報の取り扱い

　　会話 a の下線部⑶のように，Web 上で情報を収集する際には情報の　 ケ 　の確認が必要になる。なぜなら，情報発信者が自分にとって都合のいいように　 コ 　していたり，発信者の不完全な知識で記述されていたりするからである。他にも，Web ページの　 サ 　には注意を払うべきである。なぜなら，例えば，日本人のノーベル賞受賞者数のような情報は変化していくからである。

 ア 　～　 ウ 　の解答群

⓪ ファイアウォール　　① アップデート　　② ライセンス
③ セキュリティホール　　④ アップロード　　⑤ 踏み台
⑥ シェア　　⑦ サンドボックス　　⑧ スパム

 エ 　の解答群

⓪ MAC　　① IP　　② GPS　　③ TCP

 カ 　～　 ク 　の解答群

⓪ メールアドレス　　① プロトコル　　② 情報局
③ ファイル名　　④ パスワード　　⑤ 許可局
⑥ ドメイン名　　⑦ 電子証明書　　⑧ 認証局

| ケ | ～ | サ | の解答群 |

⓪ ソーシャルエンジニアリング　　① 不正アクセス

② 機密性　　　　　　　　　　　　③ アクセスカウンタ

④ 情報操作　　　　　　　　　　　⑤ 信憑性

⑥ アクセスログ　　　　　　　　　⑦ 更新日時

⑧ 高速性

　本問題は，情報セキュリティに関する問題である。情報セキュリティに関しては，どんな脅威があり，どんな対策があるのかしっかり整理しておこう。

解答・解説

　答えはア…① イ…③ ウ…⑤ エ…① オ…6 カ…⑥ キ…⑧ ク…⑦ ケ…⑤ コ…④ サ…⑦

　ア，イ，ウ：オペレーティングシステムやアプリケーションソフトウェアは定期的にアップデートを行う必要
　　　　　　　がある。これらにセキュリティホールがあると，ウイルス感染の可能性や，ほかのコンピュータ
　　　　　　　を攻撃するための踏み台になる可能性がある。

　エ，オ：インターネットに接続された機器を判別するために IP アドレスが利用されている。10.0.0.170 を 32
　　　　　ビット表記した場合，「00001010 00000000 00000000 10101010」となるため，1 のビットの個数は
　　　　　6 である。

　カ，キ，ク：Web サイトの確認には，URL のドメイン名を確認することにより，判断することが可能な場合
　　　　　　　がある。セキュリティ面から HTTPS でアクセスし，認証局の電子証明書を確認できれば，信用
　　　　　　　できるサイトであることがわかる。

　ケ，コ，サ：Web 上の情報は虚偽の情報も多い。このため，信ぴょう性を確かめる必要がある。個人の Web
　　　　　　　サイトの場合，情報操作をしている可能性もある。また，情報が新しいものであるか更新日時の
　　　　　　　確認も重要である。

本問題は，さまざまな法制度に関する問題である。かなり細かい部分を問われることもあるので，しっかりそれぞれの法を理解しておこう。

問1　インターネットバンキングにおける不正送金被害を防ぐための対策として，正しいものとして最も適当なものを，次の⓪〜④のうちから一つ選べ。

⓪　暗号化通信がブロックされると盗聴のリスクが高くなるため，セキュリティ対策ソフトをアンインストールする。

①　振込み・払戻しの限度額は，できるだけ高く設定しておく。

②　ID・パスワード等は，スマートフォンやクラウドサービスに画像（写真）の形式で保存しておく。

③　インターネットカフェなどに設置されている複数の人が利用する共用のパソコンを使用して，インターネットバンキングを利用することは，できるだけ避ける。

④　パソコンの基本ソフト（OS）やウェブブラウザは，金融機関の安全対策が最新のバージョンには対応していない可能性があるため，インターネットバンキングの利用を開始した時点のバージョンのまま維持する。

解答・解説

答えは③

　問1は電子商取引であるインターネットバンキングに関する問題である。電子商取引は，オンライン上で行うため，どこでも取引を行うことができるが，個人情報等の関係上，不特定多数の人が利用するコンピュータで行うことは避けた方がよい。⓪はウイルス等の対策のため，セキュリティ対策ソフトは必ずインストールしておく方がよい。①は不正送金の時に，限度額を送金される可能性があるため，できるだけ低く設定しておく。②は流出する可能性があるので，画像など目で見える状態では保存しない。④は脆弱性の解消などの可能性もあるため，できるだけバージョンは更新する。

問2　生体認証に関して，**誤っている**ものとして最も適当なものを，次の⓪〜④のうちから一つ選べ。

⓪　生体情報には，身体の形状に基づく身体的特徴のほか，行動特性に基づく行動的特徴があり，行動的特徴には，音声（声紋）等が含まれる。

①　顔認証は，顔の形や目鼻などの位置関係を示す特徴的な点や輪郭線の曲率等により顔を識別するため，経年変化により再登録が必要となる場合がある。

②　指紋認証は，異なる2本以上の指を登録するなどしておくことにより，負傷等により一方の指が一時的に利用できなくなった場合でも，他方の指で認証を行うことができる。

③　サイン（署名）認証は，負傷等により通常どおりの筆記が困難になった場合に，本人を受け入れできない可能性がある。

④　指静脈の形態による認証は，指が触れた場所の残留物から形態を再現することにより認証情報を偽造される可能性がある。

解答・解説

答えは④

　問2は生体認証に関する問題である。生体認証などの認証技術はどんどん進化しているため，しっかり確認しておこう。また，本問は誤っているものを選ぶことに注意をする。誤っている選択肢④に関して，指が触れた場所の残留物から形態を再現して認証情報を偽造することは不可能である。なお，その他の選択肢は正しい選択肢なので，頭に入れておこう。

問3　著作権法に関して，正しいものとして最も適当なものを，次の⓪〜④のうちから一つ選べ。
　　⓪　未成年者が作曲した楽曲は，成熟した思想または感情の表現とはいえないから，著作権による保護の対象とはならない。
　　①　プログラムは，その機能の経済的価値がある場合には，表現に創作性が認められなくても著作権による保護の対象となる。
　　②　撮影者が自分自身を撮影した写真（自撮り写真）は，創作的とはいえないから，著作権による保護の対象とはならない。
　　③　学術論文で表明された学問的なアイデアそのものは，思想または感情であって表現ではないから，著作権による保護の対象とはならない。
　　④　俳句のように短い文章は，文芸の範囲に属するとはいえないから，著作権による保護の対象にはならない。

解答・解説
答えは③
　　問3は著作権法に関する問題である。産業財産権との違いについても整理しておこう。⓪は未成年者であっても，作曲した場合は，著作権の保護の対象となる。①はプログラムには，創作性が認められないと著作権の保護の対象にはならない。②は自撮り写真であっても，撮影した写真なので著作権の保護の対象となる。④は短い文章でも創作性が認められるものは，著作権の保護の対象となる。

問4　商標法に関して，正しいものとして最も適当なものを，次の⓪〜④のうちから一つ選べ。
　　⓪　特許や実用新案は特許庁に出願するのに対して，商標は消費者庁に出願する。
　　①　商標権の存続期間は，登録の日から10年だが，更新が可能である。
　　②　他人の氏名や肖像であっても，まだ商標として出願されていないものであれば，誰でも商標登録することができる。
　　③　商標登録の出願にあたっては，登録商標をどのような商品・役務について使用するのかを指定する必要はない。
　　④　商標法の目的は，商標を使用する事業者の信用を維持することであり，消費者を含む需要者の利益を保護することではない。

解答・解説
答えは①
　　問4は産業財産権の中の商標権に関する問題である。産業財産権の中の他の，特許権，実用新案権，意匠権との違いも整理しておこう。⓪は商標も特許庁に出願する必要がある。②は他人の氏名や肖像を含むものは，本人の同意がなければ，商標登録することはできない。③は商標登録する際は，商品・役務について指定する必要がある。④は消費者を含む需要者の利益も保護される。

問5　個人情報の保護に関する法律（個人情報保護法）に関して，**誤っている**ものとして最も適当なものを，次の⓪〜④のうちから一つ選べ。
　　⓪　個人情報取扱事業者の保有している個人データの内容が事実と異なるときは，本人は，その個人データの内容の訂正を請求することができる。
　　①　個人情報取扱事業者は，既に取得した個人情報の利用目的を自由に変更することができるが，変更した場合には，そのことを速やかに公表しなければならない。
　　②　個人情報取扱事業者は，人命を保護するために必要で，かつ本人の同意を得ることが困難である場合には，本人の同意を得ずに個人データを第三者に提供することができる。
　　③　個人情報取扱事業者は，個人データを利用する必要がなくなったときは，そのデータを遅滞なく消去するように努めなければならない。
　　④　個人情報取扱事業者は，個人データの取扱いを委託する場合は，安全管理について委託先に対する必要かつ適切な監督を行わなければならない。

答えは①

　問5は個人情報保護法に関する問題である。個人情報保護法は数年に1度のペースで改正されているため，改正された場合は改めて確認しておこう。本問は誤っている選択肢を選ぶ問題であることに注意する。誤りの選択肢である①に関して，変更後の利用目的が，変更前と比べて，利用者が予期できると考えられる範囲であれば変更してもよい。

問6　行政機関の保有する情報の公開に関する法律（情報公開法）に関して，正しいものとして最も適当なものを，次の⓪～④のうちから一つ選べ。
　⓪　国家の安全保障に関する事務を所掌する外務省および防衛省は，情報公開の対象機関から除外されている。
　①　情報公開の対象となる「行政文書」は，「行政機関の職員が組織的に用いるもの」とされており，複数の職員が押印したものに限られる。
　②　情報公開法は，国民主権の理念に基づき制定されたものであるから，ジャーナリストが報道を目的として行政文書の開示を請求することはできない。
　③　行政機関の長は，公開すると国の安全が害されるおそれがある情報についても，請求があれば開示しなければならない。
　④　情報公開法の背景には，政府はその活動を国民に説明する責務を負うという考え方がある。

答えは④

　問6は情報公開法に関する問題である。情報公開法に関しては問われる頻度は少ないため，この機会にチェックしておこう。⓪は外務省，防衛省に関しても，情報公開の対象機関から除外されていない。①は対象の行政文書は原則開示されるため，複数の職員が押印したものに限られるわけではない。②はジャーナリストであっても行政文書の開示請求は可能である。③は国の安全が害される情報については開示しなくてもよい。

13

　太郎君は授業で情報の符号化とデータ量について学んだ。授業では，以下のように一つのライトを規則的に点灯・消灯して，ひらがなの文字列を表現する方法が示された。
点灯ルール：
・文字は，1秒の短い点灯状態と，3秒の長い点灯状態の組合せによって表現する。それらの点灯の間には，必ず1秒の短い消灯状態を設ける。
・2文字以上の文字列を表現する場合，文字の間に3秒の消灯状態を設ける。これを字間と呼ぶ。

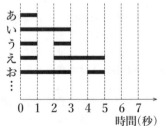

図1　各文字の点灯パターン

　図1に，ひらがなの各文字に割り当てた点灯パターンを示す。黒い棒は点灯状態を，その長さは点灯時間を表している。棒と棒の間は消灯状態である。例えば，「え」は1秒の短い点灯状態のあとに1秒の短い消灯状態，そのあとに3秒の長い点灯状態で表現する。
　図2に，2文字以上の文字列を表現する例として「えい」の点灯パターンを示す。「え」と「い」を表現する点灯パターンの間に，字間を示す3秒の消灯状態があることがわかる。
　以下，授業ではライトの点灯状態の符号化について段階的に検討した。

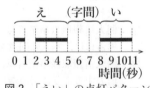

図2　「えい」の点灯パターン

a まず先生は，秒ごとの点灯状態を 1，消灯状態を 0 に対応させたビット列としてデータ化する方法を提示した。例えば，「え」は「10111」となる。「あい」は「 ア 」となり，「11101000101」は「 イ 」を意味する。

b 次に先生は， a の手法は直感的で簡単だが，データとして長くなることを指摘し，これを改善する次の手法を提示した。表現する情報は，長短 2 種類の点灯状態と字間を合わせた 3 種類なので，これらを表 1 のように 2 ビットのコードに割り当てる。1 文字を表現する複数の点灯状態の間には 1 秒の消灯状態が必ず存在するため，この消灯状態についてはデータ化しない。これによって「え」は「0110」となる。「あい」は「 ウ 」となり，「0101000110」は「 エ 」を意味する。

表 1　対応表

意味	二進コード
字間	00
短い点灯	01
長い点灯	10
（未使用）	11

c 続いて先生は， b の手法は表現する情報が長短 2 種類の点灯状態と字間を合わせた 3 種類なのに，00 から 11 までの 4 種類の状態を表現できる 2 ビットを使用しており，その無駄がデータ量を増やしていることを指摘した。授業では 3 種類の状態の表現を三進法で考えながら，これを改善する手法が示された。

表 2 に示すように，三進法では 0，1，2 の 3 種の数字を使う。十進法での 3 は三進法では 2 桁の 10 となり，十進法での 6 は三進法では オカ と表現される。先生はまた図 3 に示す方法によって，三進法で表現した値を十進法の表現に直せることを示した。

表 2　十進法との対応

十進法	二進法	三進法
0	0	0
1	1	1
2	10	2
3	11	10
4	100	11
5	101	12
6	110	オカ

次に先生は表 3 に三進法でライトの点灯状態を符号化するための対応表を示した。これに従うと「いえ」は長・字間・短・長なので「2012」となる。三進法での 2012 は十進法表現では キク である。 キク は 6 ビットで表現できる。b の手法での「いえ」は「10000110」であるから，データ量が 8 ビットから 6 ビットに減ったことが確認できた。

図 3　三進法の 121

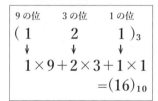

$$1 \times 9 + 2 \times 3 + 1 \times 1$$
$$= (16)_{10}$$

表 3　対応表(三進法)

意味	三進コード
字間	0
短い点灯	1
長い点灯	2

ア ・ ウ の解答群

⓪ 01010 　① 10010 　② 10111 　③ 010010 　④ 100001
⑤ 100010 　⑥ 100011 　⑦ 100111 　⑧ 0100010 　⑨ 1000111

イ ・ エ の解答群

⓪ いう　　① うえ　　② おい　　③ おう
④ おえ　　⑤ ああう　　⑥ いいえ

本問題は，n 進法に関する問題である。2 進法，3 進法，10 進法，16 進法などそれぞれ数値を変換できるようにしておこう。また，問題のルールをしっかり理解して問題を解こう。

答えはア…⑨　イ…③　ウ…③　エ…①　オカ…20　キク…59

「あ」と「い」の間に 3 秒間の消灯時間があることを考慮に入れると，「1000111」となり，**ア**は⑨となる。また，「11101000101」は，3 秒間の字間で分けると「11101」と「101」となり，「おう」なので，**イ**は③である。表 1 の対応表の二進コードで表現すると「あ」は「01」，「い」は「10」であり，間に字間が入るため，「あい」は「010010」となる。したがって，**ウ**は③である。また，「0101000110」を字間の「00」で区切ると「0101」と「0110」となり，「うえ」である。したがって**エ**は①である。十進法の「6」を三進法で表すと「20」である。このため，**オカ**は 20 である。三進法での「2012」は，$3^3 \times 2 + 3^2 \times 0 + 3^1 \times 1 + 3^0 \times 2 = 59$ となり，十進法で表すと「59」である。このため，**キク**は 59 である。

14

本問題は，回文を例にしたアルゴリズムの問題である。設定がかなり複雑なので幸いさや最少回文数や最短距離など問題で設定されている言葉の把握をしっかりしていこう。

問1　次の文章を読み，空欄　**ア**　，**ウ**　，**エ**　に入れるのに最も適当なものを，後の解答群のうちから一つずつ選べ。また，空欄　**イ**　に当てはまる数字を答えよ。

　文字の並びを逆順にしても元と同じになる文字列を回文という。例えば，「えとをとえ」や「ようかんかうよ」は回文であるが，　**ア**　は回文ではない。ここでは文字の並びのみに注目し，読み方や意味は考えない。

　小池さんは常々世の中には回文ではない文字列も存在することを残念に思っていた。しかし，幸いなことに長さ 1 の文字列は回文なので，どんな文字列も回文を連結して作れることに気付いた。その際，連結する回文の数が少ない方がより幸せに感じられたため，ある文字列を作るために連結する最も少ない回文の数でその文字列の長さを割った値を，その文字列の幸（さいわ）いさと呼ぶことにした。例えば，長さ 6 の文字列「こしたんたん」は

　・「こ・し・た・ん・た・ん」の 6 つの回文の連結，または
　・「こ・し・たんた・ん」もしくは「こ・し・た・んたん」の 4 つの回文の連結で作れ，4 つが最も少ないため幸いさは $\dfrac{6}{4} = 1.5$ である。同様に，長さ 8 の文字列「とらのこのこのこ」の幸いさは　**イ**　である。長さ n の文字列の幸いさは，それ自身回文であるときに最も大きく　**ウ**　となり，文字列中に長さ 1 の回文しか現れないときに最も小さく　**エ**　となる。

　ア　の解答群
⓪　うといすいとう　　　　　　①　えのとらとらえ
②　またまたさいかいさたまたま　③　しましまましまし

　ウ　・　**エ**　の解答群
⓪　0　　　①　1　　　②　$\dfrac{1}{n}$
③　$\dfrac{n}{2}$　　④　n　　⑤　$\dfrac{n(n-1)}{2}$

答えはア…①　イ…2　ウ…④　エ…①

　アの解答群の中で，逆から読んでも同じ文字列になるような回文ではないものは，①である。「とらのこのこのこ」のうち最も少ない回文の数になるように分けると，「と・ら・のこのこの・こ」または「と・ら・の・このこのこ」であり，4 つに分けられる。したがって，幸いさは 8 ÷ 4 ＝ 2 となる。また長さが n の文字列について考えると，その文字列自身が回文のとき，幸いさは $n \div 1 = n$ となり，文字列中に長さ 1 の回文しか現れないとき，幸いさは 1 となる。

問2　次の文章を読み，空欄　オ ・ カ ・ ク ～ シ　に当てはまる数字を答えよ。また，
　　　空欄　キ　に入れるのに最も適当なものを，後の解答群から一つ選べ。

　小池さんは，皆にも文字列の幸いさに親しんでもらいたいと思っている。文字列の幸いさを機械的に計算するために，まずは文字列に現れるすべての回文を求める方法を考えた。以下では「しばししばまた」を例に考える。
　「しばししばまた」の中には1文字のもの以外には「しばし」や「しし」という回文があるが，回文を見落とすことがないように，次の図1を用いて文字列のx文字目からy文字目までが回文かどうかをすべてのx，yの組（ただし$1 \leqq x \leqq y \leqq 7$）について調べる。例えば$(x, y) = (1, 2)$は文字列「しば」に対応し，これは回文ではない。回文「しし」は$(x, y) = (3, 4)$に対応する。また，回文「ばししば」は$(x, y) = ($　オ　，　カ　$)$に対応する。回文に対応するマスに○，そうでないマスに×を記入することですべての回文が求められる。

y\x	1	2	3	4	5	6	7
1	○						
2	×	○					
3	○	×	○				
4	×	×	○	○			
5	×	○	×	×	○		
6	×	×	×	×	×	○	
7	×	×	×	×	×	×	○

図1　「しばししばまた」に現れる回文を調べた図

　小池さんは図1を作る際に，長い文字列に対応するマスでも○×を決めるために調べる文字が少なくて済む，次の方法を考えた。
　まず，長さ1の文字列は回文であるため，これに対応する図1の対角線上のマス(i, i)（ただし$1 \leqq i \leqq 7$）はすべて○となる。また，長さ2の文字列は，マス$(i, i+1)$（ただし$1 \leqq i \leqq 6$）に対応するが，これはそれぞれの2文字を調べることで回文かどうかを判断し，マスの○×を決める。
　残りのマスの○×を決めるためには，図1において×の左下のマスは必ず×であるという性質を利用する。これは，
　　　x文字目からy文字目までが回文でないとき，その両隣の$x-1$文字目と$y+1$文字目がどのような文字であっても，$x-1$文字目から$y+1$文字目までは回文にはならない
からである。一方で，
　　　x文字目からy文字目までが回文のとき，その両隣の$x-1$文字目と$y+1$文字目が　キ　ならば，$x-1$文字目から$y+1$文字目までは回文となり，そうでないならば回文にはならない
こともわかる。
　このことを使い，長さ1と2の文字列に対応するそれぞれのマスから始めて順に左下のマスの○×を決めていく。例えば，$(x, y) = (4, 4)$から始めると，このマスは○なので次は$($　ク　，　ケ　$)$のマスの○×を考える。　ク　文字目と　ケ　文字目を調べ，×と決められる。すると，$(2,$　コ　$)$のマス，$(1,$　サ　$)$のマスは，それ以上文字を調べずに×と決められる。
　この方法で図1を作成するとき，文字を調べずに×と決めるマスは全部で　シ　個である。

キ　の解答群
⓪　同じ文字　　　①　x文字目からy文字目に現れる
②　異なる文字　　③　x文字目からy文字目に現れない

解答・解説

答えはオ…2　カ…5　キ…⓪　ク…3　ケ…5　コ…6　サ…7　シ…8

「しばししばまた」の中で「ばししば」という回文は文字列の中で2文字目から5文字目までの部分なので，$(x, y) = (2, 5)$に対応する。x文字目からy文字目が回文のとき，$x-1$文字目と$y+1$文字目が同じ文字の場合，回文となる。$(x, y) = (4, 4)$から考えると，左下のマスである$(x, y) = (3, 5)$のマスについ

て考える。3文字目と5文字目が「し」と「ば」なので×になる。したがって，$(x, y) = (3, 5)$ から左下のマスは×とわかるので，$(x, y) = (2, 6)$ と $(x, y) = (1, 7)$ は×であることがわかる。調べずに×と決められるマスは，右上が×のマスであるため，$(x, y) = (1, 4)$，$(1, 5)$，$(1, 7)$，$(2, 6)$，$(2, 7)$，$(3, 6)$，$(3, 7)$，$(4, 7)$ の8個である。

問3　次の文章を読み，空欄 ス ～ タ ， テ に入れるのに最も適当なものを，後の解答群のうちから一つずつ選べ。ただし，同じものを繰り返し選んでもよい。なお，空欄 ス ・ セ の解答の順序は問わない。また，空欄 チ ・ ツ ， ト ～ ニ に当てはまる数字を答えよ。

　与えられた文字列を作るために連結する最も少ない回文の数（以降，最少回文数と呼ぶ。）がわかれば，その幸いさは簡単に計算できる。以下では文字列「ガタイイイタイガーガイタ」を例に，最少回文数を求める方法を考える。

　小池さんは，次の図2を作成した。この図では，文字列全体の前と後および各文字の間に，図中に示す番号を振った丸印を対応させる。また，文字列中に現れるすべての回文それぞれに対して，開始直前の丸印から出て，終了直後の丸印へ入る矢印を引く。ただし，図2には設問の都合により⑫に入る矢印は描かれていない。

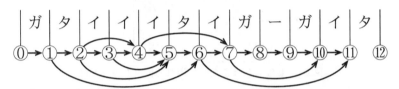

図2　「ガタイイイタイガーガイタ」に現れる回文にもとづき作成した図
（ただし，設問の都合により⑫に入る矢印は描かれていない）

　例えば，矢印「⓪→①」は回文「ガ」に，矢印「②→⑤」は回文「イイイ」に対応する。⑫に入る矢印は「 ス →⑫」と「 セ →⑫」となる。

　このように表すと，例えば「⓪→①→⑥→⑦」という3本の矢印でのたどり方は「ガ・タイイイタ・イ」の3つの回文の列に対応し，連結すると先頭から7文字目までの「ガタイイイタイ」になる。一方，連結すると同じ文字列になる「ガ・タ・イイ・イタイ」の4つの回文の列は「⓪→①→ ソ → タ →⑦」という4本の矢印でのたどり方に対応する。つまり，⓪から⑦へのたどり方と，連結すると先頭から7文字目までの文字列を作る回文の列とが一対一に対応する。このことは⓪からどの丸印へのたどり方についても同様であるため，「ガタイイイタイガーガイタ」の最少回文数は⓪から⑫へたどるのに必要な矢印の最少本数（以降，最短距離と呼ぶ。）と一致する。

　すべてのたどり方を考えるのは大変なので，小池さんは⓪から各丸印への最短距離を，その丸印に入る矢印に注目することで求める方法を考えた。

　①に入る矢印は「⓪→①」しかない。同様に，②，③それぞれに入る矢印は「①→②」，「②→③」しかない。よって，⓪から①，②，③へのたどり方は1通りしかなく，⓪からの最短距離はそれぞれ1，チ ， ツ である。

　⓪から④へのたどり方は最後の矢印が「②→④」の場合と「③→④」の場合に分けられる。前者の場合は⓪から②へたどってから矢印「②→④」をたどるので，（「⓪から②への最短距離」＋1）本の矢印でたどるのが最短であり，後者の場合は（「⓪から③への最短距離」＋1）本の矢印でたどるのが最短である。よって，⓪から④への最短距離は チ ＋1と ツ ＋1の小さい方となる。同様に考えると，⓪から⑤へのたどり方は，最後に矢印「 テ →⑤」をたどるのが最短であり，最短距離は ト となる。

　以上の手順で番号の小さい順に⓪から各丸印への最短距離を求めることができ，文字列「ガタイイイタイガーガイタ」全体の最少回文数は⓪から⑫への最短距離，つまり ナ となる。なお，⓪から各丸印への最短距離を与える矢印のたどり方を考えると，連結して「ガタイイイタイガーガイタ」を作る ナ つの回文の列は ニ 通りであることもわかる。

ス ～ タ ， テ の解答群

⓪ ⓪　　① ①　　② ②　　③ ③　　④ ④
⑤ ⑤　　⑥ ⑥　　⑦ ⑦　　⑧ ⑧　　⑨ ⑨
ⓐ ⑩　　ⓑ ⑪　　ⓒ ⑫

【解答・解説】

答えはス，セ…⑤，ⓑ（順不同）　ソ…②　タ…④　チ…2　ツ…3　テ…②　ト…3　ナ…4　ニ…2

　⑫に入る矢印は⑫で終わる回文を探せばよいため，「タ」のみの「⑪→⑫」と「タイガーガイタ」の「⑤→⑫」である。「ガ・タ・イイ・イタイ」の4つの回文はその区切りの前後の数字を追っていけばよいため，「⓪→①→②→④→⑦」となる。⓪から①，②，③にたどり着くための最短距離はそれぞれ1，2，3となる。⓪から⑤へのたどり方を考える場合，最後の矢印「②→⑤」をたどるのが最短であり，⓪から②までの最短距離は2であるため，⓪から⑤への最短距離は2+1=3である。同様に考えると，⓪から⑫までの最短距離は，「⓪→①→⑥→⑪→⑫」または「⓪→①→②→⑤→⑫」の4となる。したがって，⓪から⑫までの最短距離が4となる場合は，上記に示した2通りであることがわかる。

15

　本問題は，データのディジタル化に関する問題である。教科書に出てくるような問題ではなく，本問でルールを理解して解く必要があるため，しっかり問題を理解して解こう。

---

(1)　ある一定の区間毎に一つの値しか持たないディジタルな関数について考える。2つの区間を持ち，1つ目の区間で2の値を，2つ目の区間で1の値を持つ関数 $F_1 = (2, 1)$，1つ目の区間で1の値を，2つ目の区間で3の値を持つ関数 $F_2 = (1, 3)$ を図に表すと以下のようになる。

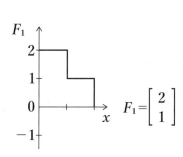

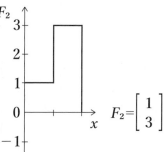

この関数を，別の関数 f と関数 g の組み合わせで表現することを考える。関数 f と関数 g を以下に示す。

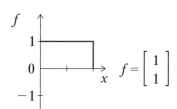

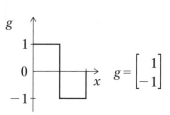

問1：空欄 ア ～ エ に入る最も適切な項目を選択肢の中から選び，その番号を答えよ。

関数 F_1 と F_2 はそれぞれ以下の式で表すことができる。

$$F_1 = af + bg$$
$$F_2 = cf + dg$$

このとき，$a =$ ア ，$b =$ イ ，$c =$ ウ ，$d =$ エ である。

① −2.0　② −1.5　③ −1.0　④ −0.5　⑤ 0.0
⑥ 0.5　⑦ 1.0　⑧ 1.5　⑨ 2.0

解答・解説

答えはア…⑧　イ…⑥　ウ…⑨　エ…③

$F_1 = af + bg$ より，$F_1 = (2,\ 1)$，$f = (1,\ 1)$，$g = (1,\ -1)$ を利用すると

$$a + b = 2$$
$$a - b = 1$$

となる。これらを解くと $a = 1.5$，$b = 0.5$ となる。
同様にして，$F_2 = cf + dg$ より，$F_2 = (1,\ 3)$，$f = (1,\ 1)$，$g = (1,\ -1)$ を利用すると

$$c + d = 1$$
$$c - d = 3$$

となる。これらを解くと $c = 2.0$，$d = -1.0$ となる。

(2) 4つの区間を持つディジタルな関数について考える。関数 $f_1 \sim f_4$ を以下に示す。

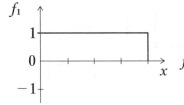
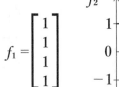

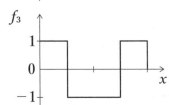
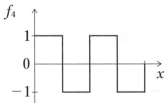

関数 f_i と f_j をそれぞれ $f_i = (k_{i1},\ k_{i2},\ k_{i3},\ k_{i4})$，$f_j = (k_{j1},\ k_{j2},\ k_{j3},\ k_{j4})$ とするとき，関数 f_i と f_j の積の積分
$\int f_i \cdot f_j dx$ の定義は以下の通りとなる。

$$\int f_i \cdot f_j dx = \sum_{l=1}^{4} k_{il} k_{jl} = k_{i1} k_{j1} + k_{i2} k_{j2} + k_{i3} k_{j3} + k_{i4} k_{j4}$$

ここで関数 $f_1 \sim f_4$ は $i \neq j$ であるとき，$\int f_i \cdot f_j dx = 0$ となる。この関係を，関数 f_i と f_j は直交していると呼ぶ。関数 $f_1 \sim f_4$ はそれぞれが互いに直交している。

問2：空欄 　オ　 ～ 　ク　 に入る最も適切な項目を選択肢の中から選び，その番号を答えよ。

具体例として，$\int f_2 \cdot f_3 dx$ について計算すると

$$\int f_2 \cdot f_3 dx = k_{21}k_{31} + k_{22}k_{32} + k_{23}k_{33} + k_{24}k_{34} = 0$$

となる。このとき $k_{21}k_{31} = $ 　オ　 ，$k_{22}k_{32} = $ 　カ　 ，$k_{23}k_{33} = $ 　キ　 ，$k_{24}k_{34} = $ 　ク　 である。

① -2.0　　② -1.5　　③ -1.0　　④ -0.5　　⑤ 0.0
⑥ 0.5　　⑦ 1.0　　⑧ 1.5　　⑨ 2.0

解答・解説

答えはオ…⑦　カ…③　キ…⑦　ク…③

図より，$f_2 = (1, 1, -1, -1)$，$f_3 = (1, -1, -1, 1)$ なので，$k_{21}k_{31} = 1 \times 1 = 1$，$k_{22}k_{32} = 1 \times (-1) = -1$，$k_{23}k_{33} = (-1) \times (-1) = 1$，$k_{24}k_{34} = (-1) \times 1 = -1$ となる。

問3：次の文章の空欄 　ケ　 に入る数字を答えよ。

関数 $f_1 \sim f_4$ について，$\int f_i \cdot f_j dx$ は $i = j$ であるとき，$\int f_i \cdot f_j dx = $ 　ケ　 となる。

4つの区間を持つディジタルな関数 F_n は，どのようなものであっても，関数 $f_1 \sim f_4$ を用いて以下のように表現できる。

$$F_n = a_1 f_1 + a_2 f_2 + a_3 f_3 + a_4 f_4$$

そして，このとき，a_i は，以下に示す式で求めることができる。

$$a_i = \frac{1}{\boxed{ケ}} \int F_n \cdot f_i dx$$

解答・解説

答えはケ…4

$f_1 = (1, 1, 1, 1)$，$f_2 = (1, 1, -1, -1)$，$f_3 = (1, -1, -1, 1)$，$f_4 = (1, -1, 1, -1)$ より，どの場合でも各要素の2乗になるため，同じ値になると考えられる。具体的に f_4 について考えてみると以下のようになる。

$$\int f_4 \cdot f_4 dx = 1 \times 1 + (-1) \times (-1) + 1 \times 1 + (-1) \times (-1) = 1 + 1 + 1 + 1 = 4$$

したがって，$i = j$ であるとき，$\int f_i \cdot f_j dx = 4$ となる。

問4：次の文章の空欄 　コ　 ，　サ　 に入る数字を答えよ。

$F_3 = (-1, 3, 7, -1)$ であるとき，F_3 は以下の式で表現できる。

$$F_3 = b_1 f_1 + b_2 f_2 + b_3 f_3 + b_4 f_4$$

このとき $b_1 = $ 　コ　 ，$b_2 = -1$，$b_3 = -3$，$b_4 = $ 　サ　 である。

答えはコ…2　サ…1

$F_3=(-1,\ 3,\ 7,\ -1)$, $f_1=(1,\ 1,\ 1,\ 1)$, $f_2=(1,\ 1,\ -1,\ -1)$, $f_3=(1,\ -1,\ -1,\ 1)$, $f_4=(1,\ -1,\ 1,\ -1)$, また問題より $b_2=-1$, $b_3=-3$ なので, 以下の 4 つの式を作ることができる。

$$1\times b_1+1\times(-1)+1\times(-3)+1\times b_4=-1$$
$$1\times b_1+1\times(-1)+(-1)\times(-3)+(-1)\times b_4=3$$
$$1\times b_1+(-1)\times(-1)+(-1)\times(-3)+1\times b_4=7$$
$$1\times b_1+(-1)\times(-1)+1\times(-3)+(-1)\times b_4=-1$$

それぞれを整理すると, 以下の式ができる。なお上記 4 つの式のうち 2 つずつ同じ式ができるため, 同じ式は省略している。

$$b_1+b_4=3$$
$$b_1-b_4=1$$

これを解くと, $b_1=2$, $b_4=1$ となる。

---

(3)　8 つの区間を持つディジタル関数について考える。4 つの区間の場合と同様に, 互いに直交する関数を用意することで, 任意の関数を展開することができる。4 つの区間のときに用いた $f_1 \sim f_4$ は, 区間の刻みを 2 倍細かくすることで以下のように表現できる。

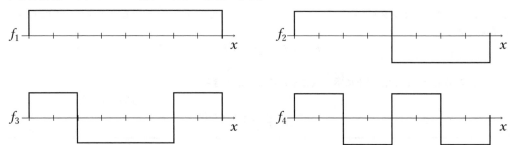

8 つの区間を持つ任意の関数を展開するには, 関数 $f_1 \sim f_4$ に加えて, $f_5 \sim f_8$ が必要である。関数 $f_1 \sim f_8$ は互いに直交している必要がある。

問 5 : 空欄　シ　に入る最も適切なグラフを選択肢から選び, その番号を答えよ。

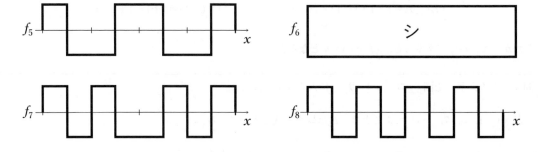

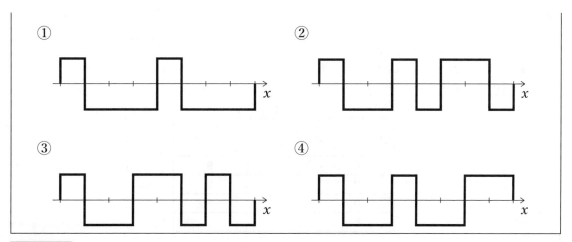

① (1, −1, −1, −1, 1, −1, −1, −1)　② (1, −1, −1, 1, −1, 1, 1, −1)
③ (1, −1, −1, 1, 1, −1, 1, −1)　④ (1, −1, −1, 1, −1, −1, 1, 1)

答えはシ…②

図より，$f_1 = (1,\ 1,\ 1,\ 1,\ 1,\ 1,\ 1,\ 1)$, $f_2 = (1,\ 1,\ 1,\ 1,\ -1,\ -1,\ -1,\ -1)$, $f_3 = (1,\ 1,\ -1,\ -1,\ -1,\ -1,\ 1,\ 1)$, $f_4 = (1,\ 1,\ -1,\ -1,\ 1,\ 1,\ -1,\ -1)$, $f_5 = (1,\ -1,\ -1,\ 1,\ 1,\ -1,\ -1,\ 1)$, $f_7 = (1,\ -1,\ 1,\ -1,\ -1,\ 1,\ -1,\ 1)$, $f_8 = (1,\ -1,\ 1,\ -1,\ 1,\ -1,\ 1,\ -1)$ となる。

また，選択肢について①は$(1,\ -1,\ -1,\ -1,\ 1,\ -1,\ -1,\ -1)$, ②は$(1,\ -1,\ -1,\ 1,\ -1,\ 1,\ 1,\ -1)$, ③は$(1,\ -1,\ -1,\ 1,\ 1,\ -1,\ 1,\ -1)$, ④は$(1,\ -1,\ -1,\ 1,\ -1,\ -1,\ 1,\ 1)$ となる。

f_6 はこれらすべてと直交つまり，各要素の積の和が0になる必要がある。
f_1 と①より，
$$1\times1 + 1\times(-1) + 1\times(-1) + 1\times(-1) + 1\times1 + 1\times(-1) + 1\times(-1) + 1\times(-1) = -4$$
となり，0にならないため，①は不適である。

f_8 と③より，
$$1\times1 + (-1)\times(-1) + 1\times(-1) + (-1)\times1 + 1\times1 + (-1)\times(-1) + 1\times1 + (-1)\times(-1) = 4$$
となり，0にならないため，③は不適である。

f_4 と④より，
$$1\times1 + 1\times(-1) + (-1)\times(-1) + (-1)\times1 + 1\times(-1) + 1\times(-1) + (-1)\times1 + (-1)\times1 = -4$$
となり，0にならないため，④は不適である。

これらより，正答は②となる。

16

以下の ア ～ ハ に入る数値を答えよ。

表1は学生5名の英語と数学のテスト結果（10点満点）である。この成績をもとに，学生のグループ分けを行う。以下は，そのアルゴリズムである。

表1

学生	英語得点	数学得点
A	9	9
B	9	9
C	1	9
D	3	3
E	5	3

最初に，個々の学生同士似ている程度（「距離」）を以下のように計算する。学生Aの英語の点数をx_A，学生Aの数学の点数をy_A，学生Bの英語の点数をx_B，学生Bの数学の点数をy_Bとしたとき，学生AとBの距離を以下で定義する。

$$距離 = (x_A - x_B)^2 + (y_A - y_B)^2$$

この定義によれば，学生Aと他の学生との距離は，それぞれ以下のとおりである。

AとBの距離 $= (9-9)^2 + (9-9)^2 = 0$
AとCの距離 $= (9-1)^2 + (9-9)^2 = 64$
AとDの距離 $= (9-3)^2 + (9-3)^2 = 72$
AとEの距離 $= (9-5)^2 + (9-3)^2 = 52$

本問題は，テストの点数を例にしたアルゴリズムの問題である。比較的ルールが簡単なため，取り組みやすいが，終盤はしっかり整理していかないと混乱するため，丁寧に処理していくとよい。

(1)　上の距離の定義を用い，各学生同士の距離をまとめた**表2**を完成させたい。

表2

	B	C	D	E
A	0	64	72	52
B		アイ	ウエ	オカ
C			キク	ケコ
D				サシ

　　表2において，距離が最も近い（距離の値が小さい）のはAとBである。そこで，AとBでグループABを作り，グループAB内の平均点（英語9点，数学9点）と，他の学生の点数との距離を計算する。例えば，グループABと学生Cとの距離は，

$$(9-1)^2 + (9-9)^2 = 64$$

である。

解答・解説

答えはアイ…64　ウエ…72　オカ…52　キク…40　ケコ…52　サシ…04

　学生BとCの距離について考える。定義を用いると，

$(9-1)^2 + (9-9)^2 = 64$

より，**アイ**…64となる。同様にして，BとDは

$(9-3)^2 + (9-3)^2 = 72$

より，**ウエ**…72，BとEは

$(9-5)^2 + (9-3)^2 = 52$

より，**オカ**…52，CとDは

$(1-3)^2 + (9-3)^2 = 40$

より，**キク**…40，CとEは

$(1-5)^2 + (9-3)^2 = 52$

より，**ケコ**…52，DとEは

$(3-5)^2 + (3-3)^2 = 4$

より，**サシ**…04となる。

(2)　グループABと他の学生との距離をまとめた**表3**を完成させなさい。

表3

	C	D	E
AB	64	スセ	ソタ
C		チツ	テト
D			ナニ

解答・解説

答えはスセ…72　ソタ…52　チツ…40　テト…52　ナニ…04

　グループABに関しては，学生A（学生B）と同じ点数であるため，グループABとCとの距離は，学生AとCとの距離と同じである。同様にして，グループABと学生Dとの距離は，学生AとDとの距離と同じなので，**スセ**…72となる。同様にして，**ソタ**…52となる。また，学生C以降は，表2と同様なので，**チツ**…40，**テト**…52，**ナニ**…04となる。

(3) 表3における距離が最も近い学生同士(または学生とグループ)で再度グループを作る。そして次は，グループ同士の距離を各グループ内の平均点を用いて計算する。なお，学生一人のグループの平均点は，その学生の点数とする。この計算で求めた距離が近いグループ同士を一つのグループにまとめると，5人の学生は，平均点が高いグループと低いグループの 2つに分けることができる。平均点が高いグループの英語の平均点は　ヌ　点，数学の平均点は　ネ　点である。平均点が低いグループの英語の平均点は　ノ　点，数学の平均点は　ハ　点である。

解答・解説

答えはヌ…9　ネ…9　ノ…3　ハ…5

次に距離が最も近い学生またはグループを考えると，距離が4であるDとEである。このため，グループDEを作成すると，点数は，学生DとEの平均点を考えればよいため，英語の点数は（3+5)÷2=4点，数学の点数は（3+3)÷2=3点となる。これをふまえて，再度表を作成し，考えると下記のようになる。

	C	DE
AB	64	61
C		45

再度，グループを作ることを考えると，CとDEの距離が近いため，グループCDEとなる。これでグループが2つに分けることができた。最後に，平均点が高い方のグループABの平均点に関して，英語が（9+9)÷2=9点，数学が（9+9)÷2=9点となり，平均点が低い方のグループCDEの平均点に関して，英語が（1+3+5)÷3=3点，数学が（9+3+3)÷3=5点となる。

17

アナログの信号波形をディジタル変換する方法について考える。電気信号の波形の例を図1に示す。横軸は時刻，縦軸（左）は電圧を表している。量子化のために0〜3の整数の段階値を設定してあり，縦軸（右）は段階値を表している。

図1には，標本化と量子化をした結果も示している。標本は白丸で，段階値は棒グラフで表している。標本化周期は0.01秒であり，標本の電圧Vがj−0.5≦V<j+0.5なら段階値jを割り当てている。図1の場合，時刻0.02秒における標本の電圧を量子化した結果の段階値は　ア　である。

段階値は最終的に2進法で表す。ただし，設定した段階値すべてを表現できる最少のビット数を量子化ビット数とし，段階値自体は量子化ビット数を桁数とする固定長で表す。

図1の場合，段階値は0〜3の整数なので量子化ビット数は2となり，時刻0.02秒における段階値は2進法で　イウ　と表される。

図2では，信号波形は図1と同じで，単位時間当たりの標本の数を図1の場合の2倍に設定し，また，量子化の段階の数も2倍にし，縦軸（右）のように0〜7の整数の段階値を設定した。標本化だけをする場合，図2の設定では　エ　を読み取れるが，図1の設定では　エ　を読み取れない。また，標本化と量子化をする場合，図2の設定では　エ　と　オ　を読み取れるが，図1の設定では　エ　も　オ　も読み取れない。

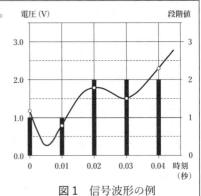

図1　信号波形の例

図2　標本の数と量子化の段階の数を変更したグラフ

一般に，元の標本化周期を T とするとき，単位時間当たりの標本の数を 2 倍にすると標本化周期は　カ　になる。また，元の量子化ビット数を n とするとき，量子化の段階の数を 2 倍にすると量子化ビット数は　キ　になる。

　　次に，1 秒間の信号波形をディジタル変換したときのデータ量について考える。標本化周期を 1 万分の 1 秒，量子化のための段階値を 0 ～ 4095 の整数にすると，量子化ビット数は　クケ　であり，データ量は　クケ　万ビットとなる。また，標本化周期を 4 万分の 1 秒，量子化のための段階値を 0 ～ 32767 の整数にすると，データ量は　コサ　万ビットとなる。

　　単位時間当たりの標本の数を増やしたり，量子化の段階の数を増やしたり，あるいは両方増やしたりすることで，より元の信号波形に近い信号波形を復元できるディジタルデータを得られるが，同一のデータ量で表現できる時間は　シ　。

　　エ　・　オ　の解答群
⓪　時刻 0 秒と時刻 0.01 秒の間で電圧がいったん下がった後，上がっていること
①　時刻 0 秒の電圧より時刻 0.01 秒の電圧の方が低いこと
②　時刻 0.02 秒の電圧より時刻 0.03 秒の電圧の方が低いこと
③　時刻 0.01 秒の電圧より時刻 0.02 秒の電圧の方が高いこと

　　カ　の解答群
⓪　$2T$　　①　$T/2$　　②　T^2　　③　$\sqrt{T}$　　④　$T+1$　　⑤　$T-1$

　　キ　の解答群
⓪　$2n$　　①　$n/2$　　②　n^2　　③　$\sqrt{n}$　　④　$n+1$　　⑤　$n-1$

　　シ　の解答群
⓪　長くなる　　①　変わらない　　②　短くなる

　　本問題は，アナログ信号からディジタルデータへの変換に関する問題である。ディジタルデータへの変換手順（標本化，量子化，符号化）を確認しておこう。

解答・解説

答えはア…2　イウ…10　エ…⓪　オ…②　カ…①　キ…④　クケ…12　コサ…60　シ…②

　　図 1 より，0.02 秒における電圧を量子化した結果の段階値は「2」である。また，これを 2 進法で表すと，「10」となる。また，図 1 と図 2 において，標本化だけをした場合，図 2 では読み取れて，図 1 では読み取れないこととして，「時刻 0 秒と時刻 0.01 秒の間で電圧がいったん下がった後，上がっていること」がある。また，標本化と量子化をした場合，図 2 では読み取れて，図 1 では読み取れないこととして，標本化だけをした場合の内容に加えて，「時刻 0.02 秒の電圧より時刻 0.03 秒の電圧の方が低いこと」が挙げられる。図 1 と図 2 のように，標本の数を 2 倍にした場合，標本化周期は半分になる。つまり，元の標本化周期を T とした場合，標本の数を 2 倍にした場合の標本化周期は $T/2$ となる。また，量子化ビット数を n としたとき，量子化の段階の数を 2 倍にすると，必要な量子化ビット数は 1 増えるため，量子化ビット数は $n+1$ となる。次に，量子化のための段階値を 0 ～ 4095 とするとき，2 の 12 乗が 4096 より，量子化ビット数は 12 となる。また，標本化周期を 1 万分の 1 秒にしているため，データ量としては，12×10000 つまり 12 万ビットのデータとなる。同様にして，標本化周期を 4 万分の 1 秒，量子化のための段階値を 0 ～ 32767 の整数にすると，2 の 15 乗が 32768 であるため，量子化ビット数は 15 なので，データ量は 15×40000 つまり，60 万ビットとなる。したがって，標本化周期や量子化の段階値を増やすと，データ量が増えるため，同一のデータ量で表現できる時間は短くなる。

18

次のテーブルを対象とした処理として，正しいものを選びなさい。

テーブル1：国

Country_Number	Country_Name	Capital	Currency
1	United Kingdom	London	Pound
2	Spain	Madrid	EUR
3	France	Paris	EUR
4	Italy	Rome	EUR
5	Netherlands	Amsterdam	EUR
6	Denmark	Copenhagen	Danish Krone
7	Germany	Berlin	EUR
8	Austria	Vienna	EUR
9	Sweden	Stockholm	Swedish Krona
10	Greece	Athens	EUR

テーブル2：山

Mountain_Number	Mountain_Name	Mountain_System
1	Blanc	Alps
2	Dufour	Alps
3	Matter	Alps
4	Maudit	Alps
5	Blanche	Alps
6	Finsteraar	Alps
7	Aletsch	Alps
8	Jungfrau	Alps
9	Monch	Alps
10	Eiger	Alps
11	Etna	—
12	Zugerberg	Alps
13	Corno Grande	Apennines
14	Cerredo	Cantabrian
15	Parnassus	—
16	Ponta do Pico	—
17	Estrela	Estrela
18	Sancy	Auvergne
19	Fichtel	Erz

テーブル3：国に含まれる山

Mountain_Name	Country_Name
Blanc	France
Blanc	Italy
Dufour	Italy
Matter	Italy
Maudit	France
Maudit	Italy
Etna	Italy
Zugerberg	Austria
Zugerberg	Germany
Corno Grande	Italy
Cerredo	Spain
Pernassus	Greece
Sancy	France
Fichtel	Germany

次の結果を得るための処理は ア である。

Country_Number	Country_Name	Capital	Currency
2	Spain	Madrid	EUR
3	France	Paris	EUR
4	Italy	Rome	EUR
5	Netherlands	Amsterdam	EUR
7	Germany	Berlin	EUR
8	Austria	Vienna	EUR
10	Greece	Athens	EUR

⓪ テーブル「国」を対象として属性「Currency」が「EUR」のデータを射影
① テーブル「国」を対象として属性「Currency」が「EUR」のデータを選択
② テーブル「山」を対象として属性「Capital」に「a」が含まれるデータを射影
③ テーブル「山」を対象として属性「Capital」に「a」が含まれるデータを選択
④ テーブル「国に含まれる山」を対象として属性「Country_Name」に「Italy」のデータを射影
⑤ テーブル「国に含まれる山」を対象として属性「Country_Name」に「Italy」のデータを選択

次の結果を得るための処理は ┌ イ ┐ である。

Country_Name	Mountain_Name	Mountain_System
Italy	Blanc	Alps
Italy	Dufour	Alps
Italy	Matter	Alps
Italy	Maudit	Alps
Italy	Etna	―
Italy	Corno Grande	Apennines

⓪ テーブル「山」と「国に含まれる山」を共通の属性を用いて結合し, 属性「Mountain_System」が「Alps」であるデータを選択し, 属性「Country_Name」「Mountain_Name」「Mountain_System」を射影

① テーブル「山」と「国に含まれる山」を共通の属性を用いて結合し, 属性「Country_Name」が「Italy」であるデータを選択し, 属性「Country_Name」「Mountain_Name」「Mountain_System」を射影

② テーブル「山」と「国に含まれる山」を共通の属性を用いて結合し, 属性「Country_Name」が「Alps」であるデータを選択し, 属性「Country_Name」「Mountain_Name」「Mountain_System」を射影

③ テーブル「山」と「国に含まれる山」を共通の属性を用いて結合し, 属性「Country_Name」が「Italy」であるデータを射影し, 属性「Country_Name」「Mountain_Name」「Mountain_System」を選択

④ テーブル「国」「山」と「国に含まれる山」を共通の属性を用いて結合し, 属性「Mountain_System」が「Alps」であるデータを選択し, 属性「Country_Name」「Mountain_Name」「Mountain_System」を射影

⑤ テーブル「国」「山」と「国に含まれる山」を共通の属性を用いて結合し, 属性「Country_Name」が「Italy」であるデータを選択し, 属性「Country_Name」「Mountain_Name」「Mountain_System」を射影

次の結果を得るための処理は ┌ ウ ┐ である。

Country_Name	Capital	Currency	Mountain_Name	Mountain_System
Italy	Rome	EUR	Blanc	Alps
Italy	Rome	EUR	Dufour	Alps
Italy	Rome	EUR	Matter	Alps
Italy	Rome	EUR	Maudit	Alps
Italy	Rome	EUR	Etna	―
Italy	Rome	EUR	Corno Grande	Apennines

⓪ テーブル「国」と「山」を共通の属性を用いて結合し, 属性「Currency」が「EUR」であるデータを選択し, 属性「Country_Name」「Capital」「Currency」「Mountain_Name」「Mountain_System」を射影

① テーブル「国」と「山」を共通の属性を用いて結合し, 属性「「Country_Name」が「Italy」であるデータを選択し, 属性「Country_Name」「Capital」「Currency」「Mountain_Name」「Mountain_System」を射影

② テーブル「国」と「山」を共通の属性を用いて結合し, 属性「「Country_Name」が「Rome」であるデータを選択し, 属性「Country_Name」「Capital」「Currency」「Mountain_Name」「Mountain_System」を射影

③ テーブル「国」「山」と「国に含まれる山」を共通の属性を用いて結合し, 属性「Country_Name」が「Rome」であるデータを選択し, 属性「Country_Name」「Capital」「Currency」「Mountain_Name」「Mountain_System」を射影

④ テーブル「国」「山」と「国に含まれる山」を共通の属性を用いて結合し, 属性「Country_Name」が「Italy」であるデータを選択し, 属性「Country_Name」「Capital」「Currency」「Mountain_Name」「Mountain_System」を射影

⑤ テーブル「国」「山」と「国に含まれる山」を共通の属性を用いて結合し, 属性「Mountain_System」が「Alps」であるデータを選択し, 属性「Country_Name」「Capital」「Currency」「Mountain_Name」「Mountain_System」を射影

本問題は，海外の国と山と国に含まれる山に関するテーブルを利用したデータベースの操作に関する問題である。選択肢が長文であることと英単語がたくさん出てくるため，見間違いをしないようにしっかり見て解答しよう。

答えはア…① イ…① ウ…④

ア：問のテーブルを見ると「Currency」が「EUR」のデータを取得している。それ以外の列を見ると，「Country_Number」「Country_Name」「Capital」とすべてテーブル「国」から取得可能である。したがって，テーブル「国」を対象として，「Currency」が「EUR」のデータを選択している。

イ：問のテーブルを見ると，「Country_Name」が「Italy」であり，その国の「Mountain_Name」「Mountain_System」を取得している。これらを取得するためには，テーブル「山」とテーブル「国に含まれる山」を共通の属性で結合し，「Country_Name」が「Italy」であるデータを選択すればよい。

ウ：問のテーブルを見ると，「Country_Name」が「Italy」であり，その国の「Capital」「Currency」「Mountain_Name」「Mountain_System」を取得している。これらを取得するためには，テーブル「国」「山」「国に含まれる山」すべてを共通する属性で結合し，「Country_Name」が「Italy」のデータを選択すればよい。

19

　S市は，「農業における生産量の低下」という問題を抱えている。そこで，S市に住むユウキさんは，情報通信技術を利用した解決方法を提案するために，学校で学んだ問題解決の手順を参考にして，情報の収集と分析を行った。

　a　ユウキさんは，この問題に対する解決の手段として AI（人工知能）と VR（バーチャルリアリティ）の技術に注目した。そこで，情報収集のために図書館の文献検索システムを利用して，文献を検索することにした。なお，図書館の文献検索システムは，検索条件を次のとおり指定する。

検索条件の指定方法

A AND B	A OR B	NOT A
AとBの両方を含む	AまたはBを含む	Aを含まない

※（　）がある場合は（　）内の条件が優先される

　文献の集合を示した図1と図2の斜線部分のみを検索するのに最も適当な指定方法を，次の⓪～⑤のうちから一つずつ選べ。

図1：　ア　　　　図2：　イ

⓪　（農業 AND AI）AND VR　　　　　①　（農業 OR AI）AND（NOT VR）
②　（農業 AND AI）OR VR　　　　　③　（農業 AND AI）AND（NOT VR）
④　（農業 OR AI）OR VR　　　　　　⑤　（農業 AND VR）AND（NOT AI）

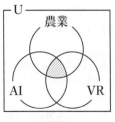

図1

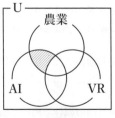

図2

四角 U：図書館で検索できるすべての
　　　　文献の集合

円 x　：語句 x で検索できる
　　　　文献の集合

b　S市の総労働人口は，2002年から2022年の20年間でおよそ6割に減少している。そこで，ユウキさんはS市における就業者の推移を把握するために，20年間の産業別就業者数を調査し，図3と図4のグラフを作成した。二つのグラフから読み取れる事柄として**適当でないもの**を，次の⓪〜③のうちから一つ選べ。なお，ここでの総労働人口は，就業者の総数とする。　｜ウ｜

⓪　「情報通信産業」の就業者の割合は，20年間で増加している。
①　「建設・製造業」の就業者の割合は，20年間で減少している。
②　「農林漁業」の就業者数は，20年間で増加している。
③　「その他」の就業者数は，20年間でおよそ半数になっている。

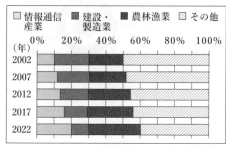

図3　産業別就業者割合の推移

図4　情報通信産業の就業者数と
　　　総数労働人口の推移

c　ユウキさんは，学校の先生から図4のグラフでは情報通信産業の就業者数が著しく増加しているような誤解を招く可能性があると指摘された。そこで，ユウキさんは，誤解を招かないように図4のグラフを改善することにした。改善すべき箇所として最も適当なものを，次の⓪〜③のうちから一つ選べ。
　｜エ｜

⓪　凡例を削除　　　　　　　　　　①　棒グラフを折れ線グラフに変更
②　左縦軸目盛りの範囲を修正　　　③　右縦軸目盛りの範囲を修正

　本問題は，データの活用に関する問題である。各グラフの特徴を整理するとともに，データを整理する上で適当なグラフを選択できるようにしよう。

解答・解説

答えはア…⓪　イ…③　ウ…②　エ…②
ア：図1より農業とAIとVRのすべての共通部分を求めればよい。したがって，農業とAIとVRのすべての「AND」を指定している⓪が正答となる。
イ：図2より農業とAIの共通部分かつVRではないものを求めればよい。したがって，③が正答となる。
ウ：本問は「適当でないもの」を選択することに注意する。⓪は図3より20年間増加しているため正しい。①は図3より20年間減少しているため正しい。②は図3で20年間増加しているように見えるが，これは**割合であり，実際の人数ではないため**，実際の人数で確認する。図4より，総労働人口は2002年で85661人，2022年は52998人である。農林漁業の総労働人口に対する割合は，2002年で約20%，2022年で約30%である。したがって，農林漁業の就業者数は，2002年で85661人の20%のため，約17132人であり，2022年で52998人の30%のため，約15899人である。したがって農林漁業の就業者数は20年間で減少しているため，正しくない。③は②と同様に人数を計算する。その他の就業者数は2002年では，85661人の50%のため，約42831人であり，2022年では，52998人の40%のため，約21199人である。このため，およそ半数になっているため，正しい。
エ：図4より，情報通信産業の就業者数の目盛りは左縦軸になる。この目盛りを見ると，右縦軸の25000人区切りの縦軸に対し，左縦軸は500人区切りであり，大きく目盛りが異なっている。このため，総労働人口に比べると変化が小さいにもかかわらず，総労働人口よりも大きく変化しているように見える。したがって，左縦軸の目盛りの範囲を修正するべきである。

　二次元コードの3か所の隅にある二重の少し大きな正方形は，読み取り機にこの二次元コードがあることを認識させる位置検出用の目印である。この目印は，図1の(a)〜(c)のように，どの角度で読み取っても，黒白黒白黒の比が1:1:3:1:1となることで，二次元コードの目印として認識できるようになっている。これは，図2のように円形の目印でも同じと考えられるが，正方形の方が都合がよい。その理由として最も適当なものを，後の⓪〜③のうちから一つ選べ。

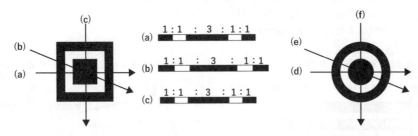

図1　位置検出の目印とその黒白の比　　　　図2　円形の目印

⓪　円形では，(d)〜(f)の角度によって黒白の比が異なってしまい，正しく読み取れなくなる可能性があるから。

①　円形だと上下左右がないので，二次元コードの向きが分からなくなるから。

②　プリンタやディスプレイの解像度によっては，正方形の目印に比べて正しく読み取れる小さな円形の目印を作ることが難しくなるから。

③　円形では目印が斜めに傾いていても，それを認識することができないため正しく読み取ることができないから。

本問題は，二次元コードに関する問題である。二次元コードの仕組みを確認しておこう。

解答・解説

答えは②

⓪　円形の場合でも，黒白の比は同じである。このため，本選択肢は不適である。

①　二次元コードそのものは正方形であるため，3か所の隅にある目印が円形であっても向きは判断可能である。このため，本選択肢は不適である。

②　解像度の低いプリンタやディスプレイの場合，円形を表示するよりも正方形を表示する方が正確に表示される。このため，本選択肢が正答である。

③　円形は，どの向きから見ても同様の形のため，読み取りは可能である。

中学理科の復習1 〈p.2〉

1 (1)「(速さ) = (移動距離) ÷ (所要時間)」と表される。グラフから5.0秒間で1.0m移動したと読み取ることができるので

(速さ) = 1.0 ÷ 5.0 = 0.20〔m/s〕　**答 0.20m/s**

(2) (1)で求めた速さで15秒間進む距離は、「(距離) = (速さ) × (時間)」より

(距離) = 0.20 × 15 = 3.0〔m〕　**答 3.0m**

2 (1) **答**

重力

(2) **答**

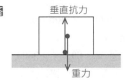
垂直抗力
重力

(3) **答**

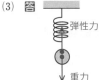
弾性力
重力

(4) **答**

速さ一定
垂直抗力
摩擦なし
重力
※水平方向には力がはたらいていない。

(5) **答**

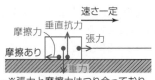
速さ一定
垂直抗力
摩擦力　張力
摩擦あり
重力
※張力と摩擦力はつり合っており、重力と垂直抗力はつり合っている。

3 直方体の面a, b, cの面積は、それぞれ、0.60m²、0.50m²、0.30m²である。
また、「(圧力) = (力の大きさ) ÷ (面積)」なので、面aを底にしたときの圧力は

(圧力) = 120 ÷ 0.60 = 200〔Pa〕　**答 a：200Pa**

同様に面bを底にしたときは

(圧力) = 120 ÷ 0.50 = 240〔Pa〕　**答 b：240Pa**

面cを底にしたときは

(圧力) = 120 ÷ 0.30 = 400〔Pa〕　**答 c：400Pa**

4 (1) おもりに浮力がはたらくので、糸で支える力(張力)は浮力の分だけ小さくなり、液体を支える力が大きくなる。したがって、台ばかりの示す値が増えた分とおもりにはたらく浮力の大きさは等しい。

よって、浮力の大きさは1.2N　**答 1.2N**

(2) 糸で支える力は、おもりの重さから浮力の大きさを引いて

3.0 − 1.2 = 1.8〔N〕　**答 1.8N**

中学理科の復習2 〈p.4〉

5 (1) 斜面に沿って物体を引き上げたときの仕事は、同じ高さまで真上に持ち上げたときの仕事と等しい。したがって、500Nの物体を真上に6.0m持ち上げるときの仕事を求めればよいので

(仕事) = 500 × 6.0 = 3000〔J〕　**答 3000J**

(2) 1分(= 60秒)かかったときの仕事率は「(仕事率) = (仕事) ÷ (かかった時間)」の関係より

(仕事率) = 3000 ÷ 60 = 50〔W〕　**答 50W**

6 (1) 位置エネルギーが最大になるのは、おもりの高さが最大となるときなので、点Aおよび点D。

答 点A, 点D

(2) 振り子の運動において、力学的エネルギーは保存されるので、運動エネルギーが最大のとき、位置エネルギーが最小となる。したがって、位置エネルギーが最小となる点Cが運動エネルギーが最大の点である。　**答 点C**

(3) おもりが点Cを通過したあと、振り子の長さは短くなるが、力学的エネルギーは保存される。したがって、おもりは点Aと同じ高さまで達する。

答 ②

7 弦をはじいて音を出すとき、弦の振幅が大きいほど音は大きくなり、弦の振動数が大きいほど高い音が出る。弦を張る力を大きくしたり、弦の長さを短くしたりすると、弦の振動数が大きくなるので、高い音が出る。

答 ア：振幅, イ：振動数, ウ：短

8 (1) 直列回路の合成抵抗は，「$R = R_1 + R_2$」の関係があるので，R_1とR_2の合成抵抗R_{12}〔Ω〕は
$$R_{12} = 15 + 5.0 = 20 \text{〔Ω〕} \qquad \boxed{\text{答}}\ R_1 \text{と} R_2 : 20\,\Omega$$

並列回路の合成抵抗は，「$\dfrac{1}{R} = \dfrac{1}{R_1} + \dfrac{1}{R_2}$」の関係があるので，$R_3$と$R_4$の合成抵抗$R_{34}$〔Ω〕は
$$\frac{1}{R_{34}} = \frac{1}{10} + \frac{1}{30} = \frac{4}{30}$$
$$R_{34} = \frac{30}{4} = 7.5 \text{〔Ω〕} \qquad \boxed{\text{答}}\ R_3 \text{と} R_4 : 7.5\,\Omega$$

(2) 並列回路では2つの抵抗にかかる電圧が等しく，電池の電圧と同じになる。直列回路では2つの抵抗にかかる電圧の和が電池の電圧になるので，並列回路のR_3とR_4にかかる電圧は最小ではないことがわかる。また，直列回路では，2つの抵抗を流れる電流は等しいので，「（電圧）=（抵抗）×（電流）」の関係より，抵抗が大きい方が電圧も大きくなる。したがって，電圧が最小となるのは，直列回路で抵抗の小さいR_2といえる。 $\boxed{\text{答}}\ R_2$

9 (1) 「（電圧）=（抵抗）×（電流）」の関係から，求める抵抗をR〔Ω〕とすると
$$6.0 = R \times 1.5$$
$$R = 4.0 \text{〔Ω〕} \qquad \boxed{\text{答}}\ 4.0\,\Omega$$

(2) 電流によって発生する熱量は「（ジュール熱）=（電流）×（電圧）×（時間）」の関係から，1分間(60秒)に発生する熱量は
$$1.5 \times 6.0 \times 60 = 540 \text{〔J〕} \qquad \boxed{\text{答}}\ 540\,J$$

1章　物体の運動

1　速度 〈p.6〉

ポイントチェック

① 求める速さをv〔m/s〕として，速さの式「$v = \dfrac{x}{t}$」に代入する。
$$v = \frac{90}{60} = 1.5 \text{〔m/s〕} \qquad \boxed{\text{答}}\ 1.5\,m/s$$

② 単位の意味を考えて単位の換算を行う。1 m/sの速さとは，「1秒間に1 m進む」という意味である。1分間は60秒であることから，1分間には60 m進む。よって
$$1 \text{ m/s} = 60 \text{ m/min}$$
である。また，1時間は60分であることから，1時間には60×60 m進むことになる。よって
$$1 \text{ m/s} = 60 \times 60 \text{ m/h} = 3600 \text{ m/h}$$
である。ここで，3600 m = 3.6 kmを用いて
$$1 \text{ m/s} = 3.6 \text{ km/h}$$
となる。 $\boxed{\text{答}}$ ア：60，イ：3600，ウ：3.6

③ 距離をx〔m〕とする。等速直線運動の式「$x = vt$」に代入して
$$x = 20 \times 2.0 = 40 \text{〔m〕} \qquad \boxed{\text{答}}\ 40\,m$$

④ 時間をt〔s〕とする。等速直線運動の式「$x = vt$」を変形して「$t = \dfrac{x}{v}$」に代入する。
$$t = \frac{80}{20} = 4.0 \text{〔s〕} \qquad \boxed{\text{答}}\ 4.0\text{秒}$$

⑤ 東向きを正の向きとするので，東向きに運動している物体の速度を（＋），西向き（東向きの逆向き）に運動している物体の速度を（－）とする。
$\boxed{\text{答}}$ 自動車：+20 m/s（20 m/s，東向き）
トラック：－30 m/s（30 m/s，西向き）

⑥ 求める速度をv〔m/s〕として，合成速度の式「$v = v_1 + v_2$」に代入する。
$$v = 1.0 + 1.2 = 2.2 \text{〔m/s〕}$$
$\boxed{\text{答}}$ +2.2 m/s（2.2 m/s，右向き）

⑦ 相対速度の式「$v_{AB} = v_B - v_A$」に，速度の正負も含めて代入する。子供の速度は左向きであるので－1.0 m/sとなる。大人に対する子供の相対速度をv_{AB}〔m/s〕とすると
$$v_{AB} = -1.0 - 1.4$$
$$= -2.4 \text{〔m/s〕}$$
$\boxed{\text{答}}$ －2.4 m/s（2.4 m/s，左向き）

EXERCISE

1. 1 m/s = 3.6 km/h の関係を用いて単位を換算する。

(1) $30.0 \times 3.6 = 108$ 〔km/h〕 　　　**答 108 km/h**

〈別解〉 30.0 〔m/s〕 $= 30.0 \times 60$ 〔m/min〕

$= 30.0 \times 60 \times 60$ 〔m/h〕

$= 108000$ 〔m/h〕 $= 108$ 〔km/h〕

(2) $\dfrac{90}{3.6} = 25$ 〔m/s〕 　　　**答 25 m/s**

〈別解〉 90 〔km/h〕 $= 90000$ 〔m/h〕

$= \dfrac{90000}{60}$ 〔m/min〕 $= \dfrac{90000}{60 \times 60}$ 〔m/s〕

$= 25$ 〔m/s〕

2. 求める変位をΔx〔m〕として，変位の式「$\Delta x = x_2 - x_1$」に代入する。

(1) 学校の位置x_1，家の位置x_2を，正負の符号も含めて代入する。

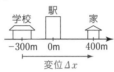

$\Delta x = (+400) - (-300)$

$= +700$ 〔m〕 　　　**答 +700 m**

（変位は，例題1(1)と同じ大きさで逆向きになる。）

(2) 変位は途中の道すじによらない。家の位置x_1，駅の位置x_2を，正負の符号も含めて代入する。

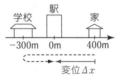

$\Delta x = 0 - (+400)$

$= -400$ 〔m〕 　　　**答 -400 m**

3. (1) v–tグラフから，時間に関係なく速度vは12 m/sで，一定であることがわかる。よって，この物体の運動は等速直線運動である。

答 等速直線運動（等速度運動）

(2) v–tグラフの直線とt軸で囲まれた面積が変位を表す。よって

$x = 12 \times 4.0 = 48$ 〔m〕 　　　**答 48 m**

(3) 等速直線運動の式「$x = vt$」に代入して5.0 sのときの位置を求め，グラフをかく。

5.0 sのとき $x = 12 \times 5.0 = 60$ 〔m〕なので，この点を通るように原点から直線を引く。

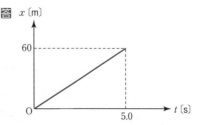

2　等加速度直線運動 〈p.8〉

ポイントチェック

① 加速度の式「$\bar{a} = \dfrac{v_2 - v_1}{t_2 - t_1}$」に代入する。右向きを正とするので，速度の符号は（+）となる。求める加速度$\bar{a}$〔m/s²〕は

$$\bar{a} = \frac{+9.0 - (+3.0)}{2.0} = \frac{+6.0}{2.0} = +3.0 \text{〔m/s}^2\text{〕}$$

答 +3.0 m/s² （3.0 m/s²，右向き）

② 加速度の式「$\bar{a} = \dfrac{v_2 - v_1}{t_2 - t_1}$」に代入する。東向きを正とするので，東向きの速度は（+），西向きの速度は（−）となる。求める加速度$\bar{a}$〔m/s²〕は

$$\bar{a} = \frac{-1.0 - (+3.0)}{4.0} = \frac{-4.0}{4.0} = -1.0 \text{〔m/s}^2\text{〕}$$

答 −1.0 m/s² （1.0 m/s²，西向き）

③ 等加速度直線運動の速度と時間の関係式「$v = v_0 + at$」に代入する。自動車の速度をv〔m/s〕とすると

$$v = +10 + 2.0 \times 5.0 = +20 \text{〔m/s〕}$$

答 +20 m/s （20 m/s，正の向き）

④ 等加速度直線運動の変位と時間の関係式「$x = v_0 t + \dfrac{1}{2} at^2$」に代入する。自動車が$x$〔m〕進むとすると

$$x = 4.0 \times 1.0 + \frac{1}{2} \times 3.0 \times 1.0^2$$

$$= 4.0 + 1.5 = 5.5 \text{〔m〕}$$ 　　　**答 5.5 m**

⑤ v–tグラフの直線の傾きが一定であることから，この物体の運動は等加速度直線運動であることがわかる。

(i) v–tグラフの直線の傾きが加速度を表すので，直線の傾きから加速度を求める。時刻10 sのときの速度6.0 m/s，時刻0 sのときの速度2.0 m/sを用いて算出する。求める加速度をa〔m/s²〕とする。

$$a = \frac{6.0 - 2.0}{10 - 0} = \frac{4.0}{10}$$

$$= 0.40 \, [\text{m/s}^2]$$

答 0.40 m/s²

(ii) v–t グラフの直線で
囲まれた面積が変位を
表す。この場合は台形
の面積となる。求める
距離を $x \, [\text{m}]$ とする。

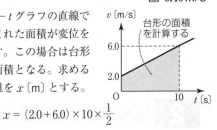

$$x = (2.0 + 6.0) \times 10 \times \frac{1}{2}$$

$$= 40 \, [\text{m}]$$

答 40 m

〈別解〉 等加速度直線運動の変位と時間の関係式

「$x = v_0 t + \frac{1}{2} a t^2$」に代入して

$$x = 2.0 \times 10 + \frac{1}{2} \times 0.40 \times 10^2$$

$$= 20 + 20 = 40 \, [\text{m}]$$

EXERCISE

4. (1) 等加速度直線運動の速度と時間の関係式
「$v = v_0 + at$」に代入する。求める速度を $v \, [\text{m/s}]$
とすると

$$v = +2.5 + 2.0 \times 3.0 = +8.5 \, [\text{m/s}]$$

答 8.5 m/s, 正の向き

(2) 等加速度直線運動の変位と時間の関係式

「$x = v_0 t + \frac{1}{2} a t^2$」に代入する。進んだ距離を

$x \, [\text{m}]$ とすると

$$x = 2.5 \times 2.0 + \frac{1}{2} \times 2.0 \times 2.0^2 = 5.0 + 4.0$$

$$= 9.0 \, [\text{m}]$$

答 9.0 m

(3) 等加速度直線運動の速度と時間の関係式
「$v = v_0 + at$」に代入する。求める時間を $t \, [\text{s}]$
とすると

$$+9.5 = +2.5 + 2.0 \times t$$

$$t = \frac{+9.5 - (+2.5)}{2.0}$$

$$= 3.5 \, [\text{s}]$$

答 3.5秒後

5. (1) 時間について書かれていないので，等加速
度直線運動の速度と変位の関係式
「$v^2 - v_0^2 = 2ax$」に代入する。停止したときの速
度は 0 m/s になる。自動車の加速度を
$a \, [\text{m/s}^2]$ とすると

$$0^2 - 20^2 = 2 \times a \times 80$$

$$a = -2.5 \, [\text{m/s}^2]$$

答 2.5 m/s², 初速度と逆向き

(2) (1)で求めた加速度を，等加速度直線運動の速
度と時間の関係式「$v = v_0 + at$」に代入する。
求める時間を $t \, [\text{s}]$ とすると

$$0 = 20 + (-2.5) \times t$$

$$t = 8.0 \, [\text{s}]$$

答 8.0秒

3 落体の運動 〈p.10〉

ポイントチェック

① 自由落下運動の速度と時間の関係式「$v = gt$」
に代入する。ボールの速さを $v \, [\text{m/s}]$ とすると

$$v = 9.8 \times 1.0 = 9.8 \, [\text{m/s}]$$

答 9.8 m/s

② 自由落下運動の変位と時間の関係式

「$y = \frac{1}{2} g t^2$」に代入する。$y \, [\text{m}]$ 落下したとする

と

$$y = \frac{1}{2} \times 9.8 \times 1.0^2 = 4.9 \, [\text{m}]$$

答 4.9 m

③ 鉛直投げ下ろし運動の速度と時間の関係式
「$v = v_0 + gt$」に代入する。求める速さを $v \, [\text{m/s}]$
とすると

$$v = 4.9 + 9.8 \times 1.0 = 4.9 + 9.8$$

$$= 14.7 \fallingdotseq 15 \, [\text{m/s}]$$

答 15 m/s

④ 鉛直投げ下ろし運動の変位と時間の関係式

「$y = v_0 t + \frac{1}{2} g t^2$」に代入する。$y \, [\text{m}]$ 落下したと

すると

$$y = 9.8 \times 2.0 + \frac{1}{2} \times 9.8 \times 2.0^2 = 19.6 + 19.6$$

$$= 39.2 \fallingdotseq 39 \, [\text{m}]$$

答 39 m

⑤ 鉛直投げ上げ運動の速度と時間の関係式
「$v = v_0 - gt$」に代入する。求める速さを $v \, [\text{m/s}]$
とすると

$$v = 19.6 - 9.8 \times 1.0 = 19.6 - 9.8$$

$$= 9.8 \, [\text{m/s}]$$

答 9.8 m/s

⑥ 鉛直投げ上げ運動の変位と時間の関係式

「$y = v_0 t - \frac{1}{2} g t^2$」に代入する。ボールの高さを

$y \, [\text{m}]$ とすると

$$y = 29.4 \times 2.0 - \frac{1}{2} \times 9.8 \times 2.0^2 = 58.8 - 19.6$$

$$= 39.2 \fallingdotseq 39 \, [\text{m}]$$

答 39 m

6. (1) 鉛直投げ下ろし運動の変位と時間の関係式
「$y = v_0 t + \dfrac{1}{2}gt^2$」に代入する。求める時間を
t 〔s〕とすると

$$39.2 = 9.8 \times t + \dfrac{1}{2} \times 9.8 \times t^2$$

$$4.9t^2 + 9.8t - 39.2 = 0$$

$$t^2 + 2t - 8 = 0$$

$$(t+4)(t-2) = 0$$

$$t = 2.0, \ -4.0 \ \text{〔s〕} \quad (t = -4.0\,\text{s は不適。})$$

圏 2.0秒

(2) 鉛直投げ下ろし運動の速度と時間の関係式
「$v = v_0 + gt$」に代入する。求める速さを
v〔m/s〕とすると

$$v = 9.8 + 9.8 \times 2.0 = 9.8 + 19.6$$

$$= 29.4 \fallingdotseq 29 \ \text{〔m/s〕} \qquad \text{圏 29m/s}$$

7. (1) 鉛直投げ上げ運動の速度と時間の関係式
「$v = v_0 - gt$」に代入する。ボールの速さを
v〔m/s〕とすると

$$v = 29.4 - 9.8 \times 2.0 = 9.8 \ \text{〔m/s〕} \quad \text{圏 9.8m/s}$$

(2) 鉛直投げ上げ運動の変位と時間の関係式
「$y = v_0 t - \dfrac{1}{2}gt^2$」に代入する。求める高さを
y〔m〕とすると

$$y = 29.4 \times 2.0 - \dfrac{1}{2} \times 9.8 \times 2.0^2$$

$$= 39.2 \fallingdotseq 39 \ \text{〔m〕} \qquad \text{圏 39m}$$

(3) 鉛直投げ上げ運動の変位と時間の関係式
「$y = v_0 t - \dfrac{1}{2}gt^2$」に代入する。求める時間を
t〔s〕とすると

$$24.5 = 29.4 \times t - \dfrac{1}{2} \times 9.8 \times t^2$$

$$t^2 - 6t + 5 = 0$$

$$(t-1)(t-5) = 0$$

$$t = 1.0, \ 5.0 \ \text{〔s〕}$$

（ボールが上向きに24.5mの高さを通過する時
刻が1.0秒後で，下向きに通過する時刻が5.0秒
後である。） **圏 1.0秒後，5.0秒後**

8. グラフから，小球は時刻0秒に，19.6m/sの初
速度で鉛直に投げ上げられたことがわかる。
(1) v–t グラフの直線の傾きは加速度を表す。
鉛直投げ上げ運動の加速度は重力加速度で，運
動の向きは上向きを正にとっているので，この

直線の傾きが$-9.8\,\text{m/s}^2$となる。
よって，

$$-9.8 = \dfrac{0 - 19.6}{t_1}$$

$$t_1 = 2.0 \ \text{〔s〕} \qquad \text{圏 2.0秒}$$

(2) 小球が最高点に達す
るとき，上向きだった
速度が下向きに変わる
ので，最高点では速度
が0m/sになる。この
グラフで速度が0m/s

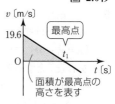

になる時刻はt_1〔s〕であるので，(1)で求めた時
刻に小球は最高点に達することがわかる。v–t
グラフの面積は変位を表すので，上図の三角形
の面積を求める。最高点の高さをy〔m〕とす
ると

$$y = \dfrac{1}{2} \times 19.6 \times 2.0$$

$$= 19.6 \fallingdotseq 20 \ \text{〔m〕} \qquad \text{圏 20m}$$

〈別解〉 鉛直投げ上げ運動の変位と時間の関係
式「$y = v_0 t - \dfrac{1}{2}gt^2$」に，(1)で求めた時刻を
代入して求める。最高点の高さをy〔m〕と
すると

$$y = 19.6 \times 2.0 - \dfrac{1}{2} \times 9.8 \times 2.0^2$$

$$= 39.2 - 19.6 = 19.6 \fallingdotseq 20 \ \text{〔m〕}$$

(3) 小球が地面に戻
ってくる時刻を
t_2〔s〕とする。地
面から最高点まで
の変位と最高点か
ら地面までの変位

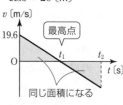

は，大きさが等しい。よって，(2)で求めた面積
と等しい面積になる時刻がt_2〔s〕である。直線
の傾きが一定であるので

$$t_2 = 2t_1$$

が成り立つ。(1)で求めた結果を用いて

$$t_2 = 2 \times 2.0 = 4.0 \ \text{〔s〕} \qquad \text{圏 4.0秒}$$

〈別解〉 鉛直投げ上げ運動の変位と時間の関係
式「$y = v_0 t - \dfrac{1}{2}gt^2$」に代入する。地面に戻
ってくる時刻をt_2〔s〕とし，地面の変位
$y = 0\,\text{m}$ を代入する。

$$0 = 19.6 \times t_2 - \dfrac{1}{2} \times 9.8 \times t_2{}^2$$

整理して

$$t_2{}^2 - 4t_2 = 0$$
$$t_2(t_2 - 4) = 0$$
$$t_2 = 0,\ 4.0$$

$t_2 > 0$ であることから，$t_2 = 4.0$〔s〕

9. (1) 最高点でボールの速度は 0 m/s になる。鉛直投げ上げ運動の速度と時間の関係式「$v = v_0 - gt$」に代入する。最高点に達する時刻を t_1〔s〕とすると
$$0 = 39.2 - 9.8 \times t_1$$
$$t_1 = 4.0\ 〔s〕 \qquad \text{答 } \textbf{4.0秒}$$

(2) (1)で求めた時間を鉛直投げ上げ運動の変位と時間の関係式「$y = v_0 t - \dfrac{1}{2}gt^2$」に代入する。

最高点の高さを y〔m〕とすると
$$y = 39.2 \times 4.0 - \frac{1}{2} \times 9.8 \times 4.0^2$$
$$= 156.8 - 78.4 = 78.4 \fallingdotseq 78\ 〔m〕 \qquad \text{答 } \textbf{78m}$$

(3) 地面の高さは $y = 0$ m となる。変位と時間の関係式「$y = v_0 t - \dfrac{1}{2}gt^2$」に代入する。地面に戻ってくる時刻を t_2〔s〕とすると
$$0 = 39.2 \times t_2 - \frac{1}{2} \times 9.8 \times t_2{}^2$$
$$t_2{}^2 - 8t_2 = 0$$
$$t_2(t_2 - 8) = 0$$
$$t_2 = 0,\ 8.0\ 〔s〕$$
$t_2 = 0$ s は投げ上げた時刻なので不適。

答 **8.0秒**

〈別解〉 投げ上げてから最高点に達するまでの時間の 2 倍なので，(1)より
$$4.0 \times 2 = 8.0\ 〔s〕$$

(4) (3)で求めた時刻を用いて，鉛直投げ上げ運動の速度と時間の関係式「$v = v_0 - gt$」に代入する。地面に戻ってくるときの速度を v〔m/s〕とすると
$$v = 39.2 - 9.8 \times 8.0 = 39.2 - 78.4$$
$$= -39.2 \fallingdotseq -39\ 〔m/s〕$$

答 **−39m/s（39m/s，初速度と逆向き）**

〈別解〉 投げ上げの初速度と同じ大きさで逆向きになることから考える。

節 末 問 題 ① 〈p.14〉

10. 「岸に対する速度」は合成速度を意味する。

(1) 合成速度の式「$v = v_1 + v_2$」に代入する。求める速度を v〔m/s〕とすると

$$v = 7.0 + 1.0 = 8.0\ 〔m/s〕 \qquad \text{答 } \textbf{8.0m/s}$$

(2) 船の速度は川の流れと逆向きなので（−）にして，合成速度の式「$v = v_1 + v_2$」に代入する。求める速度を v〔m/s〕とすると
$$v = -7.0 + 1.0 = -6.0\ 〔m/s〕$$

答 **−6.0m/s**

(3) 等速直線運動の式「$x = vt$」を用いて，上りにかかる時間 t_1〔s〕と下りにかかる時間 t_2〔s〕を求め，往復にかかる時間を計算する。

上りにかかる時間 t_1〔s〕は
$$t_1 = \frac{24}{6.0} = 4.0\ 〔s〕$$

下りにかかる時間 t_2〔s〕は
$$t_2 = \frac{24}{8.0} = 3.0\ 〔s〕$$

往復の時間 t〔s〕は
$$t = 4.0 + 3.0 = 7.0\ 〔s〕 \qquad \text{答 } \textbf{7.0秒}$$

11. (1) 相対速度の式「$v_{AB} = v_B - v_A$」に代入する。自動車 A に対する自動車 B の相対速度を v_{AB}〔m/s〕とすると
$$v_{AB} = 25 - 40 = -15\ 〔m/s〕$$

答 **−15m/s（15m/s，西向き）**

(2) 相対速度の式「$v_{AB} = v_B - v_A$」に代入する。自動車 B に対する自動車 A の相対速度を v_{BA}〔m/s〕とすると
$$v_{BA} = 40 - 25 = +15\ 〔m/s〕$$

答 **+15m/s（15m/s，東向き）**

(3) 相対速度の式「$v_{AB} = v_B - v_A$」に代入する。自動車 A に対する自動車 C の相対速度が西向きに 30 m/s であることから，自動車 A に対する自動車 C の相対速度 v_{AC}〔m/s〕は $v_{AC} = -30$ m/s である。静止している人から見た自動車 C の速度を v_C〔m/s〕とすると
$$-30 = v_C - 40$$
$$v_C = -30 + 40 = +10\ 〔m/s〕$$

答 **+10m/s（10m/s，東向き）**

12. (1) 等加速度直線運動の速度と時間の関係式「$v = v_0 + at$」に代入する。求める加速度の大きさを a〔m/s²〕とすると
$$6 = 0 + a \times 3$$
$$a = 2\ 〔m/s^2〕 \qquad \text{答 } \textbf{2m/s}^2$$

(2) 等加速度直線運動の変位と時間の関係式

「$x = v_0 t + \dfrac{1}{2}at^2$」に代入する。自転車が進んだ距離を x〔m〕とすると

$$x = 0 + \frac{1}{2} \times 2 \times 3^2 = 9 \,[\text{m}]$$
答 9 m

13. (1) 時刻 0 秒のとき 4.0 m/s，10 秒のとき 0 m/s なので，その 2 点を結ぶ直線を引く。

答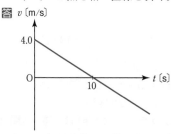

(2) 加速度の定義式「$a = \dfrac{v_2 - v_1}{t_2 - t_1}$」に代入する。

求める加速度を $a\,[\text{m/s}^2]$ とすると

$$a = \frac{0 - (+4.0)}{10 - 0} = \frac{-4.0}{10}$$
$$= -0.40 \,[\text{m/s}^2]$$
答 −0.40 m/s² (0.40 m/s²，負の向き)

(3) OP 間の距離を $x\,[\text{m}]$ とする。$v\text{-}t$ グラフの面積が x を表すので，図の三角形の面積を求める。

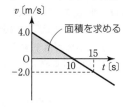
面積を求める

$$\text{OP} = \frac{1}{2} \times 4.0 \times 10$$
$$= 20 \,[\text{m}]$$
答 20 m

〈別解〉 等加速度直線運動の変位と時間の関係式「$x = v_0 t + \dfrac{1}{2} a t^2$」に代入する。

$$x = 4.0 \times 10 + \frac{1}{2} \times (-0.40) \times 10^2$$
$$= 40 - 20 = 20 \,[\text{m}]$$

(4) 上図(3)の $v\text{-}t$ グラフより，$v = -2.0\,\text{m/s}$ になるときの時間の目盛りを読み取る。
答 15秒後

(5) 等加速度直線運動の変位と時間の関係式「$x = v_0 t + \dfrac{1}{2} a t^2$」に(4)で求めた時刻を代入する。

求める位置を $x\,[\text{m}]$ とすると

$$x = (+4.0) \times 15 + \frac{1}{2} \times (-0.40) \times 15^2$$
$$= +60 - 45 = +15 \,[\text{m}]$$
答 +15 m

〈別解〉 $v\text{-}t$ グラフから面積を計算して求める。

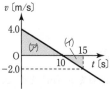

上図で，(ア)の三角形の面積は，物体が原点 O から点 P まで進んだ距離を表しており，(イ)の三角形の面積は，物体が点 P から戻ってきた距離を表している。よって，(ア)の面積から(イ)の面積を引くと，(4)のときの物体の位置が求められる。

$$x = \frac{1}{2} \times 4.0 \times 10 - \frac{1}{2} \times 2.0 \times 5.0$$
$$= 20 - 5.0 = +15 \,[\text{m}]$$

14. (1) $v\text{-}t$ グラフの直線の傾きは加速度を表すので，各区間で傾きを求める。それぞれの区間の加速度を $a_1\,[\text{m/s}^2]$，$a_2\,[\text{m/s}^2]$，$a_3\,[\text{m/s}^2]$ とする。

〈0 s～20 s〉
$$a_1 = \frac{+12 - 0}{20 - 0} = +0.60 \,[\text{m/s}^2]$$
答 0 s～20 s：+0.60 m/s²

〈20 s～50 s〉
$$a_2 = \frac{+12 - (+12)}{50 - 20} = 0 \,[\text{m/s}^2]$$
答 20 s～50 s：0 m/s²

〈50 s～70 s〉
$$a_3 = \frac{0 - (+12)}{70 - 50} = -0.60 \,[\text{m/s}^2]$$
答 50 s～70 s：−0.60 m/s²

(2) $v\text{-}t$ グラフの面積が移動した距離を表している。求める距離を $x\,[\text{m}]$ とすると

$$x = \frac{1}{2} \times \{(50 - 20) + (70 - 0)\} \times 12$$
$$= \frac{1}{2} \times (30 + 70) \times 12 = 600$$
$$= 6.0 \times 10^2 \,[\text{m}]$$
答 6.0 × 10² m

15. (1) 小石 B を落下させてから t 秒後に小石 B が小石 A に追いつくとする。小石 A を落下させてから 2.0 秒後に小石 B を落下させるので，A の落下時間は $(t + 2.0)$ 秒になる。小石 A は自由落下運動，小石 B は鉛直投げ下ろし運動である。小石 A の落下距離を $y_A\,[\text{m}]$ として，自由落下運動の変位と時間の関係式「$y = \dfrac{1}{2} g t^2$」に代

入する。

Aの落下距離 y_A

$$y_A = \frac{1}{2} \times 9.8 \times (t+2.0)^2$$

小石Bの落下距離を y_B〔m〕として，鉛直投げ下ろし運動の変位と時間の関係式

「$y = v_0 t + \frac{1}{2} g t^2$」に代入する。

Bの落下距離 y_B

$$y_B = 39.2 \times t + \frac{1}{2} \times 9.8 \times t^2$$

落下距離は等しいことから，$y_A = y_B$ となるので

$$\frac{1}{2} \times 9.8 \times (t+2.0)^2 = 39.2 \times t + \frac{1}{2} \times 9.8 \times t^2$$

$$(t+2)^2 = 8t + t^2$$

$$t^2 + 4t + 4 = 8t + t^2$$

$$4t = 4$$

$$t = 1.0 \text{〔s〕} \qquad \text{答 } \mathbf{1.0秒後}$$

(2)　自由落下運動の変位と時間の関係式

「$y = \frac{1}{2} g t^2$」に代入する。落下した距離を y〔m〕とすると，小石Aの式より

$$y = \frac{1}{2} \times 9.8 \times (1.0 + 2.0)^2$$

$$= 44.1 \fallingdotseq 44 \text{〔m〕} \qquad \text{答 } \mathbf{44m}$$

〈別解〉　鉛直投げ下ろし運動の変位と時間の関係式「$y = v_0 t + \frac{1}{2} g t^2$」に代入する。落下した距離を y〔m〕とすると，小石Bの式より

$$y = 39.2 \times 1.0 + \frac{1}{2} \times 9.8 \times 1.0^2$$

$$= 39.2 + 4.9 = 44.1 \fallingdotseq 44 \text{〔m〕}$$

16. (1)　最高点ではボールの速さが 0 m/s になる。鉛直投げ上げ運動の速度と時間の関係式「$v = v_0 - gt$」に代入する。求める時間を t〔s〕とすると

$$0 = 9.8 - 9.8 \times t$$

$$t = 1.0 \text{〔s〕} \qquad \text{答 } \mathbf{1.0秒後}$$

(2)　(1)の時間を用いて，鉛直投げ上げ運動の変位と時間の関係式「$y = v_0 t - \frac{1}{2} g t^2$」に代入する。求める高さを y〔m〕とすると

$$y = 9.8 \times 1.0 - \frac{1}{2} \times 9.8 \times 1.0^2$$

$$= 9.8 - 4.9 = 4.9 \text{〔m〕} \qquad \text{答 } \mathbf{4.9m}$$

(3)　鉛直投げ上げ運動の変位と時間の関係式「$y = v_0 t - \frac{1}{2} g t^2$」に代入する。鉛直投げ上げ運動の原点はビルの屋上になるので，地面は $y = -39.2 \text{m}$ である。求める時間を t〔s〕とすると

$$-39.2 = 9.8 \times t - \frac{1}{2} \times 9.8 \times t^2$$

$$t^2 - 2t - 8 = 0$$

$$(t-4)(t+2) = 0$$

$$t = 4.0, \quad -2.0 \text{〔s〕}$$

$t > 0$ なので $t = -2.0$〔s〕は不適。　　**答 4.0秒後**

(4)　(3)で求めた時間を，鉛直投げ上げ運動の速度と時間の関係式「$v = v_0 - gt$」に代入する。ボールの速度を v〔m/s〕とすると

$$v = 9.8 - 9.8 \times 4.0 = 9.8 - 39.2$$

$$= -29.4 \fallingdotseq -29 \text{〔m/s〕}$$

よって，求める速さは29m/s。　　**答 29m/s**

17. 小球は気球と共に一定の速さ v_0〔m/s〕で上昇しているので，小球を落としたときの気球の速度が，小球が落下するときの初速度となる。よって，小球は初速度 v_0〔m/s〕の鉛直投げ上げ運動をする。

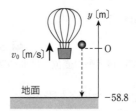

小球を落下させた高さを原点Oとし，上向きに y 軸の正の向きをとる。地面の高さは $y = -58.8 \text{m}$ となる。鉛直投げ上げ運動の変位と時間の関係式「$y = v_0 t - \frac{1}{2} g t^2$」に代入する。

$$-58.8 = v_0 \times 4.0 - \frac{1}{2} \times 9.8 \times 4.0^2$$

$$v_0 = 4.9 \text{〔m/s〕} \qquad \text{答 } \mathbf{4.9m/s}$$

18. 小球Aは自由落下運動なので下向きに y 軸の正の向きをとり，小球Bは鉛直投げ上げ運動なので上向きに y 軸の正の向きをとる。

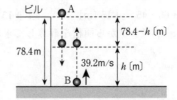

(1) t〔s〕後に，小球Aと小球Bは地面から h〔m〕の高さですれ違うものとする。

Aの落下距離は $(78.4-h)$〔m〕となるので，自由落下運動の変位と時間の関係式「$y=\dfrac{1}{2}gt^2$」に代入して

$$78.4-h=\dfrac{1}{2}\times 9.80\times t^2 \quad\cdots\cdots①$$

小球Bは，鉛直投げ上げ運動の変位と時間の関係式「$y=v_0t-\dfrac{1}{2}gt^2$」に代入して

$$h=39.2\times t-\dfrac{1}{2}\times 9.80\times t^2 \quad\cdots\cdots②$$

①＋②より

$$78.4=39.2\times t$$
$$t=2.00 \text{〔s〕}$$

②に代入して，すれ違う高さ h〔m〕を求める。

$$h=39.2\times 2.00-\dfrac{1}{2}\times 9.80\times 2.00^2$$
$$=78.4-19.6=58.8 \text{〔m〕} \qquad 答\ \mathbf{58.8m}$$

(2) 小球Aの速度を v_A〔m/s〕として，自由落下運動の速度と時間の関係式「$v=gt$」に $t=2.00$〔s〕を代入する。

$$v_A=9.80\times 2.00=19.6 \text{〔m/s〕}$$

$$答\ \mathbf{A:19.6m/s，\ 下向き}$$

小球Bの速度を v_B〔m/s〕として，鉛直投げ上げ運動の速度と時間の関係式「$v=v_0-gt$」に $t=2.00$〔s〕を代入する。

$$v_B=39.2-9.80\times 2.00=19.6 \text{〔m/s〕}$$

$$答\ \mathbf{B:19.6m/s，\ 上向き}$$

(3) 小球Bが地面に戻ってくる時刻 t'〔s〕を求める。鉛直投げ上げ運動の変位と時間の関係式「$y=v_0t-\dfrac{1}{2}gt^2$」に地面の位置 $y=0$〔m〕を代入する。

$$0=39.2\times t'-\dfrac{1}{2}\times 9.80\times t'^2$$
$$0=t'(8-t')$$
$$t'=0,\ 8.00 \text{〔s〕}$$

$t'=0$〔s〕は，小球の運動の開始時刻なので不適。また，小球どうしがすれ違うのは投げ上げてから2.00秒後なので，

$$8.00-2.00=6.00 \text{〔s〕} \qquad 答\ \mathbf{6.00秒後}$$

19. 小物体Aが地面に落下するまでの時間を t とする。自由落下運動の変位と時間の関係式

「$y=\dfrac{1}{2}gt^2$」に代入して

$$h=\dfrac{1}{2}gt^2$$

時間 t について変形して

$$t^2=\dfrac{2h}{g}$$
$$t=\sqrt{\dfrac{2h}{g}} \quad\cdots\cdots①$$

小物体Bは鉛直投げ上げ運動をして，時間 t 後に地面に落下する。鉛直投げ上げ運動の変位と時間の関係式「$y=v_0t-\dfrac{1}{2}gt^2$」に代入する。地面の高さは $y=0$ であるので

$$0=vt-\dfrac{1}{2}gt^2$$

v について変形して

$$vt=\dfrac{1}{2}gt^2$$
$$v=\dfrac{1}{2}gt$$

①を代入して

$$v=\dfrac{1}{2}g\times\sqrt{\dfrac{2h}{g}}=\sqrt{\dfrac{gh}{2}} \qquad 答\ \sqrt{\dfrac{gh}{2}}$$

4 力の表し方 〈p.18〉

ポイントチェック

① 「$W=mg$」より
$$100\times 9.8=9.8\times 10^2 \text{〔N〕} \qquad 答\ \mathbf{9.8\times 10^2 N}$$

② 質量を m〔kg〕とすると，「$W=mg$」より
$$49=m\times 9.8$$
$$m=\dfrac{49}{9.8}=5.0 \text{〔kg〕} \qquad 答\ \mathbf{5.0kg}$$

③ ばね定数を k〔N/m〕とする。4.0cm＝0.040m なので，「$F=kx$」より
$$10=k\times 0.040$$
$$k=\dfrac{10}{0.040}=2.5\times 10^2 \text{〔N/m〕}$$

$$答\ \mathbf{2.5\times 10^2 N/m}$$

④ 10g＝10×10^{-3}kg＝1.0×10^{-2}kg なので，おもりにかかる重力の大きさは「$W=mg$」より
$$W=1.0\times 10^{-2}\times 9.8=9.8\times 10^{-2} \text{〔N〕}$$
ばねの伸びを x〔m〕とする。ばねの弾性力の大きさがおもりにかかる重力の大きさと等しいので，「$F=kx$」より

$$9.8 \times 10^{-2} = 2.0 \times x$$

$$x = \frac{9.8 \times 10^{-2}}{2.0} = 4.9 \times 10^{-2} \, [\text{m}] = 4.9 \, [\text{cm}]$$

答 **4.9cm**

5 (i) 答 **物体が地球から受ける力**

  (ii) 答 **物体がばねから受ける力**

6 (i) 答

  (ii) 答

  (iii) 答

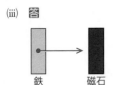

  (iv) 答

E X E R C I S E

20. (1) 答 **物体Aがひも①から引かれる力**

  (2) 答 **物体Aがひも②から引かれる力**

  (3) 答 **物体Aが物体Bから押される力**

  (4) 答 **床が物体Cから押される力**

  (5) 答 **ばね②が物体Aから引かれる力**

  (6) 答 **ばね②が物体Bから引かれる力**

  (7) 答 **クリップが糸から引かれる力**

  (8) 答 **床が糸から引かれる力**

5 力のつり合い 〈p.20〉

ポイントチェック

1 (i) 答   (ii) 答

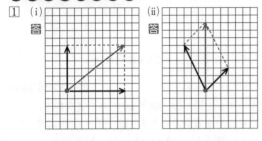

(i) 合力が2つの力を2辺とする平行四辺形の対
角線になるように作図する。
縦横の力の矢印の目盛が6:8＝3:4なので,
直角三角形の辺の比3:4:5より

縦:横:斜め＝6.0:8.0:10 答 **10N**

  (ii) 合力が2つの力を2辺とする平行四辺形の対
角線になるように作図する。
目盛を数えて, 答 **9.0N**

〈別解〉

力を縦成分・横成分に分解する。
横成分の合力は
3.0 － 3.0 ＝ 0 [N]
縦成分の合力は
6.0 ＋ 3.0 ＝ 9.0 [N]

2 力の矢印が2つの分力を2辺とする平行四辺形
の対角線になるように作図する。

  (i) 答   (ii) 答

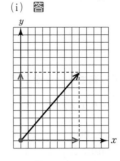 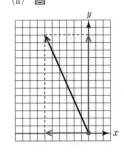

答 $F_x = 8.0\text{N}$ 答 $F_x = -6.0\text{N}$

  $F_y = 9.0\text{N}$ $F_y = 13\text{N}$

3 右図の三角形の辺の比より

$$10 : F_x : F_y = 2 : 1 : \sqrt{3}$$

$$F_x = \frac{1}{2} \times 10 = 5.0 \, [\text{N}]$$

$$F_y = \frac{\sqrt{3}}{2} \times 10 = 5\sqrt{3} = 8.5 \, [\text{N}]$$

答 $F_x = 5.0\text{N}, \ F_y = 8.5\text{N}$

4 (i) 合力が2つの力を2辺とする平行四辺形の
対角線になるように作図し,2つの力を合成す
る。次に合力の矢印を反対側に延ばす。

縦:横:斜め＝4:3:5

＝8.0N:6.0N:10

より,合力の大きさは10N

つり合う力はこの合力と大きさが等しい。

答 **10N**

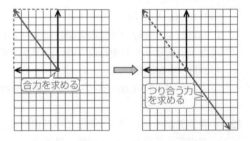

  (ii) 合力が2つの力を2辺とする平行四辺形の対

角線になるように作図し，2つの力を合成する。次に合力の矢印を反対側に延ばす。合力の方向が縦軸と平行なので，目盛を数えて大きさを求める。　　　　　　　　　　　　　**圏 7.0N**

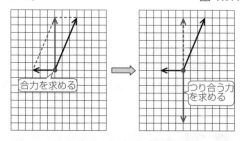

〈別解〉

　右側の力を成分に分解する。横方向の力を合成すると3.0−3.0 = 0〔N〕なので，縦方向のみの力が残る。

5　(i)　**圏 物体が机から押される力（垂直抗力）と物体が地球から引かれる力（重力）**

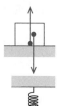

(ii)　**圏 物体が地球から引かれる力（重力）と物体がばねから引かれる力（弾性力）**

EXERCISE

21. 力の矢印をかき，大きさ・記号を記入する。次に，力を水平方向・鉛直方向に分解する。

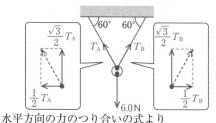

水平方向の力のつり合いの式より

$$\frac{1}{2}T_A = \frac{1}{2}T_B$$

$$T_A = T_B \quad\cdots\cdots①$$

鉛直方向の力のつり合いの式より

$$\frac{\sqrt{3}}{2}T_A + \frac{\sqrt{3}}{2}T_B = 6.0$$

$$\sqrt{3}\,T_A = 6.0 \quad(←①より)$$

$$T_A = \frac{6.0}{\sqrt{3}} = 2\sqrt{3} = 3.46 ≒ 3.5 〔N〕(= T_B)$$

圏 T_A = 3.5N，T_B = 3.5N

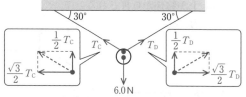

水平方向の力のつり合いより

$$\frac{\sqrt{3}}{2}T_C = \frac{\sqrt{3}}{2}T_D$$

$$T_C = T_D$$

鉛直方向の力のつり合いより

$$\frac{1}{2}T_C + \frac{1}{2}T_D = 6.0$$

よって，$T_C = T_D = 6.0$〔N〕

圏 T_C = 6.0N，T_D = 6.0N

〈別解〉

　張力の合力が重力6.0Nとつり合っているので，右図のようになる。

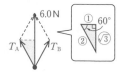

　　$T_A(= T_B):3.0N$
　　$= 2:\sqrt{3}$

より求める。

同様に，張力の合力と重力6.0Nがつり合っているので，右図のようになる。

　　$T_C(= T_D):6.0N = 1:1$

より求める。

6　作用反作用と力のつり合い　〈p.22〉

ポイントチェック

1　(i)　**圏 物体が床から押される力（垂直抗力）**

(ii)　**圏 ばねがおもりから引かれる力**

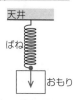

(iii)　**圏 物体が地球から引かれる力（物体の重力）**

(iv) 答 **手が物体から押される力**

手　物体

② (i) 答
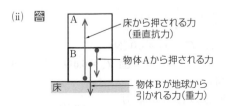
A
B
床
物体Bから押される力
（垂直抗力）
物体Aが地球から
引かれる力（重力）

(ii) 答
A
B
床
床から押される力
（垂直抗力）
物体Aから押される力
物体Bが地球から
引かれる力（重力）

③ つり合いは，1つの物体にはたらく力なので，
　　　　　　答 **つり合い：アとエ，ウとオ**
作用反作用は，同じ直線上にある力で，大きさが
等しく向きが反対の力なので，
　　　　　　答 **作用反作用：アとイ，ウとエ**
④ ③と同様に考えればよい。
(i) 答 $F_1 = W$：つり合い　$F_1 = F_2$：作用反作用
(ii) 答 $T_3 = W$：つり合い　$T_3 = T_4$：作用反作用
　　　$T_1 = T_2$：作用反作用　$T_1 = T_4$：つり合い

E X E R C I S E

22. (1) 答
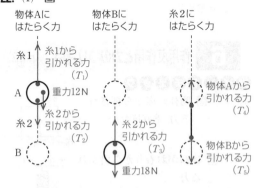
物体Aに
はたらく力
糸1
A
糸2
B
糸1から
引かれる力
(T_1)
重力12N
糸2から
引かれる力
(T_2)

物体Bに
はたらく力
糸2から
引かれる力
(T_3)
重力18N

糸2に
はたらく力
物体Aから
引かれる力
(T_4)
物体Bから
引かれる力
(T_5)

(2) 物体Aの鉛直方向の力のつり合いは，物体A
にはたらく力に着目して
$$T_1 - 12 - T_2 = 0 \quad \cdots\cdots ①$$
物体Bの鉛直方向の力のつり合いは，物体Bに
はたらく力に着目して
$$T_3 - 18 = 0 \quad \cdots\cdots ②$$
糸2の鉛直方向の力のつり合いは，糸2にはた

らく力に着目して
$$T_4 - T_5 = 0 \quad \cdots\cdots ③$$
ここで，作用反作用の関係より
$$T_4 = T_2$$
$$T_5 = T_3$$
なので，③より $T_2 = T_3$　……④
④を②に代入して　$T_2 = 18 \,〔N〕$　　　　答 **18N**
(3) (2)の結果を①に代入して
$$T_1 = 12 + 18 = 30 \,〔N〕$$
　　　　　　　　　　　　　　　　答 **30N**

7 運動の三法則　〈p.24〉

ポイントチェック

① (i) 運動している人はその速度を保って運動し
ようとする。
　　　　答 **慣性の法則（運動の第一法則）**
(ii) 重力により加速度運動する。
　　　　答 **運動の法則（運動の第二法則）**
(iii) 地面がボールから押されることにより，ボー
ルが地面から押される。
　　　　答 **作用反作用の法則（運動の第三法則）**
(iv) 壁がラジコンカーから押されることにより，
ラジコンカーが壁から押される。
　　　　答 **作用反作用の法則（運動の第三法則）**
(v) 物体が力を受けると，その向きに加速度が生
じる。　　答 **運動の法則（運動の第二法則）**
(vi) 手を振ることで，いっしょに運動していた水
滴はその速度を保とうとする。
　　　　答 **慣性の法則（運動の第一法則）**

② (i) 重力は鉛直下向きなので，負の加速度で減
速。
(ii) 重力は鉛直下向きなので，負の加速度で加速。
(iii) 摩擦力は運動の向きと反対なので，負の加速
度で減速。
(iv) 力のはたらく向きに加速するので，正の加速
度で加速。

答 **(ii)**
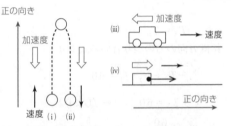
正の向き
加速度
速度 (i) (ii)
(iii)　加速度　速度
(iv)　正の向き

③ ⓐ 速さが増えているので，加速度は正。
　　　　　　　　　　　答 **ⓐ：右向き**

ⓑ 速さが一定なので，加速度は 0 。

答 ⓑ：力なし

ⓒ 速さが減っているので，加速度は負。

答 ⓒ：左向き

④ 力が3.0倍になるので，「$ma = F$」より加速度も3.0倍。　　　　　　　　**答 3.0倍**

⑤ 質量は $\dfrac{0.50}{3.0} = \dfrac{1}{6.0}$ 倍となるので，加速度は質量に反比例して6.0倍となる。　**答 6.0倍**

⑥ 「$ma = F$」より

$$1.5 \times a = 0.60$$

$$a = \frac{0.60}{1.5} = 0.40 \,[\text{m/s}^2]$$　　**答 0.40 m/s²**

EXERCISE

23. グラフの傾きからそれぞれの加速度を求める。

$$a_{0.50} = \frac{2.0}{1.0} = 2.0 \,[\text{m/s}^2]$$　　**答 $a_{0.50} = 2.0$ m/s²**

$$a_{1.0} = \frac{1.0}{1.0} = 1.0 \,[\text{m/s}^2]$$　　**答 $a_{1.0} = 1.0$ m/s²**

$$a_{1.5} = \frac{0.60}{0.90} = 0.6\overset{7}{6}6 \fallingdotseq 0.67 \,[\text{m/s}^2]$$

答 $a_{1.5} = 0.67$ m/s²

$$a_{2.0} = \frac{0.40}{0.80} = 0.50 \,[\text{m/s}^2]$$　**答 $a_{2.0} = 0.50$ m/s²**

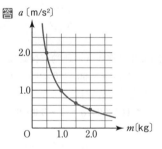

答 $a\,[\text{m/s}^2]$

---

8 運動方程式の活用 〈p.26〉

ポイントチェック

① (ⅰ) 運動の向きに加速している。

(ⅱ) 力の合力は鉛直上向き。

(ⅲ) はたらく力は重力のみで，鉛直下向き。

(ⅳ) 重力と垂直抗力の合力は斜面下向き。

(ⅴ) 進行方向反対に動摩擦力がはたらき，左向き。

答

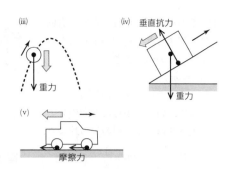

② 右向きを加速度の正の向きとし，加速度を $a\,[\text{m/s}^2]$ とする。水平方向の運動方程式は，「$ma = F$」より

$$2.5 \times a = 10 - 2.5$$

$$a = \frac{7.5}{2.5} = 3.0 \,[\text{m/s}^2]$$　**答 3.0 m/s²，右向き**

③ 右向きを正の向きとし，加速度を $a\,[\text{m/s}^2]$ とする。はたらく力は左向きなので，-6.0 N になる。したがって，水平方向の運動方程式は

$$1.2 \times a = -6.0$$

$$a = -\frac{6.0}{1.2} = -5.0 \,[\text{m/s}^2]$$

答 5.0 m/s²，左向き

④ 鉛直上向きを正の向きとして，加速度を $a\,[\text{m/s}^2]$ とする。はたらく力は右図のようになるので，鉛直方向の運動方程式は

$$10 \times a = 100 - 10 \times 9.8$$

$$a = 0.20 \,[\text{m/s}^2]$$

答 0.20 m/s²，鉛直上向き

⑤ 鉛直上向きを正の向きとして，引く力を $F\,[\text{N}]$ とする。鉛直方向の運動方程式より

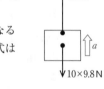

$$10 \times (-2.0) = F - 10 \times 9.8$$

$$F = 98 - 20$$

$$= 78 \,[\text{N}]$$　　　　**答 78 N**

EXERCISE

24. 物体が複数の力を受けているとき，物体が運動する方向と，運動しない方向に力を分解し，運動する方向について合力を求める。さらに，物体が運動する方向について運動方程式を立てると加速度を求めることができる。

(1) 重力を斜面に平行・垂直な方向
に分解すると，右図のようになる。
また，重力の大きさは，
「$W = mg$」より，

$$W = 20 \times 9.8 = 196 \,〔N〕$$

ここで，斜面に平行な方向の分力
の大きさは，三角形の辺の比より，

$$W \times \frac{1}{2} = 196 \times \frac{1}{2} = 98 \,〔N〕 \qquad 答 \; 98\,N$$

(2) 物体が受ける斜面に平行な
力は，図の通りである。
斜面上方を正の向きとして，
物体の運動方程式を立てると，
「$ma = F$」より，

$$20 \times a = 110 - 98 \qquad 答 \; 20 \times a = 110 - 98$$

(3) (2)の運動方程式を解いて，

$$20a = 12 \qquad a = 0.60 \,〔m/s^2〕$$

$$答 \; 0.60\,m/s^2$$

(4) 物体が斜面を上りきるまでにかかる時間を t
〔s〕とする。斜面上向きに力を受けた物体は，
(3)で求めた加速度で等加速度直線運動するので，

等加速度直線運動の式「$x = v_0 t + \dfrac{1}{2} at^2$」より，

$$4.8 = 0 \times t + \frac{1}{2} \times 0.60 \times t^2$$

$$0.3t^2 = 4.8$$

$$t^2 = 16$$

$t > 0$ より

$$t = 4.0 \,〔s〕$$

$$答 \; 4.0\,s$$

25. (1)

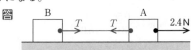

物体A，Bにはたらく力は図のようになるので，
右向きを正として運動方程式を立てると，Aの
運動方程式は

$$4.0 \times 0.40 = 2.0 - f \quad \cdots\cdots①$$

また，Bの運動方程式は

$$m \times 0.40 = f \quad \cdots\cdots②$$

となる。 $\qquad 答 \; A : 4.0 \times 0.40 = 2.0 - f$

$$B : m \times 0.40 = f$$

(2) ①より

$$f = 2.0 - 4.0 \times 0.40 = 0.40 \,〔N〕$$

$$答 \; f = 0.40\,N$$

②に f の値を代入して

$$m \times 0.40 = 0.40$$

$$m = 1.0 \,〔kg〕 \qquad 答 \; m = 1.0\,kg$$

26. (1) それぞれの物体にはたらく水平方向の力は，
次のようになる。

答

(2) 右向きを正の向きとする。

$$答 \; A : 1.2 \times a = 2.4 - T \quad \cdots\cdots①$$

$$答 \; B : 0.80 \times a = T \quad \cdots\cdots②$$

(3) ①＋②より

$$2.0 \times a = 2.4$$

$$a = 1.2 \,〔m/s^2〕 \qquad 答 \; 加速度 : 1.2\,m/s^2$$

②に代入して

$$T = 0.80 \times 1.2 = 0.96 \,〔N〕$$

$$答 \; 張力 : 0.96\,N$$

27. (1) それぞれの物体にはたらく力は次のように
なる。 答

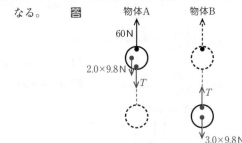

(2) 上図より，物体Aの運動方程式は

$$答 \; A : 2.0 \times a = 60 - 2.0 \times 9.8 - T \quad \cdots\cdots①$$

物体Bの運動方程式は

$$答 \; B : 3.0 \times a = T - 3.0 \times 9.8 \quad \cdots\cdots②$$

(3) ①＋②より

$$5.0 \times a = 60 - (2.0 + 3.0) \times 9.8$$

$$a = 2.2 \,〔m/s^2〕 \qquad 答 \; 加速度 : 2.2\,m/s^2$$

a を②に代入して

$$3.0 \times 2.2 = T - 3.0 \times 9.8$$

$$T = 3.0 \times (2.2 + 9.8) = 36 \,〔N〕 \qquad 答 \; 張力 : 36\,N$$

9 静止摩擦力と動摩擦力 〈p.30〉

ポイントチェック

1 (i) 物体にはたらく摩擦力の向きは，つねにその物体の運動の向きと反対である。

答

(ii) (i)と同様に考えればよい。

答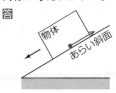

(iii) (i)と同様に考えればよい。

答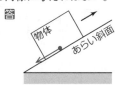

(iv) 台を引くと台に左向きの摩擦力が発生し，その上の物体には，摩擦力の反作用が右向きにはたらく。

答

(v) 重力により物体は真下に落下しようとする。

答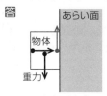

2 物体にはたらく水平方向の力のつり合いより
(静止摩擦力) = 10N

答 **10N**

3 (i)(ii) 摩擦力は接している部分の面積によらないので，(i)，(ii)は答えが同じになる。

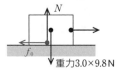

垂直抗力の大きさを N 〔N〕，最大摩擦力の大きさを f_0 〔N〕とすると，「$f_0 = \mu N$」より

$$f_0 = 0.50 N \quad \cdots\cdots ①$$

また，鉛直方向の力のつり合いより

$$N = 3.0 \times 9.8 \text{〔N〕}$$

これを①に代入して

$$f_0 = 0.50 \times 3.0 \times 9.8 = 14.7 \overset{5}{=} 15 \text{〔N〕}$$

(i) 答 **15N**

(ii) 答 **15N**

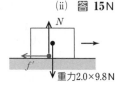

4 垂直抗力の大きさを N 〔N〕，動摩擦力の大きさを f' 〔N〕とする。「$f' = \mu' N$」より

$$f' = 0.20 N \quad \cdots\cdots ①$$

また，鉛直方向の力のつり合いより

$$N = 2.0 \times 9.8 \text{〔N〕}$$

これを①に代入して

$$f' = 0.20 \times 2.0 \times 9.8 = 3.92 \fallingdotseq 3.9 \text{〔N〕}$$

答 **3.9N**

EXERCISE

28. (1) 重力が対角線になるように長方形を作図し，各成分を求める。

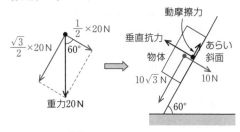

図より，$10\sqrt{3}$ N = 17.3N ≒ 17N であるから，

答 **斜面に平行な方向：17N**
斜面に垂直な方向：10N

(2) 物体にはたらく斜面に垂直な方向の力のつり合いより，垂直抗力の大きさ $N = 10$N
よって，(動摩擦力) = $\mu' N = 0.30 \times 10 = 3.0$〔N〕

答 **3.0N**

10 いろいろな力 〈p.32〉

ポイントチェック

1 (i) 床に接している部分の面積は

$$10\text{cm} \times 10\text{cm} = 100\text{cm}^2 = 1.0 \times 10^{-2}\text{m}^2$$

床を押す力の大きさは重力の大きさ2.0Nと等しいので，求める圧力 P 〔Pa〕は「$P = \dfrac{F}{S}$」より

$$P = \frac{2.0}{1.0 \times 10^{-2}} = 2.0 \times 10^2 \text{〔Pa〕}$$

答 **2.0×10^2 Pa**

(ii) 床に接している部分の面積は

$$10\text{cm} \times 5.0\text{cm} = 50\text{cm}^2 = 5.0 \times 10^{-3}\text{m}^2$$

床を押す力の大きさは重力の大きさ2.0Nと等

しいので，求める圧力 P'〔Pa〕は

$$P' = \frac{2.0}{5.0 \times 10^{-3}} = 4.0 \times 10^2 〔Pa〕$$

答 **4.0×10^2Pa**

2 大気圧 $P = 1.0 \times 10^5$Pa

大気圧を受ける面積 $S = 0.30$m^2

である。求める力の大きさを F〔N〕とすると，

「$P = \dfrac{F}{S}$」より

$$F = PS = 1.0 \times 10^5 \times 0.30 = 3.0 \times 10^4 〔N〕$$

答 **3.0×10^4N**

3 水深10mでの水圧を P_{10}〔Pa〕とすると，水面での気圧($=$大気圧$=P_0$)との差 $P_{10} - P_0$ を求めればよい。「$P = \rho gh + P_0$」より

$$P_{10} - P_0 = (1.0 \times 10^3 \times 9.8 \times 10 + P_0) - P_0$$
$$= 9.8 \times 10^4 〔Pa〕$$ 答 **9.8×10^4Pa**

（※これは，大気圧とほぼ同じ大きさである。）

4 求める浮力の大きさを F〔N〕とすると，

「$F = \rho Vg$」より

$$F = 1.0 \times 10^3 \times 3.0 \times 10^{-4} \times 9.8$$
$$= 2.94 \fallingdotseq 2.9 〔N〕$$ 答 **2.9N**

5 求める質量を m〔kg〕とすると，

（質量）＝（物体の密度）×（体積）より

$$m = 2.7 \times 10^3 \times 3.0 \times 10^{-4}$$
$$= 0.81 〔kg〕$$ 答 **0.81kg**

6 浮力の大きさは水中にある部分の体積に比例する。Aを基準とすると，Bは体積が2倍なので2倍，Cは水中部分が $\dfrac{1}{2}$ 倍なので $\dfrac{1}{2}$ 倍，Dは体積が3倍で，水中部分が $\dfrac{5}{6}$ 倍なので

$$3 \times \frac{5}{6} = \frac{5}{2} = 2.5 〔倍〕$$

よって 答 **D, B, A, C**

E X E R C I S E

29. (1) 物体Bを水の中に入れると，Bにはたらく浮力の分だけばねばかりの示す値が減少するので，水に入れる前後のばねばかりの示す値の差を求めればよい。

水に入れる前…10.0N

水に入れた後…5.1N

（浮力）$= 10.0 - 5.1 = 4.9$〔N〕 答 **4.9N**

(2) 物体Aを水の中に入れたとき，Aにはたらく浮力の大きさは，Bと同様に4.9Nである。したがって

（ばねばかりの示す値）

$=$（Aの重力）$+$（Bの重力）$-$（Aの浮力）

$\quad -$（Bの浮力）

$= 5.0 + 5.0 - 4.9 - 4.9 = 0.2$〔N〕 答 **0.2N**

(3) 物体AとBの合計の浮力の大きさは9.8Nである。求める体積を V〔m^3〕とすると，

「$F = \rho Vg$」より

$$9.8 = 1.0 \times 10^3 \times V \times 9.8$$
$$V = \frac{9.8}{1.0 \times 10^3 \times 9.8} = 1.0 \times 10^{-3} 〔m^3〕$$

答 **1.0×10^{-3}m^3**

節 末 問 題 ② 〈p.34〉

30. (1) 力の矢印は右図のようになる。 答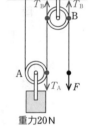

また，滑車Aについて，鉛直方向の力のつり合いより

$$2T_A = 20$$
$$T_A = 10 〔N〕$$ 答 **$T_A = 10$N**

(2) 中央のひもの力のつり合いから $T_A = T_B$ が求まり，右のひもの力のつり合いから $T_B = F$ が求まる。

よって $T_A = T_B = F$ であることがわかる。

滑車Aについて，鉛直方向の力のつり合いから

$$F + F = 20$$
$$F = 10 〔N〕$$ 答 **$F = 10$N**

31. (1) 糸の張力の合力が，物体にかかる重力 W とつり合っている。 答

(2)

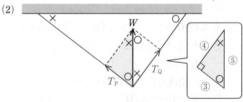

上図より，三角形の辺の比に着目すると

$$T_P : T_Q : W = 3 : 4 : 5$$

16

となる。よって

$$T_P : W = 3 : 5$$
$$5T_P = 3W$$
$$T_P = \frac{3}{5}W$$

答 $T_P = \dfrac{3}{5}W$

$$T_Q : W = 4 : 5$$
$$5T_Q = 4W$$
$$T_Q = \frac{4}{5}W$$

答 $T_Q = \dfrac{4}{5}W$

〈別解〉

T_P を水平成分, 鉛直成分に分解すると, それぞれの大きさ T_{Px}, T_{Py} は

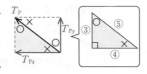

$$\begin{cases} T_{Px} = \dfrac{4}{5}T_P \\ T_{Py} = \dfrac{3}{5}T_P \end{cases}$$

T_Q を水平成分, 鉛直成分に分解すると, それぞれの大きさ T_{Qx}, T_{Qy} は

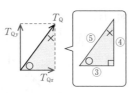

$$\begin{cases} T_{Qx} = \dfrac{3}{5}T_Q \\ T_{Qy} = \dfrac{4}{5}T_Q \end{cases}$$

物体について, 水平方向にはたらく力のつり合いより

$$T_{Px} = T_{Qx}$$
$$\frac{4}{5}T_P = \frac{3}{5}T_Q$$
$$T_Q = \frac{4}{3}T_P \quad \cdots\cdots①$$

鉛直方向にはたらく力のつり合いより

$$T_{Py} + T_{Qy} - W = 0$$
$$\frac{3}{5}T_P + \frac{4}{5}T_Q = W$$
$$3T_P + 4T_Q = 5W$$
$$3T_P + \frac{16}{3}T_P = 5W \quad (\leftarrow ①より)$$
$$25T_P = 15W$$
$$T_P = \frac{3}{5}W$$

また, $T_Q = \dfrac{4}{3}T_P = \dfrac{4}{5}W$

32. ばねは両端を同じ大きさの力で引かれているので, ばねの両端の力を求めなくても片側だけ求めれば伸びがわかる。おもりＡが受ける重力の大きさを W とする。

(1) 重力の大きさは $3W$。ばねが引かれる力が3倍なので伸びも3倍。 答 **3倍**

(2) 棒にはたらく力のつり合いは右図のようになるので

$$2W = f_2 + f_2$$
$$f_2 = W$$

ばねはともに a だけ伸びる。

答 **1倍**

(3) ばねにはたらく力を順に図のように表すと

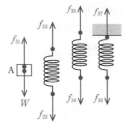

$$f_{37} = f_{36}, \ f_{35} = f_{34}, \ f_{33} = f_{32}, \ f_{31} = W$$

また, 作用反作用の法則より

$$f_{36} = f_{35}, \ f_{34} = f_{33}, \ f_{32} = f_{31}$$

であるから

$$f_{37} = f_{36} = f_{35} = f_{34} = f_{33} = f_{32} = f_{31} = W$$

よって, 1つのばねに加わる力の大きさは W である。 答 **1倍**

(4) 定滑車は力の向きを変えていて, 糸の両端の張力は等しいので, ばねの右端に加わる力の大きさは f_4 の大きさに等しく, おもりにはたらく力のつり合いより

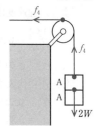

$$f_4 = 2W$$

同じ力がばねの左側にも加わる。 答 **2倍**

(5) ばねの右側に加わる力の大きさは f_{51} の大きさに等しく, (4)と同様に考えて

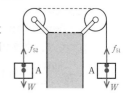

$$f_{51} = W$$

左側に加わる力の大きさ f_{52} も

$$f_{52} = W$$

答 **1倍**

33. 「$ma = F$」より加速度は「$a = \dfrac{F}{m}$」で求められ

る。

0s〜0.20sについて

$$（加速度）＝\frac{1.2}{0.60}＝2.0〔m/s^2〕$$

0.20s〜0.60sについて

$$（加速度）＝0〔m/s^2〕$$

0.60s〜1.0sについて

$$（加速度）＝\frac{-0.60}{0.60}＝-1.0〔m/s^2〕$$

初速度0m/sで加速して，0.20s後には一定の速度になり，その後減速して止まるので，0.20sのときの速さを求め，グラフをかく。0.20s後の速さは「$v=at$」より

$$2.0×0.20＝0.40〔m/s〕$$

グラフの面積が移動した距離なので

$$\frac{(0.40+1.0)×0.40}{2}＝0.28〔m〕 \quad 答\ 0.28m$$

答 v〔m/s〕

34. (1) 右図より

答 $0.50×a＝T-0.50×9.8$

……①

$0.50kg×9.8m/s^2$

(2) ⓐについて，グラフの傾きより，加速度は

$$\frac{1.96}{2.0}＝0.98〔m/s^2〕$$

なので，このときの張力の大きさをT_1〔N〕とし，①に代入すると

$$T_1＝0.50×(0.98+9.8)$$
$$＝5.39≒5.4〔N〕 \quad 答\ ⓐ：5.4N$$

ⓑについて，グラフより，加速度は0m/s²なので，このときの張力の大きさをT_2〔N〕とし，①に代入すると

$$T_2＝0.50×9.8＝4.9〔N〕 \quad 答\ ⓑ：4.9N$$

ⓒについて，グラフの傾きより，加速度は

$$\frac{-1.96}{12-8.0}＝-0.49〔m/s^2〕$$

なので，このときの張力の大きさをT_3〔N〕とし，①に代入すると

$$T_3＝0.50×(9.8-0.49)$$
$$＝4.655≒4.7〔N〕 \quad 答\ ⓒ：4.7N$$

35. (1) 斜面に平行な方向の成分をW_x〔N〕，斜面に垂直な方向の成分をW_y〔N〕とする。物体が受ける重力の大きさは$10×9.8＝98$〔N〕なので，直角三角形の辺の比より

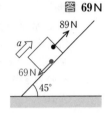

$$W_x＝\frac{1}{\sqrt{2}}×98＝\frac{\sqrt{2}}{2}×98$$
$$＝69.09≒69〔N〕 \quad 答\ 69N$$

(2) 斜面に沿って上向きを正とし，加速度をa〔m/s²〕とする。斜面に平行な方向の運動方程式は「$ma＝F$」より

$$10×a＝89-69$$

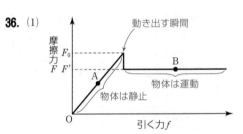

$$a＝\frac{20}{10}＝2.0〔m/s^2〕 \quad 答\ 2.0m/s^2$$

36. (1)

水平に引く力を徐々に大きくしていくと，物体が静止している間は，引く力の大きさfと静止摩擦力の大きさFは等しく$F＝f$であるが，引く力の大きさfが，最大摩擦力の大きさF_0を超えた直後に物体は動き出す。このときの最大摩擦力の大きさF_0は，垂直抗力の大きさをN，静止摩擦係数を$μ$とすると

$$F_0＝μN$$

となる。
fがF_0より大きくなると，物体は運動をはじめる。物体が運動している間に物体にはたらく摩擦力の大きさF'は，F_0より小さく，一定の力になる。F'を動摩擦力といい，垂直抗力をN，動摩擦係数を$μ'$とすると

$$F'＝μ'N$$

となる。

以上より，点Aでの摩擦力の大きさFは

$$F＝f$$

であり，物体は静止している。
また，点Bでは，物体は運動しており，摩擦力

の大きさFは，$F = F'$で動摩擦力となる。
ここで，鉛直方向の力のつり合いより
$N = W$であるから
$$F' = \mu'N = \mu'W$$
となる。よって　　　📝 **点A：①，点B：⑥**

(2) 物体の重力の大
きさが2倍になっ
た場合，物体には
たらく鉛直方向の
力のつり合いより，
垂直抗力の大きさ
Nは$N = 2W$となり2倍になる。

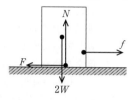

したがって，最大摩擦力の大きさF_0は
$$F_0 = \mu N = 2\mu W$$
また，動摩擦力の大きさF'は$F' = \mu'N = 2\mu'W$
となり，ともに2倍になる。よって，もとのグ
ラフと比較して，最大摩擦力，動摩擦力とも
に2倍になっているグラフが正しいといえる。
以上より，正しく示しているのは②。　📝 **②**

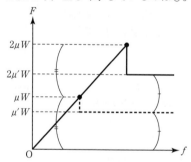

37. (1) 右図より，

📝 **斜面に平行な**
方向：$\dfrac{1}{2}W$

📝 **斜面に垂直**
な方向：$\dfrac{\sqrt{3}}{2}W$

(2) 動きはじめる直
前ということは，
摩擦力が最大と考
える（最大摩擦力）。
静止摩擦係数をμ
とすると，最大摩
擦力の大きさf_0と垂直抗力の大きさNの関係より
$$f_0 = \mu N \quad \cdots\cdots ①$$
最大摩擦力と垂直抗力は力のつり合いより求め
る。上図より，斜面に垂直な方向の力のつり合
いから

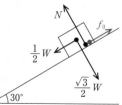

$$N = \frac{\sqrt{3}}{2}W \quad \cdots\cdots ②$$
と垂直抗力が得られる。
斜面に平行な方向の力のつり合いより
$$f_0 = \frac{1}{2}W \quad \cdots\cdots ③$$
と最大摩擦力が得られる。
②，③を①に代入すると
$$\frac{1}{2}W = \mu \times \frac{\sqrt{3}}{2}W$$
$$\mu = \frac{1}{\sqrt{3}} = \frac{\sqrt{3}}{3} = \frac{1.7}{3} = 0.56\overset{6}{6} \fallingdotseq 0.57$$
📝 **0.57**

38. (1) 引いた力の水平成分は
$$10 \times \frac{4}{5} = 8.0 \,(\text{N})$$　📝 **水平方向：8.0N**

引いた力の鉛直成分は
$$10 \times \frac{3}{5} = 6.0 \,(\text{N})$$　📝 **鉛直方向：6.0N**

(2) (1)の力を分力だけ
記入して，物体には
たらく力を記入する
と右図のようになる。
垂直抗力の大きさを
N〔N〕とすると，鉛
直方向の力のつり合
いより
$$6.0 + N - 16 = 0$$
$$N = 10 \,(\text{N})$$　📝 **10N**

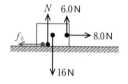

(3) 最大摩擦力の大きさをf_0〔N〕とすると，水
平方向の力のつり合いより
$$f_0 = 8.0 \,(\text{N})$$　📝 **8.0N**

(4) 静止摩擦係数をμとすると，「$f_0 = \mu N$」より
$$8.0 = \mu \times 10$$
$$\mu = 0.80$$　📝 **0.80**

39. (1) 物体の水平方向の
運動方程式は，
「$ma = F$」より
📝 **$5.0 \times 0.60 = 7.9 - f'$**

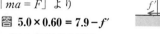

(2) (1)の方程式を解き
$$f' = 7.9 - 3.0$$
$$= 4.9 \,(\text{N})$$　📝 **4.9N**

(3) 垂直抗力の大きさをN〔N〕とすると，
「$f' = \mu'N$」より
$$4.9 = \mu'N \quad \cdots\cdots ①$$

ここで，物体の鉛直方向の力のつり合いより
$$N = 5.0 \times 9.8 = 49 \ [\text{N}]$$
であるから，①に代入して
$$4.9 = \mu' \times 49$$
$$\mu' = \frac{4.9}{49} = 0.10 \qquad \qquad \text{答 } 0.10$$

40. (1) ピストンの質量が無視できるので，水深 h での水圧は，水の密度を ρ，大気圧を P_0 として，
(水圧) $= P_0 + \rho g h$ となる。
$$\text{答 } P_0 + \rho g h$$

(2) ピストン B の上に質量 M のおもりをのせると，ピストン B が水を押す圧力は $P = \dfrac{Mg}{2S}$ だけ増加する。
ピストン A に大きさ F の力を加えたとき，ピストン A も同じだけ圧力が増加すればよいので
$$\frac{Mg}{2S} = \frac{F}{S}$$
$$F = \frac{Mg}{2} \qquad \qquad \text{答 } F = \frac{Mg}{2}$$

(3) おもりと大きさ F の力によって，水圧はどこでも $\dfrac{Mg}{2S}$ だけ増加するので，(1)の値にこれを加えればよい。
$$\text{答 } P_0 + \rho g h + \frac{Mg}{2S}$$

41. (1) 液体の重力の大きさは $\rho V g$
一方，球にはたらく浮力の大きさは $\rho V' g$
したがって，糸で支える力は浮力の大きさだけ小さくなり，台ばかりが示す値は浮力の大きさだけ増加する。よって，台ばかりが示す値は
$$\rho V g + \rho V' g = \rho (V + V') g \qquad \text{答 ⑤}$$

(2) 液体の重力と球の重力の和を求めればよいので
$$\rho V g + \rho' V' g = (\rho V + \rho' V') g \qquad \text{答 ③}$$

42. (1) 右図のように，台車にはたらく水平方向の力を記入する。
ひも①の張力の大きさが $T_1 \ [\text{N}]$，ひも②の張力の大きさが $T_2 \ [\text{N}]$ であることから，右向きを正として台車の水平方向の運動方程式をつくると
$$\text{答 } \text{A} : 0.60 \times a = 3.6 - T_1 \quad \cdots\cdots\text{ⓐ}$$

$$\text{B} : 0.50 \times a = T_1 - T_2 \quad \cdots\cdots\text{ⓑ}$$
$$\text{C} : 0.40 \times a = T_2 \quad \cdots\cdots\text{ⓒ}$$

(2) ⓐ ＋ ⓑ ＋ ⓒ より
$$1.5 \times a = 3.6$$
$$a = 2.4 \ [\text{m/s}^2] \qquad \text{答 } 2.4 \text{m/s}^2$$

〈別解〉
連結された台車 A，B，C は同じ加速度で運動しているので，1 つの物体と見なして加速度を求めることができる。
$$(0.60 + 0.50 + 0.40) \times a = 3.6$$

(3) $a = 2.4 \text{m/s}^2$ をⓐに代入して
$$T_1 = 3.6 - 0.60 \times 2.4 = 2.16 \fallingdotseq 2.2 \ [\text{N}]$$
$$\text{答 } ① : 2.2\text{N}$$

$a = 2.4 \text{m/s}^2$ をⓒに代入して
$$T_2 = 0.40 \times 2.4 = 0.96 \ [\text{N}] \qquad \text{答 } ② : 0.96\text{N}$$
（※ T_1 は T_2 の約 2.3 倍であることがわかる。）

43. 物体の水平方向にはたらく力と，おもりの鉛直方向にはたらく力は右図の通り。物体とおもりは連動して動くので，物体に関して右向きを正とすると，おもりに関しては下向きが正となる。

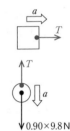

(1) 答 $4.0 \times a = T \quad \cdots\cdots$①
(2) 答 $0.90 \times a = 0.90 \times 9.8 - T$
$$\cdots\cdots$②
(3) ① ＋ ② より
$$4.9 \times a = 0.90 \times 9.8$$
$$a = 1.8 \ [\text{m/s}^2] \qquad \text{答 加速度} : 1.8\text{m/s}^2$$
これを①に代入して
$$T = 4.0 \times 1.8 = 7.2 \ [\text{N}] \qquad \text{答 張力} : 7.2\text{N}$$

44. (1) 物体 A，B にはたらく力は右図の通り。物体 B の方が質量が大きいので，A は鉛直上向きに，B は鉛直下向きに運動する。運動の向きを正とする。

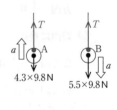

答 A : $4.3 \times a = T - 4.3 \times 9.8 \quad \cdots\cdots$①
答 B : $5.5 \times a = 5.5 \times 9.8 - T \quad \cdots\cdots$②

(2) ① ＋ ② より
$$9.8 \times a = 1.2 \times 9.8$$
$$a = 1.2 \ [\text{m/s}^2] \qquad \text{答 } 1.2\text{m/s}^2$$

(3) $a = 1.2 \text{m/s}^2$ を②に代入して
$$5.5 \times 1.2 = 5.5 \times 9.8 - T$$
$$T = 5.5 \times (9.8 - 1.2)$$

$$= 5.5 \times 8.6 = 47.3 \fallingdotseq 47 \,〔N〕$$ 答 **47N**

45. (1)

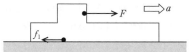

AとBを質量が $M+m$ の１つの物体と考えて，運動方程式を立てる。生じる加速度の大きさを a とすると

$$(M+m)a = F-f_1$$

$$a = \frac{F-f_1}{M+m}$$ 答 **②**

(2)

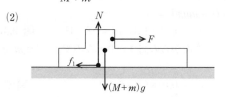

(1)と同様にAとBが１つの物体であると考えて，上図より，鉛直方向の力のつり合いは

$$N = (M+m)g$$

したがって，動摩擦力の大きさ f_1 は「$f' = \mu'N$」より

$$f_1 = \mu'N = \mu'(M+m)g$$ 答 **⑤**

(3)

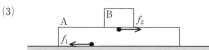

Aが等速直線運動をしたことから，Aにはたらく力はつり合っていることがわかる。

よって，Aにはたらく水平方向の力のつり合いを考えると

$$f_1 = f_2$$ 答 **①**

2章　エネルギー

11　仕事 〈p.42〉

ポイントチェック

[1]　力の向きと移動の向きが同じ（なす角が0°）なので，「$W = Fx\cos\theta$」より

$$30 \times 4.0 \times \cos 0° = 1.2 \times 10^2 \,〔J〕$$ 答 **1.2×10^2 J**

[2]　動摩擦力の向きと移動の向きが反対（なす角が180°）なので，「$W = Fx\cos\theta$」より

$$20 \times 3.0 \times \cos 180° = -60 \,〔J〕$$ 答 **-60 J**

[3]　垂直抗力の向きと移動の向きが垂直（なす角が90°）なので，垂直抗力の大きさを N〔N〕とすると，「$W = Fx\cos\theta$」より

$$N \times 3.0 \times \cos 90° = 0 \,〔J〕$$ 答 **0 J**

[4]　仕事の原理より，必要な力が半分になれば，その分移動距離が２倍となる。よって

$$0.50 \times 2 = 1.0 \,〔m〕$$ 答 **1.0 m**

[5]　一定の速さで運動しているので，荷物が受ける力はつり合っていることがわかる。したがって，荷物を持ち上げている力の大きさは，荷物が受ける重力の大きさと等しく，12×9.8N である。

時間60sの間に仕事を $12 \times 9.8 \times 0.50$J したので，

「$P = \dfrac{W}{t}$」より

$$\frac{12 \times 9.8 \times 0.50}{60} = 0.98 \,〔W〕$$ 答 **0.98 W**

〈別解〉

１分間は60sなので，持ち上げる速さは，

$\dfrac{0.50}{60}$ m/s である。よって，求める仕事率は

「$P = Fv$」より

$$(12 \times 9.8) \times \frac{0.50}{60} = 0.98 \,〔W〕$$

E X E R C I S E

46. (1)　物体が受ける力を水平方向と鉛直方向に分解したとき，水平方向の成分は $40 \times \cos 45°$〔N〕である。

よって，求める仕事は「（力）×（距離）」より

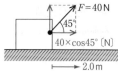

$$(40 \times \cos 45°) \times 2.0 = 40\sqrt{2} = 56 \,〔J〕$$ 答 **56 J**

〈別解〉

物体の移動の向きと力 F がなす角は，$45°$ である。よって，「$W = Fx\cos\theta$」より

$$40 \times 2.0 \times \cos 45° = 40\sqrt{2} \fallingdotseq 56 \,(\text{J})$$

(2) 物体の移動の向きと垂直抗力がなす角は，$90°$（垂直）である。よって，垂直抗力の大きさを $N\,(\text{N})$ とすると，求める仕事は「$W = Fx\cos\theta$」より

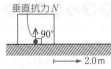

$$N \times 2.0 \times \cos 90° = 0 \,(\text{J}) \qquad \text{答} \ \mathbf{0 \,J}$$

(3)

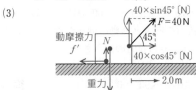

物体が一定の速さで運動していることから，物体が受ける水平方向の力はつり合っていることがわかる。つまり，力 F の水平方向の成分の大きさと，動摩擦力の大きさは等しい。よって

$$40 \times \cos 45° = 20\sqrt{2} \fallingdotseq 28 \,(\text{N}) \qquad \text{答} \ \mathbf{28 \,N}$$

(4) 物体の移動の向きと動摩擦力の向きは逆（なす角が $180°$）であるから，「$W = Fx\cos\theta$」より

$$28 \times 2.0 \times \cos 180° \fallingdotseq -56 \,(\text{J}) \qquad \text{答} \ \mathbf{-56 \,J}$$

12 仕事とエネルギー 〈p.44〉

ポイントチェック

① 運動エネルギーの定義より

$$\frac{1}{2} \times 60 \times (2.0)^2 = 1.2 \times 10^2 \,(\text{J})$$

答 $\mathbf{1.2 \times 10^2 \,J}$

② 運動エネルギーは速さの2乗に比例するので，速さが2倍になれば，運動エネルギーは $2^2 (= 4)$ 倍になる。 答 **4倍**

③ 初めに物体がもっている運動エネルギーは，「$K = \frac{1}{2}mv^2$」より $\frac{1}{2} \times 6.0 \times (3.0)^2\,\text{J}$ であり，そこから，仕事を $5.0 \times 2.0\,\text{J}$ だけされた。された仕事の分だけ運動エネルギーが変化するので，求める運動エネルギーは

$$\frac{1}{2} \times 6.0 \times (3.0)^2 + 5.0 \times 2.0 = 37 \,(\text{J}) \qquad \text{答} \ \mathbf{37 \,J}$$

④ 植木鉢は基準面より $30\,\text{m}$ 高いところにあるので，重力による位置エネルギーは「$U = mgh$」より

$$1.0 \times 9.8 \times 30 = 294 \fallingdotseq 2.9 \times 10^2 \,(\text{J})$$

答 $\mathbf{2.9 \times 10^2 \,J}$

⑤ ばねは自然の長さより $10\,\text{cm}(= 0.10\,\text{m})$ 伸びているので，弾性力による位置エネルギーは

「$U = \frac{1}{2}kx^2$」より

$$\frac{1}{2} \times 20 \times (0.10)^2 = 0.10 \,(\text{J}) \qquad \text{答} \ \mathbf{0.10 \,J}$$

EXERCISE

47. (1) 基準面からの高さが $10\,\text{m}$ なので，「$U = mgh$」より

$$E_A = 0.10 \times 9.8 \times 10 = 9.8 \,(\text{J}) \qquad \text{答} \ \mathbf{9.8 \,J}$$

(2) 基準面からの高さが $0\,\text{m}$ なので，「$U = mgh$」より

$$E_B = 0.10 \times 9.8 \times 0 = 0 \,(\text{J}) \qquad \text{答} \ \mathbf{0 \,J}$$

(3) ある位置における重力による位置エネルギーは，その位置から基準面まで物体が動く間に，重力がする仕事の量を表している。

答 $\mathbf{E_A - E_B = W}$

(4) 運動エネルギーの変化量は，された仕事に等しい。つまり，「$\frac{1}{2}mv^2 - \frac{1}{2}mv_0^2 = W$」より

$$\frac{1}{2} \times 0.10 \times v^2 = W$$

(3)より，$W = E_A - E_B$ であるから

$$\frac{1}{2} \times 0.10 \times v^2 = 9.8 - 0$$

$$v^2 = \frac{9.8}{\frac{1}{2} \times 0.10} = 196$$

$v > 0$ より，$v = \sqrt{196} = 14 \,(\text{m/s})$ 答 $\mathbf{14 \,m/s}$

48. (1) $10\,\text{cm} = 0.10\,\text{m}$ なので，

「$U = \frac{1}{2}kx^2$」より

$$E = \frac{1}{2} \times 20 \times (0.10)^2$$
$$= 0.10 \,(\text{J})$$

答 $\mathbf{0.10 \,J}$

(2) さらに $10\,\text{cm}$ 伸ばすと，伸びは $0.20\,\text{m}$ になるので，

「$U = \frac{1}{2}kx^2$」より

$$E' = \frac{1}{2} \times 20 \times (0.20)^2$$
$$= 0.40 \,(\text{J})$$

答 $\mathbf{0.40 \,J}$

(3) 自然の長さから10cm伸びているばねをさらに10cm伸ばすのに必要な仕事は、ばねを自然の長さから20cmだけ伸ばすときに必要な仕事 W_2〔J〕と、ばねを自然の長さから10cmだけ伸ばすときに必要な仕事 W_1〔J〕の差で求められる。

$W_2 = E'$, $W_1 = E$ であるから、求める仕事は

$0.40 - 0.10 = 0.30$〔J〕 　　　圏 **0.30 J**

49. (1) ばね定数が20N/m、自然の長さからの伸びが0.10mであるから、「$F = kx$」より

$20 \times 0.10 = 2.0$〔N〕 　　　圏 **2.0 N**

(2) ばねを自然の長さから0.10mだけ伸ばすときに必要な仕事は、ばねが自然の長さから0.10mだけ伸びているときに蓄えられている弾性力による位置エネルギーに等しい。よって

「$U = \dfrac{1}{2}kx^2$」より

$W = \dfrac{1}{2} \times 20 \times (0.10)^2$

$= 0.10$〔J〕 　　　圏 **0.10 J**

50. (1) 一定の速さで運動しているので、物体が受ける力はつり合っている。よって、糸の張力の大きさは、物体が受ける重力の大きさに等しい。

$20 \times 9.8 = \overset{20}{196} \fallingdotseq 2.0 \times 10^2$〔N〕

圏 **2.0 × 10² N**

(2) 張力の向きと移動の向きが同じなので、仕事の式「$W = Fx$」より

$196 \times 0.50 = 98$〔J〕 　　　圏 **98 J**

(3) 最初の位置から0.50mだけ上昇しているので、「$U = mgh$」より

$20 \times 9.8 \times 0.50 = 98$〔J〕 　　　圏 **98 J**

(4) 重力の向きと移動の向きが反対(なす角が180°)なので、「$W = Fx \cos\theta$」より

$(20 \times 9.8) \times 0.50 \times \cos 180° = -98$〔J〕

圏 **−98 J**

〈別解〉
物体は張力と重力に仕事をされるが、その運動エネルギーは変化しない。つまり、張力がした仕事と重力がした仕事は、加えると0Jである。したがって、(2)の結果より、重力がした仕事はその−1倍で、−98J。

ポイントチェック

① 力学的エネルギーが保存されるので、落下させる前の力学的エネルギーと、地面に衝突する直前の力学的エネルギーが等しい。重力による位置エネルギーの基準面を地面とすると

$\dfrac{1}{2} \times 0.15 \times 0^2 + 0.15 \times 9.8 \times 10$

$= K + 0.15 \times 9.8 \times 0$

$K = \overset{5}{14.7} \fallingdotseq 15$〔J〕 　　　圏 **$K = 15$ J**

ここで、$K = \dfrac{1}{2} \times 0.15 \times v^2$ であるから

$\dfrac{1}{2} \times 0.15 \times v^2 = 14.7$

$v^2 = \dfrac{14.7}{0.15} \times 2 = 196$

$v > 0$ より、$v = \sqrt{196} = 14$〔m/s〕 　　圏 **$v = 14$ m/s**

② 振り子の場合も自由落下運動の場合も、力学的エネルギーが保存される。重力による位置エネルギーの基準面は距離h持ち上げる前の高さとし、おもりの質量をm、重力加速度の大きさをgとする。

振り子の場合、手をはなす前と最下点での力学的エネルギー保存より

$\dfrac{1}{2}m \times 0^2 + mgh = \dfrac{1}{2}mv_A^2 + mg \times 0$

である。自由落下運動の場合、手をはなす前と距離h落下した後での力学的エネルギー保存より

$\dfrac{1}{2}m \times 0^2 + mgh = \dfrac{1}{2}mv_B^2 + mg \times 0$

である。よって、$v_A = v_B$ であることがわかる。

圏 **1倍**

③ 力学的エネルギーが保存されるので、おもりをはなす前の力学的エネルギーと、自然の長さの位置を通過したときの力学的エネルギーが等しい。よって、求める速さをv〔m/s〕とすると

$\dfrac{1}{2}m \times 0^2 + \dfrac{1}{2}kA^2 = \dfrac{1}{2}mv^2 + \dfrac{1}{2}k \times 0^2$

$v^2 = \dfrac{k}{m}A^2$

$v = A\sqrt{\dfrac{k}{m}}$〔m/s〕 　　圏 **$A\sqrt{\dfrac{k}{m}}$〔m/s〕**

51.

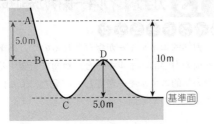

(1) 重力による位置エネルギーの基準面を点Cとする。点Aと点Bにおける力学的エネルギーの保存より

$$0 + 0.50 \times 9.8 \times 10$$
$$= \frac{1}{2} \times 0.50 \times v_B{}^2 + 0.50 \times 9.8 \times 5.0$$

$$v_B{}^2 = 2 \times 9.8 \times (10 - 5.0) = 98$$

$$v_B = \sqrt{98} = 7\sqrt{2} \fallingdotseq 9.8 \; \text{(m/s)} \quad \text{答} \; \textbf{9.8m/s}$$

(2) 同様に，点Aと点Cにおける力学的エネルギーの保存より

$$0 + 0.50 \times 9.8 \times 10 = \frac{1}{2} \times 0.50 \times v_C{}^2 + 0$$

$$v_C{}^2 = 2 \times 9.8 \times 10 = 196$$

$$v_C = \sqrt{196} = 14 \; \text{(m/s)} \quad \text{答} \; \textbf{14m/s}$$

(3) 点Bと点Dは同じ高さなので，力学的エネルギーの保存より，求める速さはv_Bと等しい。よって，$v_D = 9.8$ m/s。

$$\text{答} \; \textbf{9.8m/s}$$

52. (1) 重力による位置エネルギーの基準面を水平面BDとする。点Aと点Bにおける力学的エネルギーの保存より，求める速さをv〔m/s〕とすると

$$0 + 0.50 \times 9.8 \times 0.40 = \frac{1}{2} \times 0.50 \times v^2 + 0$$

$$v^2 = 7.84$$

$$v = 2.8 \; \text{(m/s)} \quad \text{答} \; \textbf{2.8m/s}$$

(2) 水平面CD上で，物体が水平面CDより受ける垂直抗力の大きさをN〔N〕とすると，鉛直方向の力のつり合いより

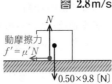

$$N = 0.50 \times 9.8 \; \text{(N)}$$

である。よって，求める動摩擦力の大きさは，「$f' = \mu'N$」より

$$0.20 \times (0.50 \times 9.8) = 0.98 \; \text{(N)} \quad \text{答} \; \textbf{0.98N}$$

(3) 物体が点Cを通過してから止まるまでの力学的エネルギーの変化量ΔE〔J〕は，その間に動摩擦力がした仕事W〔J〕に等しい（$\Delta E = W$）。

求める距離をx〔m〕とすると，動摩擦力の向きと移動の向きが逆であるから

$$W = -0.98 \times x \; \text{(J)}$$

である。また

$$\Delta E = 0 - \frac{1}{2} \times 0.50 \times 2.8^2 \; \text{(J)}$$

である。よって

$$x = \frac{\frac{1}{2} \times 0.50 \times 2.8^2}{0.98} = 2.0 \; \text{(m)}$$

$$\text{答} \; \textbf{2.0m}$$

〈別解〉

右向きを正として，物体の加速度をa〔m/s²〕とすると，CD間を運動する物体の運動方程式は

$$0.50 \times a = -0.98$$

$$a = -1.96 \; \text{(m/s}^2\text{)}$$

速度と変位の関係式「$v^2 - v_0{}^2 = 2ax$」より

$$0^2 - 2.8^2 = 2 \times (-1.96) \times x$$

であるから

$$x = \frac{2.8^2}{2 \times 1.96} = 2.0 \; \text{(m)}$$

53.

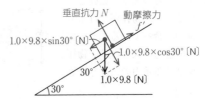

(1) 斜面に垂直な方向の力のつり合いを考える。求める垂直抗力の大きさをN〔N〕とすると

$$N = 1.0 \times 9.8 \times \cos 30°$$
$$= 8.33 \fallingdotseq 8.3 \; \text{(N)} \quad \text{答} \; \textbf{8.3N}$$

(2) 動摩擦係数が0.80であるから，「$f' = \mu'N$」より

$$0.80 \times 8.33 = 6.\overset{7}{6}64 \fallingdotseq 6.7 \; \text{(N)} \quad \text{答} \; \textbf{6.7N}$$

(3) 動摩擦力の向きと移動の向きが逆であるから，「$W = Fx\cos\theta$」より

$$-6.7 \times h = -6.7h \; \text{(J)} \quad \text{答} \; \boldsymbol{-6.7h} \; \textbf{(J)}$$

(4) 基準面からの高さは，$h \times \sin 30° = \frac{1}{2}h$〔m〕である。よって，求める力学的エネルギーは

$$\frac{1}{2} \times 1.0 \times (2.0)^2 + 1.0 \times 9.8 \times \frac{1}{2}h$$

$$= (2.0 + 4.9h) \; \text{(J)} \quad \text{答} \; \boldsymbol{(2.0 + 4.9h)} \; \textbf{(J)}$$

(5) 速さは0 m/s，基準面からの高さは0 mであるから，0 J。

$$\text{答} \; \textbf{0J}$$

(6) 力学的エネルギーの変化量は，動摩擦力がし

た仕事に等しい。よって

$$0 - (2.0 + 4.9h) = -6.7h$$

であるから

$$h = \frac{-2.0}{-6.7 + 4.9} = 1.11\cdots ≒ 1.1 \,〔\mathrm{m}〕 \quad 答 \; \boxed{1.1\,\mathrm{m}}$$

54. (1) 求める距離を $x\,〔\mathrm{m}〕$
とすると，つり合いの位置
では弾性力と重力の大きさ
が等しいから

$$kx = mg$$

$$x = \frac{mg}{k}\,〔\mathrm{m}〕$$

答 $\boxed{\dfrac{mg}{k}\,〔\mathrm{m}〕}$

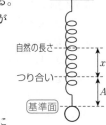

(2) 重力による位置エネルギ
ーの基準面を最下点とする。
手をはなす前の，おもりが
もつ力学的エネルギーは

$$0 + 0 + \frac{1}{2}k(A+x)^2$$

$$= \frac{1}{2}kA^2 + kAx + \frac{1}{2}kx^2$$

であり，つり合いの位置に
戻ったときの速さを $v\,〔\mathrm{m/s}〕$ とすると，そのと
きの力学的エネルギーは

$$\frac{1}{2}mv^2 + mgA + \frac{1}{2}kx^2$$

である。力学的エネルギーの保存により，これ
らは等しいので

$$\frac{1}{2}kA^2 + kAx + \frac{1}{2}kx^2$$

$$= \frac{1}{2}mv^2 + mgA + \frac{1}{2}kx^2$$

この式に(1)の結果を代入すると

$$\frac{1}{2}kA^2 + kA\frac{mg}{k} = \frac{1}{2}mv^2 + mgA$$

$$v = A\sqrt{\frac{k}{m}}\,〔\mathrm{m/s}〕 \quad 答 \; \boxed{A\sqrt{\dfrac{k}{m}}\,〔\mathrm{m/s}〕}$$

節末問題③　　　　　　　　　〈p.52〉

55.

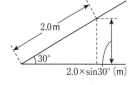

(1) 求める垂直抗力の大きさを $N\,〔\mathrm{N}〕$ とすると，

重力の斜面に垂直な方向の分力とつり合うので，

$$N = 5.0 \times 9.8 \times \cos 30° = 41.65 ≒ 42\,〔\mathrm{N}〕$$

答 **垂直抗力：42N**

また，垂直抗力の向きと移動の向きは垂直（な
す角が90°）なので，垂直抗力がする仕事
$W_n\,〔\mathrm{J}〕$ は「$W = Fx\cos\theta$」より

$$W_n = N \times 2.0 \times \cos 90° = 0\,〔\mathrm{J}〕$$

答 **仕事：0J**

(2) 物体が斜面から受ける動摩擦力の大きさは
「$f' = \mu'N$」より

$$0.10 \times N = 0.10 \times 41.6 = 4.16\,〔\mathrm{N}〕$$

動摩擦力の向きと移動の向きは逆（なす角が
180°）なので，動摩擦力がする仕事
$W_{f'}\,〔\mathrm{N}〕$ は「$W = Fx\cos\theta$」より

$$W_{f'} = 4.16 \times 2.0 \times \cos 180°$$

$$= -8.32 ≒ -8.3\,〔\mathrm{J}〕 \quad 答 \; \boxed{-8.3\,\mathrm{J}}$$

(3) 高さが
$2.0 \times \sin 30°\,〔\mathrm{m}〕$ だけ
上昇するので，重力
による位置エネルギ
ーの増加分 $\Delta U\,〔\mathrm{J}〕$
は「$U = mgh$」より

$$\Delta U = 5.0 \times 9.8 \times (2.0 \times \sin 30°) = 49\,〔\mathrm{J}〕$$

答 **49J**

(4) 重力の向きと移動の向きのなす角が120°な
ので，重力がする仕事 W_w は「$W = Fx\cos\theta$」
より

$$W_w = (5.0 \times 9.8) \times 2.0 \times \cos 120° = -49\,〔\mathrm{J}〕$$

答 **−49J**

(5) 力 F の向きと移動の向きが同じなので，F が
する仕事 $W_F\,〔\mathrm{J}〕$ は「$W = Fx\cos\theta$」より

$$W_F = 40 \times 2.0 \times \cos 0° = 80\,〔\mathrm{J}〕$$

である。運動エネルギーの変化量は，外部から
された仕事に等しいので，求める運動エネルギ
ーを $K\,〔\mathrm{J}〕$ とすると

$$K - \frac{1}{2} \times 5.0 \times 0^2 = W_n + W_{f'} + W_w + W_F$$

$$K = 0 + (-8.32) + (-49) + 80$$

$$= 22.68 ≒ 23\,〔\mathrm{J}〕 \quad 答 \; \boxed{23\,\mathrm{J}}$$

〈別解〉

力学的エネルギーの変化量は，非保存力がし
た仕事に等しいので，求める運動エネルギーを
$K\,〔\mathrm{J}〕$ とすると

$$(K + \Delta U) - \frac{1}{2} \times 5.0 \times 0^2 = W_n + W_{f'} + W_F$$

$$K = W_n + W_{f'} + W_F - \Delta U$$

$$= 0 + (-8.32) + 80 - 49$$

$$= 2\overset{3}{2}.68 \div 23 〔J〕$$

56. (1) 張力の向きと移動の向きは常に垂直なので,張力がする仕事は0J。　　　　　　**答 0 J**

(2) 重力による位置エネルギーの基準面を点Bとする。点Aと点Bにおいて力学的エネルギーが保存されることより,求める速さをv_B〔m/s〕とすると

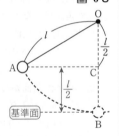

$$\frac{1}{2}m \times 0^2 + mg\frac{l}{2} = \frac{1}{2}mv_B^2 + mg \times 0$$

であるから

$$v_B = \sqrt{gl} 〔m/s〕 \qquad 答 \sqrt{gl}〔m/s〕$$

(3) 求める高さをH〔m〕とする。力学的エネルギー保存の法則を点Aと点Dで考えると

$$0 + mg \times \frac{l}{2} = 0 + mgH$$

$$H = \frac{l}{2}〔m〕 \qquad 答 \frac{l}{2}〔m〕$$

〈別解〉 求める高さをH〔m〕とする。点Bと最高点Dにおいて力学的エネルギーが保存されることより,

$$\frac{1}{2}mv_B^2 + mg \times 0 = \frac{1}{2}m \times 0^2 + mgH$$

であるから,(2)の答を代入して

$$H = \frac{(\sqrt{gl})^2}{2g} = \frac{l}{2}〔m〕$$

(4) (3)と全く同様にして,　　　**答 $\frac{l}{2}$〔m〕**

57. (1) 時刻$t = 0$のときとばねが最も縮んだときで力学的エネルギーは保存される。ばねの縮みをAとすると

$$\frac{1}{2}mv^2 + 0 = \frac{1}{2}m \times 0^2 + \frac{1}{2}kA^2$$

$$A = v\sqrt{\frac{m}{k}}$$

よって,ばねは自然の長さlから$v\sqrt{\frac{m}{k}}$だけ縮んでいる。　　　　**答 $l - v\sqrt{\dfrac{m}{k}}$**

(2) ばねが最も縮んだときと,最高点に達したときで力学的エネルギーが保存されることより,求める高さをhとすると

$$\frac{1}{2}m \times 0^2 + \frac{1}{2}kA^2 = \frac{1}{2}m \times 0^2 + mgh + 0$$

(1)の結果と合わせて

$$h = \frac{k}{2mg}\left(v\sqrt{\frac{m}{k}}\right)^2 = \frac{v^2}{2g} \qquad 答 \frac{v^2}{2g}$$

14 熱と温度，熱と仕事〈p.54〉

ポイントチェック

① 絶対温度T〔K〕と,セ氏温度t〔℃〕の間には,$T = t + 273$という関係があるので

$$0℃ : 0 + 273 = 273〔K〕 \qquad 答 0℃：273K$$

$$20℃ : 20 + 273 = 293〔K〕 \qquad 答 20℃：293K$$

$$100℃ : 100 + 273 = 373〔K〕$$

$$答 100℃：373K$$

② 水の比熱が4.2J/(g·K)であるということは,水1gの温度を1K(1℃)上昇させるのに必要な熱量が4.2Jであるということを意味する。したがって,200gの水を5.0℃上昇させるのに必要な熱量は「$Q = mc\Delta T$」より

$$200 \times 4.2 \times 5.0 = 4.2 \times 10^3〔J〕 \qquad 答 4.2 \times 10^3 J$$

③ 水1gの温度を1K(1℃)上昇させるのに必要な熱量が4.2Jであるので,水200gの温度を1K(1℃)上昇させるのに必要な熱量(水200gの熱容量)は

$$200 \times 4.2 = 8.4 \times 10^2〔J/K〕 \qquad 答 8.4 \times 10^2 J/K$$

④ 温度がt〔℃〕になったとすると,熱量の保存より

$$200 \times 4.2 \times (t - 20) = 4.2 \times 10^3$$

$$t = 25〔℃〕 \qquad 答 25℃$$

⑤ 熱効率の定義式「$e = \dfrac{W_{out}}{Q_{in}}$」より

$$\frac{8.0 \times 10^2}{2.0 \times 10^3} = 0.40 \qquad 答 0.40$$

EXERCISE

58. t〔℃〕になったとする。80℃の水100gが失った熱量と,20℃の水300gが得た熱量が等しいので,熱量の保存より

$$100 \times 4.2 \times (80 - t) = 300 \times 4.2 \times (t - 20)$$

$$t = 35〔℃〕 \qquad 答 35℃$$

絶対温度に直すと,「$T = t + 273$」より

$$35 + 273 = 308〔K〕 \qquad 答 308K$$

59.

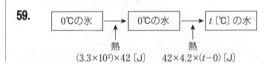

0℃の氷	→	0℃の水	→	t〔℃〕の水

熱　　　　　　熱

$(3.3 \times 10^2) \times 42〔J〕 \qquad 42 \times 4.2 \times (t - 0)〔J〕$

0℃の氷がすべて融け，t〔℃〕の水になったとする。0℃の氷がすべて融けて0℃の水になる際に吸収する熱量は$(3.3×10^2)×42$Jであり，その水がt〔℃〕になる際に吸収する熱量は$42×4.2×(t-0)$〔J〕である。これらの和が，20℃の水330gが失った熱量に等しいので，熱量の保存より

$$(3.3×10^2)×42+42×4.2×(t-0)$$
$$=330×4.2×(20-t)$$
$$t=8.\overset{9}{8}7…≒8.9〔℃〕 \qquad 答\ \textbf{8.9℃}$$

節 末 問 題 ④ 〈p.56〉

60. (1) 求める熱容量をC〔J/K〕とする。20.0℃の水200gと容器が得た熱量は，40.0℃の水200gが失った熱量と等しいので，熱量の保存より
$$200×4.2×(27.0-20.0)+C×(27.0-20.0)$$
$$=200×4.2×(40.0-27.0)$$
$$C=7.2×10^2〔J/K〕 \qquad 答\ \textbf{7.2×10}^2\textbf{J/K}$$

(2) 求める比熱をc〔J/(g·K)〕とする。20.0℃の水200gと容器が得た熱量は，100℃に熱した質量100gの金属球が失った熱量と等しいので，熱量の保存より
$$200×4.2×(22.0-20.0)$$
$$+7.2×10^2×(22.0-20.0)$$
$$=100×c×(100-22.0)$$
$$c=0.40〔J/(g·K)〕 \qquad 答\ \textbf{0.40J/(g·K)}$$

61. (1) 求める質量をm〔g〕とする。0℃の氷m〔g〕をすべて0℃の水にするのに必要な熱量は，$(3.3×10^2)×m$〔J〕である。グラフより，氷が0℃となってから完全に融けきるまでに$(353-23)$sかかっており，この間ヒーターは毎秒$1.0×10^2$J発熱している。この間，容器の温度変化はないので
$$(3.3×10^2)×m=(353-23)×1.0×10^2$$
$$m=\frac{(353-23)×1.0×10^2}{3.3×10^2}$$
$$=1.0×10^2〔g〕 \qquad 答\ \textbf{1.0×10}^2\textbf{g}$$

(2) 氷および容器は，23秒間の加熱で-5℃から0℃まで温度上昇しているので，氷および容器の熱容量は
$$\frac{23×1.0×10^2}{0-(-5)}=4.6×10^2〔J/K〕$$
である。容器の熱容量は$2.5×10^2$J/Kであり，氷の質量は$1.0×10^2$gであるから，求める比熱は

$$\frac{4.6×10^2-2.5×10^2}{1.0×10^2}=2.1〔J/(g·K)〕$$
$$答\ \textbf{2.1J/(g·K)}$$

62. 水が得た熱量は
$$100×4.2×(12.0-10.0)=8.4×10^2〔J〕$$
である。求める質量をm〔g〕とすると，鉄球が失った熱量は，$m×0.45×(96.0-12.0)$〔J〕である。熱量の保存よりこれらが等しいので，
$$m=\frac{8.4×10^2}{0.45×(96.0-12.0)}$$
$$=22.2…≒22〔g〕 \qquad 答\ \textbf{22g}$$

63. (1) 1つのおもりを25回落下させることは，$25×2.0=50$〔m〕落下させることに相当する。落下の向きと重力の向きは同じなので，この間に重力がする仕事は「$W=Fx$」より
$$2.0×9.8×50=9.8×10^2〔J〕$$
である。おもりは2つなので
$$2×(9.8×10^2)=\overset{20}{19.6}×10^2≒2.0×10^3〔J〕$$
$$答\ \textbf{2.0×10}^3\textbf{J}$$

(2) 熱量計と水を合わせると，その熱容量は
$$7.0×10^2+500×4.2=2.8×10^3〔J/K〕$$
である。求める上昇温度を$ΔT$〔℃〕とすると，「$Q=CΔT$」より
$$2.8×10^3×ΔT=1.96×10^3$$
$$ΔT=\frac{1.96×10^3}{2.8×10^3}=0.70〔℃〕 \qquad 答\ \textbf{0.70℃}$$

3章 波

15 波とは何か ⟨p.58⟩

ポイントチェック

1 媒質の各点が1回振動するのに要する時間が周期 T〔s〕なので

$$T = \frac{4.0}{10} = 0.40 \text{〔s〕}$$ **答 周期：0.40 s**

媒質の各点が1s間に振動する回数が振動数 f〔Hz〕なので

$$f = \frac{10}{4.0} = 2.5 \text{〔Hz〕}$$ **答 振動数：2.5 Hz**

〈別解〉 公式「$f = \dfrac{1}{T}$」より

$$f = \frac{1}{0.40} = 2.5 \text{〔Hz〕}$$

2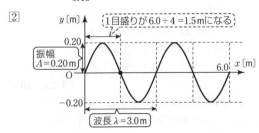

上図より，振幅は $A = 0.20$ m，波長は $\lambda = 3.0$ m。

答 ア：0.20，イ：3.0

振動数は，公式「$f = \dfrac{1}{T}$」より

$$f = \frac{1}{T} = \frac{1}{0.25} = 4.0 \text{〔Hz〕}$$ **答 ウ：4.0**

速さは，公式「$v = f\lambda$」より

$$v = f\lambda = 4.0 \times 3.0 = 12 \text{〔m/s〕}$$ **答 エ：12**

3 媒質の運動のようすを知りたい場合は，波が進む向きへ少し動かしてみる。波を少し進めてみると，Dは下向きに動いていることがわかる。

答 ↓

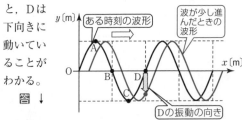

4 媒質の速さが0なのは山や谷になっているところである。 **答 AとC**

5 **答**

x軸の正の向きの変位をy軸の正の向きの変位とし，x軸の負の向きの変位をy軸の負の向きの変

位とする。各点をなめらかにつなぐことで，縦波を横波のように表示できる。

EXERCISE

64. (1) グラフより，波長 $\lambda = 0.10$ m。波の周期 $T = 0.50$ s なので，「$v = \dfrac{\lambda}{T}$」より

$$v = \frac{\lambda}{T} = \frac{0.10}{0.50} = 0.20 \text{〔m/s〕}$$ **答 0.20 m/s**

(2) $t = 0.25$ s 経過した場合，波は

$$x = vt = 0.20 \times 0.25 = 0.050 \text{〔m〕}$$

進むことがわかる。したがって，波形を進む向き（x軸の正の向き）に 0.050 m だけ平行移動させればよい。したがって，グラフは次のようになる。

答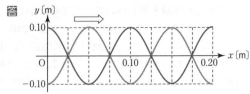

65. 横波表示された縦波を縦波表示に直す。y軸の正の向きの変位は，x軸の正の向きの変位に直す。媒質の実際のようすは下図のようになっている。

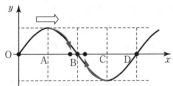

「●」：各媒質の実際の位置

(1) Dは隣の媒質との距離が離れているので，最も疎である。 **答 D**

(2) Bは隣の媒質との距離が近いので，最も密である。 **答 B**

(3) 媒質の速さが0なのは山と谷である。

答 AとC

(4)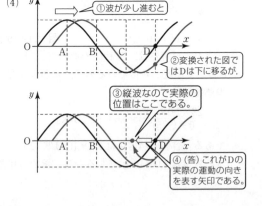

図より，　　　　　　　　　　　**答 左**

66. $t = 0\,\text{s}$ において，$x = 0.10\,\text{m}$ の位置の変位は 0 である。少し時間が経過すると，波は図の破線のようになる。

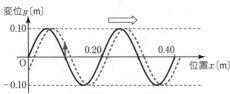

$x = 0.10\,\text{m}$ の位置の変位は正となる。また，周期は $0.20\,\text{s}$，振幅は $0.10\,\text{m}$ である。したがって，$x = 0.10\,\text{m}$ の媒質の振動のようすを表すグラフ（y–t グラフ）は次のようになる。

答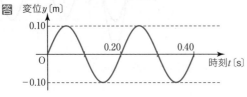

67. (1) y–t グラフより，この波の振幅は $0.10\,\text{m}$ である。　　　　　　　　　　　**答 0.10 m**

(2) (1)と同様に，y–t グラフより，周期は $2.0\,\text{s}$ である。　　　　　　　　　　　**答 2.0 s**

(3) $t = 1.0\,\text{s}$ において原点 O の変位は $y = 0\,\text{m}$ である。波は x 軸の正の向きに進み，また $1.0\,\text{s}$ 以降の原点 O の変位は負になる。したがって，原点 O 付近の波のようすは上図のようになっていなければならない。また，波長は $0.40\,\text{m}$ であることより，次のような y–x グラフとなる。

答
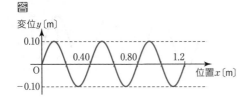

16 重ね合わせの原理 〈p.62〉

ポイントチェック

① 波が重なっている領域については，重ね合わせの原理にしたがって合成する。各目盛についての変位の和は次のようになる。

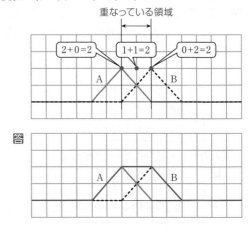

答

② 波が重なっている領域については，重ね合わせの原理にしたがって合成する。各目盛についての変位の和は次のようになる。

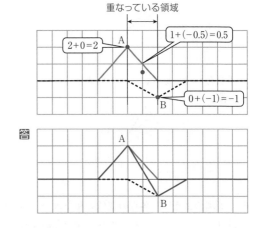

答

③ 〈自由端の場合〉
境界がないものとして波を進ませて，境界より先に進んだ波を境界で左右に折り返せばよい。入射波が山の場合，反射波は山となる。波の先頭は大きな山であるので，反射波は先頭が大きな山となるものを選べばよい。したがって，
　　　　　　　　　　　答 自由端：(イ)

〈固定端の場合〉
境界がないものとして波を進ませて，境界より先に進んだ波を上下反転させて境界で左右に折り返せばよい。入射波が山の場合，反射波は谷となる。波の先頭は大きな山であるので，反射波は先頭が大きな谷となるものを選べばよい。したがって，
　　　　　　　　　　　答 固定端：(ウ)

68. それぞれの波は1cm/sの速さで左右に進んでいく。したがって，1s後は2つのパルス波は次のようになる。

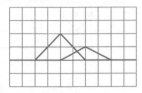

重ね合わせの原理によって合成する。

答

2s後は2つのパルス波は次のようになる。

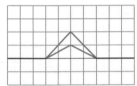

重ね合わせの原理によって合成する。

答

69. 下図のように，各点の変位の和を求め，図中に打点する。次に，これらの点をなめらかに結ぶ。

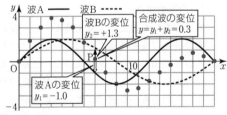

答

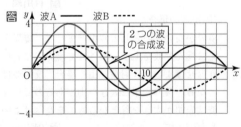

70. (1) それぞれの波は速さ1cm/sで左右に進んでいく。

したがって，2s後は2つの波は次のようになる。

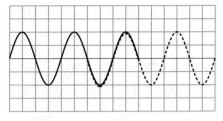

これを重ね合わせの原理によって合成する。

答

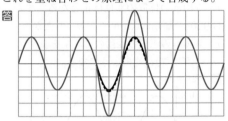

(2) 3s後は2つの波は次のようになる。

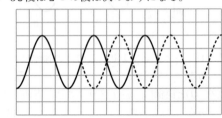

これを重ね合わせの原理によって合成する。

答

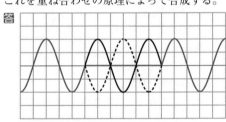

(3) 4s後は2つの波は次のようになる。

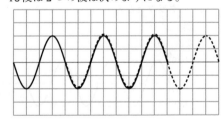

これを重ね合わせの原理によって合成する。

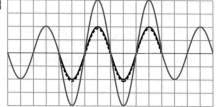

(4) 8 s後は2つの波は次のようになる。

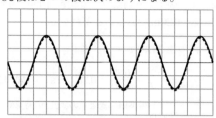

これを重ね合わせの原理によって合成する。

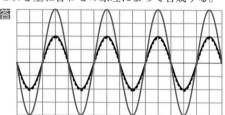

71. (I) 4 s後を考える。まずは境界がないものとして，波を $x = vt = 1×4 = 4$〔cm〕だけ進ませる。

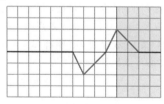

〈自由端反射の場合〉
境界より先に進んだ波を境界で左右に折り返せば反射波となる。

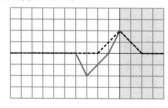

これを重ね合わせの原理によって合成する。

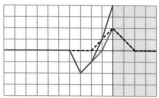

〈固定端反射の場合〉
境界より先に進んだ波を上下反転させて，境界で左右に折り返せば反射波となる。

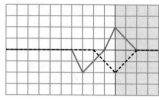

これを重ね合わせの原理によって合成する。

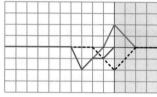

(II) 6 s後を考える。まずは境界がないものとして，波を $x = vt = 1×6 = 6$〔cm〕だけ進ませる。

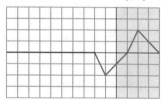

〈自由端反射の場合〉
境界より先に進んだ波を境界で左右に折り返せば反射波となる。

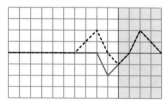

これを重ね合わせの原理によって合成する。

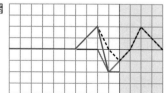

〈固定端反射の場合〉

境界より先に進んだ波を上下反転させて，境界で左右に折り返せば反射波となる。

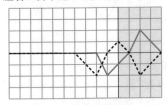

これを重ね合わせの原理によって合成する。

答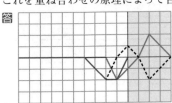

節 末 問 題 ⑤ 〈p.66〉

72. (1) 下図より，振幅は $A = 1.5\,\text{m}$，波長は

$\lambda = 8.0\,\text{m}$ **答 振幅：1.5 m，波長：8.0 m**

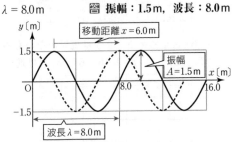

(2) $t = 0 \sim 1.5\,\text{s}$ の間に波は $6.0\,\text{m}$ 伝わったので，

波の速さの公式「$v = \dfrac{x}{t}$」より

$$v = \frac{x}{t} = \frac{6.0}{1.5} = 4.0\ \text{(m/s)} \qquad \text{**答 4.0 m/s**}$$

(3) 周期 T は，「$v = \dfrac{\lambda}{T}$」より

$$T = \frac{\lambda}{v} = \frac{8.0}{4.0} = 2.0\ \text{(s)} \qquad \text{**答 周期：2.0 s**}$$

振動数 f は，公式「$f = \dfrac{1}{T}$」より

$$f = \frac{1}{T} = \frac{1}{2.0} = 0.50\ \text{(Hz)}$$

答 振動数：0.50 Hz

(4) 次図より，波を少しだけ進めてみると，点Pの振動の向きは上向きであることがわかる。

答 ↑

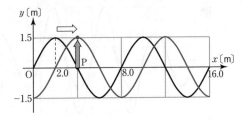

73. (1) 図(ⅰ)より周期 $T = 0.80\,\text{s}$，図(ⅱ)より波長 $\lambda = 0.20\,\text{m}$ であることがわかる。

波の速さは「$v = \dfrac{\lambda}{T}$」より

$$v = \frac{\lambda}{T} = \frac{0.20}{0.80} = 0.25\ \text{(m/s)} \qquad \text{**答 0.25 m/s**}$$

図(ⅰ) ある点の変位 y の時間変化

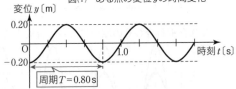

図(ⅱ) 時刻 $t = 0.20\,\text{s}$ の瞬間の波形

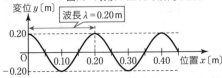

(2) 媒質の速さが最大なのは変位 $y = 0$（x軸と交わる位置）の点である。

波形を表す図(ⅱ)に少しだけ後の時刻の波形をかき加えると，$y = 0$ に該当する点のうち，下向きに動いている媒質の x 座標は $x = 0.15\,\text{m}$，$0.35\,\text{m}$ であることがわかる。

答 $x = 0.15\,\text{m}$, $0.35\,\text{m}$

図(ⅱ) 時刻 $t = 0.20\,\text{s}$ の瞬間の波形

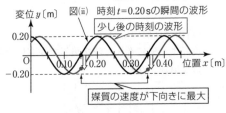

(3) ① 図(ⅰ)より，この点は，時刻 $t = 0.20\,\text{s}$ において，変位が $y = 0\,\text{m}$ で上向きに動いていることがわかる。

② 図(ⅱ)（$t = 0.20\,\text{s}$）において，$0 < x \leqq 0.20\,\text{m}$ の範囲で変位が $y = 0\,\text{m}$ なのは $x = 0.050\,\text{m}$，$0.15\,\text{m}$ の点である。

③ (2)でかいた図から，時刻 $t = 0.20\,\text{s}$ のとき，$x = 0.050\,\text{m}$ の点は上向きに，$x = 0.15\,\text{m}$ の点は下向きに動いていることがわかる。

①～③より，　　　　　　　答 $x = 0.050$ m

(4) 時刻 $t = 0.20$ s から $t = 1.40$ s までの経過時間は $1.40 - 0.20 = 1.20$ 〔s〕なので，この1.20sの間に波は図(ii)から $x = vt = 0.25 \times 1.20 = 0.30$ 〔m〕進む。（図(ii)で $x = 0$ m にある山は $x = 0.30$ m まで移動する。）

したがって，時刻 $t = 1.40$ s における波形は下図のようになる。

答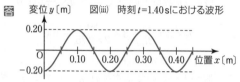

変位 y〔m〕　図(iii)　時刻 $t=1.40$sにおける波形

74. 図より，点A，点B，点Cは密の状態であることがわかる。

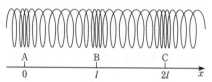

したがって，点Aに対して正の向きに存在する媒質は負に変位し，点Aに対して負の向きに存在する媒質は正に変位していることがわかる。A付近の変位について横波表示すると，右上図のようになる。点B，点Cについても同様である。波長が l であることより，最も適当なものは③である。　答 ③

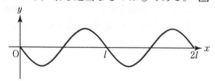

75. (1) 波は1周期の間に1波長進むので，$\dfrac{3}{4}T$〔s〕の間にそれぞれの波は

$$\dfrac{3}{4}\lambda = \dfrac{3}{4} \times 0.80 = 0.60 \text{ 〔m〕}$$

進む。したがって，実線の波の $x = 0.40$ m にある山は $x = 1.0$ m まで右向きに進み，破線の波の $x = 0.80$ m にある山は $x = 0.20$ m まで左向きに進んでそれぞれ次の図のようになる。

答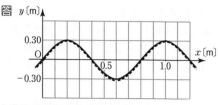

y〔m〕

(2) 合成波は下図のようになる。

答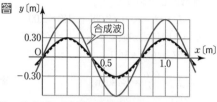

y〔m〕　合成波

(3) ① 定在波の振幅の最大値はもとの2つの波の振幅 A の2倍になるので

$$2A = 2 \times 0.30 = 0.60 \text{ 〔m〕}$$　答 **0.60** m

② 定在波の節の変位は常に0なので，図2の合成波で変位が0のところが節である。

答 $x = 0$ m，0.40 m，0.80 m，1.2 m

③ 定在波の腹は節と節の中点に存在する。

答 $x = 0.20$ m，0.60 m，1.0 m

17 音波　〈p.68〉

ポイントチェック

① 気温 t〔℃〕のときの音速「$V = 331.5 + 0.6t$」より

$$V = 331.5 + 0.6 \times 20 = 343.5 \text{ 〔m/s〕}$$

答 **343.5** m/s

② (ア) 振幅は波の高さに相当する。3つの音のうち，振幅が最も大きいものはBである。

答 **B**

(イ) 横軸は時間に相当する。周期が短い音ほど，波の数は多い。周期が最も短いものはBである。

答 **B**

③ この音波は時間3.00sの間に往復の距離分（2×525 m）伝わったので

$$v = \dfrac{x}{t} = \dfrac{2 \times 525}{3.00} = 350 \text{ 〔m/s〕}$$　答 **350** m/s

④ 気温 t〔℃〕のときの音速「$V = 331.5 + 0.6t$」より

$$350 = 331.5 + 0.6t$$

$$t = \dfrac{350 - 331.5}{0.6} = 30.83\cdots \doteqdot 31 \text{ 〔℃〕}$$　答 **31**℃

⑤ 1秒間のうなりの回数は

$$f = |f_1 - f_2| = |300 - 298| = 2 \text{ 〔Hz〕}$$　答 **2回**

EXERCISE

76. 汽笛を鳴らした時点での船と壁の距離を L 〔m〕とする。汽笛が聞こえた時点での船と壁の距離は $(L - 8.00 \times 2.00)$ 〔m〕である。2.00 s の間に音は

$$x = vt = 340 \times 2.00 = 680 \, \text{〔m〕}$$

進む。したがって

$$L + (L - 8.00 \times 2.00) = 340 \times 2.00$$

という関係式が成立する。したがって

$$2L = 680 + 16.0$$

$$L = \frac{696}{2} = 348 \, \text{〔m〕}$$

🈶 **348 m**

77. (1) 2秒間に5回なので，1秒あたりのうなりの回数は

$$\frac{5}{2} = 2.5 \, \text{〔Hz〕}$$

🈶 **2.5回**

(2) 1秒あたりのうなりの回数の公式「$f = |f_1 - f_2|$」より

$$2.5 = |440.0 - f_B|$$

$$440.0 - f_B = \pm 2.5$$

ゆえに $f_B = 440.0 \pm 2.5$

$$= 442.5 \, \text{〔Hz〕 または } 437.5 \, \text{〔Hz〕}$$

🈶 **442.5 Hz または 437.5 Hz**

(3) このときの1秒あたりのうなりの回数は

$$\frac{3}{2} = 1.5 \, \text{〔Hz〕}$$ なので，1秒あたりのうなりの回数の公式「$f = |f_1 - f_2|$」より

$$1.5 = |441.0 - f_B|$$

$$441.0 - f_B = \pm 1.5$$

ゆえに $f_B = 441.0 \pm 1.5$

$$= 442.5 \, \text{〔Hz〕 または } 439.5 \, \text{〔Hz〕}$$

(2)とあわせて

🈶 **442.5 Hz**

18 発音体の振動（弦の固有振動） 〈p.70〉

ポイントチェック

1 弦の固有振動で腹の数が4個なので，

🈶 **4倍振動**

2 n 倍振動数「$f_n = n f_1$」より 240 = $4 f_1$

$$f_1 = 60 \, \text{〔Hz〕}$$

🈶 **60 Hz**

3 図では，長さ $l = 0.75$ m の弦が3倍振動 $(n = 3)$ しているので，弦が n 倍振動しているときの波長の公式「$\lambda_n = \dfrac{2l}{n}$」より

$$\lambda_3 = \frac{2 \times 0.75}{3} = 0.50 \, \text{〔m〕}$$

🈶 **0.50 m**

4 波の速さの公式「$v = f\lambda$」より

$$f = \frac{v}{\lambda} = \frac{80}{0.50} = 1.6 \times 10^2 \, \text{〔Hz〕}$$

🈶 **1.6×10^2 Hz**

〈別解〉

弦の n 倍振動数の公式「$f_n = n \times \dfrac{v}{2l}$」より

$$f_3 = 3 \times \frac{v}{2l} = 3 \times \frac{80}{2 \times 0.75} = 160$$

$$= 1.6 \times 10^2 \, \text{〔Hz〕}$$

5 腹が1つなので基本振動 $(n = 1)$ である。弦が n 倍振動しているときの波長の公式「$\lambda_n = \dfrac{2l}{n}$」より

$$\lambda_1 = \frac{2 \times 0.60}{1} = 1.2 \, \text{〔m〕}$$

🈶 **1.2 m**

6 弦の n 倍振動数の公式「$f_n = n \times \dfrac{v}{2l}$」より

$$f_5 = 5 \times \frac{v}{2l} = 5 \times \frac{90}{2 \times 1.8} = 125 \fallingdotseq 1.3 \times 10^2 \, \text{〔Hz〕}$$

🈶 **1.3×10^2 Hz**

EXERCISE

78. (1) 図より，弦は2倍振動をしていることがわかる。これより，波長 λ 〔m〕は

$$\lambda = 1.0 \, \text{m}$$

となることがわかる。

🈶 **1.0 m**

(2) 弦を伝わる波の速さは 6.0×10^2 m/s である。これと(1)の結果より，おんさの振動数を f 〔Hz〕とすると，「$v = f\lambda$」より

$$f = \frac{v}{\lambda} = \frac{6.0 \times 10^2}{1.0} = 6.0 \times 10^2 \, \text{〔Hz〕}$$

🈶 **6.0×10^2 Hz**

79. (1) 3倍振動なので，弦には腹が3個の定在波が生じる。

🈶
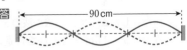

(2) 弦が n 倍振動しているときの波長の公式「$\lambda_n = \dfrac{2l}{n}$」より

$$\lambda_3 = \frac{2l}{3} = \frac{2 \times 0.90}{3} = 0.60 \, \text{〔m〕}$$

🈶 **0.60 m**

(3) 波の速さの公式「$v = f\lambda$」より

$$v = f\lambda = 210 \times 0.60 = 126 \doteqdot 1.3 \times 10^2 \,\text{(m/s)}$$

答 **1.3×10^2 m/s**

(4) 3倍振動している弦から出る音を「3倍音」という。 答 **3倍音**

(5) n倍振動数「$f_n = nf_1$」より

$$f_1 = \frac{f_3}{3} = \frac{210}{3} = 70 \,\text{(Hz)}$$

答 **70 Hz**

19 気柱の固有振動・共振と共鳴 〈p.72〉

ポイントチェック

① 閉管の場合，節～腹（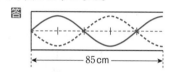の形）が基本単位になる。

閉管が5倍振動しているときには管内に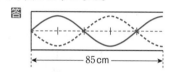や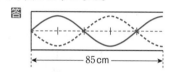の形が合計5個あり，開口部が腹，閉口部が節になるので下図のようになる。

答

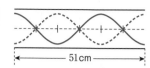
$85\,\text{cm}$

② $85\,\text{cm}(0.85\,\text{m})$の中に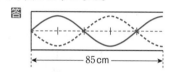や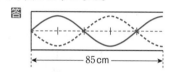の形$\left(\text{長さは}\dfrac{\lambda}{4}\right)$が合計5個あるので

$$\frac{\lambda}{4} \times 5 = 0.85$$

$$\lambda = \frac{4 \times 0.85}{5} = 0.68 \,\text{(m)}$$

答 **0.68 m**

〈別解〉

閉管がm倍振動しているときの波長の公式

「$\lambda_m = \dfrac{4l}{m}$」より

$$\lambda_5 = \frac{4l}{5} = \frac{4 \times 0.85}{5} = 0.68 \,\text{(m)}$$

③ 波の速さの公式「$v = f\lambda$」より

$$f = \frac{V}{\lambda} = \frac{340}{0.68} = 500 = 5.0 \times 10^2 \,\text{(Hz)}$$

答 **5.0×10^2 Hz**

〈別解〉

閉管のm倍振動数の公式「$f_m = m \times \dfrac{V}{4l}$」より

$$f_5 = 5 \times \frac{V}{4l} = 5 \times \frac{340}{4 \times 0.85}$$

$$= 500 = 5.0 \times 10^2 \,\text{(Hz)}$$

④ 開管の場合，腹～腹（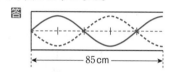の形）が基本単位になる。

開管がn倍振動しているときには管内に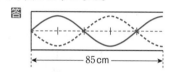の

形がn個あるので，3倍振動のようすは次のようになる。

答

$51\,\text{cm}$

⑤ $51\,\text{cm}(0.51\,\text{m})$の中に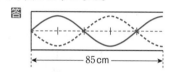の形$\left(\text{長さは}\dfrac{\lambda}{2}\right)$

が3個あるので

$$\frac{\lambda}{2} \times 3 = 0.51$$

$$\lambda = \frac{2 \times 0.51}{3} = 0.34 \,\text{(m)}$$

答 **0.34 m**

⑥ 波の速さの公式「$v = f\lambda$」より

$$f = \frac{v}{\lambda} = \frac{340}{0.34} = 1000 = 1.0 \times 10^3 \,\text{(Hz)}$$

答 **1.0×10^3 Hz**

〈別解〉

開管のn倍振動数の公式「$f_n = n \times \dfrac{V}{2l}$」より

$$f_3 = 3 \times \frac{V}{2l} = 3 \times \frac{340}{2 \times 0.51}$$

$$= 1000 = 1.0 \times 10^3 \,\text{(Hz)}$$

EXERCISE

80. 閉管の場合，節～腹（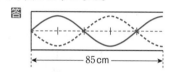の形）が基本単位になる。これは波長の$\dfrac{1}{4}$倍に相当している。

(1) 定在波のようすは次のようになる。

答
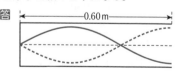
$0.60\,\text{m}$

(2) (1)の図より，定在波の波長を$\lambda\,\text{(m)}$とすると，$\dfrac{\lambda}{4}$の3倍が$0.60\,\text{m}$である。

$$\frac{\lambda}{4} \times 3 = 0.60$$

$$\lambda = \frac{4 \times 0.60}{3} = 0.80 \,\text{(m)}$$

答 **0.80 m**

〈別解〉

閉管がm倍振動しているときの波長は

「$\lambda_m = \dfrac{4l}{m}$」より

$$\lambda_3 = \frac{4l}{3} = \frac{4 \times 0.60}{3} = 0.80 \,\text{(m)}$$

(3) 振動数を f〔Hz〕とすると，波の速さの公式「$v = f\lambda$」より

$$f = \frac{V}{\lambda} = \frac{340}{0.80} = \overset{3}{425} ≒ 4.3 \times 10^2 \text{〔Hz〕}$$

答 **4.3×10^2 Hz**

〈別解〉

閉管が m 倍振動しているときの振動数は

「$f_m = \dfrac{V}{\lambda_m} = m \times \dfrac{V}{4l}$」より

$$f_3 = 3 \times \frac{V}{4l} = 3 \times \frac{340}{4 \times 0.60}$$
$$= \overset{3}{425} ≒ 4.3 \times 10^2 \text{〔Hz〕}$$

81. (1) 図より，閉管は5倍振動している。定在波の波長を λ〔m〕とすると，$\dfrac{\lambda}{4}$ の5倍が0.50mである。

$$\frac{\lambda}{4} \times 5 = 0.50$$
$$\lambda = \frac{4 \times 0.50}{5} = 0.40 \text{〔m〕}$$

答 **0.40 m**

〈別解〉

閉管が m 倍振動しているときの波長は

「$\lambda_m = \dfrac{4l}{m}$」より

$$\lambda_5 = \frac{4l}{5} = \frac{4 \times 0.50}{5} = 0.40 \text{〔m〕}$$

(2) 振動数を f〔Hz〕とすると，波の速さの公式「$v = f\lambda$」より

$$f = \frac{v}{\lambda} = \frac{340}{0.40} = 850 = 8.5 \times 10^2 \text{〔Hz〕}$$

答 **8.5×10^2 Hz**

〈別解〉

閉管が m 倍振動しているときの振動数は

「$f_m = \dfrac{V}{\lambda_m} = m \times \dfrac{V}{4l}$」より

$$f_5 = 5 \times \frac{V}{4l} = 5 \times \frac{340}{4 \times 0.50}$$
$$= 850 = 8.5 \times 10^2 \text{〔Hz〕}$$

82. 開管の場合，腹～腹（ $\overset{\frown}{\smile}$ の形）が基本単位になる。これは波長の $\dfrac{1}{2}$ 倍に相当している。

(1) 定在波のようすは次のようになる。

答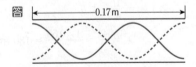

(2) (1)の図より，定在波の波長を λ〔m〕とすると，$\dfrac{\lambda}{2}$ の3倍が0.17mである。

$$\frac{\lambda}{2} \times 3 = 0.17$$
$$\lambda = \frac{2 \times 0.17}{3} = 0.113 ≒ 0.11 \text{〔m〕}$$

答 **0.11 m**

〈別解〉

開管が n 倍振動しているときの波長は

「$\lambda_n = \dfrac{2l}{n}$」より

$$\lambda_3 = \frac{2l}{3} = \frac{2 \times 0.17}{3} = 0.113 ≒ 0.11 \text{〔m〕}$$

(3) 振動数を f〔Hz〕とすると，波の速さの公式「$v = f\lambda$」より

$$f = \frac{v}{\lambda} = \frac{340}{0.113} = 3008 ≒ 3.0 \times 10^3 \text{〔Hz〕}$$

答 **3.0×10^3 Hz**

〈別解〉

開管が n 倍振動しているときの振動数は

「$f_n = \dfrac{V}{\lambda_n} = n \times \dfrac{V}{2l}$」より

$$f_3 = 3 \times \frac{V}{2l} = 3 \times \frac{340}{2 \times 0.17}$$
$$= 3000 = 3.0 \times 10^3 \text{〔Hz〕}$$

83. (1) 図より，開管は2倍振動している。定在波の波長を λ〔m〕とすると，$\dfrac{\lambda}{2}$ の2倍が0.60mである。

$$\frac{\lambda}{2} \times 2 = 0.60$$
$$\lambda = \frac{2 \times 0.60}{2} = 0.60 \text{〔m〕}$$

答 **0.60 m**

〈別解〉

開管が n 倍振動しているときの波長は

「$\lambda_n = \dfrac{2l}{n}$」より

$$\lambda_2 = \frac{2l}{2} = \frac{2 \times 0.60}{2} = 0.60 \text{〔m〕}$$

(2) 振動数を f〔Hz〕とすると，波の速さの公式「$v = f\lambda$」より

$$f = \frac{v}{\lambda} = \frac{340}{0.60} = \overset{7}{566} ≒ 5.7 \times 10^2 \text{〔Hz〕}$$

答 **5.7×10^2 Hz**

〈別解〉

開管が n 倍振動しているときの振動数は

$\lceil f_n = \dfrac{V}{\lambda_n} = n \times \dfrac{V}{2l} \rfloor$ より

$$f_2 = 2 \times \dfrac{V}{2l} = 2 \times \dfrac{340}{2 \times 0.60}$$

$$= 56\overset{7}{6} \fallingdotseq 5.7 \times 10^2 \,\text{〔Hz〕}$$

84. (1) 求める波長を λ〔m〕とする。開管が n 倍振動しているときの波長の公式「$\lambda_n = \dfrac{2l}{n}$」より

$$\lambda_4 = \dfrac{2l}{4} = \dfrac{2 \times 1.7}{4} = 0.85 \,\text{〔m〕}$$　　**答 0.85 m**

(2) 開管の n 倍振動数の公式「$f_n = n \times \dfrac{V}{2l}$」より

$$f_4 = 4 \times \dfrac{V}{2l} = 4 \times \dfrac{340}{2 \times 1.7} = 400$$

$$= 4.0 \times 10^2 \,\text{〔Hz〕}$$　　**答 4.0×10^2 Hz**

(3) 基本振動は $n = 1$ なので，公式「$f_n = nf_1$」より

$$f_1 = \dfrac{f_4}{4} = \dfrac{400}{4} = 100 = 1.0 \times 10^2 \,\text{〔Hz〕}$$

答 1.0×10^2 Hz

〈別解〉 開管の n 倍振動数の公式「$f_n = n \times \dfrac{V}{2l}$」より

$$f_1 = 1 \times \dfrac{V}{2l} = 1 \times \dfrac{340}{2 \times 1.7} = 100$$

$$= 1.0 \times 10^2 \,\text{〔Hz〕}$$

(4) 開管の場合，4 倍振動の次は 5 倍振動である。

開管の n 倍振動数の公式「$f_n = n \times \dfrac{V}{2l}$」より

$$f_5 = 5 \times \dfrac{V}{2l} = 5 \times \dfrac{340}{2 \times 1.7} = 500$$

$$= 5.0 \times 10^2 \,\text{〔Hz〕}$$　　**答 5.0×10^2 Hz**

〈別解〉 n 倍振動数「$f_n = nf_1$」より

$$f_5 = 5f_1 = 5 \times 1.0 \times 10^2 = 5.0 \times 10^2 \,\text{〔Hz〕}$$

節 末 問 題 ⑥　　　　〈p.76〉

85. オシロスコープの画面の横軸は時間，縦軸は音の大きさを表している。

(1) 高い音は振動数が大きい音のことである。したがって，単位時間あたりに振動する回数が最も多いものが最も高い音であるとみなせる。山の数が最も多いのは(E)である。　　**答 (E)**

(2) 画面で(A)と同じ振動の回数のものは(D)である。　　**答 (D)**

86. (1) 腹が 3 個なので，この弦は 3 倍振動してい

る。$(n = 3)$

弦が n 倍振動するときの波長の公式「$\lambda_n = \dfrac{2l}{n}$」より

$$\lambda_3 = \dfrac{2l}{3} = \dfrac{2 \times 1.20}{3} = 0.800 \,\text{〔m〕}$$

答 0.800 m

(2) 3 倍振動数 $f_3 = 210$ Hz なので，弦の n 倍振動数の公式「$f_n = nf_1$」より

$$210 = 3f_1$$

$$f_1 = 70 \,\text{〔Hz〕}$$

4 倍振動数は　$f_4 = 4f_1 = 4 \times 70 = 280 \,\text{〔Hz〕}$

答 280 Hz

(3) 弦の n 倍振動数の公式「$f_n = n \times \dfrac{v}{2l}$」に $n = 3$，$f_3 = 210$ Hz，弦の長さ 1.20 m を代入して

$$210 = 3 \times \dfrac{v}{2 \times 1.20}$$

$$v = \dfrac{210 \times 2 \times 1.20}{3} = 168 \,\text{〔m/s〕}$$

今度は $n = 4$，$f_4 = 210$ Hz，弦の長さ l，波の速さ $v = 168$ m/s を代入して

$$210 = 4 \times \dfrac{168}{2l}$$

$$l = \dfrac{4 \times 168}{2 \times 210} = 1.60 \,\text{〔m〕}$$　　**答 1.60 m**

87. 開管の場合，固有振動は $n = 1$，2，3，…と増えていく。

(1) f_1〔Hz〕は 1 回目 $(n = 1)$，500 Hz は 2 回目 $(n = 2)$ の共鳴なので，　　**答 2 倍振動**

(2) 開管の n 倍振動数の公式「$f_n = n \times \dfrac{V}{2l}$」に $n = 2$，$f_2 = 500$ Hz，$l = 0.670$ m を代入して

$$500 = 2 \times \dfrac{V}{2 \times 0.670}$$

$$V = \dfrac{500 \times 2 \times 0.670}{2} = 335 \,\text{〔m/s〕}$$

答 335 m/s

(3) 1 回目 $(n = 1)$ の共鳴なので，f〔Hz〕は基本振動数 f_1 である。

開管の n 倍振動数の公式「$f_n = nf_1$」に $n = 2$，$f_2 = 500$ Hz を代入して

$$500 = 2f_1$$

$$f_1 = 250 \,\text{〔Hz〕}$$　　**答 250 Hz**

(4) 500 Hz は開管の 2 回目 $(n = 2)$ の共鳴なので 2 倍振動。したがって，次は 3 倍振動 $(n = 3)$

である。

開管のn倍振動数の公式「$f_n = nf_1$」に$n = 3$，$f_1 = 250 \, \mathrm{Hz}$を代入して，3倍振動数は

$$f_3 = 3 \times 250 = 750 \, (\mathrm{Hz})$$
答 **750 Hz**

88. 音が大きく聞こえるのは，共鳴したときである。最初に共鳴した位置と次に共鳴した位置より波長を求めることができる。

(1) 最初に共鳴したときと次に共鳴したときのガラス管内に生じている定在波は右図のようになる。したがって，定在波の波長$\lambda \, (\mathrm{m})$は

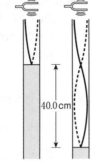

40.0 cm

$$\frac{\lambda}{2} = 0.400$$
$$\lambda = 2 \times 0.400$$
$$= 0.800 \, (\mathrm{m})$$

おんさの振動数は
$f = 440 \, \mathrm{Hz}$であることより，空気中の音速$V \, (\mathrm{m/s})$は

$$V = f\lambda = 440 \times 0.800$$
$$= 352 \, (\mathrm{m/s})$$
答 **352 m/s**

(2) 気温が下がると，空気中の音速は小さくなる。おんさの振動数は一定であることより，生じる定在波の波長λ'は，$\lambda = \dfrac{V}{f}$より短くなることがわかる。

したがって，音が大きく聞こえるときの水位は最初に比べて上方に移動することになる。
答 ①

4章　電気

20 静電気，電流 〈p.78〉

ポイントチェック

① Aが正に帯電したことから，Aは電子（負電荷）を失ったことがわかる。また，Aが失った電子を得たBは負に帯電する。

答 **ア：A，イ：B，ウ：負に帯電する**
正電荷と負電荷の間には引力がはたらく。

答 **エ：引力**

② 導体は内部に自由電子をもつので電気を通しやすい（よく通す）。 答 **オ：自由電子，カ：導体**
不導体（絶縁体）は自由電子をもたないので電気を通さない。

答 **キ：通さない，**
クとケ：不導体，絶縁体（順不同）

③ 図の場合，電流は「電池の正極→電球→電池の負極」の向きに流れる。 答 **コ：B→A**
電子は電流と逆向きに移動する。

答 **サ：A→B**

④ 2.0分 $= 60 \, \mathrm{s} \times 2 = 120 \, \mathrm{s}$
導体の断面を通過する電荷の量「$Q = It$」より
$$Q = 1.5 \times 120 = 1.8 \times 10^2 \, (\mathrm{C})$$
答 **$1.8 \times 10^2 \, \mathrm{C}$**

⑤ 5.0分 $= 60 \, \mathrm{s} \times 5.0 = 300 \, \mathrm{s}$
導体の断面を通過する電荷の量「$Q = It$」より

電流 $I = \dfrac{Q}{t} = \dfrac{120}{300} = 0.40 \, (\mathrm{A})$
答 **0.40 A**

E X E R C I S E

89. (1) こすっても電気量の総和は変化しないから，ストローが負に帯電したということは，紙は正に帯電する。

答 **正に帯電する**

(2) 電子は負の電気をもつから，ストローが負に帯電したということは，ストローに電子が移動したことを意味する。

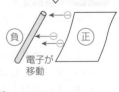

答 **紙からストローへ移動した**

(3) 移動した電気量の大きさを$Q \, (\mathrm{C})$とすると，移動した電子の数Nは「$Q = eN$」より

$$N = \frac{Q}{e} = \frac{4.8 \times 10^{-12}}{1.6 \times 10^{-19}} = 3.0 \times 10^{-12-(-19)}$$

$$= 3.0 \times 10^7 \text{〔個〕} \qquad \text{答 } \mathbf{3.0 \times 10^7 \text{個}}$$

21 電気抵抗 ⟨p.80⟩

ポイントチェック

① オームの法則「$V = RI$」より，この抵抗の両端の電圧は

$$V = 3.0 \times 1.5 = 4.5 \text{〔V〕} \qquad \text{答 } \mathbf{4.5\,V}$$

② 回路には，「電源の正極→抵抗→電源の負極」の向きに電流が流れる。　　答 ア：A→B

オームの法則「$V = RI$」より，電流は

$$I = \frac{V}{R} = \frac{3.0}{5.0} = 0.60 \text{〔A〕} \qquad \text{答 イ：0.60}$$

③ 抵抗を列車のようにつなげる接続を「直列接続」という。　　答 ウ：直列

直列接続の合成抵抗の公式
「$R = R_1 + R_2 + R_3 + \cdots$」より

$$R = 3.0 + 1.0 = 4.0 \text{〔Ω〕} \qquad \text{答 エ：4.0}$$

オームの法則「$V = RI$」より，電流は

$$I = \frac{V}{R} = \frac{3.0}{4.0} = 0.75 \text{〔A〕} \qquad \text{答 オ：0.75}$$

④ 抵抗を枝分かれさせてつなげる接続を「並列接続」という。　　答 カ：並列

並列接続の合成抵抗の公式

「$\dfrac{1}{R} = \dfrac{1}{R_1} + \dfrac{1}{R_2} + \dfrac{1}{R_3} + \cdots$」より

$$\frac{1}{R} = \frac{1}{2.0} + \frac{1}{3.0} = \frac{5.0}{6.0}$$

よって　$R = \dfrac{6.0}{5.0} = 1.2 \text{〔Ω〕} \qquad \text{答 キ：1.2}$

オームの法則「$V = RI$」より，電流は

$$I = \frac{V}{R} = \frac{1.5}{1.2} = 1.\overset{3}{25} \fallingdotseq 1.3 \text{〔A〕} \qquad \text{答 ク：1.3}$$

EXERCISE

90. (1) 抵抗 R_1 を流れる電流を I_1〔A〕とすると，合成抵抗 $R_{12} = 6.0\,Ω$ を流れる電流も I_1〔A〕になる。オームの法則「$V = RI$」より

$$I_1 = \frac{V}{R_{12}} = \frac{6.0}{6.0} = 1.0 \text{〔A〕}$$

求める電圧を V_1〔V〕とする。抵抗 $R_1 = 1.0\,Ω$ に $I_1 = 1.0\,A$ の電流が流れているので，オームの

法則「$V = RI$」より

$$V_1 = 1.0 \times 1.0 = 1.0 \text{〔V〕} \qquad \text{答 } \mathbf{1.0\,V}$$

(2) 求める電圧を V_2〔V〕とする。抵抗 R_1 の両端の電圧 V_1 と，抵抗 R_2 の両端の電圧 V_2 の和は，AB間の電圧 V に等しい。よって

$$V = V_1 + V_2$$
$$V_2 = V - V_1 = 6.0 - 1.0 = 5.0 \text{〔V〕} \qquad \text{答 } \mathbf{5.0\,V}$$

22 抵抗率，ジュール熱 ⟨p.82⟩

ポイントチェック

① 導体の形状と抵抗の公式「$R = \rho \dfrac{l}{S}$」より

$$R = 2.5 \times 10^{-8} \times \frac{100}{5.0 \times 10^{-7}}$$
$$= 2.5 \times 10^{-8} \times \frac{1.00 \times 10^2}{5.0 \times 10^{-7}}$$
$$= \frac{2.5}{5.0} \times 10^{-8+2-(-7)} = 5.0 \text{〔Ω〕} \qquad \text{答 } \mathbf{5.0\,Ω}$$

② 10分 $= 60\,s \times 10 = 600\,s$ である。
ジュール熱の公式「$Q = I^2 Rt$」より

$$Q = 2.0^2 \times 15 \times 600 = 3.6 \times 10^4 \text{〔J〕}$$
$$\text{答 } \mathbf{3.6 \times 10^4\,J}$$

③ 電力の公式「$P = IV$」より

$$I = \frac{P}{V} = \frac{1500}{100} = 15 \text{〔A〕} \qquad \text{答 } \mathbf{15\,A}$$

④ 電力の公式「$P = \dfrac{V^2}{R}$」より

$$P = \frac{40^2}{8.0} = 2.0 \times 10^2 \text{〔W〕} \qquad \text{答 } \mathbf{2.0 \times 10^2\,W}$$

⑤ 4.0分 $= 60\,s \times 4.0 = 240\,s$ である。
電力量の公式「$W = I^2 Rt$」より

$$W = 1.5^2 \times 10 \times 240 = 5.4 \times 10^3 \text{〔J〕}$$
$$\text{答 } \mathbf{5.4 \times 10^3\,J}$$

⑥ 消費電力の公式「$P = \dfrac{V^2}{R}$」より

$$R = \frac{V^2}{P} = \frac{100^2}{800} = 12.\overset{3}{5} \fallingdotseq 13 \text{〔Ω〕} \qquad \text{答 } \mathbf{13\,Ω}$$

⑦ 1500W $= 1.5\,kW$，30分 $= 0.50\,h$ なので，消費される電力量は

$$1.5 \times 0.50 = 0.75 \text{〔kWh〕} \qquad \text{答 } \mathbf{0.75\,kWh}$$

EXERCISE

91. (1) 抵抗率 $\rho = 2.0 \times 10^{-6}\,Ω \cdot m$，長さ $l = 1.5\,m$，断面積 $S = 3.0 \times 10^{-7}\,m^2$ なので，「$R = \rho \dfrac{l}{S}$」よ

り

$$R = 2.0 \times 10^{-6} \times \frac{1.5}{3.0 \times 10^{-7}}$$

$$= \frac{2.0 \times 1.5}{3.0} \times 10^{-6-(-7)}$$

$$= 10 \ (\Omega) \qquad\qquad 答 \ \textbf{10Ω}$$

(2) 求める電流を I〔A〕とする。$V = 36$V なので，「$V = RI$」より

$$I = \frac{V}{R} = \frac{36}{10} = 3.6 \ (A) \qquad 答 \ \textbf{3.6 A}$$

(3) 「$R = \rho \dfrac{l}{S}$」より，

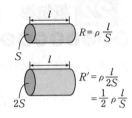

抵抗はその長さに比例し断面積に反比例するから，長さが変わらずに断面積が2倍になれば，抵抗は $\dfrac{1}{2}$ 倍になる。

$$答 \ \dfrac{1}{2} \ \textbf{倍}$$

(4) 2本の同じ導体棒を直列に接続したということは，長さが2倍の導体棒1本と同じである。断面積が変わらずに長さが2倍になれば，抵抗は2倍になる。

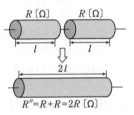

$$答 \ \textbf{2 倍}$$

92. (1) 求める電力を P〔W〕とする。題意より，抵抗 $R = 14\Omega$，電圧 $V = 70$V なので，

「$P = \dfrac{V^2}{R}$」より

$$P = \frac{70^2}{14} = \frac{7 \times 7 \times 100}{14} = 3.5 \times 10^2 \ (W)$$

$$答 \ \textbf{3.5} \times \textbf{10}^2\,\textbf{W}$$

(2) 3.0分 $= 60\,\mathrm{s} \times 3.0 = 180\,\mathrm{s}$ である。
求めるジュール熱を Q〔J〕とすると

「$Q = \dfrac{V^2}{R}t = Pt$」より

$$Q = 3.5 \times 10^2 \times 180 = 6.3 \times 10^4 \ (J)$$

$$答 \ \textbf{6.3} \times \textbf{10}^4\,\textbf{J}$$

(3) 水の温度上昇を ΔT〔K〕とする。
題意より，水の質量 $m = 500$g，水の比熱 $c = 4.2\,\mathrm{J/(g \cdot K)}$ であることから，「$Q = mc\Delta T$」より

$$\Delta T = \frac{Q}{mc} = \frac{6.3 \times 10^4}{500 \times 4.2} = 30 \ (K) \qquad 答 \ \textbf{30 K}$$

(4) 水温が T〔℃〕になったとする。Kと℃の目

盛幅は等しいので

$$T = 10 + \Delta T = 10 + 30 = 40 \ (℃) \qquad 答 \ \textbf{40℃}$$

93. (1) 合成抵抗を R〔Ω〕とする。題意より，$R_1 = 2.0\Omega$，$R_2 = 6.0\Omega$ なので，直列接続の合成抵抗の公式「$R = R_1 + R_2 + \cdots$」より

$$R = 2.0 + 6.0 = 8.0 \ (\Omega)$$

求める電流を I〔A〕とすると，$V = 24$V なので，「$V = RI$」より

$$I = \frac{V}{R} = \frac{24}{8.0} = 3.0 \ (A) \qquad 答 \ \textbf{3.0 A}$$

(2) 求める電力を P〔W〕とすると，「$P = IV$」より

$$P = 3.0 \times 24 = 72 \ (W) \qquad 答 \ \textbf{72 W}$$

〈別解〉

「$P = \dfrac{V^2}{R}$」より

$$P = \frac{24^2}{8.0} = 24 \times 3.0 = 72 \ (W)$$

(3) 求める電力を P_1〔W〕とする。R_1 を流れる電流の大きさは3.0Aであることから，「$P = I^2R$」より

$$P_1 = 3.0^2 \times 2.0 = 18 \ (W) \qquad 答 \ \textbf{18 W}$$

94. (1) オームの法則より，電流は電圧に比例し抵抗に反比例する。抵抗 R_1 と R_2 は並列接続であることから両端の電圧は等しく，R_1 は R_2 の $\dfrac{1}{3}$ 倍なので，R_1 を流れる電流は R_2 を流れる電流の3倍になる。

$$答 \ \textbf{3 倍}$$

(2) 抵抗 R_1 は，両端の電圧は R_2 と等しく，流れる電流は R_2 の3倍である。したがって，R_1 の消費電力は「$P = IV$」より，R_2 の3倍。

$$答 \ \textbf{3 倍}$$

(3) まず，抵抗 R_1 と R_2 の合成抵抗 R〔Ω〕を求める。並列接続の合成抵抗の公式

「$\dfrac{1}{R} = \dfrac{1}{R_1} + \dfrac{1}{R_2} + \cdots$」より

$$\frac{1}{R} = \frac{1}{2} + \frac{1}{6} = \frac{3+1}{6} = \frac{2}{3}$$

$$R = \frac{3}{2} = 1.5 \, (\Omega)$$

電源が供給する電力を P〔W〕とすると，

「$P = \dfrac{V^2}{R}$」より

$$P = \frac{15^2}{1.5} = 1.5 \times 10^2 \, (W)$$ 答 **$1.5 \times 10^2 \, W$**

95. (1) オームの法則より，電流は電圧に比例し抵抗に反比例する。抵抗 R_3 と R_2 は並列接続であることから両端の電圧は等しく，R_3 は R_2 の $\dfrac{4}{6} = \dfrac{2}{3}$ 倍なので，R_3 を流れる電流は R_2 を流れる電流の $\dfrac{3}{2}$ 倍になる。

抵抗 R_3 は，両端の電圧は R_2 と等しく，流れる電流は R_2 の $\dfrac{3}{2}$ 倍なので，R_3 の消費電力は「$P = IV$」より，R_2 の $\dfrac{3}{2}$ 倍。 答 **$\dfrac{3}{2}$ 倍**

〈別解〉

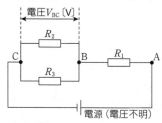

電源（電圧不明）

BC 間の電圧を V_{BC}〔V〕，抵抗 R_2 および R_3 の消費電力をそれぞれ P_2〔W〕，P_3〔W〕とする。

「$P = \dfrac{V^2}{R}$」より

$$P_2 = \frac{V_{BC}{}^2}{R_2}, \quad P_3 = \frac{V_{BC}{}^2}{R_3}$$

よって

$$\frac{P_3}{P_2} = \frac{\dfrac{V_{BC}{}^2}{R_3}}{\dfrac{V_{BC}{}^2}{R_2}} = \frac{V_{BC}{}^2}{R_3} \times \frac{R_2}{V_{BC}{}^2}$$

$$= \frac{R_2}{R_3} = \frac{6.0}{4.0} = 1.5$$

(2) (1)で求めたように，R_3 を流れる電流 I_3〔A〕は R_2 を流れる電流 $I_2 = 2.0 \, A$ の $\dfrac{3}{2}$ 倍であることから

$$I_3 = 2.0 \times \frac{3}{2} = 3.0 \, (A)$$ 答 **$R_3 : 3.0 \, A$**

また，R_1 を流れる電流 I_1〔A〕は，R_2 を流れる電流と R_3 を流れる電流の和である。

$$I_1 = I_2 + I_3 = 2.0 + 3.0 = 5.0 \, (A)$$ 答 **$R_1 : 5.0 \, A$**

〈別解〉

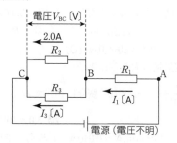

電源（電圧不明）

R_3 を流れる電流を I_3〔A〕，R_1 を流れる電流を I_1〔A〕，BC 間の電圧を V_{BC}〔V〕とする。
オームの法則「$V = RI$」より

$$V_{BC} = R_2 \times 2.0$$
$$= 6.0 \times 2.0$$
$$= 12 \, (V)$$

したがって $I_3 = \dfrac{V_{BC}}{R_3} = \dfrac{12}{4.0} = 3.0 \, (A)$

また，R_1 を流れる電流は

$$I_1 = 2.0 + I_3 = 2.0 + 3.0 = 5.0 \, (A)$$

(3) 「$P = I^2 R$」より，R_1 の消費電力 P_1 は

$$P_1 = 5.0^2 \times 2.0 = 50 \, (W)$$ 答 **50 W**

節 末 問 題 ⑦ 〈p.86〉

96. 以下の点に注意する。

・回路図に電流が流れる向きと電圧の正負（＋と－）を記入する。

・電流計は，「＋」端子に電流が流れ込むように配線する。

・電圧計は，「＋」端子を抵抗の電流が流れ込む側と結ぶ。

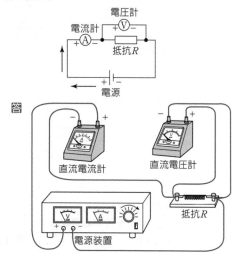

答

97. (1) オームの法則「$V = RI$」より，電流の値は

$$I = \frac{V}{R} = \frac{20}{500} = 0.040 \,〔A〕$$

導線の断面を通過する電荷の量（電気量）の公式「$Q = It$」より，電池が流した電気量の大きさは

$$Q = 0.040 \times 20 = 0.80 \,〔C〕$$

この電気量の大きさは電子

$$\frac{0.80}{1.6 \times 10^{-19}} = 5.0 \times 10^{18} \text{ 個分に相当する。}$$

答 5.0 × 10¹⁸ 個分

(2) グラフの 40 mA = 0.040 A，1 時間 = 60 分 × 60 秒 = 3600 s である。25 時間 = 3600 s × 25 となるので，抵抗器を流れた電気量は，導線の断面を通過する電荷の量（電気量）の公式「$Q = It$」より

$$Q = 0.040 \times 3600 \times 25 = 3600 \,〔C〕$$

つまり，この携帯電話用電池を充電すると 3600 C の電気量が蓄えられることがわかる。100 mA = 0.100 A である。蓄えられた電気量 $Q = 3600$ C で T 時間 = 3600 T〔s〕の通話が可能とすると，公式「$Q = It$」より

$$3600 = 0.100 \times 3600 T$$

ゆえに $T = 10$ 時間

答 10時間

98. (1) C点を流れる電流は，20 Ω と 30 Ω の抵抗を流れるそれぞれの電流の和になる。20 Ω の抵抗に注目すると，オームの法則「$V = RI$」より AB間の電圧は

$$V_{AB} = 20 \times 0.60 = 12 \,〔V〕$$

30 Ω の抵抗を流れる電流 I〔A〕は

$$I = \frac{V_{AB}}{R} = \frac{12}{30} = 0.40 \,〔A〕$$

したがって，C点を流れる電流は

$$I + 0.60 = 0.40 + 0.60 = 1.00 \,〔A〕$$

答 1.00 A

(2) AB間の合成抵抗を R_{AB}〔Ω〕とする。AB間は並列接続なので，並列接続の合成抵抗の公式「$\frac{1}{R} = \frac{1}{R_1} + \frac{1}{R_2} + \cdots$」より

$$\frac{1}{R_{AB}} = \frac{1}{20} + \frac{1}{30} = \frac{3 + 2}{60} = \frac{5}{60}$$

$$R_{AB} = \frac{60}{5} = 12 \,〔Ω〕$$

（図(a)→(b)）AC間の合成抵抗を R_{AC}〔Ω〕とする。AC間は直列接続なので，直列接続の合成抵抗の公式「$R = R_1 + R_2 + \cdots$」より，AC間の合成抵抗は

$$R_{AC} = 12 + 8.0 = 20 \,〔Ω〕$$

答 20 Ω

(3) （図(b)）

オームの法則「$V = RI$」より，AC間の電圧は

$$V_{AC} = 20 \times 1.00 = 20 \,〔V〕$$

したがって （電源の電圧）= $V_{AC} = 20$〔V〕

答 20 V

99. (1) 長さ 18 m の導線の抵抗値を R〔Ω〕とする。50 mA = 0.050 A なので，オームの法則「$V = RI$」より

$$R = \frac{V}{I} = \frac{1.5}{0.050} = 30 \,〔Ω〕$$

（右図(a)）この導線を 3 等分すると，1 つの抵抗値は 10 Ω になる。

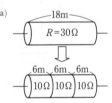

（右図(b)）これら 3 本を並列に接続するときの合成抵抗を R'〔Ω〕とすると，並列接続の合成抵抗の公式

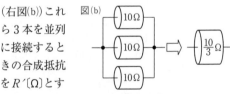

「$\frac{1}{R} = \frac{1}{R_1} + \frac{1}{R_2} + \frac{1}{R_3} + \cdots$」より

$$\frac{1}{R'} = \frac{1}{10} + \frac{1}{10} + \frac{1}{10} = \frac{3}{10}$$

ゆえに $R' = \frac{10}{3} = 3.33 \cdots \fallingdotseq 3.3$〔Ω〕

答 3.3 Ω

(2) オームの法則「$V = RI$」より

$$I = \frac{V}{R} = \frac{1.5}{\dfrac{10}{3}} = \frac{1.5 \times 3}{10} = 0.45 \,〔A〕$$

したがって $\dfrac{0.45}{0.050} = 9.0$〔倍〕

答 9.0 倍

(3) 上の測定で用いた導線は抵抗 $R = 30\,\Omega$，断面積 $S = 6.0 \times 10^{-8}\,\text{m}^2$，長さ $l = 18\,\text{m}$ なので，導体の形状と抵抗の公式「$R = \rho \dfrac{l}{S}$」より，この導線の材料の抵抗率 $\rho\,(\Omega\cdot\text{m})$ は

$$\rho = \frac{RS}{l} = \frac{30 \times 6.0 \times 10^{-8}}{18}$$

$$= 1.0 \times 10^{-7}\,(\Omega\cdot\text{m})$$

表のデータより，この材料は鉄であることがわかる。　　　　　　　　　答 ⑤

100. (1) 求める電力を $P\,(\text{W})$ とする。題意より，$I = 1.0\,\text{A}$，$V = 14\,\text{V}$ なので，「$P = IV$」より

$$P = 1.0 \times 14 = 14\,(\text{W})$$　　答 **14 W**

(2) $10\,\text{分} = 60\,\text{s} \times 10 = 600\,\text{s}$。求めるジュール熱を $Q\,(\text{J})$ とする。「$Q = IVt$」より

$$Q = 1.0 \times 14 \times 600 = 8.4 \times 10^3\,(\text{J})$$

答 **8.4×10^3 J**

(3) 水温が $\Delta T\,(\text{℃})$ 上昇したとする。題意より，$m = 100\,\text{g}$，$c = 4.2\,\text{J/(g·K)}$ なので，「$Q = mc\Delta T$」より

$$\Delta T = \frac{Q}{mc} = \frac{8.4 \times 10^3}{100 \times 4.2} = 20\,(\text{K})$$　答 **20 ℃**

23 電気の利用　〈p.88〉

ポイントチェック

① 右ねじの法則より，電流はB→Aの向きに流れていることがわかる。

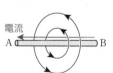

答 **B→A**

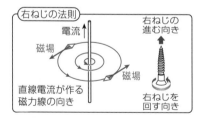

右ねじの法則
電流
磁場
磁場
右ねじの進む向き
直線電流が作る磁力線の向き
右ねじを回す向き

② コイルがつくる磁場を考えると，コイルには下図のような電流が流れていることがわかる。よって，電源はAが正である。　　答 **A**

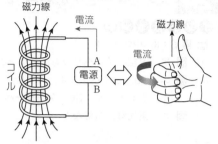

磁力線
電流
コイル
電源
A
B
磁力線
電流

③ 一定の向きに流れる電流を直流という。

答 **ア：直流（電流）**

周期的に振動する（正負が繰り返される）電流を交流という。　　　答 **イ：交流（電流）**

E X E R C I S E

101. (1) 送電線を流れる電流 $I_1\,(\text{A})$ は，発電所から流れ出る電流と等しい。$V_1 = 1.0 \times 10^2\,\text{V}$ なので，「$P = IV$」より

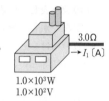

3.0Ω
$\to I_1\,(\text{A})$
$1.0 \times 10^3\,\text{W}$
$1.0 \times 10^2\,\text{V}$

$$I_1 = \frac{P}{V_1} = \frac{1.0 \times 10^3}{1.0 \times 10^2}$$

$$= 1.0 \times 10 = 10\,(\text{A})$$　　答 **10 A**

(2) 求める損失は，送電線でジュール熱が発生することにより消費される電力 $P_1\,(\text{W})$ である。送電線の両端の電圧はわからないので，電流と抵抗から電力を求める。「$P = I^2R$」より

$$P_1 = I_1{}^2R = 10^2 \times 3.0 = 3.0 \times 10^2\,(\text{W})$$

答 **3.0×10^2 W**

(3) 送電線を流れる電流を $I_2\,(\text{A})$ とする。$V_2 = 1.0 \times 10^4\,\text{V}$ なので，「$P = IV$」より

$$I_2 = \frac{P}{V_2} = \frac{1.0 \times 10^3}{1.0 \times 10^4} = 1.0 \times 10^{-1}\,(\text{A})$$

求める損失を $P_2\,(\text{W})$ とすると，「$P = I^2R$」より

$$P_2 = I_2{}^2R = (1.0 \times 10^{-1})^2 \times 3.0$$

$$= 3.0 \times 10^{-2}\,(\text{W})$$

答 **3.0×10^{-2} W**

5章　物理と社会

24　エネルギーとその利用〈p.90〉

ポイントチェック

1　答　陽子：8，中性子：8

2　(i)　答　ア：β 線，イ：ヘリウム，ウ：小さ

　　(ii)　答　エ：Bq，オ：ベクレル，カ：Gy，
　　　　　　キ：グレイ，ク：Sv，ケ：シーベルト

　　(iii)　答　コ：蛍光灯，電灯など

E X E R C I S E

102. 答　ア：β，イ：電子，ウ：−，エ：+，
　　　　オ：γ，カ：電磁波，キ：α，
　　　　ク：Heの原子核，ケ：+，コ：−

103. 分裂後のそれぞれの原子核の原子番号は，陽子の数を表している。陽子の数は分裂の前後で変化がないから，分裂後のそれぞれの原子核の陽子の数の和はもとの原子核の陽子の数，すなわち原子番号に等しい。
　　分裂後のそれぞれの原子核の質量数(陽子と中性子の数の和)の和は，もとの原子核の質量数である235に，分裂前に吸収した中性子の数である1を足し，分裂後に飛び出した中性子の数である3を引けばよい。

　　　　答　ア：3，イ：92，ウ：233，エ：連鎖反応，
　　　　　　オ：臨界状態

104. 答　ア，イ：ウラン，プルトニウム(順不同)，
　　　　　ウ：水蒸気，エ：二酸化炭素，オ：放射能

年　　組　　番